ENZYKLOPÄDIE DER RECHTS- UND STAATSWISSENSCHAFT

BEGRÜNDET VON
F. VON LISZT UND W. KASKEL

HERAUSGEGEBEN VON
W. KUNKEL · H. PETERS · E. PREISER

ABTEILUNG RECHTSWISSENSCHAFT

DAS INTERNATIONALE PRIVATRECHT DEUTSCHLANDS

VON

MARTIN WOLFF

DRITTE AUFLAGE

SPRINGER-VERLAG

BERLIN · GÖTTINGEN · HEIDELBERG

1954

DAS
INTERNATIONALE PRIVATRECHT DEUTSCHLANDS

VON

MARTIN WOLFF

DRITTE AUFLAGE

SPRINGER-VERLAG

BERLIN · GÖTTINGEN · HEIDELBERG

1954

ISBN-13: 978-3-642-86056-0   e-ISBN-13: 978-3-642-86055-3
DOI: 10.1007/ 978-3-642-86055-3

Vorwort zur dritten Auflage.

Die erste Auflage dieses Buches erschien 1933 unter dem Titel „Internationales Privatrecht". Die vorliegende dritte Auflage erscheint unter einem etwas präziseren Titel; nur die in Deutschland geltenden Kollisionsregeln bilden den Gegenstand der Darstellung. In den Jahren 1945 und 1950 veröffentlichte der Verfasser durch die Oxford University Press ein Buch (in zwei Auflagen) über „Private International Law", welches das internationale Privatrecht wie es in England gilt zum Gegenstand hat.

Keines der beiden Bücher ist eine Übersetzung oder sonstige Bearbeitung des anderen. Nur weniges — so in der Geschichte des internationalen Privatrechts und in der Stellung mancher Probleme — ist ihnen gemeinsam.

Oxford, Frühjahr 1953.   MARTIN WOLFF.

Am 20. Juli 1953 ist MARTIN WOLFF im Alter von 80 Jahren gestorben.

Das von ihm selbst bearbeitete und abgeschlossene Manuskript der dritten Auflage dieses Werkes befand sich damals bereits im Druck. Die Korrekturen der beiden ersten Bogen hat er noch selbst gelesen und dem Vorwort die obige Fassung gegeben.

Die weitere Korrektur besorgte in Zusammenarbeit mit dem Unterzeichneten Herr Dr. GERARDO BROGGINI-Locarno (z. Z. Heidelberg). Die Register bearbeitete Frau Dr. HEDWIG MAIER-Tübingen.

Heidelberg, im August 1953.   W. KUNKEL.

Inhaltsverzeichnis.

Einleitung.

Seite

§ 1. Der Gegenstand des internationalen Privatrechts 1
§ 2. Staatliches und überstaatliches internationales Privatrecht 5
§ 3. Internationales Privatrecht und Völkerrecht 7
§ 4. Geschichtlicher Überblick 12
§ 5. Die Entwicklung im 19. und im 20. Jahrhundert 20
§ 6. Staatliche Kollisionsnormen und Staatsverträge 25
§ 7. Literatur des internationalen Privatrechts 30

Erstes Buch.
Allgemeine Lehren.

§ 8. Die nationalen Kollisionsnormen. Ihre Arten. Lücken 33
§ 9. Die Anknüpfungsbegriffe 37
§ 10. Insbesondere Staatsangehörigkeit, Wohnsitz, Herkunftsort 38
§ 11. Scheinbare Gleichheit der Anknüpfungsbegriffe 43
§ 12. Fraudulose Anknüpfungen (Anknüpfungen in der Absicht der Gesetzesumgehung) 45
§ 13. Die Einordnung der Rechtssätze („Qualifikationen") 49
§ 14. Die Vorbehaltsklausel (ordre public) 60
§ 15. Rückverweisung und Weiterverweisung („Renvoi") 72
§ 16. Ausländische Kollisionsnormen bei der Beantwortung von Inzident-(Vor-)Fragen 79
§ 17. Der Grundsatz der größeren Nähe 81
§ 18 Die Anwendung ausländischen Privatrechts 84
§ 18.a. Interlokales Recht 91

Zweites Buch.
Die besonderen Lehren.
1. Abschnitt: Personenrecht.

§ 19. Die Rechtsfähigkeit. Tod. Verschollenheit 96
§ 20. Handlungsfähigkeit 100
§ 21. Anhang: Der Ausländer in Deutschland 108
§ 22. Persönlichkeitsgüter. Berufsstand 112
§ 23. Die juristische Person 114

2. Abschnitt: Die allgemeine Rechtsgeschäftslehre.

§ 24. Grundsätze 122
§ 25. Die Form des Rechtsgeschäfts 126

3. Abschnitt: Der Schutz der Rechte.

§ 26. Selbsthilfe und Prozeß. Verjährung 130
§ 27. Anerkennung und Vollstreckung ausländischer Urteile 132

4. Abschnitt: Obligationenrecht. Seite

§ 28. Der Schuldvertrag. Parteiautonomie 136
§ 29. Der Geltungsbereich des Obligationsstatuts 148
§ 30. Die Geldschuld 155
§ 31. Deliktschulden 164
§ 32. Sonstige Verpflichtungen 169

5. Abschnitt: Sachenrecht.

§ 33. Die Einteilung der Sachen 170
§ 34. Die Anknüpfung der Sachenrechte im allgemeinen 172
§ 35. Der Geltungsbereich des Gebietsrechts 175
§ 36. Rechte an unkörperlichen Gütern und an einem Vermögen 182

6. Abschnitt: Familienrecht.

I. Eherecht 184
§ 37. Die Verlobung 184
§ 37a. Arten der Ehe: Polygamie und Monogamie 185
§ 38. Die materiellen Voraussetzungen der Eheschließung (Ehehindernisse) 186
§ 39. Die Form der Eheschließung 192
§ 40. Die fehlerhafte Eheschließung 195
§ 41. Die persönlichen Wirkungen der Ehe 197
§ 42. Das eheliche Güterrecht 199
§ 43. Ehescheidung und Ehetrennung 204
II. Verwandtschaftsrecht 212
§ 44. Die ehelichen Kinder 212
§ 45. Die unehelichen Kinder 217
§ 46. Legitimation und Adoption 220
§ 47. Weitere Verwandtschaft. Schwägerschaft 222
III. Vormundschaftsrecht 223
§ 48. 223

7. Abschnitt: Erbrecht.

§ 49. Grundsätze. Das Erbstatut 225
§ 50. Verfügungen von Todes wegen 228
§ 51. Der Einfluß des Wohnsitzes auf das Erbrecht 231
§ 52. Der Einfluß des Gebietsrechts auf das Erbrecht 232
§ 53. Ordre public und Erbrecht 234
§ 54. Die Nachlaßregulierung 234
Verzeichnis der Gesetze 238
Sachverzeichnis 243

Abkürzungsverzeichnis.

(Siehe auch das Literaturverzeichnis S. 31 ff.)

AG	Amtsgericht.
Ago	Ago, Teoria del diritto internazionale privato 1934.
AkadZ	Zeitschrift d. Akademie f. deutsches Recht.
ALR	Allgemeines Landrecht für die Preußischen Staaten.
American J	American Journal of International Law.
ArchcivPrax	Archiv für die civilistische Praxis.
v.Bar	L. v. Bar, Theorie u. Praxis des IPR, 2 Bde 1889.
BayObLG	Bayerisches Oberstes Landesgericht.
BGH	Bundesgerichtshof.
BGHZ	Entscheidungen des BHG in Zivilsachen.
BYIL	British Year Book of International Law.
BöhmsZ	Zeitschrift für internationales Recht, begr. v. Böhm, Band 1—10.
BrunsZ	Zeitschrift für ausländisches öffentliches Recht und Völkerrecht, begr. v. Bruns.
Canad.BR	Canadian Bar Review.
DJurT	Verhandlungen des Deutschen Juristentags.
DJZ	Deutsche Juristenzeitung.
DR	Deutsches Recht (Zeitschrift).
DRZ	Deutsche Rechtszeitschrift.
EG	Einführungsgesetz.
Falkm.-Mugd.	Falkmann-Mugdan, Rechtsprechung der Oberlandesgerichte.
FGG	Reichsgesetz über die Angelegenheiten der Freiwilligen Gerichtsbarkeit.
GemSchG	Gemischte Schiedsgerichte.
GenterRev.	Revue de droit international et de législation comparée, hrsg. v. de Visscher.
Gruchot	Beiträge zur Erläuterung des Deutschen Rechts, begr. v. Gruchot.
Habicht	H. Habicht, Internat. Privatrecht nach dem Einführungsgestz 1907.
HarvLR	Harvard Law Review.
HB	Handbuch.
HGB	Handelsgesetzbuch.
ICLQ	International and Comparative Law Quarterly.
IntLQ	The International Law Quarterly.
IPR	Internationalprivatrecht.
IPRspr	Internationalprivatrechtliche Rechtsprechung. Sonderhefte zu RabelsZ.
JFG	Jahrbuch für Entscheidungen in Angelegenheiten der Freiwilligen Gerichtsbarkeit usw.
J.Clunet	Journal de droit international, begr. v. Clunet, hrsg. v. Goldman.
JheringsJ	Jahrbücher für Dogmatik, begr. v. R. v. Jhering.
JR	Juristische Rundschau.
JurW	Juristische Wochenschrift.
JZ	Juristenzeitung.
Kahn	Fr. Kahn, Abhandlungen z. Internationalen Privatrecht 1928.

KG (W)	Kammergericht (West).	RaapeIPR	Raape, Deutsches Internationales Privatrecht 1950.
KGJahrb.	Jahrbuch für Entscheidungen des Kammergerichts.		
LG	Landgericht.	RabelsZ	Zeitschrift für ausländisches und internationales Privatrecht, begr. v. E. Rabel.
LJ	Law Journal.		
Lewald	Hans Lewald, Das Deutsche Internationale Privatrecht auf Grundlage der Rechtsprechung 1931.	Rec.d.Cours	Recueil des Cours de l'Académie de droit international (La Haye).
Lewald, Règl.gén.	Lewald, Règles générales des conflits de lois, Basel 1941.	Rev.crit.	Revue critique de droit international privé (Niboyet).
LZ	Leipziger Zeitschrift für Deutsches Recht.	Rev.Darras	Revue de droit international privé, begr. v. Darras, hrsg. v. Lapradelle.
LQR	Law Quarterly Review.	RG	Reichsgericht, Entscheidungen des Reichsgerichts in Zivilsachen.
Makarov	A. N. Makarov, Die Quellen des internationalen Privatrechts 1929.		
Melchior	G. Melchior, Die Grundlagen des deutschen Internationalen Privatrechts 1932.	RGBl	Reichsgesetzblatt.
		RheinZ	Rheinische Zeitschrift für Zivil- und Prozeßrecht.
		ROHG	Reichsoberhandelsgericht.
MDR	Monatschrift für Deutsches Recht.	Rspr	Rechtsprechung.
ModLR	The Modern Law Review.	RVglHWB	Rechtsvergleichendes Handwörterbuch, hrsg. v. Schlegelberger u. a.
NiemeyersZ	Zeitschrift für internationales Recht, hrsg. v. Niemeyer, von Band 11 ab.		
		SJZ	Süddeutsche Juristenzeitung.
NJ	Neue Justiz (Ostzone).	SeuffA	Seufferts Archiv für Entscheidungen oberster Gerichte.
Nouv.Rev.	Nouvelle Revue de droit international privé, hrsg. v. Lapradelle.		
NJW	Neue Juristische Wochenschrift.	VO	Verordnung.
		WarnRspr	Warneyer, Die Rechtsprechung des Reichsgerichts.
OLG	Oberlandesgericht.	WürttZ	Zeitschrift für die Freiw. Gerichtsbarkeit und die Gemeindeverwaltung in Württemberg.
OGH BrZ.Z	Oberster Gerichtshof für die britische Zone, Entscheidungen des OGH in Zivilsachen.		
		ZblJR	Zentralblatt für Jugendrecht und Jugendwohlfahrtsrecht.
Raape, Komm.	L. Raape, Kommentar zu Art. 7ff. EG z. BGB, in v. Staudingers Kommentar z. BGB, VI, 2, 1931.	ZGB	(Schweizer) Zivilgesetzbuch.
		ZPO	Zivilprozeßordnung.

Die unten in § 7 genannten Lehrbücher, Handbücher, Grundrisse und Systeme, Manuels, Précis, Traités, Principes usw. werden nur mit den Namen der Verfasser zitiert.

Einleitung.

§ 1. Der Gegenstand des internationalen Privatrechts.

v. Bar: I 3ff. — Jitta, Jos.: La méthode du droit internat. privé (1890, La Haye) 32ff. — Zitelmann: I 1ff. — Frankenstein: I 28ff. — Giesker-Zeller: Die Rechtsanwendbarkeitsnormen, 1914. — Kahn: I 255ff. — Gutz-willer: 1535ff. — Arminjon: L'objet et la méthode du droit int. privé. Rec. d. Cours 1928 I 433ff. — Arminjon: Genter Rev. 56 (1929) 680ff. — Raape: IPR 1ff. — Ficker: Grundfragen des interlokalen Rechts, 1952.

Verwirklicht sich in Deutschland ein Tatbestand (eine Vereinbarung, eine Körperverletzung, eine Geburt, ein Todesfall usw.), an welchem nur Deutsche mit deutschem Wohnsitz beteiligt sind, wird auf Grund eines solchen Tatbestandes eine Wirkung (z. B. Erfüllung) in Deutschland erwartet und wird vor einem deutschen Gericht ein Rechtsstreit eingeleitet, so wird niemand erwähnen, daß deutsches Recht (Prozeßrecht, Zivilrecht, Strafrecht, Verwaltungsrecht usw.) anzuwenden ist: die Frage nach dem anwendbaren Recht entsteht nicht, weil die Antwort ein Gemeinplatz wäre. Anders, wenn einer der an dem Tatbestand Beteiligten Ausländer ist oder im Ausland seinen Wohnsitz hat, oder wenn der Tatbestand sich ganz oder teilweise im Auslande ereignet oder dort seine Wirkungen eintreten sollen, oder wenn im Ausland auf Grund eines rein inländischen Tatbestandes geklagt wird oder geklagt worden ist. Bei solchen *Lebensverhältnissen mit Auslandsberührung* läßt sich die Frage, welche Rechtsfolge der Tatbestand hat, erst beantworten, wenn zuvor festgestellt ist, welcher Rechtsordnung die Antwort auf jene Frage zu entnehmen ist. Diese Feststellung zu treffen, ist die Aufgabe des *Internationalen Privatrechts* (internationalen Prozeß-, Straf-, Verwaltungsrechts usw.) oder *Kollisionsrechts*.

Die einzelne internationalprivatrechtliche Bestimmung pflegt man „Kollisionsnorm" oder „Konfliktsnorm" zu nennen. Diese Ausdrücke[1] sind, ebenso wie die entsprechenden des Auslands (Droit international privé, Conflit des lois, Conflict of Laws usw.), angreifbar, aber besser als „Grenzrecht" oder die sprachwidrige Übersetzung „Zwischenstaatliches Privatrecht" oder gar Zwischenprivatrecht[2]. Im Gegensatz zu den Kollisionsnormen eines Landes pflegt man die bürgerlichrechtlichen, handelsrechtlichen, strafrechtlichen, prozeßrechtlichen usw. Normen des Landes als „Sachnormen", „sachlich-rechtliche Normen" (so Reichsgericht), „interne Rechtsnormen" oder auch als „materiellrechtliche Normen" zu bezeichnen.

Seit der Entstehung der italienischen Stadtstaaten und der Kollision ihrer Normen pflegt man diese als *Statuta* zu bezeichnen, und auch die miteinander kollidierenden französischen provinziellen „Coutumes" sowie die Provinzial- und

---

[1] Vgl. hierzu insbes. Gutzwiller: 1549ff, mit Nachweisungen.
[2] So: RG 145, 131.

Staatsgesetze der neueren Staaten werden als „Statuten" bezeichnet[2a]. Das Wort Statut wird ferner in Zusammensetzungen für bestimmte Fragenkomplexe des internationalen Privatrechts gebraucht: Normen, die für das Erbrecht gelten, werden als „Erbstatut", Normen zur Regelung des Scheidungsrechts als „Scheidungsstatut" usw. bezeichnet. Dementsprechend verwendet man noch heute die aus der Zeit der Statutentheorie geläufigen Wendungen ‚Personalstatut' und ‚Realstatut'.

I. Das internationale Privat- (Prozeß- usw.) Recht beantwortet hiernach die Frage, welche von mehreren gleichzeitig nebeneinander bestehenden Rechtsordnungen auf ein bestimmtes Lebensverhältnis anwendbar ist[3].

1. Es handelt sich darum, auf ein bestimmtes *Lebensverhältnis* das Recht anzuwenden. Es leitet in die Irre, wenn man behauptet, das internationale Privatrecht habe das auf gewisse *Rechts*verhältnisse (oder gar Privatrechtsverhältnisse) anwendbare Recht zu bestimmen. Ob ein Tatbestand des Lebens überhaupt ein Rechtsverhältnis und ob er ein Privatrechtsverhältnis darstellt, muß erst eine Rechtsordnung beantworten. Das internationale Privatrecht findet, wie jede rechtliche Regelung, Lebenstatbestände (eine Verabredung, eine Körperverletzung, die Erreichung eines bestimmten Alters) vor, nicht Rechtsverhältnisse. Die Verkennung dieser Selbstverständlichkeit hat zu Entgleisungen geführt.

2. Die Rechtsordnungen, unter denen der Richter zu wählen hat, sind stets *gleichzeitig* nebeneinander geltende Ordnungen. Handelt es sich um die Auswahl unter zwei zeitlich einander folgenden Rechtsordnungen (ein Lebenstatbestand hat sich vor 1900 ereignet, und seine Wirkungen in der Zeit nach dem Inkrafttreten des Bürgerlichen Gesetzbuchs sind zu prüfen), so liegt eine *intertemporale* Frage vor.

Sie wird gelöst entweder durch besondere Übergangsvorschriften der neueren Rechtsordnung (z. B. EG BGB Art. 153 ff.) oder durch eine den Wechsel der Rechtsordnungen überdauernde allgemeine Norm, z. B. ein allgemeines Rückwirkungsverbot [code civil art. 2; vgl. Bonner GG Art. 103 (2)].

Es kommt vor, daß der Richter sowohl die internationalrechtliche, wie die intertemporalrechtliche Frage zu stellen hat, dann nämlich, wenn die Normen des internationalen Privatrechts (die Kollisionsnormen) selbst gewechselt haben. Hier kann es einen Unterschied machen, welche der beiden Fragen er zuerst stellt. Beispiel: die Ehe zweier in Berlin lebender Deutscher wurde 1898 wegen Ehebruchs des Mannes mit der X geschieden; er verlegte darauf den Wohnsitz nach London und heiratete dort die X. Wird diese Ehe nach 1900 vor einem deutschen Gericht mit der Nichtigkeitsklage angegriffen, so ist die Nichtigkeit dann auszusprechen, wenn man mit dem deutschen Internationalprivatrecht des EG BGB die *Staatsangehörigkeit* des Mannes entscheiden läßt[4]. Dagegen wird die Nichtigkeitsklage abzuweisen sein, wenn man mit dem früheren preußischen Internationalprivatrecht den (englischen) *Wohnsitz* des Ehemanns bei der Eheschließung entscheiden läßt, dessen Recht das impedimentum criminis (adulterii) nicht kennt.

[2a] Siehe unten § 4 I.   [3] Cf. AGO: 89[1]; LEWALD: Règl. gén. 7 ff.
[4] Art. 13 EG BGB; § 937 ALR II 1.

Die zweite Lösung ist die rechte: zuerst ist die intertemporale Frage zu beantworten; die Gültigkeit einer vor 1900 geschlossenen Ehe bemißt sich nach dem bisherigen Recht (Art. 198 EG BGB), sonach auch nach dem bisherigen internationalen Privatrecht[5].

3. Die gleichzeitig nebeneinander geltenden Rechtsordnungen, unter denen zu wählen ist, sind regelmäßig *räumlich* nebeneinander geltende.

a) Meist handelt es sich dabei um Ordnungen, deren jede in einem Staatsgebiet gilt, sei es kraft Ausübung einer Staatsgewalt (auf Grund staatlicher Rechtssetzung), sei es auf Grund Gewohnheitsrechts. Diesem wichtigsten Fall verdankt das Kollisionsrecht seinen Namen als *internationales* Privatrecht.

b) Aber es gibt auch ein räumliches Nebeneinander von Rechtsordnungen, die innerhalb desselben Staatsgebiets für Gebietsteile gelten; man spricht hier von *interlokalem* (u. U. interprovinzialem, interzonalem)[6] Recht. Besonders wichtig war das interlokale Recht in der Zeit zwischen der „Einverleibung" Österreichs und dem Zusammenbruch des dritten Reichs sowie seit diesem Zusammenbruch.

II. Das gleichzeitige Nebeneinander von Rechtsordnungen braucht kein räumliches zu sein. Für denselben räumlichen Bezirk können zwei Rechtsordnungen gelten, jede für einen besonderen *Personenkreis*; so, wenn eine Sonderordnung für den Hochadel gilt. Hierher gehört auch die Rechtsbildung in Ägypten, im Sudan, in den nordwestafrikanischen Staaten, in Iran, Irak, Indien, Syrien, Arabien, Transjordanien, Israel und in manchen Kolonien, wo auf die Eingeborenen, die Muselmanen, die Europäer, die Juden verschiedene Rechtsordnungen angewendet werden. Das Recht, das die Anwendbarkeit der einen oder der anderen Rechtsordnung auf einen gegebenen Tatbestand regelt — wobei die Schichtung nach Volksstämmen, nach Religionen oder nach Geburtsständen geschieht —, mag man *interpersonales* Privatrecht nennen[7].

III. Die Wirkungen eines konkreten Lebenstatbestandes sind *nicht* immer *einer einzigen* Rechtsordnung zu entnehmen. Bisweilen geben mehrere Rechtsordnungen die Antwort, sei es, daß nur die ihnen allen *gemeinsamen* Wirkungen eintreten, sei es, daß die Folgen sich *alternativ* nach der einen oder der anderen Rechtsordnung richten, sei es, daß *einzelne* Wirkungen sich ausschließlich nach der einen, andere nach der anderen Rechtsordnung bestimmen.

---

[5] Hierzu RG JurW 1901, 257; ZITELMANN: JheringsJ 42, 189ff.; KAHN: I 363ff.; LEWALD: 4; MELCHIOR: 64ff; AGO: 179.

[6] Dazu RAAPE: IPR 105, 106.

[7] Über dieses insbes. ARMINJON: J. Clunet 39 (1912) 102ff., 698ff., 40 (1913) 34ff., 435ff., 812ff. GIESKER-ZELLER: Die Rechtsanwendbarkeitsnorm 1914, 36ff. LEWALD: Règl. gén. 107ff. Über interreligiöses Privatrecht in Palästina: WENGLER: RabelsZ 12, 772ff.

So hat die Verlobung eines Inländers mit einer Fremden nur die den Heimat-
rechten beider Verlobten gemeinsamen Wirkungen. So ist, wenn ein 20jähriger
Schweizer einem Deutschen in Amsterdam die Lieferung bestimmter Waren in
Marseille gegen Zahlung eines bestimmten Geldbetrags zusagt, die Wirkung solcher
Abrede nicht nach einem einheitlichen Recht zu beurteilen: die Geschäftsfähigkeit
des Verkäufers beurteilt sich nach schweizerischem, die des Käufers nach deutschem
Recht; da beide zu bejahen sind, ist weiter die Formgültigkeit des Geschäfts
alternativ nach niederländischem oder nach französischem Recht zu prüfen; ist
sie nach einem dieser Rechte zu bejahen, so sind weiter die Pflichten des Schweizers
nach französischem, die des deutschen Käufers nach deutschem Recht zu beurteilen.

IV. Nicht zum internationalen Privatrecht gehört das auf internationalen Verträgen (Staatsverträgen) beruhende, mehreren Staaten
gemeinsame Privatrecht. Solch ein *mehrstaatliches Privatrecht* ist echtes
materielles Recht; die Staateneinigung bewirkt, daß die internationalprivatrechtliche Frage nicht entsteht.

Staatsverträge, die auf Herstellung mehrstaatlichen materiellen Rechts gerichtet sind, gibt es in großer Zahl. Dahin gehören insbesondere: die *Berner Übereinkunft* zum Schutze von Werken der Literatur und Kunst vom 2. Juni 1928;
die *Pariser Verbandsübereinkunft* zum Schutze des gewerblichen Eigentums vom
2. Juni 1934, die sich auf den Schutz von Patenten, Gebrauchs- und Geschmacks-
mustern, Fabrik- und Handelsmarken (Warenzeichen), Firmen, Herkunftsangaben
und auf den Schutz von Unternehmen gegen unlauteren Wettbewerb bezieht;
ferner zwei *Madrider Abkommen* betr. die internationale Registrierung von Marken
und die Unterdrückung falscher Herkunftsangaben; das *Berner Übereinkommen
über den Eisenbahnfrachtverkehr* und den *Eisenbahnpersonen-* und *-gepäckverkehr*;
das Abkommen zur Feststellung von Regeln über den *Zusammenstoß von Schiffen*
vom 23. September 1910, und das Abkommen (vom selben Tag) betr. *Hilfeleistung
und Bergung in Seenot*; die Abkommen zur Vereinheitlichung von Regeln über die
Beförderung im internationalen *Luftverkehr* vom 12. Oktober 1929 und zur Vereinheitlichung von Regeln über die *Sicherungsbeschlagnahme von Luftfahrzeugen* vom
29. Mai 1933; endlich die *Genfer* Abkommen zur Vereinheitlichung des *Wechselrechts*
vom 7. Juni 1930 und zur Vereinheitlichung des *Scheckrechts* vom 19. März 1931.
Die Darstellung aller dieser Normen gehört nicht in eine Schrift über internationales Privatrecht.

V. Die französische Rechtslehre, und ihr folgend die Wissenschaft
anderer romanischer Rechte, rechnet zum internationalen Privatrecht
auch die Ordnung der *Staatsangehörigkeit* und die des *Fremdenrechts*.
Da die Staatsangehörigkeit im romanischen wie auch im heutigen
deutschen Rechte der wichtigste Anknüpfungspunkt für das sog. Personalstatut bildet, so mag sie in der Lehre von den Anknüpfungsbegriffen
mitbehandelt werden, wie auch die Lehre vom Wohnsitz, die Frage,
an welchem Orte eine Sache als belegen zu betrachten ist, und ähnliches
(vgl. unten §§ 9, 10). Wenn man die Lehre von der Behandlung der
Fremden im Inlande mit dem Kollisionsrecht zu einer Wissenschaft
zusammenfügt[8], so läßt sich das daraus erklären, daß man bei dem

---

[8] Dazu KAHN: I 263 ff. FICKER a. a. O. 11 ff. — Über das deutsche Fremdenrecht vgl. unten § 21.

Worte: internationales Privatrecht an alle Beziehungen zu denken geneigt ist, die sich auf privatrechtlichem Gebiete aus einer Auslandsberührung ergeben können; vom Standpunkt einer juristischen Systematik aus ist es so wenig zu rechtfertigen, wie wenn ein deutscher Jurist in der Lehre vom Kauf die Übereignung deshalb mitbehandeln wollte, weil der Nichtjurist beim Kauf an die Übereignung „denkt". Auch in Frankreich beginnt man die Unrichtigkeit solcher Systematik zu erkennen (ARMINJON u. a.).

VI. Ob das Kollisionsrecht *Privatrecht* oder *öffentliches Recht*, oder ob es keines von beiden (Rechtsordnungsrecht) sei, ist eine unfruchtbare, wenn auch oft erörterte Frage[9]. Wenn ein Zivilgesetzbuch bestimmt, unter welchen Voraussetzungen *es selbst* angewendet werden soll, so ist solche Bestimmung genau so privatrechtlicher Natur, wie wenn ein Handelsgesetzbuch bestimmt, wann seine Normen, wann die Normen des Bürgerlichen Gesetzbuchs anwendbar sind: niemand wird auf den Gedanken kommen, den § 345 des deutschen HGB als Rechtsordnungsrecht aus dem Privatrecht auszuscheiden. Nicht anders aber, wenn eine Rechtsordnung vorschreibt, unter welchen Voraussetzungen nicht sie, sondern eine andere und welche Rechtsordnung gelte: auch solche Bestimmung will der Verwirklichung der Gerechtigkeit für die Beziehungen Privater zueinander dienen.

§ 2. Staatliches und überstaatliches internationales Privatrecht.

KAHN: I 269 ff. — GUTZWILLER: 1553 (mit weiteren Lit.-Angaben). — BURCK-HARDT: Berner Festgabe f. Huber 1919, 263 ff. — WAHL: RVglHWB IV 338 f. und die Lit. zu § 1. AGO: 80 f.

Die Frage des internationalen Privatrechts ist die Frage nach der anwendbaren Rechtsordnung. *Wer* erteilt die Antwort auf diese Frage? Hier ist zweierlei möglich:

I. Entweder: Jede der Gemeinschaften (Nationen, Religionsgemeinschaften, ständischen Verbände usw.), deren Rechtsordnungen für die Anwendung in Frage kommen, erteilt selbst eine Antwort und erwartet von ihren Organen, daß sie dieser Antwort entsprechend verfahren. Insbesondere: Jeder Staat erklärt, unter welchen Voraussetzungen die von ihm erlassenen Gesetze auf Tatbestände mit Auslandsberührung anzuwenden sind und welchen Staates Gesetze andernfalls zu gelten haben. In gewissen Umfange sind alle Gesetzgeber so verfahren (z. B. Deutschland: EG BGB Art. 7 ff.), oder es hat sich doch in allen Staatsgebieten ein nationales Gewohnheitsrecht dieser Art oder eine Gerichts-

---

[9] Eine gründliche Orientierung bietet GUTZWILLER: 1536 ff. (vgl. MAURY 12 ff.) Daß die Frage für Rückverweisung und Revisibilität von praktischer Bedeutung sei (a. a. O. S. 1539 Anm. 1 a. E.), läßt sich bezweifeln; es wäre schlimm, wenn von einer Überlegung über saubere Systematik das Schicksal eines Prozesses abhinge.

praxis entwickelt: *System der nationalen Kollisionsnormen.* Ein derartiges internationales Privatrecht ist *kein internationales,* sondern deutsches, englisches, italienisches usw. Recht.

Eine entsprechende Gestaltung findet sich für das interlokale Recht: So haben vor 1900 in jedem der drei Rechtsgebiete des Königreichs Preußen, dem Gebiet des Allgemeinen Landrechts, dem des rheinischen Rechts und dem des gemeinen Rechts, besondere internationalprivatrechtliche Normen gegolten, die zugleich interlokalrechtlich galten, so daß z. B. bei Beurteilung eines Vertragsschlusses zwischen einem Kölner, einem Berliner und einem Hannoveraner der Prozeßrichter in Berlin das landrechtliche internationale Privatrecht zu befragen hatte, während bei einer Prozeßführung in Köln oder in Hannover vielleicht ein anderes Recht angewendet worden wäre.

II. Oder: Eine *übergeordnete* Gemeinschaft gibt die Antwort auf die Frage, welche der einzelnen Rechtsordnungen anzuwenden sei. Das so entscheidende Recht ist *überstaatlich* (wahrhaft „international"), *überlokal, überpersonal.* Für das lokale und das personale Kollisionsrecht ist eine solche Erscheinung alltäglich. Das übergeordnete Recht mag auf dem Gesetzesbefehl des den lokalen oder personalen Verbänden übergeordneten Staats oder auf gewohnheitsrechtlicher Übung oder auf einer Gerichtspraxis beruhen, wie sie sich vornehmlich in den Rechtssprüchen des obersten Gerichtshofs des Landes betätigt.

Ein Beispiel übergeordneter staatlicher Gesetzesregelung des interlokalen Privatrechts bot das Gesetz *Polens* vom 2. August 1926 über das für die inneren Verhältnisse geltende Recht. Auch im Bundesstaat regelt nicht selten die obere Staatsgewalt das internationale Privatrecht im Verhältnis der gliedstaatlichen Gebiete zueinander: so in der *Schweiz* das Bundesgesetz vom 25. Juni 1891, betr. die zivilrechtlichen Verhältnisse der Niedergelassenen und Aufenthalter (MAKAROV: S. 188ff.).

Aber ein überstaatliches internationales Privatrecht kann auch da bestehen, wo über zwei Einheitsstaaten keine übergeordnete Staatsgewalt sich erhebt. Nicht alles Recht ist staatliches Recht: das *Gewohnheitsrecht* zumal ist Recht, auch wenn es nicht von staatlichen Gerichten und bevor es von solchen angewendet wird. Sätze, wie die Maßgeblichkeit der lex rei sitae für das Immobiliarsachenrecht oder der freilich mehrdeutige Satz: locus regit actum, haben sich als *gemeinsames* Gewohnheitsrecht der Menschen europäischer Gesittung entwickelt. Solche Sätze gelten nicht in Deutschland als deutsches, in Italien als italienisches Recht; sie stammen aus einer gemeinsamen überstaatlichen Quelle, sie wurzeln in der Rechtsüberzeugung, die auf die Theorie der italienischen Postglossatoren zurückgeht[1]. Andere überstaatliche Kollisionsrechtssätze beruhen auf der Gesetzgebung eines ursprünglich einheitlichen Staats, der später in mehrere Staaten zerlegt worden ist: man denke

---

[1] Andere gemeinsame Rechtsgedanken gehen auf SAVIGNYS Lehre zurück, die insoweit auch als die Grundlage eines überstaatlichen Gewohnheitsrechts anzusehen ist.

an die Fortgeltung des BGB und des EG BGB in der von Deutschland getrennten Republik Danzig; für solche Fortgeltung bedurfte es keines „Gesetzesbefehls" des neuen Staats; sie bestand vom ersten Tag der Existenz des jungen Staates an, die Annahme eines „stillschweigenden" Gesetzesbefehls wäre Fiktion. Freilich galt das bisherige Recht fortab nicht mehr als Recht des deutschen Reichs, sondern als ein „über-staatliches" Recht, das aus einer für Deutschland und Danzig gemein-samen Quelle floß. Daß dieses überstaatliche Recht jederzeit durch den Willen eines einzelnen Staates für dessen Gebiet beseitigt werden kann, besagt nichts dagegen, daß es, solange nicht beseitigt, überstaatliches Recht ist. Zum Wesen überstaatlichen Rechts gehört nicht, daß es nur durch überstaatliche Rechtsbildung abgeändert werden könnte (nicht anders als das „gemeine" deutsche Recht, das von jedem deutschen Land für dessen Gebiet aufgehoben werden konnte, aber bis zur Aufhebung als gemeines Recht galt und das auch nach Zerschlagung des alten deut-schen Reichs während des Rheinbundes und des deutschen Bundes für die deutschen Staaten als gemeines, jetzt überstaatliches, Recht in Kraft blieb)[2]. Denkbar wäre es weiter, daß überstaatliches Kollisionsrecht durch Staatsverträge entstände; der überwiegenden Meinung gemäß haben aber Staatsverträge nur die Wirkung, ein die Staaten selbst bindendes Recht zu schaffen, und nach der „Transformation" in Landes-recht wird der Inhalt der staatsvertraglichen Regelung in jedem Staate zur innerstaatlichen Norm: so gelten z. B. die Haager international-privatrechtlichen Abkommen über Fragen des Familienrechts in Deutsch-land als deutsches, in Schweden als schwedisches Recht, nicht im Gesamt-bereich des Konventionsgebiets als überstaatliches, sondern nur als in-haltlich gemeinsames Recht[3].

§ 3. Internationales Privatrecht und Völkerrecht.

v. Bar: I 105ff. — Jitta, Jos.: La méthode du droit intern. privé, 1890, 69ff. — Raape: IPR 12ff. — Bühler: Festschr. f. M. Wolff 180ff, 189ff. — Zitelmann: I 72ff. — Frankenstein: I 19ff. — Melchior: 35ff. — Kahn: I 268ff. — Neumeyer: Wörterbuch d. Völkerrechts I (1924) 567ff. — Bruns, V. u. Schindler: Mitt. d. deutsch. Gesellsch. f. Völkerrecht 12, 47ff., 57ff. — Makarov: Allg. Lehren d. StaatsangehörigkeitsRs, 1947, 60ff.

I. Das internationale Privatrecht (sei es Gewohnheits-, sei es Gesetzes-recht) ist kein Völkerrecht. Insbesondere gilt dies auch für überstaat-liches internationales Privatrecht. (§ 2 II.)

---

[2] Gierke, Otto: DPrivR I 46. Windscheid-Kipp: Pandekten § 2[7].
[3] Der Unterschied ist leider für die Revision erheblich: ZPO § 549. Ausländi-sches Recht ist nicht revisibel, auch wenn es mit deutschem Recht inhaltlich übereinstimmt und diese Übereinstimmung auf einem Staatsvertrage beruht; RG 63, 318; 78, 49; 96, 98; 159, 50; JurW 1936, 1841. — Vgl. Dölle Raape-Festschr. (1948) 154.

1. Nach der noch heute überwiegenden Lehre wirkt das Völkerrecht nicht unmittelbar gegenüber den Angehörigen der Staaten; solche Wirkung entsteht erst durch „Transformation" in Landesrecht[1]. Das überstaatliche internationale Privatrecht wirkt (wie jedes über einen Staatsraum hinausragende gemeine Gewohnheitsrecht privatrechtlichen Inhalts) unmittelbar gegenüber den Staatsangehörigen.

Der staatliche Richter wendet es nicht an, weil ein Gebot seines Staates es für Recht erklärt hätte, sondern weil es geltendes Recht ohne solchen Staatsbefehl ist. Es wirkt nicht nur gegenüber den Behörden der Staaten, sondern auch gegenüber Privaten: wer in Übereinstimmung mit der Zivilrechtsordnung des Staates A eine Handlung vornimmt, die nach dem Recht des Staates B widerrechtlich ist, handelt rechtmäßig, wenn das geltende internationale Privatrecht die Rechtsordnung des Staates A für maßgebend erklärt.

2. Das Völkerrecht verpflichtet die beteiligten Staaten. Das überstaatliche internationale Privatrecht verpflichtet sie nicht. Jeder Staat ist befugt, es aufzuheben und durch anderes Recht zu ersetzen, ohne sich einer Völkerrechtsverletzung schuldig zu machen.

Zu dem (überstaatlichen) internationalen Privatrecht gehören daher keineswegs gewisse Normen des *Völkerrechts*, die die Regelung von Privatrechtsverhältnissen mit Auslandsberührung zum Gegenstande haben. Solcher Normen existieren nicht wenige, insbesondere auf dem Gebiete des Fremdenrechts (Behandlung der Fremden im Inland). Vgl. unten S. 10, 11.

II. Das gemeine Völkerrecht hat keine festen Normen darüber entwickelt, in welchem Umfange ein Staat berechtigt und verpflichtet sei, sein eigenes Privatrecht, in welchem, ein fremdes Privatrecht auf Lebensverhältnisse mit Auslandberührung anzuwenden. Es hindert keinen Staat, nach seinem Ermessen die Geschäftsfähigkeit der Menschen dem Recht ihrer Staatsangehörigkeit oder dem Recht ihres Wohnsitzes zu unterwerfen; der eine Staat mag die Vertragsforderungen nach dem Recht des Erfüllungsorts, der andere nach dem Recht des Abschlußorts, der dritte nach dem Recht des Schuldnerwohnsitzes beurteilen. Es fehlt an einem völkerrechtlich gebotenen internationalen Privatrecht, an einer *völkerrechtlichen Kompetenzverteilung*. Eine solche läßt sich auch nicht etwa (was ZITELMANN versucht hat) daraus ableiten, daß der Staat eine Herrschaft über die in seinem Gebiete belegenen Sachen und über die ihm angehörigen Personen habe; insbesondere läßt sich in Fragen des Personalstatuts eine Prävalenz des Heimatrechts gegenüber dem Wohnsitzrecht aus völkerrechtlichen Gedanken nicht entwickeln.

---

[1] Doch nimmt man jetzt nicht nur an, daß völkerrechtliche *Pflichten* der Individuen existieren, sondern es mehrt sich auch die Zahl derer, die die herrschende Doktrin allgemein bekämpfen; JESSUP: A Modern Law of Nations, 1949, 15ff, und die von ihm genannten DUGUIT, KRABBE, SCELLE u. a.

III. Eines aber läßt sich aus dem Gedanken der Gemeinschaft der Völker entnehmen: Jeder Staat wird sein internationales Privatrecht *im Gemeinschaftsgeist* zu regeln gehalten sein. Eine Ordnung wäre unangemessen, ungerecht, die nicht auf Erreichung einer allstaatlich gemeinsamen Kompetenzverteilung gerichtet, sondern von dem Bestreben getragen wäre, dem eigenen materiellen Rechte des Staats einen größeren Anwendungsbereich zu geben, als man bei entsprechender Lage dem Rechte anderer Staaten zuerkennt.

Kein Staat dürfte seinen Richtern befehlen, lediglich einheimisches Recht oder einheimisches Recht auch auf die Verhältnisse solcher Personen anzuwenden, die zu einem durch Krieg verlorenen und von einem Nachbarstaat annektierten Gebiet gehören, oder einheimisches Recht auf Sachenrechte an ausländischen Grundstücken anzuwenden [2]. Kein Staat dürfte seinen Richtern die Anwendung solcher fremden Gesetze verbieten, die in einer anderen als der eigenen Sprache abgefaßt sind; kein Staat dürfte die Anwendung außereuropäischer Gesetze oder des Rechts fremder Kulturen schlechthin untersagen. Denn die Motive, die solcher Regelung zugrunde liegen — Machtzuwachs für die eigene Volksart, Bequemlichkeit für den Richter —, würden nicht der Gesinnung des Gemeinschaftsgeistes entsprechen, in dem ein Staat sein internationales Privatrecht zu ordnen hat.

Gerecht ist eine staatliche Ordnung des internationalen Privatrechts nur, wenn sie *nach Grundsätzen* erfolgt, von denen der Staat verständigerweise *wünschen darf*, daß sie *auch in den übrigen Staaten der Völkergemeinschaft* die Ordnung des internationalen Privatrechts *leiten*. Das letzte Ziel einer solchen im Gemeinschaftsgeist geschehenden Regelung des internationalen Privatrechts ist Einheit der Kollisionsnormen und damit eine Gesetzes-,,Harmonie" (FRANZ KAHN [3]). Würde dieses Ziel erreicht, so würde jeder Rechtsstreit nach derselben materiellen Rechtsordnung beurteilt werden, gleichviel vor welches Staates Gerichten die Klage erhoben wird; es würde auch, ohne daß die Beteiligten einen Prozeß anstrengen, festgestellt werden können, welche materielle Rechtsordnung maßgebend ist: eine Feststellung, die bei Verschiedenheit der internationalen Privatrechte dann unmöglich ist, wenn in mehreren Ländern ein Gerichtsstand gegeben ist [4]. Jenes letzte Ziel ist nicht erreichbar, erstens deswegen nicht, weil über die Frage, ob Wohnsitzrecht oder Heimatrecht der bessere Anknüpfungspunkt sei, eine Einigung unter den Kulturvölkern in absehbarer Zeit nicht zu erwarten ist; zweitens deswegen nicht, weil das Eingreifen des ordre public (vgl. unten § 14) die Einheitlichkeit auch bei grundsätzlicher Gleichheit der Kollisionsnormen hindert, die Zulässigkeit eines solchen Eingreifens aber so lange bestehen wird, wie Staaten bestehen. So muß es die Aufgabe der

---

[2] NEUMEYER: Wörterbuch des Völkerrechts I 571. VERDROSS: Die Verfassung der Völkerrechtsgemeinschaft (1926) 167.

[3] Das musikalisch wunderliche Bild (gemeint ist Einklang, nicht Mehrklang!) hat sich in der Literatur eingebürgert.

[4] ZITELMANN: I 18 f.

staatlichen internationalen Privatrechte sein, jenes Vereinheitlichungs-
streben so weit zu fördern, wie erreichbar. Beim Fehlen eigener Organe
der Völkerrechtsgemeinschaft hat hier jeder *einzelne Staat Gemeinschafts-
aufgaben zu erfüllen:* seine Normen sind gleichsam „Ausführungsgesetze"
zu jenem leitenden Grundsatze der Völkergemeinschaft.

Dennoch läßt sich heute nicht behaupten, daß jener Leitsatz schon
„Recht" (Völkerrecht) wäre. Wo gegen ihn gefehlt wird, wo in gemein-
schaftswidriger Weise der Einzelstaat seinem Recht einen Bereich
sichern will, den er anderen Staaten nicht gönnt, liegt nicht notwendig
eine Völkerrechtswidrigkeit vor, sondern meist nur eine Verletzung der
Postulate der Gerechtigkeit, eine „Unbilligkeit" (gegen die z. B. im
Wege der Retorsion eingeschritten werden könnte, aber kaum eingeschritten wird).

Solche Unbilligkeiten finden sich wohl in jeder Rechtsordnung. Die französische
Rechtsprechung ist reich an Fällen, in denen man in wenig angemessener Weise
französische Gesetze als angeblich d'ordre public da angewendet hat, wo ein ausländisches Gesetz hätte angewendet werden müssen. Ein ähnlicher „juristischer
Chauvinismus"[5] begegnet überall. Auch das deutsche EinführG ist davon nicht
frei; z. B. Art. 13 Abs. 2, 25 Satz 2 u. a. Daß solche Versuche, den Geltungs-
raum des eigenen Rechts zu erweitern, als Völkerrechtsverletzungen behandelt
oder auch nur empfunden würden, hat man bisher nirgends beobachten können.

Nur bei *schweren* Mißachtungen jenes Grundsatzes kann von Völker-
rechtswidrigkeiten geredet werden. Einige Pflichten, die die Gestaltung
des internationalen Privatrechts betreffen, dürfen heute schon als Rechts-
pflichten jedes Staates angesehen werden:

1. Kein Staat darf die Anwendung ausländischen Rechts grundsätzlich ablehnen und seinen Gerichten die ausschließliche Anwendung des
heimischen Rechts gebieten[6]. Er hat vielmehr nach Grundsätzen, die er
selbst aufstellen mag, die Anwendung ausländischen Rechts zu gewähren.

2. Kein Staat darf das nach seinen Grundsätzen an sich anwendbare
ausländische Recht von der Anwendung willkürlich ausschließen. Solche
Ausschließung ist ihm nur erlaubt, wenn die Anwendung zu Ergebnissen
führen würde, die nach seiner Auffassung der inneren öffentlichen Ordnung (dem ordre public) widerstreiten. Rechtswidrig wäre insbesondere
eine differenzierende Behandlung mehrerer ausländischer Rechte, also
die Nichtanwendung des im Staate X geltenden Rechts, wenn die Rechtsordnungen anderer fremder Staaten bei entsprechender Sachlage angewendet werden.

3. Kein Staat darf sein internationales Privatrecht (wie übrigens
auch sein materielles Privatrecht) so gestalten oder so anwenden, daß
dadurch völkerrechtliche Pflichten in Ansehung des *Fremdenrechts*[7] verletzt werden. Vgl. auch § 35 II 5.

---

[5] LEWALD: Mitt. d. Gesellsch. f. Völkerrecht 7, 57.

[6] Kaum zweifelhaft, seit v. SAVIGNY: System VIII 26 f.

a) Ist ein Rechtsverhältnis in einem ausländischen Staate zwischen Angehörigen dieses Staats nach dem Rechte desselben gültig entstanden, so pflegen alle anderen Staaten das Rechtsverhältnis als gültig entstanden zu behandeln, selbst wenn es nachträglich ins Inland verlegt wird und nach inländischem Rechte nicht gültig entstanden wäre. Zwei Griechen, die in Athen wohnhaft, dort griechischem Recht entsprechend gültig vor ihrem Priester geheiratet haben und dann nach Deutschland ziehen, werden auch hier als verheiratet angesehen. Ein Franzose, der in Paris Eigentum an einem Schmuckstück durch Kauf und ohne Übergabe erworben hat, bleibt Eigentümer, auch wenn die Sache nach Deutschland kommt. Entsprechendes gilt für den Untergang von Rechtsverhältnissen. Ist eine Ehe zwischen Belgiern, die in Brüssel wohnhaft sind, ebendort wegen gegenseitiger Einwilligung geschieden worden, so ist sie erloschen, und das gilt, selbst wenn die geschiedenen Personen nachträglich nach Deutschland ziehen und obwohl deutsches Recht keine Scheidung wegen gegenseitiger Einwilligung zuläßt.

Man pflegt in Fällen dieser Art von einem internationalen Schutz der im Ausland wohlerworbenen Rechte zu sprechen (*droits acquis, vested rights*); so namentlich in Frankreich, England und den Vereinigten Staaten von Amerika. Der französische Rechtslehrer PILLET[8] leugnete, daß es sich hier überhaupt um ein Problem des „conflit des lois" handle. Ob ein im Staat X zwischen Angehörigen von X gültig entstandenes Rechtsverhältnis aufrechtzuerhalten sei, wenn nachträglich (durch Wohnungswechsel oder Verbringung ins Ausland) eine Auslandsbeziehung entsteht, sei (erstens) keine Frage des internationalen Privatrechts, weil keine Kollision von Rechtssätzen bestehe, sondern (zweitens) eine Frage des Völkerrechts. Das erste ist nicht zutreffend: eine Kollision von Rechtsnormen, nämlich den Normen des Staats X und den ausländischen Normen, besteht zwar nicht von Anfang an, aber entsteht später. Es ist nicht richtig, daß der inländische Richter für die Frage des Fortbestandes nur das Recht von X anwenden wird. Insbesondere wird er die im Ausland begründeten Rechte nicht anerkennen, wenn solche Anerkennung dem einheimischen ordre public widerspräche (vgl. unten § 14) oder wenn das einheimische Recht einen rechtlichen Typus der ausländischen Art nicht zuläßt (z. B. eine Mobiliarhypothek)[9]. Immerhin ist die Anerkennung der im Ausland gültig entstandenen Rechte die Regel. Der zweite Gedanke PILLETs, daß die Anerkennung

---

[7] Zum Folgenden BRUNS, V. u. SCHINDLER: a. a. O. STEINBACH, P.: Bonner Rechtswiss. Abhandl. Heft 19 (1931) 24ff., 34ff. (mit Lit.).

[8] PILLET: Principes de droit international privé, 1903, no. 273 ss. Weitere Literatur bei MÜLLER, HORST: Der Grundsatz der wohlerworbenen Rechte im IPR, 1935 (vgl. ULMER: Archciv Prax 145, 374), insbes. ARMINJON: Rec. d. Cours 44 (1933 II) 5ff.

[9] FRANKENSTEIN: I 134.

der im Ausland begründeten Rechtsverhältnisse *völkerrechtlich* geboten sei, ist haltbar, aber zu unbestimmt, um von Nutzen zu sein.

b) Kein Staat darf, trotz einer an sich korrekten, auf das eigene Recht weisenden Kollisionsnorm dieses eigene Recht dann anwenden, wenn dadurch Vermögen *von Ausländern ohne volle Entschädigung entzogen* würde[10]. Erklärt ein Staat, daß er alles im Staatsgebiet belegene Grundeigentum entschädigungslos enteigne (Rußland), oder im Interesse einer Agrarreform, daß er gewisse Grundstücke gegen eine geringe Entschädigung enteigne[11], so ist zwar die lex rei sitae für derartige Anordnungen maßgebend. Aber wegen ihres *Inhalts* darf die an sich maßgebende Norm gegenüber Ausländern nicht angewendet werden; diesen darf zwar Grundeigentum auf russischem (usw.) Boden entzogen werden, aber nur gegen volle Entschädigung: die Anwendung der an sich zuständigen Norm gegen Ausländer wäre völkerrechtswidrig[12].

Es liegt hier also umgekehrt wie beim ordre public. Kraft dieses ist jeder Staat berechtigt, die Anwendung ausländischen Rechts, das an sich anwendbar wäre, aus Gründen der öffentlichen Ordnung abzulehnen. Hier dagegen ist jeder Staat verpflichtet, die Anwendung inländischen Rechts, das an sich anwendbar wäre, aus Gründen des Völkerrechts zu unterlassen.

§ 4. Geschichtlicher Überblick.

CATELLANI: Il diritto internazionale privato e i suoi recenti progressi (2. Aufl.), 2 Bde. 1895, 1902. — v. BAR: I 18ff. — GUTZWILLER: Le développement historique du droit intern. privé, Rec. d. Cours 1929. — GUTZWILLER: Der

[10] Vgl. GUTTERIDGE, JOYCE: The Expropriation and Nationalisation in Hungary Bulgaria and Roumania, ICLQ I (1952) 14ff.

[11] Ob das allgemeine Völkerrecht (i. G. zum partikulären) einen solchen Grundsatz schon kennt, ist freilich nicht unstreitig. Vgl. BORCHARD, EDW.: Diplom. Protection of Citizens Abroad 1915, 104ff. VERDROSS: JurW 1924, 1319. FACHIRI: ByIL 1925, 159ff. SCHINDLER: a. a. O. 57, 83f. STEINBACH: a. a. O. (mit weit. Lit.). Dieser leugnet jenen Grundsatz zwar (S. 132), nennt aber selbst drei Fälle internationaler Gerichtsbarkeit, in denen er anerkannt worden ist: den Spruch des Haager Schiedshofes von 1922 (Norwegen gegen die Vereinigten Staaten von Amerika): "just compensation is due to the claimants under the municipal law of the United States as well as *under the international law*, based upon the respect of private property", den Schiedsspruch MAX HUBERS (Großbritannien gegen Spanien) von 1924: «il peut être considéré comme acquis qu'un droit international un étranger ne peut être privé de sa propriété sans juste indemnité», den Spruch des Schiedsrichters G. ADOR vom 27. September 1928 in Sachen David Goldenberg gegen Deutsches Reich (in BrunsZ. I 2 87ff.). Auch das Arrêt Nr. 7 des Haager Ständ. Internat. Gerichtshofs vom 23. Mai 1926 betr. den Chorzow-Streit spricht den Satz aus, daß das «principe du respect des droits acquis ... fait partie du droit international commun». Vgl. SCHMID u. SCHMITZ: BrunsZ. 1929 I 301. Vgl. auch den Streit zwischen den Vereinigten Staaten und Panama in BrunsZ. IV 925; American J. 28 (1934) 602.

[12] OGH BrZ Z 1, 386: (Feststehender Grundsatz des Völkerrechts, daß konfiskatorische Maßnahmen streng territorial sind.)

Einfluß Savignys auf die Entwicklung des Internationalprivatrechts, 1923. — GUTZWILLER: IPR 1521ff. — LAINÉ: Introduction au droit intern. privé, contenant une étude historique et critique de la théorie des statuts, 2 Bde. 1888, 1892. — NEUMEYER, K.: Die gemeinrechtliche Entwicklung des intern. Privatu. Strafrechts bis Bartolus, 2 Bde. 1901, 1916. — NEUMEYER, K.: Zeitschr. f. Völkerrecht II 190ff. — MEIJERS, E. M.: Bijdrage tot de geschiedenis van het intern. Privaat- en Strafrecht in Frankrijk en de Nederlanden, 1914. — MEIJERS: Rec. d. Cours 49 (1934 III) 574ff. — NOLDE, BARON BORIS: Rec. d. Cours 55 (1936 I) 303ff. — KOLLEWIJN: Geschiedenis van de nederlandse wetenschap van het IPR, 1937. — NEUMEYER: SavignyZ, germ. Abt. 39 (1918) 309. — DONNEDIEU DE VABRES, J.: L'évolution de la jurisprud. française depuis le début du XXe siècle, 1938. — Über griechisches und römisches Internationalprivatrecht vgl. die fesselnde Studie H. LEWALDS: Conflits de lois dans le monde grec et romain, S.A. aus dem Archeion idiotikou dikaiou 13 (1946) 30ff. — NIEDERER, in Festschrift für Fritzsche (1952) 115ff. — RIEZLER: Internat.Ziv.ProzeßR., 50ff.

Das heutige internationale Privatrecht ist überwiegend nationales Recht, seine Rechtsquellen sind Rechtsübung und Gesetz. Anders in seinen Ursprüngen. Das internationale Privatrecht ist entstanden als überstaatliches (überstatutarisches) Recht, und seine Rechtsquelle war die Wissenschaft.

I. Die Wiege des internationalen Privatrechts steht im *Italien* des 13. Jahrhunderts. Die italienischen Stadtstaaten (Genua, Pisa, Mailand, Bologna, Venedig, Florenz, Pistoja, Parma, Siena, Piacenza, Amalfi u.a.) hatten, z. T. seit fast 2 Jahrhunderten, „Statuta" erlassen, die überwiegend Weistümer alten städtischen und kaufmännischen Gewohnheitsrechts waren (Statutum est arbitraria mundi norma que a vulgari hominum consuetudine procedit, so definiert ein Schriftsteller um 1215)[1], teilweise aber auch neues Recht brachten. Der geschäftliche Verkehr von Stadt zu Stadt und mit dem Ausland (Syrien, Arabien, Spanien, Südfrankreich usw.) ließ das Problem der Anwendbarkeit fremder Statuten immer von neuem entstehen, und da jeder Richter anfangs nur das eigene Recht anwandte[2] und Staatsverträge zwar in größerer Zahl bestanden, aber die Frage des anwendbaren Rechts kaum regelten[3], bekommt gegenüber dieser Frage zunächst das Problem, *vor welchem Richter* Recht zu nehmen sei, das Übergewicht. Das internationalprivatrechtliche Problem entsteht in der Wissenschaft der Glossatoren. Nach NEUMEYERs Untersuchungen scheint zuerst Magister ALDRICUS im Ausgang des 12. Jahrhunderts es scharf gestellt zu haben: quaeritur, si homines diversarum provinciarum quae diversas habent consuetudines, sub uno eodemque iudice litigant, utram earum iudex . . . sequi debeat ?

---

[1] Vgl. GOLDSCHMIDT, L.: Universalgeschichte des Handelsrechts (1891) 151[29].

[2] Debet servari consuetudo loci illius ubi agitur (ACCURSIUS). Man berief sich hierfür zum Teil auf D. 4, 8, 21, 10, zum Teil darauf, daß die Parteien iudicem illum eligendo videntur eligere statuta et consuetudines suas (JACOBUS BALDUINI). Hierüber NEUMEYER: II 58ff.

[3] GOLDSCHMIDT, L.: a. a. O. 193[168].

Die Antwort freilich war unzureichend: der Richter solle urteilen nach
dem Gesetz, das ihm das „bessere", das „nützlichere" zu sein scheine:
„eam quae potior et utilior videtur; debet enim iudicare secundum quod
melius ei visum fuerit⁴". Am Beginn des 13. Jahrhunderts finden wir
den Gedanken, daß die Gesetzgebung eines Herrschers, einer Stadt
stets nur die Untertanen binde: Statutum non ligat nisi subditos.
Zugleich lernt man zwischen materiellem und Prozeßrecht unterscheiden:
für dieses (für die consuetudo ad litis ordinationem introducta) gelte
die lex fori; für jenes (die consuetudo ad litem decidendam introducta)
läßt man die lex loci actus, ubi contractum est, entscheiden⁵. Der Satz
Locus regit actum, der sich dereinst die Welt erobern sollte, ist damit
entstanden, und er bezieht sich nicht nur, wie heute in Deutschland,
auf die Form von Rechtsgeschäften, sondern auch (wie heute noch in
manchen romanischen Ländern) auf deren Inhalt. Er wird bald auch
auf Handlungen nicht rechtsgeschäftlicher Art, besonders auf Delikte,
bezogen. Neben der lex loci actus wird früh die Maßgeblichkeit der
lex rei sitae für das Sachenrecht erkannt, und zwar sowohl für Grundstücke wie für solche bewegliche Sachen, die dem Gebiet angehören
(res natae in territorio⁶). Die Wissenschaft des 13. und des 14. Jahrhunderts bringt weitere Fortschritte, sowohl in Italien bei Legisten und
Kanonisten⁷, wie in Frankreich, wo insbesondere JACOBUS DE RAVANIS
(aus Révigny, † 1296) und PETRUS DE BELLA PERTICA (Belleperche,
† 1308) ähnliche Gedanken wie die Italiener, vielleicht unbeeinflußt von
ihnen, entwickelt haben⁸. Unter allen ragt hervor: BARTOLUS DE SAXO-
FERRATO (1314—1357): er deckt den vollen Reichtum der Probleme
auf (plenius quam doctores dicant hic distinguendum!) und weist in
Einzellösungen und in der Systematik neue Wege⁹; ihm verdankt man es

---

⁴ NEUMEYER: II 66ff. GUTZWILLER: Le développement historique 14f. Nach
GUTZWILLER meint ALDRICUS mit der potior et utilior lex diejenige, die sich durch
ihre engste Beziehung zu dem Gegenstand des Rechtsstreits empfiehlt. Glaublicher
scheint mir, daß er das inhaltlich bessere Gesetz meint.

⁵ Wofür man sich auf D. 21, 2, 6 und D. 50, 17, 34 berief. So insbes. JACOBUS
BALDUINI († 1235). Vgl. NEUMEYER: II 84. GUTZWILLER: Développement 18.
KRčMÁR: Festschr. zur Jahrhundertfeier des Österreichischen Allgemeinen Bürger-
lichen Gesetzbuches 1911 II 141ff.

⁶ Vgl. hierzu NEUMEYER: II 90ff. GUTZWILLER: Développement 19.

⁷ Insbes. schon HUGUCCIO im 12. Jahrh.; vgl. NEUMEYER: II 113.

⁸ Einen solchen Einfluß leugnet insbes. MEIJERS: a. a. O. Die Frage ist kaum
sicher zu beantworten.

⁹ BARTOLUS knüpft, wie alle seine Folger, an die Glosse „Quod si Bononiensis"
an: kann ein in Modena verklagter Bologneser nach dem Recht von Modena beurteilt werden? — Eine der bei allen Juristen seit BARTOLUS meist erörterten
Fragen ist die, ob ein Statut, nach dem der Erstgeborene allein in den Nachlaß des
Vaters folgt (consuetudo Angliae), ein personales oder ein reales Statut sei, ob es
also auch gilt, wenn der im Gebiet dieses Statuts Wohnhafte (Engländer) Grundstücke in einem anderen Rechtsgebiet hinterläßt, in denen das Erstgeburtsrecht

z. B., daß der Satz locus regit actum auf die Geschäftsform und auf
den Einfluß von Willensmängeln auf die Geschäftsgültigkeit beschränkt
wird, daß dagegen für die Vertragswirkungen das Recht des Erfüllungsorts gelten soll[10]. Seither hat die Wissenschaft fast fünf Jahrhunderte
lang die Fragen des internationalen Privatrechts in der Weise behandelt,
daß sie die objektiven Rechtssätze, demnach die „Statuta" (entsprechend
in Frankreich die Coutumes, in Deutschland seit der Rezeption die
Partikularrechte), auf ihren Charakter untersuchte, und, je nachdem
ob das Statut Personen oder Sachen oder Handlungen betraf, seinen
Geltungsbereich verschieden absteckte: man pflegte in der Neuzeit die
Gesetze nach diesem Maßstab in statuta personalia, statuta realia und
statuta mixta einzuteilen und zu lehren, daß das Realstatut die im
räumlichen Herrschaftsgebiet des Statuts belegenen Grundstücke[11] er-
greife, das Personalstatut für diejenigen Personen gelte, die im Gebiet
ihren Wohnsitz haben oder aus dem Gebiet stammen, und daß das
statutum mixtum auf solche Handlungen anwendbar sei, die im Gebiete
des Statuts vorgenommen worden sind (vgl. aber Anm. 13). In dieser
Ausprägung pflegt man in der Neuzeit die Theorie, die vor allem von
den Postglossatoren (BARTOLUS, BALDUS u. a.) entwickelt und von den
großen französischen Juristen des 16. Jahrhunderts[12] fortgebildet wurde,

nicht besteht. BARTOLUS hat darauf (c. 42) die Antwort gegeben, es komme auf
den Wortlaut des Statuts an: sagt es „primogenitus succedat in immobilia", so
sei es personal; sagt es „bona decedentium veniant in primogenitum", so sei es
real. Man hat diese Buchstabenwissenschaft 500 Jahre lang stets von neuem ver-
höhnt („pudeat pueros talia aut sentire aut docere", rief d'ARGENTRÉ aus); aber
man hüte sich, den Meister, der dem Geiste seiner Zeit folgte, wegen einer Ent-
gleisung zu verurteilen. Vgl. mit Recht LAINÉ: I 154ff.
   [10] Der Text des BARTOLUS ist abgedruckt bei MEILI: BöhmsZ 4, 260ff., 340ff.,
446ff. Hervorragend ist auch BALDUS DE UBALDIS (1327—1400; Abdruck bei
MEILI, 445ff); vgl. über ihn MEIJERS: Rev. Crit. 35 (1946) 203ff. und die Ausg.
seines Tractatus de vi et potestate statutorum ratione personarum, territorii et
rerum (1358) von MEIJERS (Tractatus duo de vi et pot. statutorum, 1939). Über
ein erbrechtliches Gutachten des BALDUS : GUTZWILLER in Festschrift für Tuor, 1946.
BARTHOLOMAEUS A SALICETO († 1412), PAULUS DE CASTRO († 1441), ALEXANDER
TARTAGNUS (1423—1477), ROCHUS CURTIUS († 1495). Bemerkenswert dessen Lehre,
daß die Maßgeblichkeit des Abschlußorts für die Vertragswirkungen sich aus dem
stillschweigend erklärten Parteiwillen erkläre. Über sie alle: LAINÉ: I 166—206.
Zu VAN DE KAMPS Diss. (Amsterdam 1936) s. KRELLER: Archciv Prax 144, 106.
   [11] Für Mobilien entwickelt sich auch SALICETUS der Satz: „mobilia ossibus
inhaerent" oder „mobilia personam sequuntur"; es gilt das Personalstatut des
Eigentümers oder Besitzers.
   [12] Insbes. CAROLUS MOLINAEUS (Charles Dumoulin), 1500—1566, dem die
Theorie von der Parteiautonomie (s. unten § 27) zu danken ist (ein Gelehrter, der
übrigens auch sonst für die Entwicklung des französischen Rechts von größter
Bedeutung wurde, insbes. durch seinen Kommentar zur Pariser Coutume, durch
seine Geldlehre, in der viele den Ursprung des Geldnominalismus sehen, und durch
sein Drängen nach Rechtseinheit für Frankreich). Ein Auszug aus seinem Kommentar in Codicem I, 1,1, abgedruckt bei MEILI: BöhmsZ 5, 554ff.

als *Statutentheorie* zu bezeichnen. Aber nur bei dem, der flüchtig aus der Gegenwart zurückschaut, kann die Vorstellung einer einheitlichen Lehre entstehen, so wie der Gebirgswanderer, der vom Berg ins Tal blickt, die Höhen und Tiefen des Geländes, die Schleifen und Seitenwege nicht sieht. In Wahrheit zeigen sich allerwärts bei den Gelehrten, die dem Kollisionsrecht nachdenken, die größten Verschiedenheiten und Gegensätze, und zwar sowohl bei den Fragestellungen selbst, bei der Terminologie[13], bei der Methode der Untersuchung — daß die scholastische Weise des 14. Jahrhunderts den Gelehrten schon des 16. Jahrhunderts fern steht, bedarf keiner Darlegung —, wie auch bei den einzelnen Antworten: zeitgeschichtliche Erlebnisse des Gelehrten, politische Grundauffassungen (wie der bretonische Heimatssinn des ARGENTRAEUS), die Entwicklung der Nachbardisziplin des Völkerrechts (insbesondere des GROTIUS Einfluß auf die niederländische Ausgestaltung der Lehre), allgemeine Lebensanschauungen (Aufklärungszeit und Naturrecht) mußten zu solchem Auseinander führen. Incerti magistri incertiores lectores dimittunt, so spottet der hochmütige BERTRAND D'ARGENTRÉ über die Italiener. Gemeinsam ist den Gelehrten von BARTOLUS bis in das 19. Jahrhundert zweierlei. Sie wollen die Rechtsnormen selbst nach ihrem Hauptgegenstande daraufhin prüfen, wann sie anzuwenden sind[14]. Sie wollen andererseits Grundsätze aufstellen, die überstaatlich (übercoutumiär, überprovinzial) gelten sollen: wie sich jede der Statutentheorien, soweit dies angeht, auf Digesten- und Codexstellen[15] zu stützen versucht, so wird auch rein äußerlich das Problem der Statutentheorie jahrhundertelang mit der Exegese und Glossierung einer bestimmten Codexstelle verbunden: die 1. 1 C. de S. Trinitate 1,1 wurde seit BARTOLUS zum locus ordinarius der Lehre[16].

Die Entwicklung der sog. Statutentheorie in der Neuzeit ist hier im einzelnen nicht zu verfolgen. Unter den französischen Juristen, die sich der Kommentierung der im Lauf des 16. Jahrhunderts aufgezeichneten „Coutumes" widmeten, wurde der Kommentator der Coutume de

---

[13] Vgl. v. WÄCHTER: ArchivcivPrax 24, 256f. So wird unter den statuta mixta sehr Verschiedenes verstanden: bald die Gesetze, die sich zum Teil auf Personen, zum Teil auf Sachen beziehen, bald die auf die Handlungen bezüglichen; v. SAVIGNY: VIII 122.

[14] Vgl. insbes. GUTZWILLER: Développement 26.

[15] Die Kanonisten haben auch an gewisse Stellen des corp. iur. can. angeknüpft; z. B. an c. 1 X de spons. 4,1; c. 2 in VI, 1,2.

[16] „Cunctos populos quos clementiae nostrae regit imperium", so las man sie; sie bot zunächst willkommenen Anlaß zur Entwicklung der Lehre, daß nach einem Gesetze nicht abgeurteilt werden kann, wer ihm nicht unterworfen ist, cuius imperio non regitur. Alle Nachfolger des BARTOLUS haben jahrhundertelang die Statutenkollision im Anschluß an diese nicht passende Codexstelle behandelt, „par singerie et indiscrète imitation", wie GUY COQUILLE (in seinem Kommentar zur Coutume du Nivernois II quest. 131) höhnt.

Bretagne ARGENTRAEUS[17] für die weitere Entwicklung des internationalen Privatrechts nicht nur Frankreichs (sondern auch der Niederlande und des anglo-amerikanischen Kreises) von größter Bedeutung. Er wird der Konservator des feudalistischen Gedankens: alle Liegenschaften sind der lex rei sitae unterworfen, mag es sich um Geschäfte unter Lebenden, um Ehegüterrecht oder um Beerbung handeln; alle Statuten sind im Zweifel Realstatuten; nur solche Gesetze, die sich auf Personen beziehen — und dazu gehören auch die auf Mobilien bezüglichen — sind Personalstatuten; hier gilt die lex domicilii; Statuten, die sich auf beides, Immobilien und Personen, erstrecken, sind realia.

Damit ist vor allem die (lange Zeit sehr zweifelhafte) Frage, ob der Erbgang entsprechend dem römischen Grundsatz der Universalsukzession nach einheitlichem Recht zu beurteilen sei, verneinend entschieden worden; wer Grundstücke in mehreren Rechtsgebieten und außerdem Fahrnis hinterläßt, wird für jedes der Grundstücke nach der lex rei sitae beerbt, und der bewegliche Nachlaß fällt an den, der nach dem Personalstatut zum Erben berufen ist: Ein Gedanke, der sich im heutigen französischen, im anglo-amerikanischen Rechte und anderwärts (z. B. Österreich) erhalten hat; vgl. unten § 48.

Die Lehre D'ARGENTRÉs ist besonders in den Niederlanden weitergebildet und ins Öffentlichrechtliche gewendet worden: aus der (entdeckten) Souveränität der Landesherrn wird ihre Befugnis abgeleitet, nur nach ihrem Territorialrecht zu urteilen; aber aus der comitas gentium[18], nicht aus rechtlicher Pflicht (die dem Wesen der Souveränität zuwiderliefe), leitet man die Gestattung der Anwendung fremder Gesetze ab. Diese Lehre, entwickelt von den beiden VOET (Vater PAUL, 1619 bis 1677, und Sohn JOHANNES, 1647—1714) und von ULRICUS HUBER (1626—1694)[19], wurde die Grundlage der anglo-amerikanischen Auf-

---

[17] BERTRAND D'ARGENTRÉ (1519—1590), ein „Breton bretonnant", aus altem Adelsgeschlecht, Verfechter der Privilegien des Adels (im Gegensatz zu MOLINAEUS, der die Rechte des Königtums verteidigte), erbitterter Gegner der italienischen Lehre des BARTOLUS und seiner (auch französischen) Folger, denen er vorwerfen kann, daß sie das jus Romanum copiose et abundanter, sed et diffidiose vexasse videntur magis quam explicasse. Über ihn: LAINÉ: I 311ff. MEILI: BöhmsZ 5, 363ff.; hier auch (371ff., 452ff.) der Text des Argentraeus abgedruckt. — Unter den Folgern D'ARGENTRÉs besonders die Niederländer NICOLAUS BURGUNDUS (1586 bis 1641) und CHRISTIAN RODENBURG (1618—1668).

[18] Vgl. NIBOYET: III 82ff. — Hinweise auf diese sind übrigens älter. Schon ALBERICUS DE ROSCIATE († 1354) deutet auf die Gebote der urbanitas et gratia; vgl. KRČMÁR: Festschrift zur Jahrhundertfeier des Österreichischen Allgemeinen Bürgerlichen Gesetzbuches II 161. Zur Geschichte des Begriffs der comitas gentium; MEIJERS, E. M.: a. a. O.

[19] Die Abhandlung des ULRICUS HUBER de conflictu legum diversarum in diversis imperiis ist wieder abgedruckt von MEILI: BöhmsZ 8, 192ff. (engl. Übersetzung von LORENZEN, Selected articles 136ff., portugies. Übersetzung von VALLADÃO, 1951). Der Grundgedanke ist c. 2 in drei Thesen zusammengefaßt: Die Gesetze jedes Staates verpflichten alle subiecti. Subiecti sind die, die sich im Staatsgebiet, sei es auch vorübergehend, aufhalten. Die Staatsleiter aber „agunt comiter",

fassung, die auch heute nicht überwunden ist[20]. Auch der deutschen Statutentheorie, die ihre Blüte im 17. Jahrhundert bei den Naturrechtlern HEINRICH COCCEJI (1644—1719) und JOH. NICOLAUS HERT (1652—1710) findet[21], ist zu gedenken.

II. Die Statutentheorie hat die *Rechtsprechung* bis ins 19. Jahrhundert hinein durchaus beherrscht. Neue Gedanken von nachweisbarem Einfluß auf die Entwicklung sind aus der Rechtsprechung nicht erwachsen. So ist, jedenfalls auf dem Kontinent, das internationale Privatrecht als ein *Produkt der Wissenschaft* und als ein *der Idee nach überstaatliches Recht* zur Herrschaft gelangt.

Freilich sind es nur wenige zweifelsfreie Sätze (locus regit actum für die Form von Geschäften, sowie für Delikte, lex rei sitae für Liegenschaftsrechte, lex domicilii für die Handlungsfähigkeit), die sich als sicheres Recht feststellen lassen. Aber auch wo die Praxis bestrittene Meinungen einzelner Gelehrter übernommen hat, ist dies mit der Vorstellung geschehen, daß damit nicht nationales, sondern übergeordnetes Recht angewendet werde[22].

III. Auch die *Gesetzgebungen* haben die Statutentheorie in der einen oder anderen Weise übernommen, zum Teil weitergebildet.

Eine reine Übernahme der Theorie bringt der *Cod. Maximil. Bavar.* von 1756 I 2 § 17: „Dafern ... die Rechten, Statuten und Gewohnheiten in loco Judicii, Delicti, Rei sitae, Contractus und Domicilii unterschiedlich sind, so soll quo ad formam Processus auf die bey selbigen Gericht, wo die Sache rechtshängig ist, übliche Rechten, mit Bestrafung eines Verbrechens aber auf die Rechten des Orts, wo solches begangen worden, soviel hingegen die bloße Solennität einer Handlung betrifft, auf die Rechten des Orts, wo solche unter Todten oder Lebendigen gepflogen wird, in mere personalibus auf die Statuta in loco Domicilii, und endlich in realibus vel mixtis auf die Rechten in loco rei sitae ohne Unterschied der Sachen, ob sie beweglich oder unbeweglich, körperlich oder unkörperlich sind, gesehen und erkannt werden."

wenn „iura cuiusque populi intra terminos eius exercita" überall ihre Kraft behalten, wofern nur dadurch der Herrschaft und dem Recht des Herrschers und seiner Bürger kein Schaden geschieht (in dieser Schlußklausel ein Keim der Lehre vom ordre public). Zu nennen ferner D. G. VAN DER KEESSEL (1738—1816); über ihn MEIJERS, E. M.: a. a. O. (oben Anm. 10).

[20] Vgl. LAINÉ: II 95 ff. GUTZWILLER: Développement 39 ff.

[21] Es ist das Verdienst GUTZWILLERS: Einfluß Savignys 35 ff., IPR 1525, Développement 43 ff., das im einzelnen klargestellt zu haben. — Was insbesondere HERT anlangt, so lobt er bemerkenswerterweise in seiner Abhandlung de collisione legum (Comment. et opuscul. de selectis ex iurisprud. argumentis, ed. Hombergk, Frankfurt a. M. 1737 I) sect. IV § 3 unter seinen Vorgängern vier: ARGENTRAEUS, BURGUNDUS, RODENBURG und den Kirchenrechtslehrer CASPAR ZIEGLER (1621—1690), dazu noch PAUL VOET und COCCEJI, während er von HUBERS Comitaslehre sehr entschieden abrückt: si sola populorum conniventia id niti dicamus, quae iuris erit efficacia? HERT stellt zunächst in klaren, wenn auch nicht originellen Ausführungen die Grundsätze für die statuta personalia, realia und mixta auf und schließt daran die Erörterung von 63 noch heute lehrreichen (erdachten, nicht entschiedenen) Fällen des Kollisionsrechts. Über HERT vgl. v. WÄCHTER, C. G.: ArchcivPrax 24, 281 ff.

[22] Anders aber v. SAVIGNY: System VIII 123 f.

Das Preußische *Allgemeine Landrecht* von 1794(Einl. §§ 22—42) ist selbständiger. Es übernimmt zwar aus der Statutentheorie manches: So die Maßgeblichkeit der lex domicilii und, falls ein Wohnsitz fehlt, der lex originis (des Orts der Herkunft) für alle „persönlichen Eigenschaften und Befugnisse" eines Menschen (dunkle und mehrdeutige Worte, noch verdunkelt dadurch, daß § 25, offenbar gleichbedeutend, von den „persönlichen Rechten und Verbindlichkeiten" spricht). Es läßt ferner, entsprechend dem Satze: mobilia ossibus inhaerent, das Personalstatut auch für „das bewegliche Vermögen eines Menschen" (§ 28), dagegen die lex rei sitae für „das unbewegliche Vermögen" gelten (§ 32)[23]. Es kennt weiter den Satz locus regit actum nur für die Form von Rechtsgeschäften. Im übrigen bleibt alles das, was in den Theorien der Gelehrten zweifelhaft und streitig war, auch im Allgemeinen Landrecht ungeklärt (so das die Vertragsobligationen beherrschende Recht). Dennoch hat das Allgemeine Landrecht gewisse eigene Züge. Für zwei bestimmte Fälle ordnet es an, daß, wenn zwei widerstreitende Gesetze in Frage kommen, dasjenige Gesetz gelten soll, nach welchem die Handlung am besten bestehen kann (so erstens: wenn die lex domicilii eines Menschen maßgebend ist, der zwei Wohnsitze hat, und zweitens: wenn ein Ausländer im Inland über hier befindliche Sachen ein Geschäft abschließt und seine Geschäftsfähigkeit nur nach einem der beiden Rechte besteht): ein zukunftsreicher Gedanke, der teils dem favor negotii, teils den Verkehrsschutz betrifft (§§ 27, 35). Ein weiterer eigentümlicher Satz ist der, daß in einem bestimmten Falle der Kollision dreier Statuten (nämlich zweier leges domicilii und einer lex rei sitae) das dem preußischen (materiellen) Recht „am nächsten kommende" Recht anzuwenden sei (§ 30): letztlich eine seltsam verhüllte Begünstigung der lex fori.

Auch der *code civil* (code Napoléon) art. 3 entnimmt der Statutentheorie die Scheidung der Gesetze nach ihrem Gegenstand: die lois de police et de sûreté gelten territorial; die Immobiliargesetze gelten für die im Gebiet belegenen Grundstücke; die französischen lois concernant l'état et la capacité des personnes gelten für die Franzosen, auch wenn diese im Ausland wohnen. So unklar und lückenhaft die Bestimmungen auch sind: sie bringen eine weittragende Neuerung: die Ersetzung der lex domicilii durch das Recht der Staatsangehörigkeit[24].

Das *Österreichische* Allgemeine Bürgerliche Gesetzbuch von 1811 (§§ 4, 33 bis 37, 300) behandelt ebenfalls nur einzelne Fragen, zum Teil in recht verwickelter Weise. Es folgt (freilich in undeutlicher Fassung)[25] dem französischen Prinzip der Staatsangehörigkeit. Mit dem preußischen Recht läßt es für einen bestimmten Fall (ein von einem Ausländer in Österreich geschlossenes, ihn einseitig verpflichtendes Geschäft) das Gesetz gelten, das die „Gültigkeit des Geschäfts am meisten begünstigt".

[23] Eine Umdeutung haben diese klaren Worte in der Praxis und Wissenschaft des 19. Jahrhunderts erfahren: der Satz vom „beweglichen Vermögen" gelte nur für das Vermögen als Ganzes (besonders den Mobiliarnachlaß), nicht dagegen für die einzelnen beweglichen Sachen, während umgekehrt der Satz vom „unbeweglichen Vermögen" nur für die einzelnen Grundstücke (und die daran bestehenden Rechte), nicht für die Vererbung des Grundbesitzes gelte; vgl. FÖRSTER-ECCIUS: Preuß.PrivR I 59, 66. DERNBURG: Preuß.PrivR I 53 (beide mit Nachweisen aus der Rechtsprechung). Vgl. unten § 33[2].

[24] Zum code civil (aus der deutschen Literatur) GUTZWILLER in Heinsheimers Ausg. des c. c. (Zivilges. der Gegenwart) 799 ff. — Vgl. NIBOYET: Traité III 110 ff.

[25] Dazu STEINLECHNER u. STRISOWER in der Festschrift zur Jahrhundertfeier des Österreichischen Allgemeinen Bürgerlichen Gesetzbuches (1911) II 55 f., 97 ff.

2*

§ 5. Die Entwicklung im 19. und im 20. Jahrhundert.

Das *19. Jahrhundert* bringt die Erkenntnis, daß die Statutentheorie, die es versucht hatte, in wenigen Leitsätzen den Anwendungsbereich der Rechtsnormen zusammenzufassen, ihre Aufgabe nicht erfüllen konnte: auch abgesehen von ihrer Vielgestaltigkeit und ihrer Mehrdeutigkeit, die seit langem erkannt waren, mußte ihre letzte deutsche Einkleidung in naturrechtliche Gewänder (bei COCCEJI u. a.) mit dem Zerbrechen des naturrechtlichen Denkens ihre Unhaltbarkeit deutlich machen; der Gedanke, aus wenigen Grundsätzen ein volles System des Kollisionsrechts ableitend zu gewinnen, stirbt ab[1].

I. Aber auch im 19. Jahrhundert bleibt die Geschichte des internationalen Privatrechts überwiegend eine Geschichte seiner Wissenschaft. Rechtsschöpferisch, wie seit einem halben Jahrtausend kein zweiter, wirkte hier FRIEDRICH CARL v. SAVIGNY. Der achte Band seines Systems des heutigen Römischen Rechts, den der Siebzigjährige 1849 erscheinen ließ, hat die Rechtsentwicklung, nicht nur Deutschlands, mächtiger und unmittelbarer beeinflußt als sonst ein der Erkenntnis bestehenden Rechts gewidmetes Werk. Freilich fand er den Boden gereinigt vor. CARL GEORG v. WÄCHTER hatte soeben (1841) die Trümmer der Statutentheorie weggeräumt[2]. Der große nordamerikanische Jurist JOSEPH STORY (1779—1845) hatte 1834 in seinen Commentaries on International Law dem Europäer gezeigt, wie ein Jurist in nüchterner Besonnenheit, unvoreingenommen durch pseudowissenschaftliche Axiome, aber sich in das lebendige Case Law eines weitschichtigen Materials von Gerichtsentscheidungen[3] versenkend, das wahrhaft geltende Recht finden und darstellen kann. Zwar verschmähte auch STORY nicht die gelegentliche Anknüpfung an Sätze der Statutentheorie; aber sie waren ihm ein nebensächlicher Schmuck, etwa so wie den Statutentheoretikern die Anlehnung an (wenig passende) fragmenta und leges des Corpus juris. STORY vermied gleichzeitig die bloße Anhäufung von Urteilsstoff

---

[1] In anderer Form ist er bei ZITELMANN und FRANKENSTEIN neu erstanden.

[2] ArchcivPrax 24, 270ff., zugleich die eingehendste Darstellung der deutschen Statutentheorie. — WÄCHTERs eigene Lehre (a. a. O. 261—270): der Richter hat, wenn die Auslegung der lex fori nichts anderes ergibt, die lex fori anzuwenden. WÄCHTER kann (ArchcivPrax 25, 15[196]) unter seinen Vorgängern mit Recht die Holländer nennen.

[3] Das fast völlige Fehlen der Nachweisung von Gerichtsentscheidungen bei den deutschen Autoren ist das, was schon WÄCHTER an der herrschenden deutschen Wissenschaft am meisten verwundert hat. Es erklärt sich teils aus der Grundhaltung des Naturrechts, teils aus dem Gelehrtenhochmut der Zeiten („Der Verfasser glaubt recht gethan zu haben, daß er die Praxis, so sehr er auch dieses Polster der literarischen Trägheit, diese Stütze blinder Willkür haßt, nicht ganz übergangen hat", schrieb 1801 FEUERBACH: Lehrb. d. peinl. Rechts, S. IX).

wie die Gewinnung und Aufstellung allgemeinster Prinzipien[4]. Es war kein Zufall, wenn diese Arbeitsweise dem Vater der historischen Rechtsschule gefiel und seine eigene Arbeit beeinflußte. Der Ausgangspunkt des deutschen Meisters war allerdings STORYs Vorstellungen entgegengesetzt. STORY fußte noch ganz auf der Lehre der Niederländer, besonders ULR. HUBERs, daß die Anwendung fremden Rechts auf bloßer comitas gentium beruhe.

II. Diese Lehre war in der deutschen Wissenschaft schon des 17. und 18. Jahrhunderts erfolgreich bekämpft worden, und hieran knüpft v. SAVIGNY an. Der Standpunkt, von dem auszugehen er für „räthlich" erklärt, „ist der einer völkerrechtlichen Gemeinschaft der miteinander verkehrenden Nationen". Dieser Standpunkt habe „im Fortschritt der Zeit immer allgemeinere Anerkennung gefunden, unter dem Einfluß theils der gemeinsamen christlichen Gesinnung, theils des wahren Vortheils, der daraus für alle Theile hervorgeht". Er stellt es als das Ziel hin, „daß die Rechtsverhältnisse, in Fällen der Collision der Gesetze, dieselbe Beurtheilung zu erwarten haben, ohne Unterschied, ob in diesem oder jenem Staate das Urteil gesprochen werde". (S. 26, 27.)

SAVIGNY hat die Frage nicht mehr wie die Vertreter der Statutentheorie dahin formuliert: welche Natur haben die einzelnen Rechts*sätze*? Beziehen sie sich auf Personen, auf Sachen, auf Handlungen? Er will die *Rechtsverhältnisse* klassifizieren; bei jedem Rechtsverhältnis sei das Gebiet aufzusuchen, dem es „seiner eigenthümlichen Natur nach *angehört* oder unterworfen ist" (S. 28); für jede Klasse der Rechtsverhältnisse sei „ein *bestimmter Sitz*" zu ermitteln (S. 108). Diese Aufgabe erfüllt SAVIGNY in Einzelausführungen über Rechts- und Handlungsfähigkeit (für die er den Wohnsitz entscheiden läßt), über die einzelnen Sachenrechte, über die Obligationenrechte, über Erbrecht, über Ehe, väterliche Gewalt und Vormundschaft, sowie über die Formen der Rechtsgeschäfte[4a]. Seine Grundsätze und der überwiegende Teil seiner Einzelausführungen sind von der deutschen Praxis (und überwiegend von der Wissenschaft) aufgenommen worden[5]. SAVIGNYs Lehre wurde gemeines deutsches Recht; ja sogar widerstreitende Landesgesetze wurden unter dem Einfluß seiner Forderungen in oft gewaltsamer Weise umgedeutet (so das Allgemeine Landrecht; vgl. oben S. 19[23]). Seine Lehre hat aber auch auf die Rechtsentwicklung des Auslandes den

---

[4] STORY hat begreiflicherweise auf die englische Rechtswissenschaft stark gewirkt; aber auch auf Frankreich: hier durch Vermittlung von FOELIX: Traité du droit int. privé, 1843, der STORYs Lehre völlig aufnimmt. Vgl. DE LA PRADELLE: Nouv. Rev. 10 (1943) 16 ff.

[4a] Einen beachtlichen Seitenweg in SAVIGNYs Überlegungen weist NEUHAUS: RabelsZ 15, 364. Vgl. unten Anm. 10.

[5] Nachweisungen bei GUTZWILLER: Einfluß Savignys 49 ff., 79 ff.

größten Einfluß geübt[6]: die kühle Besonnenheit, die stets das Gegebene von dem „Räthlichen" sauber zu scheiden weiß, die praktische Brauchbarkeit im einzelnen, die Fernhaltung alles unfruchtbaren Doktrinarismus, die gemessene Ruhe der Darstellung konnten ihren Eindruck auf den englischen Richter nicht verfehlen. Dazu trat, daß SAVIGNY das in England herrschende Domizilprinzip verteidigte. SAVIGNY hat in der englischen Rechtsprechung fast gleichen Rang mit STORY erhalten. Aber auch die französische und die belgische Wissenschaft, und damit unmittelbar die Praxis, sind von SAVIGNY stark berührt worden[7]. Es hat an Gegnern nicht gefehlt. Besonders wurde das Wort vom „Sitz" des Rechtsverhältnisses und der darin enthaltene Versuch einer Lokalisierung von Rechtsverhältnissen viel angegriffen: es sei ein „bloßes Bild", es sei unklar und führe (so NIBOYET) zu „juristischem Impressionismus". Allein: ohne bildhaftes Denken kann der Jurist nicht immer auskommen; wer den Wohnsitz einer Person als „Mittelpunkt" ihrer „Lebensverhältnisse" definiert, vermittelt gute Anschauung, obwohl die Lebensverhältnisse keinen „Kreis" im geometrischen Sinne bilden[8], der Ausdruck „höchste Staatsgewalt" verwendet in glücklicher Weise räumliche Vorstellungen, um eine außerräumliche Beziehung anschaulich zu machen. Ein gutes Bild hat oft die Kraft, den Menschen in die zur Beobachtung und Abwägung erforderliche geistige Haltung zu versetzen. Daß das Wort „Sitz" unklar („vag") ist, ist wahr; ein vielleicht klareres Bild verwendet OTTO GIERKE[9], wenn er, SAVIGNYs Lehre weiterbildend, lehrt, es sei der „Schwerpunkt" der Rechtsverhältnisse aufzusuchen. Völlige Exaktheit liegt auch hier nicht vor. Das aber hat der Begriff mit anderen Begriffen gemein, mit denen zu arbeiten der Jurist genötigt ist (man denke an Verursachung, Sachherrschaft, Ausbeutung und andere). Die Folge ist, daß man bei vielen Rechtsverhältnissen darüber zweifeln kann, wo ihr Sitz, wo ihr Schwerpunkt liegt (Vertragsobligationen, Rechte an res in transitu und andere): solche Zweifel bleiben bei Verwendung eines räumlichen Bildes für unkörperliche Dinge nicht aus. Der Gedanke SAVIGNYs weist nicht den Weg zum Ziel, aber die Wegerichtung. Jedenfalls ist es keinem der Folger SAVIGNYs gelungen, eine von Vagheit völlig freie „Formel" zu finden[10], auch GIERKE nicht,

---

[6] Genaueres bei GUTZWILLER: a. a. O. 109ff., 132ff.

[7] In Frankreich nostrifiziert man ihn bisweilen: man betont dort gerne, SAVIGNY entstamme einer alten französischen Familie; ja, ein Gelehrter meint sogar, qu'il doit peut-être à cette origine le don de la clarté qui distingue ses ouvrages.

[8] Vgl. ENNECCERUS: Allg. Teil § 89[1].   [9] GIERKE: Deutsches Privatrecht I 217.

[10] v. BAR spricht von der „Natur der Sache" oder „inneren Vernunftmäßigkeit" als dem materiellen Prinzip des internationalen Privatrechts; I 108 u. ö. Vgl. dazu GUTZWILLER: Einfluß Savignys 63ff., 86ff. Von der „eigentlichen Natur der Rechtsverhältnisse" hatte schon SAVIGNY gesprochen.

dessen Wendung immerhin fruchtbare Vorstellungen erzeugt und so ergänzend neben SAVIGNYs Bild treten darf.

III. Neben STORY und SAVIGNY war es ein italienischer Politiker, der nicht nur der Wissenschaft des internationalen Privatrechts, sondern diesem selbst kräftige Förderung brachte. Der verbannte Neapolitaner PASQUALE STANISLAO MANCINI, der nach Piemont geflüchtet war, hielt im Januar 1851 an der Universität Turin seine berühmte Rede della nazionalità come fondamento del diritto delle genti. In glitzernden Worten und mit Leidenschaft vertritt er die These, daß nicht der Staat, sondern die Nation (die italienische Nation bildete noch keinen Staat) der Grundbegriff des Völkerrechts sei; die nazionalità ist die base razionale del diritto delle genti. Ihre Komponenten sind Landschaft, Rasse, Sprache, Sitten, Geschichte, Gesetze, Religion: diesen allen gebe den lebendigen Geist das gemeinsame Bewußtsein (coscienza) der nazionalità. Durch die Nationalität werde auch die Einzelpersönlichkeit erst bestimmt. Anerkenntnis einer Persönlichkeit sei nur möglich als Anerkenntnis ihrer Nationalität[11].

Diese Lehre, die nichts weniger als eine juristische Konstruktion geben wollte, hat die italienische und die französische Wissenschaft begeistert; sie ist (in Italien von ESPERSON und FIORE, in Frankreich von ANDRÉ WEISS, in Belgien von LAURENT) zur Grundlage einer neuen, der sog. italienischen Theorie des internationalen Privatrechts[12] gemacht worden: Es gibt zwei Klassen von Privatrechtssätzen, solche, die dem privaten Nutzen und solche, die der öffentlichen Ordnung dienen. Jene werden durch die Nationalität (nicht durch den Wohnsitz) der Menschen bestimmt; und es ist nicht comitas, sondern Erfüllung völkerrechtlicher Pflicht der Staaten, wenn sie auf den Ausländer sein Heimatrecht anwenden.

Dafür, daß die Gesetze in Wirklichkeit in engster Verbindung mit Religion, Neigungen, Lebensgewohnheiten, Klima und anderen natürlichen Eigenschaften eines Volkes und Landes stehen, konnte man sich auch auf MONTESQUIEU: Esprit des lois I cap. 3 Abs. 14 berufen, sowie besonders auf die Volljährigkeitsnormen, die auf die physische Reife des Menschen und damit auf Stammesmerkmale zugeschnitten sind.

Die Sätze der öffentlichen Ordnung wirken dagegen territorial; sie binden auch den Ausländer, der sich im Staatsgebiet aufhält. Diese Sätze des ordre public erscheinen in der italienischen Lehre nicht mehr, wie bei SAVIGNY, als unwillkommene Ausnahmen, als Durchbrechungen des Prinzips des internationalen Privatrechts; sie *sind* eines der beiden

---

[11] Die Rede ist gedruckt in MANCINIS Diritto internazionale; Prelezioni 1873, 5 ff.; vgl. bes. 27 f., 35 f.

[12] Über gewisse Züge, die sie mit SAVIGNYS Lehre gemeinsam hat: GUTZWILLER: Einfluß Savignys 152 ff.

Prinzipien des internationalen Privatrechts. Manche Gelehrte haben als ein drittes Prinzip den Gedanken der Parteiautonomie hinzugefügt, die Emanation der „Freiheit" neben der Nationalität und der Gebietshoheit[13].

Die Lehre der italienischen Schule hat auf die Entwicklung des Rechts selbst stark gewirkt, und zwar nicht nur auf die Rechtsprechung (Ausbau der Gedanken des ordre public), sondern auch auf die Gesetzgebung. Viele der Staaten, die ihr Kollisionsrecht seither gesetzlich ganz oder teilweise fixiert haben, so vor allem der italienische codice civile von 1865, abgeändert 1942[14], übernahmen die Gedanken der italienischen Schule, insbesondere die Ersetzung des Wohnsitzprinzips durch das Prinzip der Staatsangehörigkeit, das freilich schon vom französischen code civil aufgenommen worden war[15].

IV. Die Gedanken des großen amerikanischen Praktikers, des deutschen Gelehrten, des italienischen Staatsmannes haben Rechtsprechung, Rechtswissenschaft und Gesetzgebung seither befruchtet. Die Versuche, zu *neuen* Zusammenfassungen und zur Aufstellung neuer beherrschender Grundgedanken zu gelangen, haben freilich nicht völlig aufgehört. ERNST ZITELMANNs Versuch, aus angeblichen Grundsätzen des Völkerrechts (es sind im wesentlichen Sätze über Personal- und Gebietshoheit) ein bis ins einzelne durchgeführtes System des „völkerrechtlichen" internationalen Privatrechts zu entwickeln, hat viel Bewunderung, aber allgemeine Ablehnung gefunden. Dasselbe Schicksal ist dem Versuch ERNST FRANKENSTEINs geworden: er sieht die Staatsangehörigkeit eines Menschen und den Ort der Lage einer Sache als die beiden Anknüpfungspunkte an, deren Primat „a priori" gelte und „axiomatisch" sei; er erlaubt aber (mit dem sicheren Takt des Praktikers) der primär herrschenden Rechtsordnung, ihre Macht auf eine andere zu übertragen, so daß kraft des Willens jener „primären" Ordnung eine „sekundäre" Anknüpfung eintritt; diejenigen positiven Rechtsordnungen endlich, die sich dieser Lehre nicht fügen, sondern, wie die englische, statt der Staatsangehörigkeit für die in ihrem Lande wohnhaften Ausländer das Recht des Domizils entscheiden lassen, bringen nach FRANKENSTEIN keine echten, sondern nur „Pseudo"-Anknüpfungen: die darin liegende Mißachtung des wichtigsten Kollisionsrechts der Erde zeigt die

---

[13] Bei A. WEISS gibt es noch ein viertes Prinzip, dessen Gleichordnung mit den anderen befremden mag: der Satz „locus regit actum".

[14] RabelsZ 15, 166ff.

[15] Eine Stärkung dieser Idee im italienischen codice civile gegenüber dem code civil liegt vor allem darin, daß für die Erbfolge ohne Rücksicht auf die lex rei sitae die Staatsangehörigkeit entscheidet und daß für die Form und die Wirksamkeit von Rechtsgeschäften das Heimatrecht dann maßgebend ist, wenn es beiden Parteien gemeinsam ist.

Blutleere seiner Theorie[16]. Stärker haben die Lehren des Franzosen
PILLET gewirkt, der in NIBOYET, CALEB u. a. zeitweise Folger gefunden
hat[17]: für die Lehre vom Conflit des lois, die er von der Frage des
Schutzes wohlerworbener Rechte abtrennt, geht PILLET davon aus, daß
alle Privatrechtsnormen zugleich „lois générales" und „lois permanen-
tes" seien, d. h. gegenüber jeder im Staatsgebiet sich aufhaltenden
Person (territorial) und gegenüber den eigenen Staatsangehörigen auch
außerhalb des Staatsgebietes (extraterritorial) gelten wollen, daß aber
bei der Kollision einer dieser beiden Zwecke zurücktreten müsse; welcher,
ergebe der „but social" des einzelnen Gesetzes: ist Gesetzesziel der Schutz
persönlicher Interessen, so sei das Gesetz eine loi permanente, die daher
extraterritorial wirke; ist Gesetzesziel die Wahrung eines Gemeinschafts-
interesses, so sei das Gesetz eine loi générale, die also territorial wirke.

Von diesen Versuchen und denen einiger französischer Gelehrter
abgesehen, erkennt man in den letzten zwei Menschenaltern die Un-
fruchtbarkeit allgemeiner Formeln und die Unsicherheit und Angreif-
barkeit der Methoden, mit denen sie gewonnen werden. Man wird immer
mehr dessen inne, daß das internationale Privatrecht sich, wie alles
sonstige Recht, nur aus Gesetzen, Rechtssprüchen der Gerichte und den
Bedürfnissen der menschlichen Gemeinschaften gewinnen läßt, und
STORY wird der heimliche Lehrer der Welt.

§ 6. Staatliche Kollisionsnormen und Staatsverträge.

I. Die Schaffung *staatlicher Kollisionsnormen*, die in wachsendem
Umfange Einzelfragen ordnen, entspricht der Neigung des Jahrhunderts
zu Kodifikationen. Fast ganz frei davon halten sich der englische und
anglo-amerikanische Rechtskreis und die skandinavischen Länder. Der
französische code civil[1], der trotz der Dürftigkeit seiner Kollisionsnormen die beiden Hauptgedanken der späteren italienischen Schule:
Nationalitätsprinzip und territoriale Geltung der Gesetze des ordre
public angedeutet hatte, wird ein Vorbild für zahlreiche Gesetzbücher,
die im 19. und 20. Jahrhundert abgefaßt oder revidiert worden sind: so
für die der *Niederlande* 1829, *Griechenlands* 1940, *Rumäniens* 1865, *Italiens*

---

[16] Vgl. dazu besonders LEWALD, H.: Blätter f. intern. PrivR (Beil. zur Leipziger
Zeitschrift) 1927, 65 ff. GUTZWILLER: IPR 1532 f. Im Jahre 1950 hat FRANKEN-
STEIN einen Entwurf eines europäischen Codex des IPR in französischer Sprache
veröffentlicht, wobei er weder Großbritannien noch Rußland mit die russischen
Satellitenländer zu Europa rechnet. Dieser „Projet d'un code européen de droit
international privé" umfaßt 816 Artikel. Er ist umfangreicher als irgendeiner
seiner Vorgänger. Vgl. dazu RABEL: RabelsZ 16, 341; 17, 135.

[17] NIBOYET (III 159—170) hat später seine Gefolgschaft aufgegeben. Über seinen eigenen Versuch einer „synthetischen, dogmatischen und nationalen" Lösung
vgl. LQR 1947 (63) 323 ff.

[1] Eine Revision des französischen code civil wird geplant. Vgl. DELAUME:
Canad. BR 29 (1951) 721.

1865 (und 1942, vgl. oben S. 24[14]), *Portugals* 1867, *Spaniens* 1888, sowie
zahlreicher mittel- und südamerikanischer Gesetze. Beeinflußt vom
code civil ist das *Österreichische* Allgemeine Bürgerliche Gesetzbuch von
1811, das aber auch selbständige Züge trägt (vgl. oben S. 19). Die
Schweizer Kantonalgesetze sind teils vom code civil, teils vom österreichischen Recht abhängig.

Deutschland hat sich im Einführungsgesetz zum BGB Art. 7—31
zwar keine Kodifikation, aber eine Reihe von Einzelnormen gegeben.
Sie haben sich im allgemeinen bewährt; nur wenige unter ihnen be-
durften später einer Abänderung: Art. 17, der die Ehescheidung betrifft, Art. 18, der sich auf die Ehelichkeit von Kindern bezieht, Art. 9,
der die Todeserklärung zum Gegenstand hat, und insbesondere Art. 29,
dessen fehlerhafte Regelung des Personalstatuts Staatenloser durch ein
Gesetz vom 12. April 1938 (Art. 7 § 25) wesentlich verbessert worden
ist. Gesetzlich nicht geregelt sind in Deutschland die Kollisionsnormen
des Sachenrechts und des Obligationenrechts; nur für das Recht der
unerlaubten Handlung findet sich eine Kollisionsnorm im Art. 12; und
das internationale Wechsel- und Scheckrecht ist durch das Wechselgesetz vom 21. Juni 1933 und das Scheckgesetz vom 14. August 1933
geregelt worden.

Auch in der *Schweiz* sind einzelne internationalprivatrechtliche Normen in einem Gesetz von 1891 und im ZGB von 1907 niedergelegt
worden. Ähnlich in *Brasilien* 1916 und 1942.

Eine erschöpfende Kodifikation bot *Polen* in seinen beiden Gesetzen
über das internationale und das interlokale Privatrecht von 1926 (die
nicht mehr gelten), ferner ragt hervor der *tschechoslowakische Zivilrechts-
Codex* vom 11. März 1948[2] und das sehr bemerkenswerte BGB *Griechenlands* von 1940[3].

Allen diesen Rechtsquellen liegt die Vorstellung zugrunde, die im
19. Jahrhundert von Gelehrten entwickelt worden war, daß die Anwendung ausländischen Rechts nicht eine Sache der Gefälligkeit, sondern
Rechtspflicht ist. In weitem Umfange haben sie alle das Bestreben,
die Anwendung ausländischen Rechts da anzuordnen, wo die Auslandsbeziehung als überwiegend anzusehen ist (wo, mit SAVIGNY zu sprechen,
der „Sitz" im Auslande liegt), zugleich aber auch die territoriale Geltung
solcher Normen, die der öffentlichen Ordnung angehören, sicherzustellen.
Hin und wieder tritt der Wunsch zutage, dem eigenen Recht einen
größeren Geltungsbereich zuzusprechen, als es denjenigen angemessen
erscheint, die einen Entscheidungs-Einklang (vgl. S. 9 zu [3]) als das Ziel
der internationalprivatrechtlichen Ordnung ansehen.

---

[2] Vgl. KORKISCH: RabelsZ 17 (1952) 410ff, 457ff.
[3] Über das *griechische* Gesetzbuch: GOGOS (u. AUBIN): RabelsZ 15, 337,
ibidem 240.

II. Die nationale Gesetzgebung wird in bescheidenem Umfange durch *Staatsverträge*, die sich auf Kollisionsrecht beziehen, ergänzt. Der Abschluß sog. *universeller Staatsverträge* über internationales Privatrecht wurde schon vor SAVIGNY von Gelehrten oft empfohlen, besonders warm seit 1874 von MANCINI, und dann von dem niederländischen Juristen ASSER gefördert. Es haben sieben Konferenzen im Haag, zuerst unter ASSERS Vorsitz, stattgefunden: 1893, 1894, 1900, 1904, 1925, 1928, 1951[4]. Die Früchte dieser Konferenzen sind nur die drei Abkommen von 1902 zum Familienrecht (Eheschließungs-, Ehescheidungs-, Vormundschaftsabkommen), sowie zwei Abkommen von 1905 über die Ehewirkungen und über Entmündigung. An allen fünf privatrechtlichen Abkommen sind nur wenige und nur europäische Staaten als Kontrahenten beteiligt. Großbritannien, Rußland, Griechenland, Dänemark, Norwegen, Finnland u. a. sind nie beigetreten. Einige Staaten sind nur an einem oder an einigen der Abkommen beteiligt. Andere haben ihre Zugehörigkeit gekündigt; so Frankreich bezüglich aller Abkommen. Der Ausbruch des ersten Weltkrieges hat nach der in den Friedensverträgen zum Siege geführten englischen Auffassung[5] alle Abkommen unter den kriegführenden Staaten aufgehoben. Nach dem Kriegsende wurde das Vormundschaftsabkommen wiederhergestellt; die übrigen Abkommen wurden nicht erneuert. Nur Italien stellte mit Wirkung vom 22. Juli 1929 alle Verträge im Verhältnis zu Deutschland wieder her (RGBl 1929 II 635). Auch zwischen Italien und Ungarn wurden alle Verträge wieder in Kraft gesetzt. Rumänien hat im Verhältnis zu Ungarn wenigstens die Eheabkommen von 1902, nicht das Entmündigungsabkommen hergestellt.

Hiernach galten vor dem zweiten Weltkrieg die privatrechtlichen Abkommen ohne Einschränkung nur im Verhältnis der (im Kriege von 1914/18) Neutralen zu allen Vertragsstaaten, dagegen für die Kriegsparteien nur im Verhältnis zu ihren Kriegsfreunden und zu den Neutralen, nicht zu den Kriegsfeinden, abgesehen von Italien und (zu einem kleinen Teil) Rumänien.

Von den nach 1914 neu entstandenen Staaten sind Polen und Danzig allen Abkommen, und zwar mit Wirkung gegen alle, beigetreten.

Die Vertragsstaaten waren vor 1939, und zwar beschränkt auf ihre europäischen Gebiete die folgenden:

1. Für das *Eheschließungsabkommen* vom 12. Juni 1902:
Deutschland, Danzig, Italien, Niederlande, Rumänien, Schweden, Ungarn, Schweiz. Von den Staaten, die früher dazugehörten, haben Frankreich mit Wirkung vom 1. Juni 1914, Belgien mit Wirkung vom 1. Juni 1919 das Abkommen gekündigt. Vgl. unten §§ 14 III a. E., 38 IV 2.

2. Für das *Ehescheidungsabkommen* vom 12. Juni 1902:
Danzig, Italien, Luxemburg, Niederlande, Polen, Ungarn. Von den Staaten, die früher dazu gehörten, haben Frankreich (1914), Belgien (1919), Schweiz (1929), Deutschland und Schweden (1934) gekündigt. Vgl. unten § 43 IV I d.

3. Für das *Vormundschaftsabkommen* vom 12. Juni 1902:
Deutschland, Belgien, Danzig, Italien, Luxemburg, Niederlande, Polen, Portugal, Rumänien, Schweden, Schweiz, Spanien, Ungarn; ferner Deutsch-Österreich im Verhältnis zu den Ententestaaten (nicht zu Deutschland, nicht zu den neutralen Staaten). — Frankreich hat auch dieses Abkommen zum 1. Juni 1914 gekündigt (nicht Belgien).

[4] GUTZWILLER, M.: Das Internationalprivatrecht der Haager Konferenzen: Vergangenheit und Zukunft (S.A. aus Jahrbuch f. internat. Recht II) Zürich 1945. Zur Haager Konferenz von 1951: DÖLLE: RabelsZ 17, 161 ff, 269. OFFERHAUS: J.Clunet 1952, 1076 ff. Vgl. GUTZWILLER: Beiträge zum Haager IPR 1951.

[5] Über diese höchst streitige Doktrin: die Bemerkung AUBINS in RabelsZ 16, 137 ff; RIEZLER: IntZivPrR 28, 34, 696.

4. Für das *Ehewirkungsabkommen* vom 17. Juli 1905:
Deutschland, Danzig, Italien, Niederlande, Polen, Schweden. — Frankreich
hat zum 23. August 1917, Belgien zum 23. August 1922 gekündigt.
5. Für das *Entmündigungsabkommen* vom 17. Juli 1905:
Deutschland, Danzig, Italien, Niederlande, Polen, Portugal, Rumänien, Schweden, Ungarn. — Frankreich hat das Abkommen zum 23. August 1917 gekündigt.
6. Das *Zivilprozeßabkommen* von 1905, ergänzt und ersetzt auf der 7. Haager
Konferenz von 1951.
7. Auf dieser Konferenz kamen folgende Abkommen zustande:
a) Ein Abkommen über *internationale Käufe* beweglicher körperlicher Gegenstände.
b) Ein Abkommen über die *Anerkennung* von *Gesellschaften*, „associations"
und Stiftungen.
c) Ein *Renvoiabkommen*.
d) Das (erwähnte) Zivilprozeßabkommen, das dem Gegenstand dieses Buches
fern liegt. Es behandelt nur eine kleine Zahl praktisch wichtiger Fragen: Zustellungen, Ersuchungsschreiben, Cautio iudicatum solvi, Armenrecht, Personalhaft. Dagegen nicht die Vollstreckung ausländischer Urteile.
Ebenso wichtig wie die Haager Abkommen sind die Genfer Protokolle vom
24. September 1923 und 26. September 1927 betreffend die Gültigkeit privater
Schiedsgerichte des internationalen Verkehrs und die Vollstreckung ausländischer
Schiedssprüche. Sie sind von fast allen europäischen und von einigen außereuropäischen Staaten (Neuseeland, Thailand u. a.) ratifiziert worden. Einige Staaten behielten sich die Beschränkung der Anwendung auf Handelssachen vor (nicht
Deutschland).
Eine Einigung über das Internationalprivatrecht des *Wechsels* ist nach jahr-
zehntelangen Vorbereitungen im Jahre 1930 in Genf zustande gekommen; des-
gleichen im folgenden Jahre eine Einigung über das internationale *Scheckrecht*.
Die beiden Abkommen sind von zahlreichen Staaten geschlossen, aber
nur von wenigen ratifiziert worden. Sie sind inhaltlich in eine große Zahl neuer
Wechsel- und Scheckgesetze aufgenommen worden, darunter in das deutsche
Wechselgesetz vom 21. Juni 1933 und das deutsche Scheckgesetz vom 14. August
1933. Der Ausbruch des Krieges 1939 hat die Fortgeltung dieser Gesetze daher
nicht berührt.
Es ist vielfach, wenigstens vor dem zweiten Weltkrieg, die Hoffnung
ausgesprochen worden, daß die Bemühungen zu weiteren internationalprivatrechtlichen Einigungen zu kommen, unablässig fortgesetzt werden.
Allein mehr als Halberfolge sind nicht zu erreichen. Auf eine Verständigung mit den Staaten des anglo-amerikanischen Rechts ist nicht
zu rechnen, da diese die persönlichen Rechtsverhältnisse des Menschen
nicht dem Rechte seiner Staatsangehörigkeit unterwerfen, sondern dem
Recht seines Wohnsitzes und guten Grund haben, diesen Standpunkt
aufrechtzuerhalten. Aber auch abgesehen davon stimmen die Er-
fahrungen, die man mit einigen der Haager Abkommen gemacht hat,
den besonnenen Betrachter skeptisch. Ein im Werden begriffenes, zur
Zeit noch unfertiges Recht, wie es das internationale Privatrecht ist,
durch Gesetzesparagraphen zu ordnen, statt es durch langsame Entwicklung in Rechtsprechung und Wissenschaft reifen zu lassen, ist eine
Aufgabe, die bisher die Kräfte der innerstaatlichen Gesetzgeber zu über-

steigen scheint. Um vieles schwieriger wird sie, wenn die Regelung für viele Staatsgebiete einheitlich geschehen soll. Wird, wie bei den Eherechtsabkommen, eine abstrakte Kasuistik im Stile etwa des deutschen Bürgerlichen Gesetzbuchs getrieben, so werden solche unwillkommene Überraschungen eintreten, wie sie sich bei den Eheabkommen gezeigt haben, und Rückschläge durch Kündigungen einzelner Staaten werden nicht ausbleiben. Auch besteht, selbst da, wo es zu einer staatsvertraglichen Einigung kommt, die Gefahr, daß beim Fehlen einer überstaatlichen Gerichtsbarkeit die Richter der beteiligten Staaten die Normen des Vertrags nicht einheitlich auslegen, so daß in der Praxis das geeinte Recht sich wieder spaltet. Die Gerichte des einzelnen Staats sind leicht geneigt, mehrdeutige Ausdrücke im Sinn ihres internen Rechts auszulegen, und dies wird von manchen angesehenen Juristen sogar gebilligt[6]. Zu Unrecht.

Wenn z. B. eine internationale Einigung über das Wechselrecht von dem Schutz dessen spricht, der den Wechsel „in gutem Glauben" erwirbt, so darf dieser Ausdruck, der bekanntlich im deutschen Zivilrecht, im deutschen Handelsrecht, im französischen und im italienischen Recht einen in Nuancen verschiedenen Sinn hat, für das Konventionsgebiet nur einheitlich ausgelegt werden, da anderenfalls die Rechtseinheit gehindert und damit der Sinn des Vertrags verkannt würde.

Die Schwierigkeiten, die hier bestehen, sind keine anderen als sie Deutschland vor 1900 kannte: Kein Kommentator der deutschen Wechselordnung ist auf den Gedanken verfallen, jene Worte (Art. 74 WO) für das Gebiet des gemeinen Rechts anders auszulegen als für das Gebiet des preußischen Landrechts oder des rheinischen Rechts.

III. Von sonstigen Staatsverträgen, die das internationale Privatrecht betreffen, und an denen *viele* Staaten beteiligt sind (multilaterale Verträge), sind drei zu nennen:

1. Die skandinavische Union von 1931, geschlossen zwischen Dänemark, Norwegen, Schweden, Finnland und Island. Sie bringt eine Einigung über das internationale Privatrecht auf dem Gebiete des Eherechts, der Adoption und des Vormundschaftsrechts[7].

---

[6] Zum Beispiel von BARTIN: Principes I 105ff. Vgl. zu diesem Thema insbesondere LAUTERPACHT: De l'interprétation des traités 1950. JOKL: De l'interprétation des traités normatifs d'après la doctrine et la jurisprudence internationales (1938). MANN, F. A.: LQR 62 (1946) 278ff. Über VALLINDAS' griechisches Buch, 1932, siehe den Bericht RabelsZ 7, 170. — Richtig hat besonders das Reichsgericht, JurW 1932, 243 (unter Hinweis auf RG 104, 352; 130, 220) ausgeführt, daß „für die Auslegung internationaler Abkommen in erster Linie maßgebend" sei, „der aus dem Gesamtinhalt, dem Zweck und der Entstehungsgeschichte zu ermittelnde übereinstimmende Wille der vertragschließenden Staaten". (Freilich sagt das RG: „in erster Linie". Sind alle Mittel erschöpft, diesen Willen festzustellen, so dürfe der deutsche Richter „deutsches Recht anwenden".) OLG Hamburg IPRspr. 1932, 130ff.

[7] Deutsche Übersetzung: RabelsZ 8 (1934) 627.

2. Die beiden Verträge von Montevideo von 1889 (revidiert 1940[8]), betreffend das internationale Zivilrecht und das internationale Handelsrecht.

Sie sind ratifiziert von Argentinien, Uruguay, Peru, Bolivia und Paraguay. 3. Der sog. *Código Bustamante* von 1928. Es ist dies ein von dem Cubaner Rechtslehrer A. S. DE BUSTAMANTE Y SIRVÉN ausgearbeitetes Gesetzbuch des internationalen Privatrechts, das auf einer panamerikanischen Konferenz angenommen wurde[9].

Die Annahme wurde ratifiziert von allen (9) mittelamerikanischen und westindischen Staaten, und von 6 südamerikanischen Staaten; nicht von Argentinien, Colombien, Uruguay oder Paraguay, und insbesondere nicht von Nordamerika (Vereinigte Staaten, Kanada, Mexiko). Der Código will keine volle Rechtseinheit schaffen. Da ein Teil der amerikanischen Staaten für die Frage der Handlungsfähigkeit, des Ehe-, Verwandtschafts-, Vormundschafts- und Mobiliarrechts die lex domicilii maßgebend sein läßt (so die Staaten des Montevideo-Abkommens und Costa Rica, Panama, Guatemala), ein anderer Teil dagegen die Staatsangehörigkeit zum Anknüpfungspunkt gewählt hat (so Brasilien, Chile, Ecuador, Cuba, Dominik. Republik, Salvador), hat der Código Bustamante jedem Vertragsstaat die Freiheit lassen müssen, das ihm genehme System beizubehalten oder neu zu wählen.

IV. Neben den Staatsverträgen mit Beteiligung vieler Staaten kommen zahlreiche *Einzelverträge* zwischen zwei Staaten in Betracht: Vormundschaftsabkommen, Nachlaßabkommen, zahlreiche Handels-, Wirtschafts- und Niederlassungsabkommen, die die Anerkennung von Handels-, insbesondere Aktiengesellschaften zum Gegenstand haben, Verträge über die Zulassung konsularischer Eheschließungen und anderes. Soweit solche Verträge von Deutschland geschlossen worden sind, sind sie durch den zweiten Weltkrieg aufgehoben worden, wenn Vertragsgegner ein Feindstaat ist[10]. Wo etwa die staatsvertragliche Regelung von der gesetzlichen abweicht, geht jene vor[11].

§ 7. Literatur des internationalen Privatrechts.

I. *Deutsches* Internationalprivatrecht. v. SAVIGNY: System des heutigen römischen Rechts Bd. VIII 1849. — v. BAR, L.: Theorie und Praxis des IPR 2 Bde. (2. Aufl.) 1889. — v. BAR: Lehrbuch des intern. Priv.- und Strafrechts 1892. — v. BAR: In Holtzendorff-Kohlers Enzyklop. (1914): II 223 ff. — GIERKE, OTTO: Deutsches Privatrecht (1895) I 209 ff. — NIEMEYER, TH.: Das IPR des BGB 1901. — ZITELMANN, ERNST: IPR 2 Bde. 1897, 1912. — FRANKENSTEIN: IPR 4 Bde. 1926—1935. — LEWALD, HANS: Das deutsche IPR auf Grundlage der Rechtsprechung 1931. — LEWALD: Règles génerales des conflits, 1941. — RAAPE: IPR (3. Aufl.) 1950. — GUTZWILLER, MAX: IPR, in Stammlers

---

[8] RABEL: Conflict of Laws I 29. HECK: BöhmsZ 1 (1891) 339 ff., 477 ff., 592.
[9] Deutsche Übersetzung bei MAKAROV: 397 ff. Vgl. RabelsZ 2, 481; 3, 705.
[10] Über die Anwendbarkeit des Haager ZP-Abkommens: Vgl. dazu AUBIN: Beiheft zur DRZ 10 ff; RIEZLER: IntZivPrR 32, 696.
[11] RG 105, 341.

Enzyklop. (Das gesamte deutsche Recht) 1930, 1521 ff. — NUSSBAUM, A.: Deutsches IPR 1932. — MELCHIOR, GEORGE: Die Grundlagen des deutschen IPR 1932. Kommentare zu Art. 7 ff. EG BGB: RAAPE: (In v. Staudingers Komm. z. BGB VI, 2, 1931). — HABICHT, H. (GREIFF): IPR nach d. EG 1907. — PLANCK: Komm. z. BGB VI (3. Aufl.) 1905 22 f. — (PALANDT-) LAUTERBACH: Komm. z. BGB (10. Aufl.) 1952. 1844 ff. — KIPP, KARL THEODOR: In Fischer-Henle-Titze, BGB (14. Aufl.) 1932, 1097—1130.

Ges. Abhandlungen: KAHN, FRANZ: Abhandlungen zum IPR 2 Bde., 1928 von Lenel und Lewald herausgegeben.

Zum *internationalen Handelsrecht* insbes.: v. BAR, L.: In Ehrenbergs HB d. Handelsrechts I (1914) 327 ff. — NUSSBAUM, A.: a. a. O. — GEILER, KARL: In Düringer-Hachenburg, Komm. z. HGB I (3. Aufl.) 1930, 17 ff, — FRANKENSTEIN: a. a. O. II 399 ff.

Zum *internationalen Zivilprozeßrecht*: RIEZLER 1949.

II. *Österreich:* WALKER: IPR (4. Aufl.) 1926. — EHRENZWEIG: System d. österr. allgemeinen Privatrechts I (6. Aufl.) 1925, 86 ff.

III. *Schweiz:* MEILI, F.: Das internationale Zivil- und Handelsrecht 2 Bde., 1902. — STAUFFER, W.: Das IPR der Schweiz 1925. — SCHNITZER, A.: IPR (3. Aufl.) 2 Bde., 1950; SCHNITZER: HB d. Int. Handelsrechts 1938. — REICHEL, A.: Im Schultheßschen Komm. z. ZGB VI (1916) 129 ff. — SCHÖNENBERGER: In Osers Komm. z. ObligR (1929) XXXVII ff. — BECK, E.: In Gmürs Komm. z. ZGB Schlußtitel 1932.

IV. *Frankreich:* Lehrbücher (Manuels, Précis) von BATIFFOL: 1949. — NIBOYET: (2. Aufl.) 1928. — WEISS, ANDRÉ: (9. Aufl.) 1925, suppl. 1928. — DESPAGNET: 1909. — VALÉRY: 1914. — SURVILLE: (7. Aufl.) 1925. — LEREBOURS-PIGEONNIÈRE: (4. Aufl.) 1946. — Handbücher (Traités) von A. PILLET: Traité pratique 2 Bde., 1923 f.; Principes d. dr. i. p., 1903. — NIBOYET: 5 Bde. 1938—1948. — ARMINJON: Précis 3 Bde. (I³ 1947, II² 1934, III² 1952). — WEISS, ANDRÉ: 6 Bde., 1908 bis 1913. — BARTIN: Principes 3 Bde. 1930—1935. — In deutscher Sprache: GUTZWILLER: In Zivilgesetze d. Gegenwart, Bd. Frankreich, 799 ff. — Internationales Handelsrecht: ARMINJON 1948. — MAURY: Regles générales des conflits des lois. Rec. d. Cours 1937.

V. *Italien:* FIORE, PASQUALE: Diritto internazionale privato (4. Aufl.) 4 Bde. 1907 ff. — FIORE: Elementi di dir. i. p. 1905. — AGO: Teoria del dir. i. p. 1934. — GABBA: Introduzione al dir. civ. intern. italiano, 3 Bde. 1906—1911. — GEMMA: Appunti d. dir. int. priv. 1937. — DIENA, G.: Principî di diritto internazionale, parte II (2. Aufl.) 1917. — DIENA: Trattato d. dir. commerciale internazionale, 3 Bde. 1900—1906. — FEDOZZI²: Dir. int. priv. 1939. — MORELLI²: 1949. — Kurze Lehrbücher von PACCHIONI: 1930; CAVAGLIERI⁴: 1934; UDINA: 1933.

VI. *Belgien:* LAURENT: Droit civil internat., 8 Bde. 1880 ff. — ROLIN, A.: Principes d. dr. i. p. belge, 3 Bde. 1897. — POULLET: Manuel d. dr. i. p. belge ², 1928

VII. *Niederlande:* JITTA, J.: Internationaal Privaatrecht, 1916. — KOSTERS: Het internat. burgerl. Recht in Nederland, 1917. — MULDER: Inleiding tot het Nederlandsch IPR, 1927. — ASSER: Schets van het IPR (deutsche Übersetzung von COHN, 1880).

VIII. *Großbritannien:* DICEY: (Neu bearbeitet von MORRIS u. a.) Conflict of Laws⁶ 1949. — WESTLAKE-(Bentwich): Private International Law⁷ 1925. — CHESHIRE: Priv. Internat. Law⁴, 1952. — WOLFF, MARTIN: Priv. Internat. Law², 1950. — GRAVESON: Conflict of Laws² 1952. — SCHMITTHOFF: Conflict of Laws² 1948. — FOOTE: Priv. Int. Law⁵ 1925.

IX. *Vereinigte Staaten von Amerika:* STORY J. (-BIGELOW),: Conflict of Laws[8], 1883. — GOODRICH, H. F.: Conflict of Laws[2], 1938. — BEALE: Conflict of Laws, 3 Bde. (Kommentar zum Restatement of the Confl. of Laws.) — RABEL: Conflict of Laws (rechtsvergleichend), bisher 3 Bde. 1945 ff.

X. *Sowjetunion:* MAKAROV, A. N.: Conception du droit internat. privè d'après la doctrine et la pratique russes (USSR), 1932. — MAKAROV: Précis d. dr. i. p. d'après la législation et la doctrine russes, 1933.

XI. *Haager Abkommen:* LEWALD, H.: Wörterbuch d. Völkerrechts I 454.

XII. Literatur zum IPR andrer Länder bei MAKAROV: RVglHWB IV 320 (1933).

XIII. *Zeitschriften* und *Sammelwerke.*

Zeitschrift für internationales Privat- und Strafrecht (später: Zeitschrift für internationales Recht), begr. von BÖHM, 1891, seit Bd. 11 herausgegeben von TH. NIEMEYER.

Zeitschrift für ausländisches und internationales Privatrecht, begründet von RABEL, nebst Sonderheften seit 1928, die die deutsche Rechtsprechung zum IPR von 1926—1934, 1945—1949 bringen.

Journal du droit international (privé), begr. von CLUNET 1814, herausgegeben von GOLDMAN, Paris. Die wichtigste internationalrechtliche Zeitschrift.

Revue de droit international privé (et de droit pénal international), begr. von DARRAS, herausgegeben (bis 1933) von DE LAPRADELLE, Paris.

Revue critique de droit international (seit 1934) herausgegeben von NIBOYET.

Nouvelle Revue d. dr. i. p. (seit 1934) herausgegeben von LAPRADELLE.

Revue de droit international et de législation comparée, herausgegeben von DE VISSCHER.

Revue internationale de droit comparé.

Rivista di diritto internazionale, herausgegeben von ANZILOTTI.

Rivista italiana di diritto internazionale privato e processuale, herausgegeben von FEDOZZI 1931, 1932.

Journal of Comparative Legislation and International Law, seit 1897. 1952 vereinigt mit der International Law Quarterly (4 Bde.) zum International and Comparative Law Quarterly.

Bulletin de l'Institut intermédiaire international, seit 1919.

Revue hellénique de droit international, seit 1948.

Eine Ausgabe aller internationalprivatrechtlichen Gesetze und Staatsverträge bringt das Sammelwerk von MAKAROV: Die Quellen des IPR 1929.

Rechtsvergleichende Darstellung des IPR im Rechtsvergleichenden Handwörterbuch IV 320 ff.

LAPRADELLE u. NIBOYET: Répertoire de droit international 10 Bde. Paris 1929 ff.

Zahlreiche Arbeiten auch in dem *Recueil des Cours* de l'Académie de droit international (den Haag).

Erstes Buch.

Allgemeine Lehren.

§ 8. Die nationalen Kollisionsnormen. Ihre Arten. Lücken.

ZITELMANN: IPR I 213 ff., 226. — GUTZWILLER: 1557 ff. (mit Lit.). — LE-
WALD: 5 ff. — MELCHIOR: 54 ff. — SCHNELL: BöhmsZ 5, 337. — NEUMANN, H.:
Verhandl. d. 24. DJurT (1897) I 169 ff. — LEWALD: Règl. gén. 15 ff. — NEUNER:
RabelsZ 8, 81 ff.

I. Ob der Richter, der Verwaltungsbeamte (z. B. der Standesbeamte),
der Schiedsrichter eigenes oder fremdes materielles Recht anzuwenden
hat, entscheidet grundsätzlich das in seinem Gebiete geltende internationale Privatrecht. Es gilt für ihn die *Kollisionsnorm der lex fori.*
Nur ausnahmsweise hat er ausländisches internationales Privatrecht
anzuwenden, so im Falle der Rück- und Weiterverweisung (vgl. unten
§ 15).

II. Es kann sein, daß eine Kollisionsnorm der lex fori *ganz fehlt:*
so bei den Gemischten Schiedsgerichtshöfen des Versailler Vertrags[1]
und bei manchen durch Privatvertrag eingesetzten Schiedsgerichten.
In solchen Fällen hat das Schiedsgericht zunächst zu prüfen, ob die
Kollisionsnormen der mit dem Tatbestand in Berührung stehenden
Rechtsgebiete voneinander abweichen. Weichen sie nicht ab, so hat es
die hiernach gemeinsamen internationalprivatrechtlichen Grundsätze
anzuwenden.

Das ist häufig der Fall: bei Streitigkeiten aus Schuldverträgen hat nach allen
internationalprivatrechtlichen Normen der beteiligten Rechtsordnungen der Parteiwille festzustellen, welches Recht anzuwenden sei, oder der hypothetische Parteiwille ist zu ermitteln; bei sachenrechtlichen Streitigkeiten kommt es regelmäßig
auf die lex rei sitae an; bei Fragen des Erbrechts ist vielfach die Maßgeblichkeit
des Heimatrechts des Erblassers den zur Auswahl stehenden Rechten gemeinsam.

Weichen sie ab, so darf das Gericht nicht selten die internationalprivatrechtliche Frage nach der anwendbaren Rechtsordnung unbeant-
wortet lassen, dann nämlich, wenn alle in Betracht kommenden *materiellen* Rechtsordnungen in den entscheidenden Punkten übereinstim-
men oder wenn sie trotz inhaltlicher Verschiedenheit zu demselben
Ergebnisse führen. Kommt man auch so nicht zu einer Lösung,
so muß sich der Richter um die Lückenfüllung nach denselben Grundsätzen mühen, nach denen „echte Lücken" eines internen Rechts zu

---

[1] Vgl. hierzu insbes. GUTZWILLER: Intern. Jahrb. f. SchiedsgerWesen 3 (1931)
123 ff.

füllen sind. Dabei kann es nicht ausbleiben, daß er unter dem Einfluß seiner eigenen innerstaatlichen Rechtspraxis und seiner juristischen Schulung steht.

So wird der kontinentale Jurist eine Regel, „die er als Gesetzgeber aufstellen würde", zur Entscheidungsgrundlage machen (SchweizZGB Art. 1 Abs. 2); er wird mit SAVIGNY den „Sitz" des Rechtsverhältnisses, mit GIERKE den „Schwerpunkt" zu ermitteln suchen. — So wird der englische Jurist das internationale Privatrecht desjenigen Gerichts anwenden, vor welches der Prozeß ohne den Schiedsvertrag vermutlich gebracht worden wäre, und wenn mehrere Gerichte zuständig sind, das internationale Privatrecht desjenigen Gerichts, an dem der Beklagte (Hauptbeklagte) seinen Wohnsitz hat.

III. Der nationale Gesetzgeber beantwortet stets nur einen Teil der internationalprivatrechtlichen Fragen. So hat auch das deutsche EGBGB den *sachlichen* Bereich der von ihm geregelten Rechtsfragen eng abgesteckt. Es beschränkt sich auf die wichtigsten Fragen des Personenrechts, Familienrechts und Erbrechts, auf die Regelung der Form der Rechtsgeschäfte und auf eine Schutznorm über die deliktische Haftung. Dagegen schweigt das EG vom Sachenrecht und vom materiellen Recht der obligatorischen Verträge: eine Regelung des Sachenrechts war angesichts eines festen Gewohnheitsrechts entbehrlich; zu einer Regelung des Obligationenrechts war (und ist auch heute) die Zeit nicht reif.

Die bestehenden Gesetzeslücken werden durch ein in den Einzelheiten unsicheres Gewohnheitsrecht gefüllt. Soweit es an solchem fehlt — wie insbesondere für viele Fragen des Obligationenrechts —, hat der Richter Aufgaben von derselben Art wie sonst gegenüber Gesetzeslücken: er wird sich von den Lösungen „inspirieren lassen", die Wissenschaft und Rechtsprechung ihm bieten (SchweizZGB Art. 1 Abs. 2 französ. Text) und, wenn es daran fehlt, nach Regeln urteilen, wie er sie als Gesetzgeber aufstellen würde, d. h. im Bewußtsein, daß sein Spruch nicht nur den vorliegenden Rechtsstreit billig entscheiden soll, sondern auch künftigen Richtern zur Richtschnur dienen werde. Die Rechtsvergleichung, insbesondere das Studium ausländischer internationalprivatrechtlicher Praxis, wird ihm hierbei gewisse Dienste leisten.

Soweit der sachliche Bereich der geregelten Fragen gesteckt ist, kann der Gesetzgeber *verschieden* vorgehen.

Er beschränkt sich entweder darauf, den Anwendungsbereich der nationalen Sachnormen zu regeln, also die Voraussetzungen anzugeben, unter denen er die eigene Rechtsordnung gelten lassen will (System der „*unvollkommenen*", „einseitigen" *Kollisionsnormen*). Oder er regelt die internationalprivatrechtliche Frage umfassend, bestimmt also auch, wann der einheimische Richter ausländisches (und welches ausländische) Recht er anzuwenden hat (System der „*vollkommenen*", „allseitigen" *Kollisionsnormen*). Jenes System ist vor allem von SCHNELL, HUGO NEUMANN, in Frankreich von NIBOYET, in USA. von SOHN empfohlen worden, dieses System von FRANZ KAHN und NIEMEYER.

Der Vorzug gebührt dem zweiten System. Die erste, bewußt lückenhafte Lösung geht davon aus, daß die Aufgabe eines nationalen Kollisionsrechts nur sei, den Anwendungsbereich der eigenen Sachnormen abzustecken, daß aber ein Gesetzgeber seine Kompetenzen überschreite, wenn er auch anordne, in welchen Fällen der inländische Richter ein bestimmtes materielles ausländisches Recht anzuwenden habe. Solcher Beschränkung der Aufgabe der nationalen Kollisionsrechte ist zu widersprechen. Nicht darin, welche Fragen er beantwortet, sondern darin, wie er sie beantwortet, zeigt der nationale Gesetzgeber, ob er von dem rechten Geiste der Einordnung in die Gemeinschaft der Völker erfüllt ist. Der deutsche Gesetzgeber überschreitet seine „Kompetenz" nicht, wenn er bestimmt, daß die Geschäftsfähigkeit jedes Menschen sich nach seinem Heimatrecht richtet (mag auch in England oder Dänemark die Geschäftsfähigkeit an den Wohnsitz angeknüpft werden). Dagegen würde eine deutsche, nur die Anwendung deutschen Rechts regelnde Norm gemeinschaftswidrig sein, wenn sie etwa jeden Tatbestand, bei dem ein Deutscher beteiligt ist, deutschem Recht unterwerfen wollte. — Der Gedanke, daß jedes nationale Recht nur den eigenen Geltungsbereich abzugrenzen habe, würde vielleicht erträglich sein, wenn alle nationalen Rechte ihre Aufgabe so beschränkten. Das aber ist nicht der Fall. Wäre es der Fall, so bliebe für den deutschen Richter, der in concreto nicht deutsches Recht anzuwenden hat, die Frage übrig, welches unter den mehreren ausländischen Kollisionsrechten er zugrunde legen solle. Handelt es sich z. B. um ein in Frankreich wohnendes englisches Ehepaar, so würde das deutsche Kollisionsrecht dem deutschen Richter zwar sagen, daß deutsches Ehegüterrecht nicht gilt; aber es bliebe unklar, ob er französisches oder englisches Kollisionsrecht anzuwenden hat. NEUMANN, der diese Schwierigkeit gewürdigt hat, will sie dadurch beseitigen, daß er aus den einseitigen Kollisionsnormen auch den Grundsatz herausliest, nach dem die ausländische für die Kollisionsfrage maßgebende Rechtsordnung zu erkennen ist: nach den Kollisionsnormen (nicht den Sachnormen) dieser Rechtsordnung soll dann die materiell maßgebende Rechtsordnung bestimmt werden. So wäre in dem angeführten Beispiel englisches, nicht französisches Kollisionsrecht anzuwenden, da das deutsche Kollisionsrecht auch die Geltung des deutschen materiellen Rechts nur für deutsche Reichsangehörige anerkennt. Eine solche Deutung einseitiger Kollisionsnormen nähert sich dem System der vollkommenen Kollisionsnormen unter Anerkennung des Grundsatzes der Rück- und Weiterverweisung (vgl. § 15).

IV. Das *deutsche* EGBGB hat einige *vollkommene* Kollisionsnormen aufgestellt (Art. 7, 11, 17, 21), überwiegend aber *unvollkommene* Normen gegeben. Dazu treten einige Sätze, in denen der Gesetzgeber vollkommene Kollisionsnormen nur für den Fall aufstellt, daß der Tatbestand gewisse Inlandsbeziehungen enthält (Art. 13 Abs. 1, Art. 15 Abs. 2, Art. 24 Abs. 3, Art. 25): sog. *vollkommene Kollisionsnormen mit Fallbeschränkung.* Ein innerer Grund für diese Verschiedenheit fehlt; ein Prinzip liegt der Eingliederung der bestehenden Kollisionsfragen in eine der drei Gruppen nicht erkennbar zugrunde: weshalb sind z. B. für die Ehescheidung eine vollkommene Kollisionsnorm (Art. 17 Abs. 1), für die Eheschließung eine vollkommene Kollisionsnorm mit Fallbeschränkung (Art. 13), für die Ehewirkungen aber unvollkommene Kollisionsnormen (Art. 14, 15) gegeben? Daher hat eine feste Praxis, die zu einem unbezweifelten Gewohnheitsrecht geführt hat, die Lücken, die sich in den Kollisionsnormen mit Fallbeschränkung und in den unvoll-

3*

kommenen Kollisionsnormen finden, durch Analogie gefüllt und damit jene Normen zu (unbeschränkt) vollkommenen Kollisionsnormen ausgebaut[2].

Insbesondere ist analog zu Art. 13 die Staatsangehörigkeit jedes der Verlobten auch dann für maßgebend erklärt worden, wenn keiner von ihnen Deutscher und die Ehe nicht in Deutschland geschlossen ist. Analog ist zu Art. 14, 15 für die persönlichen Ehewirkungen auch bei ausländischen Gatten das jeweilige Heimatrecht und für ihr Ehegüterrecht das Heimatrecht des Mannes zur Zeit der Eheschließung entscheidend. Ebenso ist uneingeschränkt das Staatsangehörigkeitsprinzip anerkannt worden für die eheliche Abstammung, für das Rechtsverhältnis zwischen Eltern und ehelichen Kindern, für das Rechtsverhältnis zwischen dem unehelichen Kinde und seiner Mutter, für Legitimation und Adoption, sowie für das Erbrecht; analog Art. 18, 19, 20, 22, 24, 25.

Anders steht es mit den sog. ,,*Exklusivnormen*" des deutschen Rechts. Sie erstreben eine Bevorzugung des deutschen Rechts, seine Erstreckung über denjenigen Rahmen hinaus, den der deutsche Gesetzgeber selbst als den internationalprivatrechtlich grundsätzlich gebotenen erkannt hat.

1. Zu einem Teil handelt es sich dabei um Spezialisierungen der Vorbehalts- (ordre public-)Klausel des Art. 30 EG: so in Art. 12, 13 Abs. 3, 21 Halbsatz 2: hier ist eine analoge Anwendung ausgeschlossen, da der deutsche Richter einen ausländischen ordre public nicht zu berücksichtigen hat. Vgl. unten § 14 X.

2. Zu einem anderen Teil handelt es sich um Prinzipwidrigkeiten, die dem Bestreben entstammen, dem deutschen BGB einen möglichst großen Herrschaftsbereich zu schaffen, und schon deshalb nicht zu vollkommenen Kollisionsnormen ausgebaut werden dürfen: so Art. 9 Abs. 3, Art. 13 Abs. 2, und besonders Art. 14 Abs. 2, Art. 17 Abs. 3, Art. 19 Satz 2, Art. 20 Satz 2.

In den letztgenannten Formen des Familienrechts wird das deutsche Recht trotz Verlustes der Reichsangehörigkeit des Ehemanns oder der Eltern weiter für maßgebend erklärt, wenn die Ehefrau oder das Kind Reichsdeutsche geblieben sind. Darin liegt mehr als eine durch den ordre public zu rechtfertigende Schutznorm zugunsten Deutscher, da das deutsche Recht auch gilt, wenn es dem Deutschen ungünstiger ist als das ausländische. Auch der Gedanke, daß in familienrechtlichen Verhältnissen das *letzte* den Beteiligten *gemeinsame* Heimatrecht maßgebend sein soll, hat in Art. 17 Abs. 3, 19 Satz 2, 20 Satz 2 EG nicht verwirklicht werden sollen: Es ist z. B. kein Zweifel, daß, wenn ein verheirateter Schweizer Deutscher wird, während seine Frau Schweizerin bleibt, für eine Ehescheidung nicht das letzte gemeinsame (Schweizer) Recht, sondern nach Art. 17 Abs. 1 EG das deutsche Recht maßgebend ist.

3. Endlich finden sich unter den Exklusivnormen einige, die dem Schutze des *geschäflichen Verkehrs* in Deutschland dienen: so Art. 7 Abs. 3, Art. 16 Abs. 2 EG. Meist wird angenommen, daß es sich auch hier nur um Spezialisierungen der Vorbehaltsklausel handle, und deshalb jede Erweiterung abgelehnt. Mir scheint, jene Sätze wollen das

---

[2] RG 62, 400; 76, 284; 78, 48; 91, 139, 403; 125, 268 u. ö. KG, JurW 1936, 2470.

Heimatrechtsprinzip durch die Maßgeblichkeit der lex loci actus (Art. 7 Abs. 3) oder durch das Wohnsitzprinzip (Art. 16) einschränken[3]. Solche Einschränkungen sind durch die Bedürfnisse nicht nur des deutschen Geschäftsverkehrs geboten und verdienen es, überall Normen des internationalen Privatrechts zu werden. Sie finden sich denn auch in den internationalen Wechselrechtsabkommen vom Haag (1912) und von Genf (1930) nicht etwa als Vorbehalte für die einzelnen Vertragsstaate, sondern als internationales Prinzip, vgl. unten § 20 III. Deshalb ist die analoge Erstreckung solcher Sätze auf den Geschäftsverkehr in anderen Ländern nicht so völlig ausgeschlossen, wie man dann annehmen müßte, wenn man sie als Sätze des ordre public zu betrachten hätte.

§ 9. Die Anknüpfungsbegriffe.

ARMINJON: I 191.

Die Frage nach dem auf einen Tatbestand anwendbaren Recht, oder, wie man sich oft ausdrückt, die Frage, welches die *lex causae* sei, wird beantwortet im Hinblick auf gewisse Beziehungen von Personen, Gegenständen oder Handlungen zu einem Gebiete. An diese Beziehungen (wie Wohnsitz, gewöhnlicher Aufenthalt, Staatsangehörigkeit, Ort des Vertragsschlusses) wird die Antwort und damit das anzuwendende Recht „angeknüpft". Man nennt sie „Anknüpfungsbegriffe" (Anknüpfungspunkte, Anknüpfungsmomente). Die wichtigsten dieser Beziehungen sind:

1. Die *Staatsangehörigkeit* einer Person, ihr *Wohnsitz*, ihr gewöhnlicher *Aufenthalt*, ihr *Herkunftsort*, ihr *Aufenthaltsort*; vgl. § 10.

2. Der *Sitz* einer juristischen Person; vgl. unten § 23.

3. Der Ort, an dem sich ein (körperlicher oder unkörperlicher) Gegenstand befindet oder gewöhnlich befindet: das Recht des „*Lageorts*" (oder, indem man die „lex rei sitae" in der Weise des 17. Jahrhunderts noch heute übersetzt, das „Recht der belegenen Sache"). Es ist insbesondere im Sachenrecht maßgebend; vgl. § 34.

Von dem „Gebiete, in dem sich die Gegenstände befinden" (also auch Rechte), handelt Art. 28 EG. — Von „Gegenständen" und „Ansprüchen", die „als im Inland befindlich gelten", ferner § 2369 Abs. 2 BGB, aus dem sich aber kein Prinzip gewinnen läßt.

4. Der Ort, an dem eine Handlung vorgenommen (eine Willenserklärung abgegeben, ein Vertrag abgeschlossen, ein Delikt begangen) wird: die *lex loci actus* hat ihre Bedeutung vor allem im Bereich der rechtsgeschäftlichen und der Deliktsobligationen; vgl. §§ 28 I 1, II 2; 31.

---

[3] Besonders deutlich ist das für den in Art. 16 Abs. 2 EG genannten § 1357 BGB (Schlüsselgewalt). Der Gedanke, daß für die Vertretungsmacht nicht ausschließlich das Personalstatut des Vertretenen maßgebend ist, daß vielmehr dem Recht des Orts, an dem der Vertreter tätig wird (Recht des Wirkungslandes), Einfluß beizumessen ist, wird auch für die rechtsgeschäftliche Vertretungsmacht vielfach vertreten und hat nichts mit dem ordre public des Wirkungslandes zu tun.

5. Der Ort, an dem eine Verpflichtung zu *erfüllen* ist; nach deutschem internationalen Privatrecht vor allem bedeutungsvoll bei der Frage des Inhalts einer Obligation; vgl. §§ 28 I 2, II 3, IV 7.

6. Die *Abrede* der Vertragsschließenden *über das* auf den Vertrag *anzuwendende Recht.* Darüber, im welchem Umfange Vertragschließende das Recht haben, das anzuwendende Recht selbst zu bestimmen, besteht, mehr in der Theorie als in der Praxis, lebhafter Streit; vgl. unten § 28.

7. Der Ort, an dem obrigkeitliche Akte stattfinden. Dahin gehört besonders der *Ort der Prozeßführung*, dessen Recht (die „lex fori") für das vom Richter einzuhaltende Verfahren, aber darüber hinaus auch im internationalen Privatrecht Bedeutung hat. So gilt die lex fori aushilfsweise, wenn das an sich anwendbare ausländische Recht nicht angewendet werden kann, z. B. weil Hindernisse des ordre public entgegenstehen oder weil es in seinem Inhalt nicht feststellbar ist (vgl. auch Art. 21 Abs. 2, 17 Abs. 4 EG BGB). Der Ort des obrigkeitlichen Akts ist weiter entscheidend für Akte der freiwilligen Gerichtsbarkeit und für Verwaltungsakte: Beurkundungen von Rechtsgeschäften, Eintragungen in öffentliche Register, Verleihung von Konzessionen und Privilegien, Patenterteilungen, Verleihung der Geldeigenschaft.

§ 10. Insbesondere Staatsangehörigkeit, Wohnsitz, Herkunftsort.

MELCHIOR: 435 ff. — NUSSBAUM: 104 ff. (mit weiterer Lit.). — LEWALD: Règl. gén. 100 ff. — SCHWARTZ, GUSTAV: Das Recht der Staatsangehörigkeit in Deutschland und im Ausland seit 1914 (1925). — LAPRADELLE und NIBOYET: Répertoire d. dr. intern. 9, 320 ff. (verschiedene Autoren). — ZEBALLOS: La nationalité au point de vue de la législation comparée Paris 1914—19. NIBOYET: Traité I. — MAURY: Règles générales des conflits de lois (1936) 191; — MAURY: Du conflit de nationalités, Etudes Scelle (1950) 365 ff., 374 ff. — MAKAROV, A. N.: Allgem. Lehren d. Staatsangehörigkeitsrechts 1947. — SANDIFER, DURWARD V.: AmericanJ 29 (1935) 248. — Über die Staatsangehörigkeit der Ehefrau: BrunsZ 4, 636 und AUBURTIN: Ibidem 6, 36. — Komm. z. deutschen Reichs- und Staatsangehörigkeitsgesetz vom 22. Juli 1913: von KELLER-TRAUTMANN 1914, ISAY, E. 1929. — RIEZLER: IntZivPrR 140 ff.

Man zweifelt darüber, welches der geeigneteste Anknüpfungspunkt für alle Fragen ist, die das *Recht der Person* betreffen, vor allem für die Fragen der Rechts- und Geschäftsfähigkeit, des Erbrechts und für die meisten Fragen des Eherechts, des Verwandtschafts- und des Vormundschaftsrechts. Tut man gut, diese Fragen an den Wohnort, an den Herkunftsort oder an die Staatsangehörigkeit anzuknüpfen, demnach die *lex domicilii*, die *lex originis* oder die „*lex patriae*" (das „Heimatrecht") für entscheidend (oder wie man noch heute sagt: zum Personalstatut) zu erklären?

I. Bevor der moderne Begriff der Staatsangehörigkeit als einer Mitgliedschaft in einem Personenverbande entstanden war, konnte man nur entweder die *lex originis* gelten lassen (wobei man als origo nicht den Geburtsort, sondern den angeborenen Wohnsitz, demnach den zur Zeit der Geburt bestehenden Elternwohnsitz betrachtete) oder die *lex domicilii*, das Recht des jeweiligen Wohnsitzes.

Noch das *preußische* Allgemeine Landrecht (§§ 23, 25 Einl.) ließ grundsätzlich den Wohnsitz und, solange ein solcher noch nicht bestand, den Ort der Herkunft entscheiden. Ähnlich heute noch das *englische* Recht, in welchem das jus originis — oder in englischer Auffassung: das „domicil of origin" — so lange maßgebend bleibt, bis ein Wahldomizil begründet ist, wozu es aber der nachgewiesenen Absicht bedarf, nicht wieder an den Herkunftsort zurückzukehren (vgl. § 11 I 1). Das Domizilprinzip herrscht auch in *Dänemark* und *Norwegen*, in den *Vereinigten Staaten von Amerika* und in manchen der latein-amerikanischen Staaten (z. B. *Argentinien*).

Unter der Führung des französischen code civil sind die meisten europäischen Länder zum *Staatsangehörigkeitsprinzip* übergegangen. Das ist zu begreifen; es scheint auf den ersten Blick unangemessen, die Geschäftsfähigkeit eines Menschen einer Rechtsordnung zu unterstellen, die er selbst durch freie Wohnsitzwahl bestimmen und nach Willkür wechseln kann. — Demgegenüber ist das Wohnsitzprinzip oder das Prinzip des Herkunftsorts vor allem für zusammengesetzte Staaten und für Einwanderungsländer schwer entbehrlich. Diejenigen Staaten, die das Staatsangehörigkeitsprinzip angenommen haben, sind demnach genötigt, daneben für gewisse Beziehungen den Wohnort oder den Herkunftsort entscheiden zu lassen, sei es, weil es an einer Staatsangehörigkeit fehlt, sei es, weil innerhalb eines Staatsgebiets räumlich verschiedene Rechtsgebiete bestehen, wie in Großbritannien (England, Schottland) oder im heutigen Deutschland (für interlokale Konflikte).

II. In Deutschland gilt das Recht der *Staatsangehörigkeit*; EG Art. 7, 9, 13—15, 17—25. Ob jemand Angehöriger eines bestimmten Staates ist, richtet sich nur nach dem Rechte dieses Staates. Ein anderer Staat kann darüber keine Bestimmungen treffen[1]: ob ein deutsches Mädchen durch Heirat mit einem Ausländer die deutsche Staatsangehörigkeit verliert, entscheidet das deutsche Recht, ob es die fremde Staatsangehörigkeit erlangt, entscheidet nur dieser Staat.

Wohl aber bestehen *völkerrechtliche* Schranken[2]. Zwar kann jeder Staat beliebige Hindernisse für den *Erwerb* seiner Angehörigkeit aufstellen. Dagegen kann er nicht, ohne sich einer Völkerrechtswidrigkeit schuldig zu machen, in freier Willkür fremde Staatsangehörige in seine Angehörigkeit hineinzwingen: so wenn Brasilien im Jahre 1891 jedem, der am 15. November 1889 in Brasilien wohnte und nicht binnen 6 Monaten widersprach, zum Brasilianer machte.

---

[1] MAKAROV: 161 ff. — Das französische Gesetz vom 26. Juni 1889 (Fassung des Art. 8 code civil) überschritt seinen Machtbereich, indem es bestimmte, nicht wann ein uneheliches Kind Franzose ist, sondern welchem Elternteils Nationalität das Kind folgt. Die französische Staatsangehörigkeitsgesetze von 1927 und vom 19. Oktober 1945 haben den Fehler nicht wiederholt. — Weitere Beispiele bei MAKAROV: 62 ff.

[2] Zum folgenden: TRIEPEL: BrunsZ 1, 185 ff. — MELCHIOR: 443 ff. — KOESS-LER: Yale LJ 56 (1946) 71 f. — MAKAROV: 59 ff., 68 ff., 85, 103.

Hunderttausende fremder Staatsangehöriger wurden während der Herrschaft Hitlers ohne, ja gegen ihren Willen zu deutschen Reichsangehörigen gemacht, wofern sie „Volksdeutsche" waren: dahin gehörten österreichische Staatsangehörige, zahllose Tschechoslowaken (so die Sudetendeutschen), Ungarn, Jugoslawen, Rumänen, Polen, Letten, Esten, Litauer, Russen. Obwohl der Begriff des „deutschen Volkstums" keineswegs klar ist, genügen in der großen Zahl der Fälle die herkömmlichen Indizien allen Volkstums: Sprache, Religion, Wahl des Vornamens, Tracht, Volksbräuche bei Festen und Trauerfeiern[3].

Ebensowenig darf ein Staat beliebige Gründe für den *Verlust* seiner Angehörigkeit schaffen, etwa erklären, daß alle seine Angehörigen fremder Muttersprache oder alle seine jüdischen Angehörigen an einem bestimmten Tage aufhören, dem Staate anzugehören. Vielmehr ist jeder Staat auf die herkömmlichen Erwerbs- und auf die herkömmlichen Verlustanknüpfungen beschränkt (Erwerb nach jus soli oder jus sanguinis, Erwerb durch Wohnsitzbegründung, durch Heirat, durch Verleihung eines Staatsamts, Verlust durch Auswanderung, durch Heirat, durch Erlangung fremder Staatsangehörigkeit, auch durch Strafausspruch etwa wegen Landesverrats usw.). Wenn z. B. im Reich Hitlers Juden und gewisse Gruppen von Emigranten ihrer deutschen Staatsangehörigkeit aus rassischen oder politischen Gründen beraubt worden sind, so haben sie zwar in Deutschland aufgehört Reichsangehörige zu sein; sie können aber von fremden Staaten weiterhin als Deutsche behandelt werden. Nach dem Zusammenbruch des Reiches Hitlers sind sie befugt, die Reichsangehörigkeit wieder zu erwerben. Es wäre unbefriedigend, sie ihnen gegen ihren Willen wieder aufzuzwingen, etwa mit der Begründung, daß die Entziehung der Reichsangehörigkeit gegen die guten Sitten verstoßen habe und deshalb nichtig sei.

Möglich ist

1. daß jemand *mehreren Staaten angehört*, sei es von Geburt an, sei es durch nachträglichen Hinzuerwerb einer zweiten Staatsangehörigkeit (sog. Mehrstaater, sujet mixte). Mehrfache Staatsangehörigkeit besteht *von der Geburt* an, wenn jus soli und jus sanguinis zusammentreffen. So wenn eine deutsche Ehefrau in Brasilien ein Kind gebiert; da jeder auf brasilianischem Boden Geborene dort staatsangehörig wird, erlangt das Kind zugleich die fremde und nach deutschem Recht die deutsche Staatsangehörigkeit. Ein nachträglicher Erwerb einer zweiten Staatsangehörigkeit kann *freiwillig* eintreten. Nach deutschem Recht verliert zwar ein im Inland nicht wohnender Deutscher regelmäßig die deutsche Staatsangehörigkeit, wenn er auf seinen Antrag eine ausländische Staatsangehörigkeit erwirbt. Aber davon gilt nach der im Aus-

---

[3] Vgl. über die rechtliche Stellung dieser sog. Neubürger: FERID, MURAD: Der Neubürger im IPR 1949. — Nicht zum deutschen Volkstum gehören Schweizer, Holländer oder gar Skandinavier. Es ist behauptet worden, daß der Begriff der Reichsangehörigkeit seit dem Zusammenbruch nicht mehr existiere. Das ist irrtümlich. Das Reich ist nicht nur eine juristische Person des öffentlichen Rechts geblieben, es hat auch den Charakter eines Staates behalten, soweit ihm nicht bestimmte staatliche Funktionen entzogen worden sind. — Ständige Rechtssprechung; BGH JZ 1952, 7, 748. Dagegen: RIEZLER: IntZivPrR 208, 700. — Daraus folgt z. B., daß der Ostzonenbewohner Reichsangehöriger und Inländer bezüglich des ganzen Reichsgebiets ist und in Westdeutschland klagen kann, ohne Sicherheit leisten zu müssen.

land viel verdächtigten „lex Delbrück" (§ 25 Abs. 2 des Reichs- und Staatsangehörigkeitsgesetzes vom 22. Juli 1913)[4] dann eine Ausnahme, wenn er vor dem Erwerb der ausländischen Staatsangehörigkeit auf seinen Antrag die schriftliche Genehmigung seiner Heimatbehörde erhalten hat, seine Staatsangehörigkeit beizubehalten. Eine Doppelstaatsangehörigkeit kann auch *durch Eheschließung* eintreten, wenn nach dem Recht des Geburtslandes der Braut ihre angeborene Staatsangehörigkeit durch Heirat nicht verlorengeht (Brasilien, Vereinigte Staaten von Amerika, Sowjetrußland und andere), nach dem Heimatrecht des Bräutigams aber die Frau dessen Staatsangehörigkeit erlangt (Deutschland und andere) oder wenn ein deutsches Mädchen einen Engländer heiratet und die Ehe nach deutschem Recht nichtig, nach englischem gültig ist.

Es kommt ferner vor, daß, wenn ein Ehemann oder Vater beim Wechsel der Staatsangehörigkeit die alte Staatsangehörigkeit verliert, seine Frau und Kinder zwar die neue Staatsangehörigkeit des pater familias miterwerben, aber abweichend von ihm die alte daneben behalten: so werden, wenn ein Franzose Italiener wird, seine Frau und Kinder Doppelstaater.

Für die internationalprivatrechtliche und die fremdenrechtliche Behandlung von Mehrstaatern muß unterschieden werden[5]:

a) Ist eine der Staatsangehörigkeiten *die deutsche*, so behandelt das deutsche internationale Privatrecht ihn als Deutschen und ignoriert seine anderen Staatsangehörigkeiten[6]. Auch finden die auf Ausländer bezüglichen Vorschriften des deutschen „inneren" Rechts keine Anwendung.

Wenn ein Deutscher, der zugleich Schweizer ist, in Deutschland heiraten will, so ist es hinreichend und erforderlich, daß kein Ehehindernis deutschen Rechts entgegenstehe: er kann also, dem Art. 100 Nr. 1 SchwZGB zuwider, seine (deutsche) Nichte heiraten. Ob er seinen Wohnsitz in der Schweiz oder in Deutschland hat, ist hierfür gleichgültig. — Begeht er im Ausland eine unerlaubte Handlung, so kommt ihm Art. 12 EG zugute. — Stirbt er, so wird er nach deutschem Recht beerbt. — Meines Erachtens ist aber nach zwei Richtungen eine Ausnahme zu machen:

1. Für die Frage der *Volljährigkeit* muß es genügen, daß er nach einem der beiden Heimatrechte volljährig ist. Die analoge Anwendung des Art. 7 Abs. 2 EG ist geboten: bleibt ein 20jähriger Nurschweizer volljährig, wenn er danach Deutscher wird, so liegt es nahe, seine Schweizer Volljährigkeit bei uns auch dann anzuerkennen, wenn er schon vorher (auch) Deutscher war[7].

---

[4] Man sah in dieser Möglichkeit, insgeheim — ohne Wissen des Domizilstaats — die deutsche Staatsangehörigkeit zu behalten, ein raffiniertes politisches System, hinter dem sich Spionage und die Absicht wirtschaftlicher Durchdringung verstecken mochten.

[5] Vgl. v. CAEMMERER: RVglHWB IV 348f.

[6] RG LZ 1924, 741; RG JurW 1929, 434; RG 150, 382.

[7] Anders für das Ehefähigkeitsalter: wird ein 17jähriger (ehefähiger) Serbe Deutscher, so ist er nicht ehefähig; war er seit Geburt Serbe und Deutscher, so wird er (für Art. 13 EG) mit 17 Jahren nicht ehefähig.

2. Erläßt ein Staat in Kriegszeiten oder in deren Nachwirkung Gesetze, die sich gegen Angehörige eines *Feindstaats* oder eines früheren Feindstaats richten, so wird im *Einzelfall* zu prüfen sein, ob ein solcher Angehöriger, der zugleich dem eigenen Staat angehört, als Feind oder als Freund zu behandeln ist: es wäre schematisch, ihn unter allen Umständen als eigenen Staatsangehörigen zu behandeln; so wenn er während des Krieges den Heimatstaat beschimpft und sich auf die Seite des Feindstaats gestellt hat. — Deshalb kann auch der Deutsche es nicht tadeln, wenn England den Schriftsteller HOUSTON STEWART CHAMBERLAIN, der als Brite geboren ist und im Kriege die deutsche Reichsangehörigkeit hinzu erlangte, nach dem Kriege als Deutschen im Sinne des Versailler Vertrags behandelt hat[8].

b) Ist *keine* der Staatsangehörigkeiten *die deutsche*, so wird der deutsche Richter (oder Verwaltungsbeamte) diejenige Staatsangehörigkeit des Mehrstaaters gelten lassen, zu welcher dieser in engerer Beziehung steht. So hat den Vorrang die, mit der sich sein Wohnsitz oder dauernder Aufenthalt verbindet[9]. Wohnt er in keinem der beteiligten Länder, so wird meist eine sonstige nähere Beziehung zu finden sein: das Land eines früheren Wohnsitzes, die jüngere Staatsangehörigkeit (z. B. die durch Eheschließung hinzuerworbene) und äußerstenfalls (bei den Mehrstaatern von Geburt) die des jus sanguinis[10].

2. daß jemand keinem Staate angehört (*Staatenlose*, ,,Heimatlose", Apatriden). Es gibt Staatenlose von Geburt und staatenlos Gewordene. Staatenlos geworden sind insbesondere Ende 1921 viele Tausende russischer Emigranten und 1941 Hunderttausende deutscher Emigranten; staatenlos werden ferner Mädchen, wenn sie durch Verheiratung mit einem Ausländer die angeborene Staatsangehörigkeit verlieren, aber die des Mannes nicht erhalten (z. B. deutsche Mädchen, die Brasilianer, einen Angehörigen der Vereinigten Staaten von Amerika, einen Russen heiraten) oder wenn sie einen Staatenlosen heiraten, oder wenn sie die Ehe mit einem Ausländer schließen, die nach seinem Recht nicht anerkannt wird[11]. Von Geburt staatenlos sind vor allem die Kinder Staatenloser.

Von Geburt staatenlos sind auch Zigeuner, ferner uneheliche Kinder, die in Deutschland von solchen Ausländerinnen geboren werden, in deren Heimat das jus soli herrscht (Südamerikanerinnen u. a.).

Welches ist das Personalstatut des Staatenlosen? Der alte Text des Art. 29 EG BGB unterschied zwischen staatenlos Gewordenen und staatenlos Geborenen. Für jene galt das Recht des Staats, dem sie früher angehört haben; für diese das Recht des Staates, in dem sie ihren Wohnsitz oder Aufenthalt haben. Das erste war unangemessen. Den

---

[8] In re Chamberlain's Settlement: Law Reports 1921, 2, Chancery Div. 533. Vgl. Kramer v. Attorney-General: Law Reports 1922, 2 Chanc. Div. 850ff.

[9] So auch der Vorschlag des Institut de droit international in der Tagung von Oslo (1932).

[10] Vgl. FRANKENSTEIN: I 92. MELCHIOR: 448. MAKAROV: 295ff.

[11] OLG Dresden IPRspr 1934, 101.

aus dem Dritten Reich entflohenen Gegnern des Nationalsozialismus darf nicht zugemutet werden, dem Recht eines Volkes, das sie verfolgt hat, unterworfen zu bleiben. Ebenso unbillig war es, die aus dem aufgelösten Zarenreich Entflohenen weiterhin nach den sowjetrussischen Gesetzen, denen ihre Flucht galt, leben zu lassen[12]. Ein Reichsgesetz vom 12. April 1938 (RGBl. I 383) hat die *Rechtsverhältnisse der Staatenlosen* neu geregelt. Nach dem Vorbild der meisten Rechtsordnungen behandelt es staatenlos Gewordene und staatenlos Geborene gleich. Für beide gilt das Recht des *,,gewöhnlichen Aufenthalts"*, und, wenn der Staatenlose einen solchen nicht hat, das Recht des ,,Aufenthalts"[13]. Mit gutem Grund vermeidet das Gesetz die Anknüpfung an das Recht des ,,Wohnsitzes", da dieser rechtstechnische Ausdruck nicht in allen Ländern dasselbe bedeutet.

Hat der Staatenlose mehrere gewöhnliche Aufenthaltsorte, wohnt er z. B. im Sommer in Deutschland, im Winter in Monako, so wird, ähnlich wie bei den Mehrstaatern, der Aufenthalt in Deutschland[14] und beim Fehlen eines solchen derjenige, zu dem die festere Beziehung besteht, entscheiden.

§ 11. Scheinbare Gleichheit der Anknüpfungsbegriffe.

KAHN: I 92ff. und die daran anknüpfende Literatur über die Qualifikationen; vgl. unten § 13. — LEWALD: Règl. gén. 84ff. — AGO: 195. — NEUNER: RabelsZ 8, 80ff.

I. Es kommt vor, daß die Internationalprivatrechte zweier Staaten die *gleichen Anknüpfungsbegriffe* zu verwenden *scheinen*, daß also die materielle Entscheidungsgleichheit gewährleistet zu sein scheint, daß aber in Wahrheit in den beiden Staaten mit demselben Wort Verschiedenes bestimmt wird. Das begegnet besonders bei den Anknüpfungsbegriffen ,,Wohnsitz", ,,Ort des Vertragsschlusses", ,,Erfüllungsort".

1. *Wohnsitz.* Das deutsche BGB läßt einen Wohnsitz da entstehen, wo ein Geschäftsfähiger sich ständig niederläßt; es kennt daneben eine Reihe gesetzlicher Wohnsitze und läßt die Möglichkeit mehrerer gleichzeitiger Wohnsitze zu (§§ 7ff.). Die romanischen Rechte unter Führung des code civil (Art. 102ff.) verlangen unité du domicile und weichen auch in Ansehung der Legalwohnsitze mannigfach vom deutschen Rechte ab[1]. Das englische Recht hat einen ganz eigenen Wohnsitzbegriff (Prävalenz des domicil of origin; vgl. oben S. 39).

2. Der *Ort des Vertragsschlusses* liegt bisweilen (Frankreich) da, wo die Annahmeerklärung abgegeben wird, bisweilen da, wo sie zugeht (Belgien)[2].

3. Ebenso bestehen bezüglich des *Erfüllungsorts* Verschiedenheiten. So liegt bei Geldschulden nach deutschem Recht der Erfüllungsort am Wohnsitz des

---

[12] MELCHIOR: 449 Anm. 1. Vgl. RG IPRspr 1928, 46; KG JurW 1936, 392. Vgl. auch MAURACH: JurW 1936, 1643. Unrichtig: LG Regensburg SJZ 1949, 781.

[13] Ist der Aufenthalt unbekannt, so kommt es auf den letzten bekannten Aufenthalt an; vgl. OLG Hamburg JurW 1939, 105.

[14] Anderer Meinung: MELCHIOR, 456.

[1] v. CAEMMERER: RVglHWB IV 351. ARMINJON: Rev. Darras 27, 613ff.

[2] Vgl. NUSSBAUM: 217. FRANKENSTEIN: II 153f.

Schuldners (BGB § 270 Abs. 4), nach schweizerischem Recht (OblR Art. 74 Nr. 1), nach niederländischem, englischem und anglo-amerikanischem Recht am Wohnsitz des Gläubigers.

4. Der *Sitz* der juristischen Person ist bisweilen ihr Verwaltungszentrum, bisweilen der Ort der Errichtung der Person, oder der im Statut bezeichnete Ort.

II. Die Frage, welche Begriffsbestimmung maßgebend ist, wenn es sich darum handelt, den Anknüpfungspunkt im internationalen Privatrecht zu fixieren, ist oft, zu Unrecht, als eine Frage der „Qualifikation" aufgefaßt und mit der Frage der rechtlichen Einordnung (Qualifikation) der *anzuknüpfenden* Lebensverhältnisse zusammengeworfen worden[3]. Sie hat mit ihr nichts zu tun[4].

Wenn z. B. eine internationalprivatrechtliche Norm lautet: „Für die Beerbung eines Menschen ist das Recht seines letzten Wohnsitzes maßgebend", oder „Für den Erwerb herrenloser Sachen ist das Recht des Lageorts maßgebend", so ist die Frage, ob ein Recht des Staats zum Erwerbe eines erblosen Nachlasses die „Beerbung" eines Menschen betrifft, oder ob es sich um ein „Aneignungsrecht" an herrenlosen Sachen handelt, eine Frage der rechtlichen Kennzeichnung, Einordnung, Qualifikation des „*Anzuknüpfenden*" (vgl. unten § 13).

Anders bezüglich der „*Anknüpfungsbegriffe*". Wohnsitz, Lageort[5] usw. Hier muß die Kollisionsnorm selbst angeben, wie man den Wohnsitz, den Lageort, bestimmt. Wendet der deutsche Richter *eigenes* internationales Privatrecht an (wie zunächst stets), so hat er demnach zu prüfen, was das deutsche Recht unter „Wohnsitz" (Art. 29, 15 Abs. 2, 16, 24 Abs. 2 usw.)[6] oder unter dem „Lageort" oder unter dem „Ort, an dem das Rechtsgeschäft vorgenommen wird" (Art. 11 Abs. 1 Satz 2) versteht, wie das deutsche internationalprivatrechtliche Gewohnheitsrecht den „Erfüllungsort" bestimmt[7]. Es wäre *denkbar*, daß alle diese Ausdrücke im deutschen Kollisionsrecht eine andere Bedeutung hätten als im deutschen materiellen Zivilrecht[8]. Das ist für die Begriffe Wohnsitz und Erfüllungsort nicht der Fall; sie sind im deutschen internationalen Privatrecht ebenso wie im BGB zu verstehen. Die Begriffe „Ort, an dem das Rechtsgeschäft vorgenommen wird" und „Lageort" begegnen im BGB nicht und sind für das internationale Privatrecht (EG Art. 11) selbständig festzustellen[9].

Wendet der deutsche Richter dagegen *fremdes* internationales Privatrecht an, wozu er durch die Normen über Rück- und Weiterverwei-

---

[3] Anders RABEL: 60 ff.

[4] Dieser Fehler sogar in RG 138, 245, wo für die Frage der „Einordnung rechtlicher Tatbestände" irrigerweise die Entscheidung des RG 95, 166 zitiert wird.

[5] Zum Beispiel, ob bei Gütern auf dem Transport der Ort, an dem sich die Güter gerade befinden, oder der Absendungsort oder der Bestimmungsort als „Lageort" gilt.

[6] KG DR 1939, 268. — Vgl. RG 151, 105.

[7] RG 95, 166; RG IPRspr 1932, 57.   [8] RABEL: RabelsZ 5, 241 ff., 248.

[9] Vgl. LG Hamburg IPRspr 1934, 38.

sung genötigt ist (vgl. § 15), so hat er die in diesem vorkommenden
Anknüpfungsbegriffe nicht aus dem deutschen, sondern aus dem fremden
Recht (und zwar dem fremden Kollisionsrecht) auszulegen.

Zieht ein in London geborener Engländer von London nach Wiesbaden in eine
von ihm erworbene Villa, behält er aber sein Londoner Haus und sieht er dort alle
paar Jahre einmal nach dem Rechten, so hat er im Sinne des deutschen Rechts
seinen Wohnsitz nur in Wiesbaden, im Sinne des englischen nur in London; stirbt
er, so gilt für seine Beerbung englisches Recht (Art. 25 EG); das englische internationale Privatrecht (nach dem das Wohnsitzrecht maßgebend ist) verweist hier
auf deutsches Recht nicht zurück, da der deutsche Richter nicht den deutschen
Wohnsitzbegriff zugrunde legen darf.

Wenn in internationalprivatrechtlichen *Staatsverträgen* die Anknüpfungsbegriffe mit Ausdrücken bezeichnet werden, die in den einzelnen Vertragsstaaten verschiedene Bedeutung haben, so wird — sofern nicht der Vertrag klarstellt, in welchem Sinne er den Ausdruck
gebraucht[10] — eine für alle Vertragsstaaten gleiche Wortdeutung zu
wählen sein; vgl. oben S. 29.

§ 12. Fraudulose Anknüpfungen
(Anknüpfungen in der Absicht der Gesetzesumgehung).

RAAPE: IPR 86ff. — OTTOLENGHI: La frode alla legge e la questione dei divorzi
fra italiani, Torino 1909. — ARMINJON: J. Clunet 1920, 409ff., 1921, 64ff. —
ARMINJON: Précis I no. 135—143. — NIBOYET: Genter Rev. 1926 (53), 485ff. —
BERTRAM, HELENE: Die Gesetzesumgehung im IPR 1928. — NEUNER: RabelsZ
3, 461. — FRANKENSTEIN: IPR I 159ff. — MELCHIOR: Grundlagen 373ff. —
VETSCH, J.: Die Umgehung des Gesetzes (Zürich 1917) 146ff. — MAURY: L'éviction
de la loi normalement compétente, 1952, 153ff.

I. Bisweilen wollen die Parteien zwingende Normen, die nach dem
maßgebenden Recht ihrem Vorhaben entgegenstehen, aus dem Wege
räumen, indem sie ein Anknüpfungsmoment herstellen, das die Anwendung einer anderen Rechtsordnung zur Folge hat. Sie schalten die
unbequemen und kostspieligen *Formen* des eigenen Rechts dadurch aus,
daß sie das Geschäft im Ausland schließen. Sie gründen die Aktiengesellschaft, die im Inland arbeiten soll, in einem Staate mit laxerem
Aktienrecht und bestimmen, daß dort der *Sitz* der Gesellschaft sein
soll. Sie räumen *Ehehindernisse* aus, indem sie in einem Lande heiraten, das diese Hindernisse nicht kennt und die fremden Hindernisse
nicht beachtet[1]. Sie ermöglichen durch Erwerb einer fremden Staats-

---

[10] Das stellt z. B. der Cód. Bustamante für den Wohnsitzbegriff Art. 22ff
klar. — Das Haager Ehescheidungsabkommen Art. 5, 2 bestimmt dagegen den
„Wohnsitz" nicht. — Meist werden verständigerweise in den Staatsverträgen die
Anknüpfungsbegriffe mit Worten bezeichnet, die keine bestimmte rechtstechnische
Bedeutung haben: z. B. „gewöhnlicher Wohnort" (résidence habituelle).

[1] Besonders in den Vereinigten Staaten von Amerika wichtig, da dort internationalprivatrechtlich die lex loci actus nicht nur über die Form der Eheschließung,
sondern auch über die Ehehindernisse entscheidet; vgl. 38 I. 1.

angehörigkeit eine nach ihrem bisherigen Heimatrecht (Italien) unzulässige *Ehescheidung*[2]. Ein in London wohnhafter Deutscher oder Franzose erwirbt die britische Staatsangehörigkeit, um ohne Rücksicht auf Pflichtteils- oder Noterbrechte *testieren* zu können. Eine außerehelich Geschwängerte wechselt vor der Niederkunft Wohnsitz oder Staatsangehörigkeit, um dem Kinde bessere Ansprüche gegen den *Erzeuger* zu verschaffen. Ein Schuldvertrag wird kraft *Parteiautonomie* einem Recht unterworfen, nach dem er gültig ist, während er ohne dies nichtig wäre[3]. Ein Eigentümer in Aachen schafft die Sache über die belgische Grenze, um sie ohne Übergabe (und ohne Besitzkonstitut) *veräußern* zu können, und fährt dann mit der Sache nach Aachen zurück. Ein Schweizer *Finder* bringt die von ihm in Basel gefundene Sache nach Ablauf eines Jahres nach Lörrach, um statt nach den drei Jahren des Schweizer Rechts sogleich (nach Ablauf der deutschen Jahresfrist; § 973 BGB) Eigentum zu erwerben.

II. In einem (kleinen) Teil solcher Fälle läßt sich damit helfen, daß die fraudulose Anknüpfung wegen *Simulation* unwirksam ist. In anderen Fällen mißlingt die Anknüpfung, weil die Grenzen der Parteiautonomie überschritten werden (so in dem Falle Anm. 3), oder weil es nicht wahr ist, daß eine nur vorübergehende Verbringung einer Sache ins Ausland den situs rei verschöbe (vgl. unten § 34 II). In den übrigen Fällen helfen einige Staaten durch gesetzliche Anordnungen.

So gilt in einer (kleinen) Zahl der Vereinigten Staaten von Amerika der *Uniform Marriage Evasion Act* von 1912, der die Eheschließung in fraudem legis bekämpft, sowie der *Uniform Annulment of Marriage and Divorce Act* von 1907, der sich unter anderem gegen ausländische Scheidungen in fraudem legis richtet[4]. So erklärt ein schweizer Gesetz (ZGB Schlußtitel Art. 59, 7f) eine im Ausland geschlossene Ehe dann für nichtig, wenn der Abschluß „in der offenbaren Absicht, die Nichtigkeitsgründe des schweizerischen Rechts zu umgehen, ins Ausland verlegt worden ist".

III. Den *deutschen* Gesetzen ist eine allgemeine Anordnung dieser Art fremd. Das EG BGB sorgt zum Teil durch den Inhalt seiner Kol-

---

[2] Berüchtigt die „Klausenburger Ehen" (Österreicher gingen, von Tisch und Bett geschieden, nach Ungarn und ließen sich — ungarischem Recht gemäß — vom Bande scheiden, um dann dort wieder zu heiraten); ferner die Ehescheidungen von Fiume (Italiener ließen sich dort die ungarische Staatsangehörigkeit oder [eine Zeitlang] die des Freistaates Fiume verleihen oder erwarben sie durch Adoption und erreichten die Scheidung, die ihnen in Italien nicht möglich war). In den Vereinigten Staaten von Amerika spricht man bei solcher fraudulosen Verlegung von Scheidungsprozessen in scheidungsfreundliche Staaten (z. B. Nevada), von „migratory divorces".

[3] RG 44, 300: ein 1897 in Sachsen unter Sachsen geschlossener Ehemäklervertrag war von den Parteien dem preußischen Recht unterstellt worden, da nach diesem (abweichend von sächsischem Recht) der Ehemakellohn klagbar war; das RG wendet dennoch sächsisches Recht an.

[4] KESSLER: RabelsZ 1, 194, 197.

lisionsnormen dafür, daß Umgehungsbestrebungen durchkreuzt werden, und zwar ohne daß im Einzelfall das Vorhandensein einer Umgehungsabsicht geprüft werden müßte. Die Anknüpfung der Geschäftsfähigkeit, des Eherechts, des Eltern- und Kindesrechts, des Erbrechts an die Staatsangehörigkeit (statt einer Anknüpfung an den Wohnsitz) wirkt hier günstig, da die fraudulose Herstellung eines neuen Wohnsitzes erheblich leichter möglich ist als der fraudulose Erwerb einer neuen Staatsangehörigkeit. In einigen Normen wird dem arglistigen Wechsel der Staatsangehörigkeit der Stachel dadurch genommen, daß das Gesetz den *maßgeblichen Zeitpunkt fixiert* und einen nachträglichen (redlichen oder unredlichen) Wechsel ignoriert: so im Ehegüterrecht, wo (Art. 15) der Zeitpunkt der Eheschließung maßgebend bleibt, und im Ehescheidungsrecht, wo (Art. 17 Abs. 2) ein Ereignis, das nach dem Heimatrecht des Mannes kein Scheidungsgrund ist, nicht dadurch zum Scheidungsgrund werden kann, daß der Mann ein scheidungsfreundlicheres Heimatrecht erlangt. Ebenso in den Haager Abk. (Ehewirkungsabk. Art. 2, EhescheidAbk. Art. 4).

Hierher gehört es auch, daß das deutsche Gesetz dem *Ort der Vornahme eines Geschäfts* sehr geringe Bedeutung beilegt: weder ist (im Gegensatz zu Amerika) der Eheschließungsort für das Recht der materiellen Ehevoraussetzungen oder der Ehescheidungsort (allein) für die Scheidungsvoraussetzungen maßgebend, noch spielt im materiellen Schuldvertragsrecht der Ort des Vertragsschlusses (im Gegensatz zu vielen romanischen Rechten) eine Rolle. Nur für die *Form* eines Rechtsgeschäfts ist es als genügend erklärt, daß die am Ort der Vornahme geltenden Vorschriften gewahrt werden (Art. 11 Abs. 1 Satz 2 EG): hier ist also die Ausräumung einer unbequemen Formvorschrift durch Verlegung des Geschäftsschlusses ins Ausland in der Tat denkbar (es ist zu bezweifeln, daß solche Verlegung gegen den Geist des deutschen Rechts verstieße; vgl. unten IV 1).

IV. Damit werden durchaus nicht alle Fälle der fraudulosen Anknüpfung getroffen. Die französische Wissenschaft hat, in Anlehnung an einen alten mehrdeutigen Spruch „fraus omnia corrumpit", die These aufgestellt, daß jede arglistige Ausschaltung eines Rechtssatzes durch Herstellung einer fremdrechtlichen Anknüpfung unwirksam, der ausgeschaltete Rechtssatz also dennoch anzuwenden sei; die französische Praxis ist dem überwiegend gefolgt. In Deutschland steht man dem Gedanken skeptischer gegenüber. Im inneren deutschen Recht spricht man von einem in fraudem legis agere, einem rechtsgeschäftlichen Schleichweg, nicht schon dann, wenn die Parteien „einem Rechtssatz ausweichen" (REGELSBERGER), sondern erst dann, wenn sie damit dem wirtschaftlichen oder sozialen Zwecke dieses Rechtssatzes zuwiderhandeln. Auch im deutschen internationalen Privatrecht wird hiervon auszugehen sein. Es wird daher zunächst

1. zu prüfen sein, ob die künstliche Ausschaltung eines Rechtssatzes durch Herstellung einer fremdrechtlichen Anknüpfung *gegen den Zweck dieses Rechtssatzes* verstößt.

Das ist auch bei bewußter „Umgehung" durchaus nicht immer der Fall[5]. Der Konstanzer, der eine Schenkung versprechen will, und, um die Notarkosten zu sparen, über die schweizer Grenze fährt und in Kreuzlingen eine private Schenkungsurkunde ausstellt, handelt nicht gegen den Zweck des § 518 BGB[6], da dieser nicht darauf geht, den Notaren Gebühren und dem Fiskus Steuern zuzuführen.

2. Verstößt die Gesetzesausschaltung gegen den Zweck eines *deutschen* Rechtssatzes, so wird regelmäßig mit der Vorbehaltsklausel des Art. 30 EG und des § 328 Nr. 4 ZPO zu helfen sein. Zwar denken diese Bestimmungen an solche deutschen Gesetze, die *allgemein* dem sonst anwendbaren ausländischen Recht zum Trotz gelten wollen; vgl. § 14 II 2. Aber auch Gesetze, die das nicht wollen, können einer *arglistigen* Ausschaltung gegenüber zu gelten beabsichtigen.

So will das Scheidungsrecht des BGB an sich nur für Scheidungen in Deutschland und für Auslandsscheidungen Deutscher (oder Staatenloser mit Wohnsitz in Deutschland) gelten. Aber wenn ein in Berlin wohnhafter Staatenloser, der nach deutschem Recht keinen Scheidungsgrund hat, seinen *Wohnsitz* nach Riga verlegt und sich dort auf Grund des leichten Scheidungsrechts scheiden läßt[7], so würde die Anerkennung dieses Urteils gegen die Zwecke des deutschen Gesetzes verstoßen und daher nach § 328 ZPO abzulehnen sein. Auch gegenüber dem Wechsel der *Staatsangehörigkeit* ist gegebenenfalls der Einwand zulässig, daß er zum Zwecke der Ausschaltung deutscher Normen bewirkt worden ist: gelingt es einem deutschen Ehepaare, unter Aufgabe der deutschen die belgische Staatsangehörigkeit zu erlangen, und sich in Brüssel auf Grund wechselseitiger Einwilligung scheiden zu lassen, so hat der deutsche Richter (ohne etwa den Erwerb der belgischen Staatsangehörigkeit in Frage zu stellen) dem Urteil die Anerkennung schon aus § 328 Nr. 4 ZPO zu versagen.

3. Verstößt dagegen die fraudulose Anknüpfung gegen den Zweck eines *ausländischen* Gesetzes, so ist die deutsche Vorbehaltsklausel des Art. 30 EG nur dann anwendbar, wenn entweder das ausländische Gesetz im Wege der Weiterverweisung anwendbar ist (vgl. § 14 X 1) oder der Verstoß zugleich einen Verstoß gegen die *guten Sitten deutscher* Auffassung enthält.

Das letztere ist meist nicht der Fall. Der Österreicher, der dem § 65 AllgBGB zum Trotz seine Kusine heiraten wollte und, um es zu können, zugleich mit ihr die schweizerische oder die deutsche Staatsangehörigkeit zu erlangen suchte, handelte nach deutscher Auffassung nicht gegen die guten Sitten. Ebensowenig der Italiener, der Deutscher wird, nur um eine Scheidung vom Bande der Ehe zu erwirken.

So reicht die allgemeine Vorbehaltsklausel meines Erachtens aus, um die fraudulose Anknüpfung wirksam zu bekämpfen, und es bedarf

---

[5] Vgl. OLG Hamburg IPRspr 1934, 32.

[6] LEWALD: 68, 87 u. a. — Anders RAAPE: Komm. 189. — In Frankreich sieht man die Verlegung von Vertragsschlüssen in das Ausland als einen Hauptfall der Gesetzesumgehung an.

[7] Vgl. den Fall des Theaterdirektors Max Reinhardt: JurW 1932, 3844f. (mit begründeter Kritik FRANKENSTEINS).

nicht der von der französischen Wissenschaft überwiegend empfohlenen Loslösung der fraude faite à la loi von dem ordre public[8].

§ 13. Die Einordnung der Rechtssätze („Qualifikationen").

KAHN, FR.: Abhandl. z. IPR I 92 ff. (1891) 317 f. (1901). — BARTIN: J. Clunet 24 (1897) 225 ff., 466 ff., 720 ff., Principes I 221 ff. — DESPAGNET: J. Clunet 25 (1898) 253 ff. — RABEL: RabelsZ 5, 241 ff. — NEUNER: Der Sinn der internationalprivatrechtlichen Norm 1932 (dazu LEWALD: JurW 1932, 2253).— MELCHIOR: 107 ff. — FRANKENSTEIN: I 273 ff. — GUTZWILLER: 1543. — LORENZEN: Columbia Law Review 20 (1920) 247 ff. — WIGNY, P.: Essai sur le droit int. privé américain 1932, 226 ff. — AGO: Teoria 147 ff. — NIEDERER, W.: Die Frage der Qualifikation, Züroih 1940 (dazu GUTZWILLER: Schweiz. Jur. Ztg. 37, 143). — WENGLER, W.: RabelsZ 8 (1934) 180 ff. — WENGLER: In Festschr. f. Martin Wolff, 337 ff. — VERPLAETSE: RabelsZ 13 (1941) 451. — LEWALD: Règl. gén. 67—83. — FALCONBRIDGE: Canad. BR 1937, 215; 1939, 369; 1941, 334; 1952, 103; LQR 1937, 235. — MAURY: Règles générales, 134, 230. — RAAPE: IPR 69. — ARMINJON: I 309 ff.

I. Jede Rechtsordnung gibt den von ihr geregelten menschlichen Beziehungen einen bestimmten rechtlichen Charakter. Sie charakterisiert die Miete als dinglich oder als persönlich, die Vermögensrechte einer Ehefrau bei Eheauflösung als ehegüterrechtlich oder als erbrechtlich, den Unterhaltsanspruch der Ehefrau als ehegüterrechtlich oder als ehepersonenrechtlich, das Anfallsrecht des Staates auf den sog. erblosen Nachlaß als erbrechtlich oder heimfallsrechtlich, den Erbschaftskauf als erbrechtlich oder schuldrechtlich, das Eheaufgebot oder den Verwandtenkonsens als materielle Ehevoraussetzung oder als Teil der Eheschließungsform[1], die Verjährung als privatrechtlich oder als prozeßrechtlich, die Beschränkungen des Kridars als Ausfluß einer Beschränkung der Geschäftsfähigkeit oder des Verfügungsrechts, den Verlöbnisbruch als Vertragsverletzung oder als Delikt. Solche *rechtlichen Kennzeichnungen* (man nennt sie seit BARTIN „Qualifikationen") haben nicht nur (als Konstruktionen) systematischen und erzieherischen Wert, sondern sie sind fast immer Teile von Rechtssätzen, abkürzende Wendungen für eine Fülle von Rechtsbefehlen.

Die „schuldrechtliche" Natur der Miete in Deutschland bedeutet z. B.: die Miete ist nicht fähig, in das Grundbuch eingetragen zu werden; sie erlischt bei Vereinigung mit dem Eigentum des Vermieters; sie wirkt nicht gegen alle Dritten usw. — Die „ehegüterrechtliche" Natur der Frauenrechte bei Eheauflösung bedeutet: Rechtsgeschäfte darüber sind (vielleicht) als Eheverträge, nicht als Testamente oder Erbverträge zulässig; die Rechte der Frau unterliegen nicht der Disposition des Mannes; die Nachlaßläubiger haben darauf keinen Zugriff, und manches andere.

Daher hat der inländische Richter, der ein ausländisches Gesetz anzuwenden hat, auch diejenigen ausländischen Normen anzuwenden,

---

[8] Herrschende deutsche Lehre. A. M. insbes. GUTZWILLER: In der Besprechung von BERTRAM: JurW 1929, 3474.
[1] Vgl. dazu unten § 25 III.

deren Anwendung aus jener auslandsrechtlichen Einordnung (Qualifikation) folgt, und die Anwendung solcher Auslandsnormen zu unterlassen,
die nur bei einer abweichenden Einordnung angewendet werden können.
Darüber scheint kein Streit zu bestehen. Ist z. B. ein in Paris zwischen Franzosen abgeschlossenes, in Paris zu erfüllendes Verlöbnis in Paris gebrochen worden,
so hat der wegen des Verlöbnisbruchs angegangene deutsche Richter zweifellos den
Verlöbnisbruch französischem Rechte gemäß als unerlaubte Handlung (art. 1382
code civil) und nicht deutschem Rechte gemäß als Vertragsbruch zu behandeln;
er hat folglich, dem französischen Deliktsrecht folgend[2], eine Entschädigung nur
zuzusprechen, wenn der Bruch aus Laune, Leichtfertigkeit oder Treulosigkeit
geschehen ist und dies vom klagenden Teil (anders in Deutschland und anders nach
französischem Vertragsrecht) bewiesen wird; er darf die Frage der rechtlichen
„Gültigkeit" der Verlobung (z. B. mit einer Minderjährigen) nicht stellen[3].

II. Bisweilen ist die Lage die, daß das anwendbare Recht von dem
rechtlichen Charakter eines Rechtssatzes abhängt und dieser Charakter
in jeder der beteiligten Rechtsordnungen verschieden beurteilt wird[4].
In solchen Fällen nimmt die herrschende Lehre an[5], daß die Frage von
der *lex fori* zu beantworten sei, d. h. von dem materiellen Recht, das
im Gerichtsbezirk gilt.

Beispiele: 1. Ein Österreicher war sowohl nach österreichischem wie regelmäßig nach deutschem Recht verpflichtet, seiner Frau die Kosten eines von ihr
gegen ihn zu führenden Prozesses vorzuschießen: in Deutschland kraft des gesetzlichen Ehegüterrechts, also nicht bei Gütertrennung, während in Österreich die Pflicht
als personenrechtliche Ehewirkung aufgefaßt wurde, also bei allen Güterständen
bestand. Hat nun der deutsche Richter, wenn das Ehepaar bei Eheschließung
deutsch war und nachher die österreichische Staatsangehörigkeit erwarb, deutsches
oder österreichisches Recht anzuwenden? Die Antwort findet der deutsche Richter,
wenn die herrschende Lehre und Praxis recht hat, mit Hilfe der deutschrechtlichen
Qualifikation (§ 1357 BGB) im deutschen Recht; er hätte also EG Art. 15 anzuwenden.

2. Eine „Fortsetzung der Gütergemeinschaft" einer Witwe mit ihren minderjährigen Kindern erscheint, wenn die Gatten bei Eheschließung Niederländer
waren und dann Deutsche geworden sind, nach der Kennzeichnung des deutschen
BGB als ehegüterrechtlich, nach der des holländischen Rechts als Norm des Eltern-
und Kindesrechts. Der deutsche Richter hätte — wenn die herrschende Lehre
recht hätte — die niederländische Einordnung nicht zu berücksichtigen.

Diese Lösung ist eine Verlegenheitslösung. Ein innerer Grund für
sie fehlt. Sie versagt zudem dann, wenn der *lex fori* ein Rechtssatz
der zu qualifizierenden Art fehlt.

So kennt das BGB kein *Verbot gemeinschaftlicher Testamente*; anders als das
italienische oder französische Recht. Betrifft solches (auslandsrechtliche) Verbot

---

[2] Vgl. PLANIOL et RIPERT: Traité pratique II (1926) 72ff.

[3] Abweichend läge es nach der deutschrechtlichen Einordnung der Verlobung
in das Vertragsrecht; RG 61, 268.

[4] Darüber, daß die Frage der Einordnung des Anzuknüpfenden nicht mit der
Frage verwechselt werden darf, wie der Anknüpfungsbegriff (Wohnsitz, Erfüllungsort usw.) zu bestimmen ist, vgl. oben § 11 II.

[5] KAHN, BARTIN, ARMINJON u. a., auch RG 138, 245; KG JurW 1936, 2466,
3582; 1937, 1974. — Vgl. DÖLLE: RabelsZ 16 (1951) 380f.

die „Form" des Testaments, wie das französische Recht anzunehmen scheint?
Oder bezieht es sich auf die „Substanz", wie die Italiener lehren? Vgl. unten § 50 III.

Ein weiterer Fehler der Qualifikation einer ausländischen Rechtsnorm an Hand der *lex fori*, d. h. gemäß dem „inneren" sachlichrechtlichen Recht des Gerichtslandes, ergibt sich daraus, daß diese Lehre
annimmt, daß das fragliche Institut nur *eine* einzige Qualifikation habe,
die für alle Zweige des inneren Rechts dieselbe sei. Das ist nicht begründet.
Das *Steuerrecht* z. B. hat seine eigenen Grundbegriffe, die von gleichnamigen
Begriffen des BGB und anderer Zivilgesetze abweichen. Es gibt ein steuerrechtliches Eigentum (§ 98 RAbgO). Die Verjährung wirkt anders als die des BGB,
und diese wieder anders als die strafrechtliche Verjährung. — Oder man nehme die
Einteilung *unkörperlicher Gegenstände* in bewegliche und unbewegliche. Das BGB
bestimmt in § 1551 Abs. 2, daß Hypotheken und Grundschulden beweglich, Reallasten unbeweglich sind. Aber das Gesetz will damit nur das Gesamtgut bei der Fahrnisgemeinschaft von den immobilen Sondergütern der Ehegatten abgrenzen. Wo
etwa sonst der Begriff des unbeweglichen Gegenstandes verwendet wird, wie in § 93
Abs. 2, 207 HGB, ist er unabhängig von jener Bestimmung zu finden. — Das Verbot von *Bedingungen* bei der Eheschließung wird ausdrücklich als *Formvorschrift*
gekennzeichnet; BGB §§ 1317, 1324, 1345 Abs. 2, 1699 Abs. 2; Ehegesetz § 13
Abs. 2, § 17. Daraus aber folgt nicht, daß das Verbot bedingter Aufrechnung oder
bedingter Erbausschlagung (§§ 388, 1947) ebenfalls Formvorschrift wäre.

Ebensowenig ist es gerechtfertigt, davon auszugehen, daß Ausdrücke, die sowohl
im inneren materiellen Recht eines Landes wie in dessen Kollisionsnormen vorkommen, dasselbe bedeuten. So rechnet das BGB die Schlüsselgewalt und die
Eigentumsvermutungen (§§ 1357, 1362) zu den allgemeinen Ehewirkungen. Dagegen scheint das EG Art. 16 Abs. 2 beide zu den ehegüterrechtlichen Wirkungen
zu zählen, so daß für Deutschland vielleicht ein Begriff des ehelichen Güterrechts
anzunehmen ist, der über den des BGB hinausgeht. So besteht nach deutschem
Internationalprivatrecht gewohnheitsrechtlich die Vorstellung, daß das *Eheaufgebot* zur „Form" der Eheschließung gehört, eine Vorstellung, die im Art. 5 des
Haager Eheschließungsabkommens einen Ausdruck gefunden hat, während im
Sinne des BGB ein Akt, der nicht Teil des Eheschließungsakts ist, sondern ihm
vorausgeht, nicht zur „Form" dieses Akts gehören kann.

In der Regel aber darf man (abweichend von RABEL) für die Auslegung des EG davon ausgehen, daß die hier vorkommenden Ausdrücke
in demselben Sinn gebraucht sind wie im BGB.

III. Gegen die herrschende Lehre von der Maßgeblichkeit der *lex
fori* für die Qualifikation hat ERNST RABEL in tiefdringenden, nicht
leicht durchsichtigen Untersuchungen Stellung genommen, und viele
Gelehrte sind ihm gefolgt. Nach ihm geschieht die Qualifikation von
Rechtssätzen durch „Auslegung der vom Richter anzuwendenden Kollisionsnorm". Diese Formulierung, im Kern gesund, bedarf aber einer
leichten Glättung. „Die" vom Richter „auszulegende Kollisionsnorm"
muß zunächst einmal „existieren", ehe sie ausgelegt wird. Die Situation
ist aber oft die, daß der (deutsche) Richter nicht „eine" anwendbare
Kollisionsnorm vorfindet und damit das Problem gelöst sieht, sondern
daß er zwei oder mehr *möglicherweise* anwendbare Kollisionsnormen vor
sich hat und unter ihnen wählen muß.

Beispiel: Eine reiche Frau macht ihrem unbemittelten Mann ein Geldgeschenk.
Nach einigen Jahren widerruft sie die Schenkung und klagt gegen ihn auf Rück-
zahlung. Der (deutsche) Richter stellt zunächst fest, daß fünf deutsche Kollisionsnormen möglicherweise anwendbar sind: die Kollisionsnorm betr. widerrufliche
Schenkungen unter Ehegatten, die Kollisionsnorm betr. Geschäftsfähigkeit der
Ehefrau (Art. 7 EG), die Norm betr. eheliches Güterrecht (Art. 15 EG) die Norm
betr. personenrechtliche Wirkungen der Ehe, endlich das Personalstatut der Schenkerin (wenn sie Italienerin ist).

Nachdem der Richter dies klargestellt hat, setzt das ein, was RABEL
„Auslegung" der Kollisionsnorm nennt. Auszulegen sind in obigem
Beispiel fünf deutsche Kollisionsnormen. Ihr Inhalt und ihr Anwendungsbereich sind zu untersuchen, und zugleich mit dieser Untersuchung
sind die materiellen Rechtssätze zu ihnen in Beziehung zu setzen. In
dem hier behandelten Beispiel ergibt sich dann folgendes: das Verbot
unwiderruflicher Schenkungen unter Ehegatten[6] ist nicht ehegüterrechtlich, sondern ehepersonenrechtlich, da bei jedem Güterstand anwendbar. Ob die Schenkung der Ehefrau ihre „capacité" berührt, bleibt
zu prüfen, unter Umständen berührt sie auch das Personalstatut der
Schenkerin, das zugleich Schenkungsvertragsstatut sein mag.

Für die Anwendung des Personalstatuts des Schenkers ließe sich anführen,
daß auch sonst der Schenkungswiderruf aus einer Reihe sachlicher Gründe (Un-
dank, nachgeborene Kinder, Verarmung des Schenkers) zulässig ist. (Hat der
Gatte dem Gatten geschenkt, so ist sogar grundloser, willkürlicher Widerruf gestattet.)

IV. In den meisten kodifizierten Kollisionsrechtsordnungen (Polen,
Tschechoslowakei, Griechenland, Italien und andere), aber auch in der
deutschen Rechtsordnung, kehren viele der großen Ordnungsbegriffe
wieder, wie Geschäftsfähigkeit, materielle Ehevoraussetzungen, Form,
persönliche Ehewirkungen, eheliches Güterrecht, Ehescheidung, eheliche Abstammung, Adoption, Legitimation, Vormundschaft, Delikt, Beerbung usw. Aber ihr Inhalt ist nicht ganz derselbe, wenn sie in einer
fremden Rechtsordnung auftreten, wie wenn sie in der heimischen
Kollisionsordnung begegnen und als deren Teil auszulegen sind.

Beispiel: Einer englischen Company ist die Grenze ihres Machtbereichs durch
das sog. Memorandum gesetzt; was ihr Organ darüber hinaus unternimmt, ist als
ultra vires geschehen nichtig. Diese Machtbeschränkung englischen Rechts ist
mehr als eine Beschränkung der Geschäftsfähigkeit des Organs (im Sinn des deutschen Art. 7 EG), da auch kein anderer in der Lage ist, das, was die Gesellschaft
selbst oder durch ihre Organe nicht kann, für sie zu tun. Es ist auch keine Beschränkung der Rechtsfähigkeit, sondern es ist eine dem deutschen Recht unbekannte, besonders geartete Beschränkung der Fähigkeit, Träger von Rechten und
Pflichten zu sein. Diese Beschränkung ist eine solche, die in den „Rahmen" des
Art. 7 EG fällt, obwohl der Wortlaut sie nicht deckt. Das läßt sich realistischer so
ausdrücken, daß die *ultra vires-Norm* zwar keine Beschränkung der Geschäfts-

---

[6] Das sich im code civil, art. 1096 und im südafrikanischen Recht findet.
LEE: Roman-Dutch Law (5. ed 1953) 94.

fähigkeit ist, aber zum Zweck der Lückenfüllung kraft Analogie ebenso zu behandeln ist. Undeutlicher, aber nicht unrichtig ist es, wenn man denselben Gedanken so wiedergibt: der Richter hat den ausländischen (englischen) Rechtssatz als gesetzliche Beschränkung der Geschäftsfähigkeit zu „qualifizieren".

Die Art vorzugehen wird am besten an einigen weiteren Beispielen erläutert.

a) Ein Deutscher mit Wohnsitz in Bonn, stirbt unverheiratet, ohne Verwandte zu hinterlassen und ohne Testament. Sein Nachlaß besteht fast ausschließlich aus einem Bankguthaben bei einer Londoner Bank. Der Reichsfiskus (als Erbe) klagt vor dem englischen Gericht gegen die englische Bank. Wie ist hier das Recht an dem in England belegenen Nachlaß zu qualifizieren? Wenn es ein Erbrecht wäre, so wäre der deutsche Staat Erbe (§ 1936 BGB), und seine Klage dränge durch. Da es aber ein Heimfallsrecht an erblosem Nachlaß ist, so kann nur (im Hinblick auf die Herrschaft der *lex situs* im Sachenrecht) das englische Recht die entscheidende Antwort geben, und danach fällt das Londoner Bankguthaben an die englische Krone.

b) Ein jüdischer Reichsdeutscher mit Wohnsitz in Deutschland machte hier ein gültiges Testament im Jahre 1920 und heiratete 1930 unter Abschluß eines Gütertrennungsvertrags. Im Jahre 1934 wanderten die Gatten nach England aus und erwarben dort 1944 Wohnsitz und britische Staatsangehörigkeit. Der Ehemann starb in England 1950. Nach dem englischen Testamentsgesetz von 1837 s. 18 wird ein Testament durch Eheschließung widerrufen, und es fragt sich, ob diese Norm Anwendung findet. Sie wird (nach englischer Auffassung) nicht als Erbrechtsnorm, sondern als Eherechtnorm angesehen[7] und zur Zeit der (mit Widerrufswirkung ausgestatteten) Eheschließung waren die Gatten noch Deutsche mit deutschem Wohnsitz. Sonach ist s. 18 das englische Testamentsgesetz nicht anwendbar. Es fragt sich weiter, ob vielleicht nach deutschem Erbrecht das Testament nichtig oder vernichtbar sei. In der Tat kann ein Testament angefochten werden, wenn der Erblasser einen Pflichtteilsberechtigten übergangen hat, der erst nach der Errichtung pflichtteilsberechtigt geworden ist; 2079 BGB. Dieser Satz ist aber als erbrechtliche Norm einzuordnen, kommt daher nur zur Anwendung, wenn der Erblasser zur Zeit des Todes einen deutschen Wohnsitz gehabt hat. Das ist hier nicht der Fall.

c) Nach belgischem Recht können Ehegatten miteinander keinen Gesellschaftsvertrag schließen. Diese Norm wird nicht als gesellschaftsrechtlich, sondern als ehegüterrechtlich qualifiziert, und dies wird aus der Unwandelbarkeit der Eheverträge hergeleitet, wie es PLANIOL und RIPERT: Traité XI 266 entwickelt haben[8].

V. Nicht immer läßt sich eine einfache Formel für die rechte Aufstellung von Qualifikationen finden. Der von RABEL gewählte Ober-

---

[7] In re MARTIN (1900) Prob. 211, 233.   [8] RG 163, 376.

begriff „Auslegung" befriedigt nicht stets. Zwar eine zu qualifizierende
materiellrechtliche (innere) Norm ist immer vorhanden. Aber die In-
Beziehungsetzung dieser Norm zu einer Kollisionsnorm des *forum* läßt
sich oft nicht durch Anwendung eines starren Deutungsrezepts erreichen.
Ziel und Sinn aller Qualifikation muß im Auge behalten werden. Es
ist davon als von einer regelmäßigen Erscheinung auszugehen, daß die
deutsche internationalprivatrechtliche Ordnung einen auslandsrechtlichen Satz genau so auffaßt, wie das ausländische Recht selbst ihn
auffaßt. An die Stelle der Qualifikation gemäß der *lex fori* tritt die
von DESPAGNET, VALÉRY, NEUNER, PLANCK u. a.[9] entwickelte Doktrin
von der Maßgeblichkeit der *lex causae* (des Wirkungsstatuts): der deutsche Richter hat einen ausländischen Rechtssatz so einzuordnen, wie ihn
dasjenige ausländische Recht einordnet, das bei solcher Einordnung
anwendbar ist. Sie enthält sich einer unbeholfenen eigenen Kennzeichnung auslandsrechtlicher Gebilde. Indem sie sich der ausländischen
Einordnung unterwirft, verhindert sie, daß ausländisches Recht dem
Geiste dieses Rechts zuwider angewendet wird.

Rechnet z. B. eine Rechtsordnung einen bestimmten Vermögens-
anspruch der Witwe zu den ehegüterrechtlichen Befugnissen, so kann
der deutsche Richter diese Rechtsnorm nur anwenden, wenn er ausländisches Ehegüterrecht anzuwenden hat, d. h. nach Art. 15 EG, wenn
der Ehemann bei der Eheschließung dem Staate angehört hat, in dem
jene Norm gilt. War das nicht der Fall, hat der Ehemann aber später
die Staatsangehörigkeit erworben und bis zu seinem Tode behalten,
so kommen zwar die erbrechtlichen Normen eben dieses Staates zur
Anwendung (d. h. die in ihm als erbrechtlich gekennzeichneten), aber
nicht die ehegüterrechtlichen Normen. Das deutsche Kollisionsrecht
vermeidet es also in weiser Zurückhaltung, zu bestimmen, daß die
im Ausland als ehegüterrechtlich charakterisierten Sätze in Deutschland
etwa deswegen als erbrechtlich gelten sollen, weil das deutsche BGB
entsprechende Rechte der Witwe als erbrechtliche auffaßt. Anders ausgedrückt: jedes internationale Privatrecht überläßt im Zweifel die rechtliche Einordnung dem „Wirkungsstatut", der lex causae.

Der Satz: „Für das eheliche Güterrecht gilt das Recht des Staates, dem der
Ehemann bei der Eheschließung angehörte" bedeutet daher, korrekt gefaßt: Sind
zwei Personen miteinander verheiratet, so gelten alle diejenigen Sätze des genann-
ten Staates, die nach dem Rechte dieses Staates ehegüterrechtlicher Natur sind.
Der Satz „für die Beerbung gilt das Recht des Staates, dem der Erblasser bei seinem
Tode angehörte" bedeutet: Stirbt ein Mensch, so gelten alle diejenigen Sätze seines

---

[9] DESPAGNET: J. Clunet 1898, 253. VALÉRY: 500[2]. SURVILLE: 19[3]. PLANCK:
Komm. VI 30, 59 (sub b), 60 (d), 100 (oben). NEUNER: a. a. O. SÜSS: JurW 1937
1974. — RG SeuffA 86, 353 (auch IPRspr 1932, 17); s. o. Text vor III; RG
163, 367 ff. Vgl. RG JurW 1936, 2141; OLG Frankfurt IPRspr 1930 No. 62
(dazu LEWALD: Règl. gén. 82). — Anders aber RG 138, 245; KG IPRspr 1933, 67.

letzten Heimatrechtes, die nach diesem Rechte erbrechtlicher Natur sind. War der Verstorbene z. B. Engländer und starb er ohne Intestat- oder Testamentserben, so kann der deutsche Richter nicht etwa die englische Krone als erbberechtigt erklären, da nach englischem Recht das Anfallrecht der Krone an bona vacantia nicht Erbrecht, sondern ein Heimfallsrecht (oder Regal) ist. Er hat dieses Heimfallsrecht in der durch die lex situs gegebenen Begrenzung anzuerkennen (vgl. unten S. 82 f., 232 f.), demnach nicht etwa (was nach dem Geist des englischen Rechts zuwiderliefe) auf die außerhalb Englands belegenen Sachen zu beziehen, wiewohl er beim Tode eines Deutschen das deutsche fiskalische „Erbrecht"[10] auf alle Nachlaßstücke, auch die außerhalb Deutschlands gelegenen, zu beziehen hätte.

So geht auch mit Recht das *Reichsgericht* in dem Fall SeuffA 86, 353 vor: nach dem Tode eines Griechen nahm jemand in Deutschland Teile des Nachlasses an sich, der Erbe klagte auf Auskunftserteilung. Das griechische Recht kennt (wie es scheint) einen „erbrechtlichen" Anspruch des Erben gegen den Besitzer von Nachlaßsachen aus Auskunftserteilung nicht, während das deutsche Recht (§ 2027 Abs. 2 BGB) ihn kennt. Es geht nun nicht an, auf Grund der deutschen lex fori den etwaigen Anspruch, den eine Rechtsordnung dem Erben gegen den Besitzer gibt, als erbrechtlich zu charakterisieren, daher nach Art. 25 EG griechisches Recht anzuwenden, und nun zu untersuchen, ob sich aus dem *gesamten* Inhalt des griechischen Rechts solcher Anspruch herleiten lasse. Gegen solch Verfahren wendet sich mit Recht das Reichsgericht, indem es den richtigen Weg weist.— Ebenso das *Kammergericht* bei Einordnung des im griechischen (byzantinisch-römischen) Recht aufgestellten Verbots der Schenkungen unter Ehegatten (DR 1939, 938). Das Kammergericht untersucht richtig, *ob nach römisch-griechischem Recht* jenes Verbot ehegüterrechtlicher oder ehepersonenrechtlicher Art ist, und beruft sich auf den Geist des römischen, nicht den des deutschen bürgerlichen Rechts.

VI. Die Maßgeblichkeit des Wirkungsstatuts bedarf einer Einschränkung und einiger ergänzender Beobachtungen.

1. Es gibt Fälle, in denen der deutsche Richter die Berücksichtigung der auslandsrechtlichen Einordnung eines ausländischen Rechtssatzes ablehnen muß, weil sie mit Grundsätzen westeuropäischer bürgerlicher Gesittung in Widerstreit tritt. Wenn z. B. Griechenland nur die religiöse Eheschließung zuläßt und die Mitwirkung des Geistlichen nicht als ein Postulat der Eheschließungs*form*, sondern als den materiellen Inhalt der christlichen Ehe berührend ansieht, so darf diese Einordnung vom deutschen (englischen oder französischen) Richter verworfen werden. Heiraten zwei Griechen in Bonn (oder London oder Paris) in bürgerlicher Form, so ist zwar die Ehe wegen Verstoßes gegen den Gedanken des Sakraments, also aus materiellen Gründen, in ihrer östlichen Heimat nichtig; aber eben diese Qualifikation der Priestermitwirkung wird in Deutschland, England oder Frankreich nicht beachtet. Der deutsche Richter lehnt hier die auslandsrechtliche Einordnung eines fremden Rechtssatzes als dem deutschen ordre public zuwiderlaufend ab.

2. Es gibt Rechtslagen, bei denen die Qualifikation nach dem Wirkungsstatut ebensowenig hilfreich ist wie die Qualifikation nach der

---

[10] Unrichtig Deutsch-Engl. GemSchG, JurW 1926, 2018.

lex fori. So, wenn es nötig wird zu entscheiden, ob ein Gegenstand als
„*beweglich*" oder als „*unbeweglich*" zu behandeln ist.

Ein lehrreicher Fall dieser Art hat dem Reichsgericht (Ziv.S. 145, 85) vorgelegen. Zum Nachlaß eines Tschechen gehörte ein in Deutschland belegenes
Fabrikunternehmen. Nach deutschem internationalem Privatrecht gilt für die
Beerbung das Recht der Staatsangehörigkeit, also tschechisches (österreichisches)
Recht. Das österreichische Allg. Bürgerl. Gesetzbuch von 1811 § 300 scheidet
zwischen der Erbfolge in Mobilien und der in Immobilien: jene richtet sich
nach dem Heimatrecht des Erblassers, diese nach der lex situs. Kraft renvoi
(vgl. unten § 15) hat der deutsche Richter diese gegabelte Kollisionsnorm anzuwenden. Welches Recht entscheidet darüber, ob das deutsche Fabrikunternehmen
mobil oder immobil ist? BARTIN gibt für solche Fälle seine lex-fori-Theorie preis
und läßt die lex rei sitae entscheiden[11]. Die hier grundsätzlich verteidigte Lehre
von der Maßgeblichkeit des Wirkungsstatuts würde zu der sinnlosen Antwort
führen, daß das Fabrikunternehmen nach tschechischem Recht vererbt wird, wenn
es nach diesem Recht mobil ist, und nach deutschem Recht, wenn es nach deutschem
Recht immobil ist. Dies ist keine Lösung für den Fall, daß die beiden Rechtsordnungen das Unternehmen verschieden kennzeichnen. Das Reichsgericht hat mit
Recht angenommen, daß die anwendbare Kollisionsnorm, d. i. die tschechische
Kollisionsnorm des § 300, wenn sie solche Gabelung in bewegliches und unbewegliches Vermögen vorsehe, selbst angeben müsse, was sie darunter verstehe; die
Auslegung der Kollisionsnorm aber ergebe, daß das Fabrikunternehmen beweglich
sei; daher sei tschechisches Erbrecht anwendbar.

3. Für den auslegenden Richter entsteht also die Frage, wie eine
bestimmte ausländische Rechtsordnung ein bestimmtes Rechtsinstitut
juristisch kennzeichnet. Sie ist aus dem Studium der ausländischen
Gesetze, der Rechtsprechung und der juristischen Literatur zu beantworten. Dabei ist aber der Beobachter weder an die Einordnungen der
ausländischen Wissenschaft noch an die Stellung einer Norm im Gesetz
gebunden.

Wie z. B. gegenüber der deutschen herrschenden Lehre und Praxis des bürgerlichen Rechts sich Stimmen gegen die rein obligatorische Natur der *Miete* regen
(COSACK u. a.), so mögen auch fremdrechtliche juristische Einordnungen daraufhin geprüft werden, ob sie dem Inhalt des fremden Rechts wirklich entsprechen.
Wenn z. B. der code civil den *Erbschaftskauf* nicht im Erbrecht, sondern im Kaufrecht behandelt (art. 1696ff.), so haben französische Gelehrte[12] selbst längst erkannt, daß dies nicht der Sache entspricht. Es wäre daher falsch, wollte der
deutsche Richter die Anwendung des französischen Erbstatuts beim Verkauf des
Nachlasses eines Franzosen deshalb ablehnen, weil Erbe und Käufer Schweizer
sind, der Nachlaß in Genf liegt und der Verkauf in Genf abgeschlossen ist. Vgl.
§ 50 zu Anm. 3. Wenn die englische und amerikanische Lehre annimmt, daß die
Limitation of action (*Klagenverjährung*) oder das Set-off (*Aufrechnung*) Institute
des *Prozeßrechts* seien, und wenn dementsprechend der englische Richter nur das
Verjährungs- und Aufrechnungsrecht seines forum anwendet, so muß man zwar
diese ausländische internationalprivatrechtliche Norm als geltendes Recht anerkennen, aber man mag die Richtigkeit der englischen Einordnung der sachlichen

---

[11] Die Maßgeblichkeit des Lageorts wird auch von vielen fremden Rechten vertreten, insbesondere vom englisch-amerikanischen Recht.

[12] PLANIOL et RIPERT: Traité II nr. 1640.

Normen bestreiten[13]. Die Neigung des an den Gerichtssaal Gewöhnten, materiell-rechtliche Institute prozessual zu sehen, hat früher auch viele kontinentale Juristen verführt, den „Anspruch" als „Klage", die Leistungsverweigerungsrechte als prozessuale Einwände, die Auslegungsregeln als Anweisungen an den Richter zu betrachten.

Einer ausländischen Rechtsordnung gegenüber, die wissenschaftlich nicht in kontinentaler Art durchgearbeitet ist, bei der insbesondere weniger die rechtlichen als wirtschaftliche und soziale Zusammenhänge für den Aufbau des Systems verwendet worden sind, besteht die Pflicht, die Methoden der eigenen Wissenschaft anzuwenden und mit ihnen, unter voller Versenkung in die Einzelheiten und in die Geschichte des ausländischen Rechts dessen genaue Analyse zu versuchen, wobei es dem historisch denkenden Kopfe nicht schwer fallen wird, die Gefahren zu meiden, denen der usus modernus erlag, wenn er Gebilde deutschen Rechts in unpassende römische Kategorien zwängte.

So wird z. B. das amerikanische Dower (ein leibzuchtähnliches Recht der Witwe) im Hinblick auf die Geschichte des Instituts weder als erbrechtlich noch als sachenrechtlich zu fassen sein (wiewohl die Witwe die Stellung eines tenant for life hat), sondern als ehegüterrechtlich. Vgl. auch das sogleich zu 4 a über das englische right to the escheat zu Sagende.

4. Hat der Richter die juristische Kennzeichnung eines bestimmten Instituts ausländischen Rechts gefunden, so wird die Anwendung des für ihn maßgebenden internationalen Privatrechts nur in dem seltenen Fall Schwierigkeiten machen, daß für Rechtsinstitute jener Kennzeichnung eine Kollisionsnorm überhaupt fehlt. Die Lücke wird dann durch angemessene Analogien zu füllen sein.

a) Er hat z. B. festgestellt, daß der englische Administration of Estates Act 1925 s. 46, 1 VI das Kronrecht auf erblose Nachlässe nicht als Erbrecht, sondern als Heimfallrecht auf bona vacantia behandelt[14]. Eine Kollisionsnorm für Heimfallrechte ist aber in Deutschland unbekannt. Da das Heimfallrecht in einem lehnsrechtlichen right to escheat seine Wurzel hat, ist es angemessen, die deutsche Kollisionsnorm für dingliche Rechte (Maßgeblichkeit der lex rei sitae) entsprechend anzuwenden.

b) Über die Machtbeschränkung des englischen Company Law durch die ultravires-Lehre s. oben.

c) Nach dem (islamischen) Recht der Chafeïten sind Kinder, die binnen vier Jahren seit dem Tode des Mannes von der Witwe geboren werden, eheliche Kinder[15]. Eine Norm darüber, wann der deutsche Richter diesen Rechtssatz anzuwenden hat, fehlt: Das EG BGB rechnet nur mit Ehelichkeiten, die auf Grund von Abstammung (Art. 18), Legitimation oder Adoption (Art. 22) begründet werden; die Vorstellung, die jenem Rechte zugrunde liegt, ist zweifellos nicht die, daß hier eine natürliche Abstammung bestehen könnte. Die Gesetzeslücke ist durch analoge Anwendung des Art. 18 EG zu füllen.

---

[13] NEUNER: Privatrecht und Prozeß 59; OLG Hamburg JurW 1932, 3823; RG 145, 121.

[14] Anders SAVIGNY VIII 315.

[15] ARMINJON(-NOLDE-WOLFF): Traité de droit comparé III 454[1]. — MELCHIOR: 118.

5. Die entwickelten Grundsätze können unter Umständen dahin
führen, daß für dasselbe Lebensverhältnis konkurrierende Normen mehrerer Rechtsordnungen, oder umgekehrt, daß keine Normen irgendeiner Rechtsordnung anwendbar sind, daß also Normenhäufung oder
Normenmangel eintritt.

A. *Normenhäufung.* Hierfür einige Beispiele:

a) Der oben S 50 II erwähnte Fall: die Ehefrau verlangte (vor 1938),
von ihrem Mann, daß er ihr gewisse Prozeßkosten vorschieße. Die Ehegatten lebten im gesetzlichen Güterstande der Verwaltung und Nutz-
nießung; sie waren bei Eheschließung (1910) Reichsdeutsche, erwarben
aber 1930 die österreichische Staatsangehörigkeit.

Die Ehefrau konnte ihre Ansprüche auf Kostenvorschuß gemäß Art. 15 EG
BGB in Verbindung mit § 1387 BGB auf deutsches Recht stützen. Sie konnte
aber auch österreichisches Recht anrufen, weil (Art. 14 EG BGB) die „persönlichen
Rechtsbeziehungen" der Ehegatten zueinander von dem jeweiligen Heimatrechte,
also seit 1930 vom österreichischen Recht, geordnet werden, und das österreichische
Recht den Anspruch als personenrechtlich behandelt.

b) Ist ein in Paris lebender deutscher Bräutigam in Paris grundlos
von dem Verlöbnis mit einer Deutschen zurückgetreten, und erhebt sie
vor dem deutschen Richter Entschädigungsansprüche, so kann sie diese
doppelt stützen: auf eine Verletzung des deutschem Recht unterworfenen Vertrags und auf ein nach der lex loci delicti commissi dem
französischen Recht unterworfenes Delikt (vorbehaltlich des Art.12
EG)[16]. Es bleibt nur die Frage, ob nach einem der beiden Rechte eine
Anspruchskonkurrenz zwischen Vertrags- und Deliktsanspruch verboten
ist. Das aber ist keine Frage des internationalen Privatrechts mehr,
sondern eine solche der Auslegung der beiden internen Rechte.

Nach der herrschenden deutschen Lehre ist die Konkurrenz zulässig; in Frankreich dagegen herrscht die règle du non-cumul des responsabilités[17]: Ausschließung
der Deliktsklage, wenn eine vertragliche Verantwortung besteht. Ob dies auch
dann der Fall ist, wenn es sich um einen nicht dem französischen Recht unterworfenen Vertrag handelt, ist eine Frage der Auslegung des internen französischen
Rechts.

c) Ist ein schwedischer Ehemann Deutscher geworden und dann
gestorben, so kann seine Witwe nach deutschem internationalem Privatrecht ehegüterrechtliche Ansprüche nur auf schwedisches, erbrechtliche
nur auf deutsches Recht stützen: nach dem bisherigen schwedischen
Recht erhält sie die Hälfte des erst bei Eheauflösung geeinten Vermögens
beider Gatten, nach deutschem Recht ein Viertel des Nachlasses; beide
Rechte nebeneinander geltend zu machen, ist deswegen unbedenklich,
weil die Auslegung der beiden internen Rechte nichts gegen solche Konkurrenz ergibt.

---

[16] LEWALD: Règl. gén. 82, 83.
[17] KADEN: In Zivilg. d. Gegenwart, Bd. Frankreich, 443.

Die deutschrechtliche Intestatportion ist nach deutschem Recht vom Güterstand unabhängig; und auch der schwedische Ehegüterrechtsanspruch hängt nach bisherigem schwedischen Recht nicht davon ab, daß die Witwe daneben kein Erbrecht erhält. Als Nachlaß des Mannes hat hierbei nicht das zu gelten, was bei seinem Tode sein Vermögen war, sondern das, was nach Abzug der der Witwe zustehenden schwedischen Hälfte von dem jetzt geeinten Vermögen beider da ist.

d) Denkbar ist aber, daß in einem Fall der soeben geschilderten Art die Auslegung der Ehegüterrechtsnorm ergibt, daß sie nur gelten wolle, wenn daneben keine Beerbung auf Grund einer (abweichenden) Erbrechtsnorm eintritt.

Erwirbt z. B. ein Ehepaar, das vor 1900 in Berlin den ersten Ehewohnsitz hatte, die schweizerische Staatsangehörigkeit und stirbt der Mann, so kann die Witwe nach dem Ehegüterrecht des märkischen Provinzialrechts zwischen der Rücknahme des eigenen Vermögens und der Hälfte der geeinten Vermögen wählen, nach dem schweizerischen Erbrechtsstatut zwischen dem Nießbrauch an der Nachlaßhälfte und dem Eigentum an einem Viertel des Nachlasses; aber es würde dem märkischen Recht widersprechen, wenn sie die Hälfte der geeinten Vermögen und außerdem noch einen Schweizer Erbteil fordern wollte, während mit der (märkischen) Rücknahme des eigenen Vermögens die Wahl auf Grund des Schweizer Erbstatuts verträglich bleibt.

B. *Normenmangel.* Auch hier ist an Beispielen zu untersuchen, ob es möglich und erwünscht ist, dem Normenmangel abzuhelfen.

a) Hat ein deutsches Ehepaar die schwedische Staatsangehörigkeit erlangt und ist dann der Mann (unter Hinterlassung von Kindern) ohne Testament im Jahre 1949 gestorben, so kann seine Witwe weder das deutsche Nachlaßviertel fordern, da deutsches Erbrecht nicht anwendbar ist, noch (wie es zunächst scheint) die schwedische Hälfte der geeinten Vermögensmassen, da ihr eine solche nur nach dem in concreto unanwendbaren schwedischen Ehegüterrecht, nicht auch nach schwedischem Erbrecht zustehen würde. Sie scheint also leer auszugehen. Die notwendige Korrektur kommt hier (ähnlich wie unter Umständen zu A) aus einer verständigen Auslegung des inneren schwedischen Rechts.

Die schwedische Frau bekommt kein Erbrecht, weil das Gesetz damit rechnet, daß sie schon güterrechtlich so steht, daß sie damit auch für den Fall des Todes des Mannes gebührlich befriedigt ist. Kommt aber diese güterrechtliche Sicherung (wegen Unanwendbarkeit des schwedischen Ehegüterrechts) nicht zustande, so wird man ihr, was sie kraft Güterrechts fordern könnte, als schwedisches Erbrecht zusprechen dürfen. Denn indem Schweden eine ehevertragliche Beseitigung der gesetzlichen ehegüterrechtlichen Halbteilung nicht zuläßt, gibt es zu erkennen, daß die Beteiligung der Frau nach dem Tode des Mannes zwingend sein soll, daß also die güterrechtliche Einordnung für den Fall der Unanwendbarkeit des Güterrechts eine erbrechtliche Einordnung in sich schließt.

b) Anders dann, wenn in dem Staat des Erbstatuts eine gesetzliche Gütergemeinschaft ehevertraglich aufgehoben werden könnte und ein Erbrecht der Witwe gänzlich fehlt (wie in den Niederlanden bis 1923, in Frankreich bis 1891): hier widerstreitet es dem Geist dieses Rechts nicht, der Frau, die nach dem (deutschen) Ehestatut keinen Anteil am Mannesgut erhält, ein gesetzliches Erbrecht

geradeso zu versagen, wie es ihr versagt würde, wenn sie bei einer rein inlands-
rechtlichen (niederländischen, französischen) Ehe die gesetzliche Gütergemeinschaft
vertraglich beseitigt hätte.

c) Ein Engländer stirbt unter Hinterlassung von Mobiliarvermögen
in Wiesbaden, ohne Angehörige, die nach englischem Recht erbberechtigt
wären. Das englische Heimfallsrecht der drei Berechtigten (englische
Krone, Herzogtum Lancaster, Herzog von Cornwall) greift, da es kein
Erbrecht, sondern ein territorial begrenztes Anfallsrecht an bona vacantia ist, nicht durch. Daß der Wiesbadener Nachlaß an den deutschen
Fiskus (kraft Heimfallsrechts) fallen soll, wird im deutschen Recht
nirgends angeordnet.

Zwar läßt sich eine deutsche Kollisionsnorm (für Heimfallsrechte gilt
die lex rei sitae) mit Fug behaupten, wie schon oben S.57, 4a dargelegt.
Aber es fehlt an einer deutschen internen Norm des Inhalts, daß unter
Umständen der Fiskus ein Heimfallsrecht habe. Da es aber der öffentlichen Ordnung in Deutschland nicht entsprechen würde, unter Anwendung des § 958 BGB einen herrenlosen Nachlaß plündernden Horden
zu überlassen, so wird hier das auch bei uns nicht ausgestorbene Regal
(wie es an strandtriftigen und von der See ausgeworfenen Sachen besteht) gelten dürfen.

d) Vgl. auch oben S. 53 (b) vom heiratenden Testator.

Es ergibt sich, daß die rechtliche Kennzeichnung der Lebensverhältnisse das *internationale Privatrecht* nicht vor so schwierige Fragen
stellt, wie oft behauptet wird, daß aber das Ineinandergreifen der
materiellen Rechtsordnungen verschiedener Gebiete für die Auslegung
dieser Rechtsordnungen zahlreiche Einzelprobleme entstehen läßt, die
noch nicht bei Tatbeständen rein inländischen Lebens, sondern erst
bei Tatbeständen mit Auslandsberührung sichtbar werden, wie die ultra-
violetten Strahlen erst im Hochgebirge bemerkbar sind. Diese Aus-
legungsfragen haben mit den Fragen des Kollisionsrechts nichts zu tun.

§ 14. Die Vorbehaltsklausel (ordre public).

KAHN, F.: Abhandl. I 161ff. — LEWALD, H.: In Mitt. d. Gesellsch. f. Völker-
recht 7 (1926) 47ff. — LEWALD: IPR 23ff.; Règl. gén. 120ff. — ZITELMANN:
I 317ff. — FRANKENSTEIN: I 180ff. — GUTZWILLER: 1572ff. (mit weiterer Lit.). —
MELCHIOR: 324ff. — ARMINJON: I³ 218. — SOLODOVNIKOFF: La notion de l'ordre
public dans la jurispr. francaise relative au droit de la famille, 1936. — ABRAHAM,
H. J.: Archiv Prax 150, 385. — DÖLLE, H.: Ordre public im IPR 1950, in Deutsch.
Landesreferate z. III. Internat. Kongr. f. RsVergleichg. 397 (wo ausländ. Lit.).—
RAAPE: IPR 61ff. — WENGLER: JR 1949, Nr. 3 (über Nichtanwendung von Nazi-
recht). — BEITZKE: In Raape-Festgabe 96ff; RabelsZ (1949) 15, 145ff. — FICKER:
Grundfragen d. deutsch. interlokalen Rechts (1952) passim., insb. 56ff. — PHILO-
NENKO: J.Clunet 79 (1952) 780ff. — MAURY: L'éviction de la loi normalement
compétente, 1952, 22ff. — VALLINDAS: Rev. Hellénique d. dr. internat. 3 (1950)
270ff.

I. Unter der Vorbehaltsklausel versteht man den Satz, daß das nach den allgemeinen Regeln des internationalen Privatrechts anwendbare ausländische Recht dann nicht anzuwenden ist, wenn dadurch die öffentliche Ordnung, der ordre public, des Inlands litte. Daß solche Durchbrechung der allgemeinen Kollisionsregeln in keinem Staate entbehrt werden kann, haben die drei Führer in der Entwicklung des internationalen Privatrechts, STORY, SAVIGNY und MANCINI, gleichmäßig gesehen. Auf SAVIGNY geht insbesondere die klare Erkenntnis zurück, daß unter den Gesetzen zwingenden Rechts (jus cogens) zwei Gruppen zu unterscheiden sind: erstens solche Gesetze, die „lediglich um der Person willen, welche die Träger der Rechte sind, erlassen werden" (System VIII 35), wie die Gesetze über Einschränkung der Handlungsfähigkeit wegen Alters oder Geschlechts oder über die Übereignungsformen; zweitens solche Gesetze, die „nicht lediglich um der Personen willen erlassen werden", sondern auf sittlichen Gründen oder Gründen des öffentlichen Wohls (politischen, polizeilichen, volkswirtschaftlichen) beruhen. Jene ersten Gesetze können zwar nicht durch Vertrag außer Anwendung gesetzt werden (jus cogens privatorum pactis mutari non potest), sie können es aber dadurch, daß auf Grund der allgemeinen international-privatrechtlichen Regeln eine ausländische Rechtsordnung gilt. Die Gesetze der zweiten Gruppe dagegen fordern Anwendung auch einer ausländischen Rechtsordnung zum Trotz.

Die französische Doktrin hat später für die erste Gruppe den Ausdruck „lois d'ordre public interne", für die zweite den Ausdruck: „lois d'ordre public international" geprägt. Man meint damit solche Gesetze, die nur für das droit interne als absolute gelten wollen, und auf der anderen Seite solche, die auch im [eigenen] droit international Geltung schlechthin fordern.

MANCINI und seine Schule haben darüber hinaus die absolute Geltung von Gesetzen des ordine pubblico als eines der beiden *Prinzipien* des internationalen Privatrechts und nicht mehr als eine Durchbrechung von Prinzipien aufgestellt (vgl. oben S. 23).

Die Vorbehaltsklausel ist im Schrifttum oft angegriffen worden. Man wirft ihr zu große Unbestimmtheit vor und sieht darin ein Mittel, nationaler Eitelkeit, „juristischem Chauvinismus" zum Siege zu verhelfen. Ihr Grundgedanke ist gesund. Wer ihre Elastizität tadelt, übersieht die Bedeutung elastischer Formeln für die Rechtsfortbildung. Begründeter ist die Gefahr, daß der Richter dem Erfordernis einer übernationalen Grundhaltung verständnislos gegenüberstehe. Insbesondere zeigt die außerordentliche Ausdehnung, die die französische Praxis dem ordre public international gewährt hat, welche Gefahr die Lehre MANCINIs brachte, indem sie ihn aus der Ausnahmestellung (die ihm SAVIGNY gab) in den Mittelpunkt rückte und zum Prinzip erhob.

So hat in Frankreich die Rechtsprechung[1] Mobiliarhypotheken, die im Ausland begründet sind, nicht anerkannt, an Monopolwaren, die nach Frankreich kommen, das Eigentum erlöschen lassen, auslandsrechtliche Verträge mit lebenslänglicher Verpflichtung für unwirksam erklärt, ausländisches Recht, das die Unterhaltspflicht zwischen Vater und Kind abweichend vom code civil regelt, nicht angewendet. Solange die recherche de la paternité in Frankreich ausgeschlossen war (bis 1912), hat man vor französischen Gerichten auch ausländischen Kindern gegen ihren ausländischen Erzeuger die Paternitätsklage versagt usw.

II. In *Deutschland* hat der Gedanke SAVIGNYs gesiegt; die Berücksichtigung des deutschen ordre public erscheint als *Ausnahme* vom Grundsatz der Anwendung desjenigen ausländischen Rechts, in dem ein Rechtsverhältnis seinen Schwerpunkt hat. Art. 30 EG bestimmt, daß die Anwendung eines ausländischen Gesetzes dann ausgeschlossen ist, wenn die Anwendung gegen die guten Sitten oder gegen den Zweck eines deutschen Gesetzes verstoßen würde (ebenso § 328 Nr. 4 ZPO, wenn es sich um die Anerkennung ausländischer Urteile handelt). Indem diese Bestimmung den Fall der Sittenwidrigkeit dem des Verstoßes gegen ein deutsches Gesetz gegenüberstellt, legt sie den „Akzent"[2] dort auf die Ablehnung des ausländischen, hier auf die zwingende Durchführung des eigenen Gesetzes. Dort ist die Anwendung des deutschen Rechts nur die „Kehrseite", die Folge; hier ist die Nichtanwendung des ausländischen Gesetzes nur die Folge des Anwendungsverlangens deutschen Rechts.

III. Der *Verstoß gegen die guten Sitten.* Die hier vom Gesetz gewählte elastische Formel ist hinreichend bestimmt. Der Begriff ist in Art. 30 EG derselbe wie in § 138 BGB[3]. Gemeint sind die guten Sitten deutscher Auffassung, und zwar so, wie sie zur Zeit des Urteilerlasses bestehen[4]. Da das Gesetz voraussetzt, daß die *Anwendung* des ausländischen Rechts gegen die guten Sitten verstößt, ist nicht zu prüfen, ob das ausländische Gesetz selbst Mißbilligung verdient, sondern nur ob das konkrete Ergebnis seiner Anwendung zu mißbilligen ist.

Beispiele:

a) Ein mit einer Albanierin verheirateter (mohammedanischer) Albaner darf in Deutschland nicht eine zweite, dritte oder vierte Albanierin heiraten, wiewohl ihm sein Heimatrecht solche Mehrehe gestattet; aber hat er sie in Tirana geheiratet und wird in Deutschland unter den Söhnen der vier Weiber über seinen Nachlaß gestritten, so verstößt es nicht gegen die deutschen guten Sitten, das albanische *Erbrecht* ehelicher Kinder auf sie alle, auch auf die in Deutschland geborenen, anzuwenden[4a].

b) Auch der *Unterhaltsanspruch* der zweiten, dritten und vierten Frau gegen den Mann würde auf deutschem Boden einklagbar sein: die Verurteilung des Mannes zu entsprechenden Geld- oder Naturalleistungen enthält keine Unsittlichkeit. Dagegen wäre

---

[1] Vgl. GUTZWILLER: In Heinsheimers Zivilgesetzen (Frankreich), I 804.
[2] ZITELMANN: I 326.   [3] RG 72, 126.   [4] Vgl. RG 114, 172.
[4a] Vgl. JONAS: JurW 1936, 283.

c) der Anspruch der Frauen auf Herstellung der ehelichen Gemeinschaft wegen des unsittlichen Ergebnisses abzuweisen.

d) Wollte eine dieser Frauen, dem Harem des Mannes entlaufen, in Deutschland eine neue Ehe eingehen, so wäre ihr das wohl zu gestatten, da die Anerkennung des mohammedanischen Ehehindernisses der bestehenden Vielehe gegen die gute Sitte Deutschlands verstoßen würde[5].

e) Das nach deutscher Auffassung sittenwidrige Verhalten des französischen Ehemannes, der die Korrespondenz seiner Frau überwacht, mag in Frankreich geübt werden; klagt die Frau in Deutschland wegen des ihr aus solcher Indiskretion entstandenen Schadens, so wird sie abgewiesen; anders wenn der Franzose sein unangemessenes Verhalten in Deutschland fortgesetzt hatte.

Wie es ausländische Gesetze sittenwidrigen Inhalts gibt, deren Anwendung nicht gegen die guten Sitten verstößt, so kommt es umgekehrt vor, daß die Anwendung eines ausländischen nicht sittenwidrigen Gesetzes den guten Sitten widerspricht[6].

IV. Verstoß gegen den *Zweck eines deutschen Gesetzes*. Diese Wendung ist minder deutlich. Jedes von einem deutschen abweichende ausländische Gesetz verfolgt entweder denselben Zweck wie das deutsche mit anderen Mitteln oder andere Zwecke. Auch in der Anwendung eines andere Zwecke verfolgenden Gesetzes liegt noch kein „Verstoß" gegen den Zweck des deutschen Gesetzes. Dies ist vielmehr nur dann der Fall, wenn das deutsche Gesetz gewillt ist (das Wort „Zweck" trifft nicht), den abweichenden ausländischen Gesetzen zum Trotze zu gelten, also auch, wenn diese an sich anwendbar wären. Man hat daher jedes einzelne deutsche Gesetz daraufhin zu untersuchen, ob ihm solch *allgemeiner Geltungswille* innewohnt[7]. Der Versuch, die Generalklausel durch eine spezialisierende Leitformel zu ersetzen, muß ebenso scheitern wie bei jeder Generalklausel (z. B. dem Gebot von Treu und Glauben, § 242). Es ist das Wesen der Generalklauseln, daß ihr Inhalt „erst während der praktischen Anwendung und durch die praktische Anwendung nach und nach festgelegt wird" (WENGLER). Sie wollen es für die Weiterbildung des Rechts nutzbar machen, daß nur das Anschauen konkreter Tatbestände guten Richtern die Gerechtigkeitsnähe gewährt; eine „Wissenschaft", die voreilig der Hand des Richters entwindet, was nur er leisten kann, handelt gegen den Geist des Rechts. — Dennoch hat sogar das Reichsgericht jene elastischen Worte durch eine festere Formel ersetzen zu können geglaubt. Ein Verstoß gegen die Zwecke eines deutschen Gesetzes im Sinne des Art. 30 EG soll immer und nur dann vorliegen, wenn der „*Unterschied zwischen den staatspolitischen und sozialen Anschauungen*", auf denen das fremde Recht beruht, und denen, auf denen das deutsche Recht beruht, „so erheblich ist, daß die An-

---

[5] Sehr zweifelhaft. Anders RAAPE: Komm. 809, 6 a.
[6] Vgl. den schwierigen Fall RG 150, 283; dazu LEWALD: Règ. gén. 145.
[7] ZITELMANN: I 371 f.

wendung des fremden Rechts direkt (!) *die Grundlagen des deutschen staatlichen oder wirtschaftlichen Lebens angreifen würde*"[8].

Der Versuch ist mißglückt[9]. Es kann nicht darauf ankommen, auf welchen staatspolitischen Grundlagen das ausländische Recht beruht; auch wenn diese Grundlagen von den unseren nicht abweichen, sondern nur eine Verschiedenheit in der Durchführung besteht, kann die Anwendung des fremden Rechts mit dem Zwecke eines deutschen Gesetzes in Widerspruch stehen.

Das Reichsgericht hat ferner mit seiner Formel *nicht Ernst* gemacht; so in RG 106, 83; nach schweizerischem Gesetz wird eine Forderung unverjährbar, wenn der Gläubiger die Vollstreckung fruchtlos versucht hat und sich dann von der Behörde einen „Verlustschein infolge Pfändung" hat ausstellen lassen; dieses Gesetz soll mit dem Zweck des deutschen Gesetzes, daß Forderungen grundsätzlich verjährbar sind, unverträglich sein[10]. Aber läßt sich ernstlich behaupten, daß zwischen dem Schweizer und dem deutschen Recht hier ein auf verschiedenen staatspolitischen und sozialen Anschauungen beruhender Gegensatz besteht, der so erheblich ist, daß die Geltung der schweizerischen Unverjährbarkeit die Grundlagen des deutschen staatlichen oder wirtschaftlichen Lebens angreifen würde? Und das, obwohl auch das deutsche Recht unverjährbare Ansprüche kennt (vgl. §§ 898, 902 BGB)?

V. Im allgemeinen hat die deutsche Praxis, wie übrigens auch die englische, im Gegensatz zur französischen, die Neigung, den Anwendungsbereich der Vorbehaltsklausel eng zu halten, wenn auch, wie die eben erwähnte Entscheidung (RG 106, 83) zeigt, gelegentliche Überspannungen vorkommen.

Beispiele für die Zurückhaltung, die die deutsche Praxis übt:

a) Schon vor dem Naziregiment hat das Reichsgericht[11] das österreichische Ehehindernis der Religionsverschiedenheit als nicht gegen den Zweck eines deutschen Gesetzes verstoßend erklärt, obwohl das BGB die „bürgerliche" Ehe (wie die Überschrift des ersten Abschnitts des vierten Buchs lautet) von kirchlichen Einflüssen freigestellt sehen will und obwohl das Konfessionsgleichberechtigungsgesetz vom 3. Juli 1869 (Weimarer RVerf Art. 136 Abs. 2) in jener Zeit zu den Grundlagen des staatlichen Lebens in Deutschland gehörte[11].

---

[8] RG 60, 300; 63, 19; 93, 183; 110, 173; 119, 259. Nicht besser ist die Formel, die RG 169, 245 aufstellt: „Vorschriften, die die öffentliche Ordnung oder den Zweck eines deutschen Gesetzes betreffen", seien „nur solche Normen, die der Gesetzgeber in einer die Grundlagen des staatlichen oder wirtschaftlichen Lebens berührenden Frage auf Grund bestimmter staatspolitischer, sozialer oder wirtschaftlicher Anschauungen, nicht nur aus bloßen (sic) Zweckmäßigkeitserwägungen gegeben hat."

[9] Ganz abgesehen davon, daß der Sinn des Richterrechts verkannt wird, wenn der Richter statt durch Einzelentscheidungen auf die Rechtsfortbildung zu wirken (exemplis iudicandum) allgemeine Rechtsgrundsätze aufstellt.

[10] Das RG ist übrigens nicht so weit gegangen, den Art. 30 EG schon dann anzuwenden, wenn die Verjährungsfristen des maßgeblichen ausländischen Rechts länger sind als die des deutschen Rechts (RG 151, 201).

[11] RG 132, 418; vgl. auch RG 148, 383. — Anders OLG Hamburg, NiemeyersZ. 18, 541; anders auch die französische und die italienische Praxis.

b) Das Reichsgericht (119, 259) hat tschechoslowakisches Recht angewendet, obwohl sich aus diesem die Nichtaufwertbarkeit von Markforderungen ergibt, falls diese tschechoslowakischem Recht unterliegen.

c) Das tschechoslowakische Heimatrecht einer verlassenen Braut gewährt ihr kein Kranzgeld, im Gegensatz zum BGB § 1300. Das OLG München hatte kein Bedenken, den tschechoslowakischen Rechtssatz anzuwenden[12].

d) Englisches und amerikanisches Recht versagen auch den nächsten Angehörigen des Erblassers jeden Pflichtteilsanspruch. Das Reichsgericht hat die Anwendung des Art. 30 EG abgelehnt[13].

e) Der sowjetrussische Satz, daß eine Ehefrau nur dann Unterhalt von ihrem Mann verlangen kann, wenn sie arbeitsunfähig oder unverschuldet arbeitslos ist, wird vom KG nicht als anstößig angesehen (JurW 1936, 3582).

f) Die formlose, unregistrierte und einseitig lösbare Ehe des russischen Rechts wurde vom Reichsgericht als gültige Ehe behandelt (157, 263).

g) Tschechoslowakische Ehegatten hatten sich (nach ihrem Recht gültig) vertraglich verpflichtet, die zur Ehescheidung aus beiderseitigem Einverständnis notwendigen förmlichen Erklärungen abzugeben, und die Ehefrau hatte auf ihren Unterhaltsanspruch verzichtet. Das deutsche Gericht (JurW 1936, 1798) trug kein Bedenken, den Vertrag für gültig zu erklären.

h) Ein ostzonales Gesetz vom 17. Mai 1950 setzte das Volljährigkeitsalter von 21 auf 18 Jahre herab. Es ist anwendbar auf Personen, die vor der Erreichung des 21. Lebensjahres ihren gewöhnlichen Aufenthalt in der Ostzone haben. Es ist bisweilen versucht worden, die Anwendung des ostzonalen Gesetzes in den Westzonen mit Hilfe der Vorbehaltsklausel grundsätzlich zu bekämpfen, am gedankenreichsten von WENGLER, der eine „Vorbehaltsklausel zugunsten der Einheit des Reichs" aufstellt. Die überwiegende Praxis ist aber nicht gefolgt. Für einen, freilich geringen Teil der Bevölkerung, nämlich die landesherrlichen Familien, hat das 18-Jahres-Alter stets gegolten und niemand hat daran Anstand genommen. Von einer Verletzung der öffentlichen Ordnung kann vollends keine Rede sein[14].

Im Folgenden werden Beispiele deutscher Rechtsnormen gegeben, die in der Regel im Widerstreit mit ausländischen Rechtsnormen den Sieg davon tragen: die ausländische Norm, die nach allgemeinen Regeln in Deutschland anwendbar wäre, muß zurücktreten.

Privatrechtliche Normen dieser Art sind

1. diejenigen deutschen Gesetze, die sich gegen ungehörige Willensbeeinflussung oder gegen eine an Wucher grenzende Ausbeutung oder gegen übermäßige Einengung wirtschaftlicher Freiheit wenden:

a) So ist zwar nicht die Anfechtbarkeit wegen Irrtums (§ 119 BGB), wohl aber die wegen *Drohung*[15] oder arglistiger *Täuschung* (§ 123 BGB)[16] vom deutschen Richter auch dann zuzulassen, wenn das maßgebende ausländische Recht sie nicht kennt.

---

[12] IPRspr 1929, 106.   [13] RG JurW 1912, 22, WarnRspr 8 (1915) 455.
[14] Vgl. einerseits WENGLER: NJW 1951, 50; FICKER: Grundfragen des interlokalen Rechts 1952, 40 ff., 56 ff. — RAAPE: NJW 1951, 457. — ROMBERG: JR 1951, 264 und eine Entscheidung d. OLG Hamm. — Andererseits NEUHAUS: DRZ 1950, 401, 467. — DÖLLE: Standesamt 1950, 178. — BEITZKE: JR 1952. — SCHUMACHER: NJW 1951, 169. — SCHLICHTING: MDR 1951, 138. Entscheidungen der OLGe Celle, Düsseldorf, KG (Berlin-West) NJW 1951, 485.
[15] RG IPRspr 1928, 20.   [16] Vgl. aber RG IPRspr 1933, 33 f.

b) Wenn der Käufer bei mangelhafter Lieferung nach dem maßgebenden ausländischen Recht rügepflichtig ist, so ist doch der Satz, daß der Verkäufer, der den Mangel *arglistig verschwiegen* hat, sich nicht auf Versäumung der Rügefrist berufen kann (§ 377 Abs. 4 HGB), stets anzuwenden[17].

c) Auch die deutschrechtliche Unklagbarkeit der an ausländischen Börsen geschlossenen *Differenz- und Börsentermingeschäfte*, die ja dem Schutze leichtsinniger oder unwissender Spekulanten dienen will, gehört hierher[18].

d) Die Herabsetzung übermäßiger *Vertragsstrafen*, auch wenn deren Vereinbarung noch nicht sittenwidrig war (§ 343 BGB), ist dem deutschen Richter stets gewährt[19].

e) Die deutschen Schutznormen, die die *Kündigung von Handlungsgehilfen* betreffen (§ 67 ff. HGB), sind auch bei den im Ausland tätigen Deutschen, deren Dienstverträge nach Auslandsrecht zu beurteilen sind, anzuwenden[20].

f) Geltung verlangen die Schutznormen des *Abzahlungsgesetzes*, das beim Rücktritt möglichst den Zustand wiederherstellen will, wie er vor Vertragsschluß bestand und den wirtschaftlich meist schwächeren Käufer gegen rigorosere Vertragsgestaltung schützen will[21].

g) Gleiches gilt für die deutsche Einschränkung der lex commissoria (§ 1229 BGB).

h) Die Versagung der Aufwertung durch ausländische Gerichte kann unter besonderen Umständen gegen den Zweck eines deutschen Gesetzes verstoßen[22].

In den meisten Fällen dieser Art wird von der Praxis die Ausschließung der ausländischen Norm durch den „ordre public" an die Voraussetzung geknüpft, daß eine Beziehung zu Deutschland („Inlandsbeziehung") besteht, sei es daß die zu schützende Person selbst deutsch ist, oder daß der Tatbestand sich in Deutschland verwirklicht[22a]. So ist z. B. § 618 BGB bei allen in Deutschland zu erfüllenden Dienstverträgen anwendbar, mag auch der Vertrag einem ausländischen Recht unterworfen sein und mögen alle beteiligten Personen einem ausländischen Staat angehören.

2. Hierher gehören ferner die familienrechtlichen Normen Deutschlands, die die grundsätzliche Auffassung der Ehe, vor allem die Stellung der Ehefrau, berühren, ferner Normen über die persönliche (nicht die vermögensrechtliche) Stellung der Eltern zu den Kindern, die Fragen der Kindererziehung und des Jugendschutzes.

Beispiele:

a) Schutz der Freiheit der Eheschließung. Eine Klage auf Eheschließung aus dem Verlöbnis, abweichend von § 1297 BGB, wird nicht zugelassen; ebensowenig eine Sicherung des Verlöbnisses durch Vertragsstrafe.

b) Manche Ehehindernisse deutschen Rechts verlangen Anwendung kraft des deutschen *ordre public*, z. B. die Hindernisse wegen Verwandtschaft, nicht aber solche wegen Schwagerschaft oder wegen Ehebruchs (Art. 4, 6 Ehegesetz), da hier das deutsche Recht Befreiung vom Hindernis zuläßt.

---

[17] RG 46, 196.   [18] RG 76, 373; RG IPRspr 1932, 75.
[19] OLG Hamburg Falkm.-Mugd. 6, 231.   [20] OLG Dresden Falkm.-Mugd. 14, 345.
[21] RG JurW 1932, 592.   [22] Zum Beispiel RG 114, 171.
[22a] LEWALD: IPR 27; RAISER: SJZ 1950, 280; RG JurW 1938, 1518; OLG Hamburg JZ 51, 444.

c) Das russische Recht kennt keine Rechtspflicht der Ehegatten zur Lebensgemeinschaft; das deutsche kennt sie (§ 1353 BGB).

d) Dem Kinderschutz dient es, daß eine ständige Rechtssprechung den § 1666 BGB auch im Falle ausländischer Eltern anwendet, wofern das Kind sich in Deutschland aufhält.

e) Das Recht der Eltern zu persönlichem Verkehr mit dem Kind ist unverzichtbar. Ein ausländisches Gesetz, das einen Verzicht erlaubt, würde nach Art. 30 EG BGB nicht anwendbar sein.

VI. Öffentlichrechtliche, insbesondere Verwaltungsrechtsnormen und Verwaltungsakte. Hier besonders ist es nötig, eine Verwirrung zu vermeiden: man verwechselt vielfach die Wirkung des ordre public (der Vorbehaltsklausel) mit der Wirkung des sog. *Territorialitätsprinzips*[23]. Die Haupttypen solcher Staats- oder Verwaltungsakte sind die Enteignung, die Ein- und Ausfuhrverbote, Devisengesetze, Gesetze gegen die Goldklausel, Zollgesetze, Gesetze gegen den Handel mit dem Feinde.

Von den drei ersten soll im folgenden gehandelt werden.

1. Am meisten erörtert und entwickelt ist das Problem für die *Enteignung*[24]. Der Gegensatz zwischen territorialer Begrenzung und ordre-public-Wirkung wird hier besonders klar. Sachen, die in einem Staat x belegen sind, können nur von einer Behörde dieses Staats enteignet werden. Sind sie nach dem Recht dieses Staats enteignet worden, so ist das Eigentum auf den Erwerber übergegangen und dieser Übergang wird auch im Ausland anerkannt. Andererseits: Sachen, die außerhalb des Staatsgebiets x belegen sind, können nicht von einer Behörde von x enteignet werden; solche Enteignung wäre überall unwirksam. Einer Anrufung des ordre public bedarf es nicht, um diese Ergebnisse zu erreichen. Wohl aber ist es unter Umständen möglich mit Hilfe des ordre public eines der genannten Ergebnisse zu vermeiden, insbesondere den durch die Enteignung bewirkten Eigentumsübergang unwirksam zu machen.

Viel erörtert sind die sog. „Nähmaschinen-Fälle" und die „Versteigerungen russischer Kunstwerke". Bei der Expropriation tschechischer Vermögen wurden auch Nähmaschinen vom Staate erworben und viele von ihnen veräußert; die Erwerber brachten sie nach Deutschland. Die alten Eigentümer, bei denen die Enteignung stattgefunden hatte, klagten vor deutschen Gerichten gegen die jetzigen Besitzer auf Herausgabe aus Eigentum. Die Entscheidungen schwankten: bisweilen gaben sie den alten Eigentümern recht, da der Erwerb durch Enteignung unter den Umständen des Falles gegen Art. 30 EG verstoßen würde. Richtiger

---

[23] Zum Folgenden vor allem FICKER: Grundfragen des deutschen interlokalen Rechts 1952, 54, 63.

[24] RAAPE: IPR 424 ff. — BEITZKE: Raape-Festschrift 92 ff. — Zum Begriff der Enteignung, SJZ 49, 407; OGH MDR 48, 411; BGH JZ 52, 622 (Großer Zivilsenat).

wurde das durch Enteignung erworbene Eigentum als unanstößig anerkannt[25]. —
Kostbare Bilder aus russischem Besitz, nach dem ersten Weltkrieg in einem Berliner
Auktionshaus auftauchend, waren in Rußland „nationalisiert" (vom Staat enteignet) worden, als sie sich noch in Rußland befanden. Die Gültigkeit des Eigen-
tumsüberganges wurde allgemein angenommen und auch aus Art. 30 EG wurde
kein Bedenken hergeleitet[26].

Die Anrufung des ordre public als ein Mittel Enteignungen zu bekämpfen, wird nur selten zulässig sein. Enteignungen ohne Entschädigung werden meist Strafcharakter haben (Konfiskation) und im Ausland nicht angewendet werden können. Zweifelhafter mag sein, ob die
ordre-public-Klausel vom deutschen Richter dann angewendet werden
darf, wenn es sich um ein groß angelegtes Wirtschaftsprogramm, eine
weitausschauende Agrarreform, oder eine starke, Wirtschaftskräfte in
Anspruch nehmende nationale Bevölkerungspolitik in einem der europäischen Oststaaten handelt. Politische Maßnahmen großen Ausmaßes
sollten nicht durch Gerichtsentscheidungen mit Hilfe des ordre public
gelöst werden.

2. *Devisengesetze*[27]. Ihre Anwendung in dem Staat, der sie erlassen hat, ist
selbstverständlich. Außerhalb dieses Staats haben sie, wenn sie gegen die guten
Sitten verstoßen, keine Geltungskraft. Der deutsche sehr radikale Versuch, die
deutschen Devisenbeschränkungen im Ausland wirken zu lassen, ist in den Vereinigten Staaten mit geradezu kränkenden Worten zurückgewiesen worden, indem
sie an das „Gefühl für Ehre und Anstand" appellieren und von „finanziellem Sadis-
mus in seiner übelsten Gestalt" reden. Seit dem Bretton Woods Agreement, das
einen Nachkriegsversuch zu einer organisierten Weltwirtschaft darstellt, sind Verträge unerzwingbar, wenn sie gegen die Devisenbestimmungen irgendeines Mit-
gliedstaates verstoßen, vorausgesetzt, daß sie mit den Regeln des Bretton Woods
Agreement im Einklang stehen. Soweit diese (nicht erschöpfende) Regel nicht
reicht, z. B. in den Beziehungen der Nichtmitgliedstaaten, bliebe zwar Raum für
die ordre-public-Klausel, aber man wird schwerlich, in den Tagen des Bretton
Woods Agreement, die alten schweizerischen und amerikanischen Vorwürfe wieder-
holen wollen.

3. Einfuhr- und Ausfuhrverbote[28]. Normen dieser Art sind territorial. Verträge, die deutschem Recht unterworfen sind und einem deutschen Ein- oder Ausfuhrverbot zuwiderlaufen, sind schon nach § 134 BGB
nichtig. Ist der Vertrag einem ausländischen Recht unterworfen, z. B.
weil im Ausland unter Ausländern geschlossen, so mag er nach dem maßgebenden ausländischen Recht gültig sein; aber vor deutschen Gerichten

---

[25] LG Kassel, AG Waiblingen, AG Dingolfing, RabelsZ 1949, 138ff. —
Zustimmend Beitzke: Ebenda. — Dawider: OLG Hamburg MDR 1951, 560. —
OLG Braunschweig MDR 1948, 55; LG Cottbus NJW 1950, 507.

[26] Vgl. AG Berlin-Schöneberg RabelsZ 2 (1928) 791.

[27] Koeppel: Die deutsche Devisengesetzgebung im IPR 1938. — Dietrich:
JW 1938, 5, 3013. — Duden: RabelsZ 11, 291ff. — Casparius: JheringsJ
86, 145ff. — Rashba: Michigan LR 41 (1943), 778ff., 1089ff. — Ficker: Grundfragen
des interlokalen Rechts 1952 63ff. — Raape: IPR 337ff. (2. Aufl., in 3. Aufl.
nicht wiederholt).

[28] Zum Folgenden: Zweigert: RabelsZ 14 (1942) 2.

würde er nicht durchsetzbar sein[29]. Verträge, die *ausländischen* Einfuhr- oder Ausfuhrverboten zuwiderlaufen, aber deutschem Recht unterworfen sind, sind nicht etwa aus § 134 BGB nichtig; aber sie können es nach § 138 BGB sein, so vor allem, wenn das Einfuhrverbot auf Gründen der Volkshygiene (nicht schon wenn auf handelspolitischen Gründen des fremden Staats) beruht. — Verträge endlich, die ausländischen Einfuhrverboten zuwiderlaufen *und ausländischem* Recht unterworfen sind, werden nach diesem Recht oft nichtig sein. Sind sie es, so sind sie es auch für den deutschen Richter: er darf nicht etwa das Geschäft deswegen als gültig behandeln, weil es unter seinem Recht gültig geschlossen werden könnte und weil der Nichtigkeitsgrund ausschließlich in einem fremden Verwaltungsgesetz liegt.

VII. Tatbestände *pönalen* Charakters. Daß ausländische Strafgesetze im Inland nicht anwendbar sind, geradeso wie deutsche Strafgesetze keine Anwendung im Ausland erwarten, ist ein anderer Ausdruck für die Territorialität von Strafnormen. Einer Anrufung des ordre public bedarf es nicht, um dieses Ergebnis zu erreichen. Bisweilen begegnen dem inländischen Juristen ausländische Rechtsnormen und Entscheidungen privatrechtlicher Natur, deren Folgen aber pönalen Charakter haben. So knüpfen viele ausländische Ehescheidungsgesetze, z. B. das schweizerische, an eine Scheidung wegen Ehebruchs die Folge, daß der Ehebrecher während bestimmter Zeit nicht heiraten darf. Solches Eheverbot würde wegen seines pönalen Charakters außerhalb des Landes, in dem es erlassen wurde, nicht beachtet werden. Ein Schweizer würde, seinem Heimatrecht zum Trotz, in Deutschland die Ehe schließen dürfen.

Verurteilung zu einer Geldstrafe im Auslande erzeugt selbst dann keinen in Deutschland verfolgbaren Anspruch, wenn der Schuldbetrag ganz oder teilweise dem Geschädigten, dem Delator oder einer anderen Privatperson auszuzahlen ist.

VIII. Neben der elastischen allgemeinen Vorbehaltsklausel des Art. 30 EG kennt das Gesetz noch eine Reihe fester Sondernormen, die für einzelne Fragen die gleiche Aufgabe erfüllen. Solche „*spezialisierte Vorbehaltsklauseln*" finden sich in Art. 12, 13 Abs. 3, 17 Abs. 4, 21 Halbsatz 2, 25 Satz 2. Ein Teil dieser Klauseln dient nur dem Schutz Deutscher: den Deutschen soll als Deliktsschuldner keine höhere Haftung treffen als ihn nach deutschem Recht treffen würde (Art. 12); er soll keine geringeren erbrechtlichen Ansprüche geltend machen dürfen, als er nach deutschem Recht dürfte (Art. 25)[30]. Zum Teil sehen sie von jeder Inlandsbeziehung ab, so Art. 17 Abs. 4, der eine deutsche Scheidung auch von Ausländern nur zuläßt, wenn auch nach deutschen

---

[29] RG JW 1927, 2288; RG 161, 296.
[30] Über Art. 21 siehe unter § 45 IV 1.

Gesetzen die Scheidung zulässig sein würde, und anderes. — Neben den
spezialisierten Vorbehaltsklauseln bleibt die Berufung auf Art. 30 möglich (bestritten)[31].

Ist z. B. durch ein ausländisches Urteil ein Deutscher aus Delikt zu größeren
Leistungen verurteilt worden als zu denen er nach Art. 12 in Deutschland verurteilt worden wäre, so kann er sich darauf berufen, daß die Anerkennung dieses
Urteils in Deutschland „gegen den Zweck eines deutschen Gesetzes verstoßen
würde" (§ 328 Nr. 4 ZPO, wo Art. 12 EG nicht genannt ist). Wird in Deutschland
ein Deutscher aus einem im Ausland begangenen Delikt verklagt, so kann, wenn er
zur Zeit der Tat Ausländer war, die Anwendung des Art. 12 zweifelhaft sein, und
man mag sich in diesem Fall auf Art. 30 berufen.

Ausgeschlossen ist die Berufung auf die allgemeine Vorbehaltsklausel
in den Haager Eheabkommen. Mit Recht betont HANS LEWALD[32] die
Gefahren, die beim Abschluß von Staatsverträgen bestehen, wenn man
daneben die ordre-public-Klausel beibehält. Sie ermöglicht es jedem
Vertragsstaat den Anwendungsbereich des Vertrages fast beliebig einzuschränken und damit den Vertrag seines Werts fast völlig zu entkleiden.
Es ist daher erwünscht, diese Klausel bei der Abfassung von Staatsverträgen soweit möglich auszuschalten. Es sei darauf hingewiesen, daß
beim Abschluß völkerrechtlicher Verträge eine ähnliche Gefahr aus der
„Ehrenklausel" (Vorbehalt der „Unabhängigkeit, der Ehre und der
Lebensinteressen eines der Staaten") droht, und daß die Entwicklung
auf eine Beseitigung der Ehrenklausel oder Spezialisierung ihres Inhalts
gerichtet ist[33].

Freilich ist nicht zu leugnen, daß das Fehlen der Vorbehaltsklausel im Haager
Eheschließungsabkommen die Franzosen und Belgier genötigt hat, das deutsche
Ehehindernis des Mangels des Vorgesetztenkonsenses (bei deutschen Deser-
teuren, die im Ausland heiraten wollten) gelten zu lassen, und so mittelbar zur
Kündigung der Abkommen durch diese Länder geführt hat.

IX. Wird auf Grund der Vorbehaltsklausel die Anwendung eines
fremden Rechtssatzes ausgeschlossen, so entsteht damit nicht notwendig
eine *Lücke*; so dann nicht, wenn der ausgeschaltete Rechtssatz Ausnahme
von einem Prinzip des fremden Rechts ist und dieses Prinzip der Vorbehaltsklausel nicht zum Opfer fällt. In solchen Fällen führt die Vorbehaltsklausel nicht zur Anwendung *deutschen* Rechts. Zu dieser kommt
es nur, wenn alle auf den Tatbestand anwendbaren Sätze des ausländischen Rechts anstößig sind.

So hat das Reichsgericht 106, 82ff. den schweizerischen Rechtssatz von der
Unverjährbarkeit gewisser Forderungen als unanwendbar angesehen, aber daraus
nicht etwa die Geltung der deutschen Verjährungsfrist hergeleitet, sondern mit
Recht die allgemeinen Verjährungssätze des schweizerischen Rechts für anwendbar
geachtet.

---

[31] Näheres MELCHIOR: 352ff. — A. M. OLG Hamburg IPRspr 1934, 15.
[32] Mitt. d. d. Ges. f. VölkerR a. a. O.
[33] RALSTON, J. H.: International Arbitration, California 1929, 31ff., 46f.

Daß dies freilich nicht ganz unbedenklich sei, haben BATIFFOL (no. 365) und DÖLLE (409) dargetan: man sei in Gefahr, „fremdes Recht gegen dessen eigenen Sinn und Geist anzuwenden und damit ein Bastard-Ergebnis" zu erzielen, das weder im fremden noch im eigenen Recht eine Grundlage finde. Meines Erachtens ist dieses Bedenken unbegründet: seit der amerikanischen Local Law Theory (s. unten § 18a) sind wir daran gewöhnt, daß fremdes Recht, wenn im Inland angewendet, allerlei Veränderungen unterworfen ist.

X. Der deutsche Richter hat grundsätzlich nur den ordre public seines Landes zu berücksichtigen. Grundsätze des *ausländischen* ordre *public* kommen für ihn nicht in Anwendung.

Heiraten zwei orthodoxe Griechen in Paris in kirchlicher Form, so ist nach der französischen Praxis die Ehe, als gegen den französischen ordre public verstoßend, nichtig. Der deutsche Richter aber hat sie (gemäß Art. 11 Abs. 1 Satz 1 EG) für gültig zu achten, da sie nach griechischem Recht gültig ist. Er darf den französischen ordre public nicht beachten, und das, obwohl eine in Bonn zwischen den beiden Griechen kirchlich geschlossene Ehe nach Art. 13 Abs. 3 nichtig sein würde. Ein krauses Ergebnis! Aber der Fehler liegt nicht in der räumlichen Beschränkung des ordre public, sondern in dem engstirnigen Fanatismus, der in Deutschland, Frankreich sowie in den meisten „modernen" Staaten die obligatorische Zivilehe zu einem Institut des ordre public gemacht hat.

Den ausländischen ordre public hat der deutsche Richter nur in zwei Fällen zu berücksichtigen:

1. Dann, wenn er ausländisches internationales Privatrecht anzuwenden hat (wovon im § 15).

Ein christlicher Österreicher heiratete eine jüdische Lettin; dann wurden beide Gatten Italiener; der Ehewohnsitz lag in Deutschland. Vor dem deutschen Richter wurde auf Erklärung der Ehenichtigkeit geklagt. Das RG (132, 416) nahm — was hier ungeprüft bleiben mag — an, daß für die Nichtigkeitsklage, wie für die Scheidungsklage, das jetzige Heimatrecht des Ehemannes gelte. Es wandte hiernach italienisches Recht an. Nach italienischem internationalem Privatrecht ist für die Ehevoraussetzungen das Heimatrecht aus der Zeit der Eheschließung maßgebend; also österreichisches und lettisches Recht. Nach österreichischem Recht aber konnte eine gültige Ehe zwischen Christen und Nichtchristen nicht geschlossen werden (§ 64 AllgBGB). Der italienische ordre public verbietet die Anerkennung dieses impedimentum disparitatis cultus. Da nun der *deutsche Richter* italienisches Recht anzuwenden hat, hat er auch diesen Satz des *italienischen ordre public* anzuwenden, obwohl (nach Meinung des Reichsgerichts) der deutsche ordre public der Anwendung des imped. disparitatis nicht entgegenstände.

2. Dann, wenn der Verstoß gegen den ausländischen ordre public zugleich einen Verstoß gegen die guten Sitten deutscher Auffassung darstellt, also Art. 30 EG in seiner ersten Alternative verwirklicht ist.

Fälle dieser Art kommen bei der Umgehung ausländischer Gesetze vor; vgl. § 12 IV 3.

In den Fällen, in denen der deutsche Richter hiernach den ausländischen ordre public anzuwenden hat, hat er dies auch dann zu tun, wenn dieser ordre public eine Norm des deutschen Rechts disqualifiziert.

§ 15. Rückverweisung und Weiterverweisung („Renvoi").

LEWALD: IPR, 14 ff. — LEWALD: La théorie du renvoi, Rec.d.Cours 1929 IV. — LEWALD: Règ. gén. 45 ff. — LEWALD: Renvoi revisited? in Fritzsche-Festschr. 1952, 165 ff. — PAGENSTECHER: Der Grundsatz des Entscheidungseinklangs. 1951, Abhandl. d. Akadem. d. Wissensch. in Mainz, Nr. 5, 353 ff. — PAGENSTECHER: NJW 1952, 21 IV. — ZWEIGERT: RabelsZ 16, 633 ff. — ARMINJON: I 352 ff. — KAHN, F.: Abhandl. I 7 ff., 124 ff. — v. BAR: BöhmsZ 8 (1898) 177 ff. — LAINÉ, A.: Revue Darras 2 (1906) 605 ff. — BEER, L.: In der Festschr. f. Zitelmann 1913. — POTU, EMILE: La question du renvoi, Paris 1913 [die umfassendste Arbeit]. — MELCHIOR: Festg. z. 24. Deutschen Anwaltstag 1929, 95 ff.; JurW 1925, 1571 ff.; 1931, 703; Grundlagen d. IPR 192 ff., 532 ff. (dessen Ausführungen sich weitgehend mit den hier vertretenen decken). — ECKSTEIN: RabelsZ 8 (1934) 124 ff. — RAAPE: IPR 44 ff. — GUTZWILLER: 1579 ff.

I. Der Grundsatz, daß der Richter (Standesbeamte usw.) stets nur das in seinem Gebiet geltende internationale Privatrecht anzuwenden hat, wird dann durchbrochen, wenn man den Grundsatz von der Beachtlichkeit der Rück- und der Weiterverweisung gelten läßt. Ist dieser Grundsatz richtig, so hat der Richter, nach dessen internationalem Privatrecht ein fremdes Recht anzuwenden ist, das in diesem fremden Rechtsgebiet geltende internationale Privatrecht zu beachten und dasjenige materielle Recht anzuwenden, auf welches dieses fremde internationale Privatrecht hinweist. Weist das fremde internationale Privatrecht auf das im Gebiet des Richters (Standesbeamten usw.) geltende materielle Recht, so spricht man von *Rückverweisung* (ital.: rinvio indietro); weist es auf das materielle Recht eines dritten Gebiets, von *Weiterverweisung* (ital.: rinvio altrove). Beide Gebilde werden von der französischen und englischen Terminologie als „Renvoi" zusammengefaßt.

1. Beispiele von *Rückverweisungen:* a) Ein Däne mit Wohnsitz in Bonn stirbt. Über seinen Nachlaß wird in Bonn oder Kopenhagen prozessiert. Der Bonner Richter hat nach dem deutschen Staatsangehörigkeitsprinzip dänisches, der Kopenhagener Richter nach dem dänischen Wohnsitzprinzip deutsches Recht anzuwenden. Gilt der Grundsatz der Rückverweisung, so wendet der deutsche Richter deutsches, der dänische dänisches Recht an.

b) Ein Franzose stirbt und hinterläßt Grundbesitz in Mainz. Nach deutschem internationalem Privatrecht gilt für die Vererbung, auch des Immobiliarvermögens, französisches Recht als Heimatrecht, nach französischem internationalem Privatrecht gilt für die Immobiliarvererbung die lex rei sitae, demnach deutsches Recht. Wird der Grundsatz der Rückverweisung anerkannt, so wendet der deutsche Richter deutsches, der französische französisches Recht an. — Man vergleiche dazu den *Fall Forgo*, der im Jahre 1878 den Pariser Kassationshof zur Annahme des Renvoi veranlaßte: der bayrische Staatsangehörige Forgo, der unehelich geboren war, starb; in Frankreich wurde über seinen Mobiliarnachlaß, der sich dort befand, prozessiert; nach französischem internationalem Privatrecht galt das bayrische Erbrecht: danach waren gewisse außereheliche Geschwister als nächste Verwandte erbberechtigt. Nach bayrischem internationalem Privatrecht aber galt französisches Recht, und nach französischem Erbrecht war kein Erbberechtigter da, so daß der (erblose) in Frankreich belegene Nachlaß an den französischen Staat fiel. So entschied in der Tat der Kassationshof[1].

c) Ein Kölner verkauft in Köln an einen Amsterdamer. Für den Kaufpreisanspruch läßt das deutsche internationale Privatrecht im Zweifel das Recht des Erfüllungsorts, demnach niederländisches Recht gelten, während das niederländische internationale Privatrecht im Zweifel das Recht des Vertragsschlußortes, also deutsches Recht, gelten läßt. Eine Rückverweisung führt wieder zur Anwendung deutschen Rechts in Deutschland, niederländischen Rechts in Amsterdam.

2. Beispiele der *Weiterverweisung*.

a) Ein in Warschau wohnhafter Däne stirbt. Da er Nachlaßstücke in Berlin-W. hinterläßt, wird zwischen den Erbprätendenten in Berlin geklagt. Nach deutschem internationalem Privatrecht gilt für die Beerbung dänisches Recht als das Heimatrecht; nach dänischem internationalem Privatrecht gilt das Domizilrecht, demnach polnisches Recht, dessen Internationalprivatrecht aber wieder auf dänisches Recht verweist. Die Frage ist, ob der deutsche Richter die Weiterverweisung auf Polen (und dessen Rückverweisung auf Dänemark, sowie Dänemarks erneute Verweisung auf Polen) zu beachten hat.

b) Ein in New York domizilierter Engländer stirbt. Wieder wird in West-Berlin um den hier liegenden Nachlaß geklagt. Nach deutschem IntPR gilt das Recht der Staatsangehörigkeit des Erblassers, d. h. „britisches Recht"; da es kein britisches Recht gibt, sondern nur englisches, schottisches, nordirisches Recht, ist zu untersuchen, ob eines dieser Systeme vorzugsweise in Betracht kommt. Ist er z. B. in Edinburgh von schottischen Eltern geboren, so ist schottisches Recht das Recht seiner Staatsangehörigkeit. Aber auch wenn statt des schottischen Rechts das englische oder das nordirische einzusetzen wäre, würde nach jedem dieser Kollisionsrechte das Domizilrecht kraft Weiterverweisung anzuwenden sein; Domizilrecht ist das Recht von New York. Der deutsche Richter hat das Erbrecht von New York anzuwenden.

c) Ein Belgier starb 1908; sein Immobiliarnachlaß befand sich in St. Petersburg. Die Erbprätendenten klagten in Berlin. Nach deutschem IntPR galt belgisches Recht, nach belgischem IntPR galt die lex rei sitae, also russisches Recht; auch nach russischem IntPR galt russisches Recht. Der deutsche Richter wendete russisches Recht an[2].

d) Ein italienischer Verkäufer versendet die Ware an den deutschen Käufer. Die Ware lagert (nach Zurücklegung einer Teilstrecke) in Österreich. Vor dem deutschen Richter klagt der Käufer auf Feststellung seines Eigentums. Nach deutschem IntPR ist für die Frage, ob in Österreich das Eigentum erworben sei, die lex rei sitae, also österreichisches Recht, maßgebend. Nach österreichischem IntPR war (wie der deutsche Richter meinte) das italienische Recht entscheidend; dieses wurde deshalb vom Reichsgericht angewendet[3].

e) Stiefvater und Stieftochter, beide aus Connecticut, haben in New York geheiratet; später sind sie nach Deutschland gezogen. Auf die hier erhobene Ehenichtigkeitsklage hat der deutsche Richter nach dem Recht von Connecticut zu entscheiden (das das trennende Hindernis der Schwägerschaft kennt); aber nach dem IntPR von Connecticut gilt das Ehehindernisrecht des Eheschließungsorts, und nach dem Recht von New York besteht das Hindernis nicht; auch das IntPR von New York läßt die lex loci actus entscheiden. Der deutsche Richter, der die Weiterverweisung annimmt, hat die Nichtigkeitsklage abzuweisen.

---

[1] DALLOZ: Rec. 1879, 1, 56. Dazu LAINÉ: Revue Darras 1906, 615ff. — Die erste Anerkennung der Rückverweisung in Deutschland: ObAppellat. Gericht Lübeck 1861 (SeuffA 14 Nr. 107).

[2] RG 91, 139ff.   [3] RG Entsch. v. 8. Febr. 1910 bei LEWALD: IPR 172.

II. Die Frage, ob Rück- und Weiterverweisung zu beachten seien, wird in der Rechtsprechung der meisten Länder, wenn auch mit Beschränkungen, bejaht. So: Deutschland, Ungarn, Schweden, Polen, Japan, China. (Ablehnend: Italien, Dänemark, Griechenland, Niederlande, Brasilien, Bulgarien[4]), dagegen von der Wissenschaft überwiegend verneint[5]. Die Gesetzgebung gibt meist keine Antwort. In *Deutschland* hat das EG, älterem Rechte folgend, in fünf genau bestimmten Fällen die Beachtlichkeit der Rückverweisung angeordnet: nämlich für die Fragen der Geschäftsfähigkeit, der Eheschließungsvoraussetzungen, des Ehegüterrechts, der Ehescheidung und der Beerbung; Art. 27.

In diesen Fällen finden, wenn auf Grund des deutschen internationalen Privatrechts das Recht eines fremden Staats anzuwenden ist und nach dem Recht dieses Staats „die deutschen Gesetze anzuwenden sind", „diese Gesetze Anwendung". Die Rechtsprechung ist einig erstens darüber, daß unter „den deutschen Gesetzen" die sog. inneren (materiellen) deutschen Gesetze, die „Sachnormen", im Gegensatz zu den deutschen Kollisionsnormen zu verstehen sind, und zweitens darüber, daß, wenn das fremde Recht ebenfalls den Renvoi anerkennt, diese Anerkennung vom deutschen Richter keineswegs zu beachten ist[6]. (Es kommt also nicht zu einem zweiten Renvoi.)

Über die Frage, ob die Rückverweisung auch in anderen Fällen anzuerkennen und ob die Weiterverweisung zu beachten sei, schweigt das Gesetz. Die Praxis, zumal des Reichsgerichts, nimmt, wenn auch nicht ohne Schwanken, die *analoge Anwendung* des Art. 27 auf andere Fälle der Rückverweisung und auf die Weiterverweisung an[7]. Das ist als heute geltendes Recht anzusehen, so unsicher auch die Grenzen der Zulassung einer Weiterverweisung sein mögen.

Eine gesetzliche Anerkennung der Rück- und der Weiterverweisung findet sich in dem Genfer Abk. über das Wechsel- und das ScheckIPR und dementsprechend im deutschen WechselG Art. 91 Abs. 1 Satz 2, und im ScheckG Art. 60.

III. Die *Gründe* für die Beachtung der Rück- und Weiterverweisung sind freilich zum Teil schwach:

1. Das RG hat immer von neuem betont, die Verweisung des deutschen Kollisionsrechts auf eine fremde Rechtsordnung bedeute eine Verweisung nicht nur auf die materiellen Normen (Sachnormen) dieser Rechtsordnung, sondern auch auf deren Kollisionsnormen, sei also eine „Gesamtverweisung". Der deutsche Richter, der ein bestimmtes aus-

---

[4] Die Vereinigten Staaten von Amerika, die bisher renvoi-feindlich waren, haben 1950 eingelenkt: Ein New Yorker Gericht hat *in re Schneider's Estate* den Renvoi zugelassen. Dazu Lewald: Fritzsche-Festschr. 165. Zweigert: RabelsZ 16, 633.

[5] *Für* den Renvoi: Unter den deutschen Schriftstellern vor allem v. Bar, Rabel, Frankenstein, Melchior, Nussbaum.

[6] RG 136, 366 (gegen Melchior).

[7] Vgl. insbes. RG 62, 404; 64, 393; 78, 50, 236; 91, 139; 132, 416; 136, 365f.; JurW 1911, 208; 1925, 249; KG IPRspr 1933, 95; 1934, 97. Melchior: 207ff.

ländisches Recht anzuwenden habe, solle möglichst so urteilen, wie der
Richter dieses Rechtsgebiets urteilen würde. Allein dieser Gedanke wird
nicht durchgeführt und kann nicht durchgeführt werden:

a) Er *wird* nicht durchgeführt. Erklärt das deutsche Recht das
Recht des Staates x für maßgebend, so fragen wir zwar, ob das internationale Privatrecht im Staate x auf deutsches Recht zurückverweist
oder auf das Recht des Staates y weiterverweist; aber wir beachten
nicht: eine Rück-Rückverweisung von Deutschland auf x und eine weitere
Weiterverweisung von y auf das Recht des Staates z, während der
Richter des Staates x solche Verweisungen, die für ihn einfache Rück-
oder Weiterverweisungen wären, beachten würde: wir entscheiden also
nicht so, wie dieser Richter entscheiden würde[8].

b) Die Durchführung des Gedankens ist auch nicht immer *möglich*.
Sie ist es nur dann, wenn der Staat x, auf dessen Recht das deutsche
Recht verweist, in der Frage des renvoi einen anderen Standpunkt einnimmt als das deutsche Recht, wenn er z. B. wie Italien, den Renvoi
völlig verwirft.

Schließen zwei in Italien lebende Deutsche (oder Niederländer) einen dort zu
erfüllenden Vertrag miteinander ab, so ist nach deutschem internationalem Privatrecht das Recht des Erfüllungsorts, also italienisches Recht, im Zweifel maßgebend;
nach italienischem IntPR aber ist im Zweifel das gemeinsame Heimatrecht der
Kontrahenten, also deutsches (oder niederländisches) Recht anzuwenden, und eine
Beachtung des deutschen (oder niederländischen) Internationalprivatrechts würde
dem italienischen Richter nicht gestattet sein. Der deutsche Richter entscheidet
hier daher genau so wie der italienische, wenn er dessen Verweisung auf deutsches
(oder niederländisches) Recht befolgt.

Nimmt dagegen der Staat x denselben Standpunkt ein wie das
deutsche Recht, müßte also (im Rückverweisungsfalle) der Richter in x
so entscheiden, wie der deutsche Richter, so könnte man zu einer Entscheidung überhaupt nicht kommen, da jedes Recht komplimentierend
dem anderen den Vortritt ließe (nach dem Vorbild der Honoratioren-
Gattinnen in Kotzebues Deutschen Kleinstädtern). Man hat, um die
Sinnlosigkeit dieses Gedankens zu zeigen, von einem logischen Spiegel-
kabinett, einem internationalrechtlichen Tennisspiel (das erst endet,
wenn ein Spieler einen Fehler macht), einem perpetuum mobile gesprochen. Man macht daher in Deutschland, Frankreich u. a., mit dem
Gedanken der Gesamtverweisung nicht ernst, sondern bricht die Rück-
weisung ab, sobald kraft ihrer der heimische Richter heimisches materielles Recht anzuwenden hat, und gewährt auch nur (wie es scheint)
eine einmalige Weiterverweisung.

Anders als Deutschland und Frankreich: *England*[8a]. Hier wird auch der
„*doppelte renvoi*" zugelassen: stirbt ein Engländer mit Wohnsitz in Bonn, so läßt

[8] Vgl. RG 136, 366.
[8a] So noch jüngst die Chancery Div. im Prozeß um den Nachlaß des Herzogs
Wellington, RabelsZ 15 (1949) 149 ff; dazu NEUHAUS: Ibidem.

der englische Richter, der mit der Beerbungsfrage befaßt wird, deutsches Recht maßgebend sein, und zwar so, wie es in thesi der deutsche Richter handhaben würde. Da aber dieser englisches Heimatrecht anwenden und wegen des englischen Domizilprinzips im Wege der Rückverweisung deutsches materielles Recht anwenden würde, wendet auch der englische Richter deutsches materielles Erbrecht an. Dieser englische Standpunkt ist nur deswegen durchführbar, weil kein Land außerhalb des Britischen Commonwealth ihn einnimmt.

2. Noch unbefriedigender ist die Begründung: es gehe nicht an, ein fremdes materielles Recht anzuwenden, *das selbst nicht angewendet werden wolle.* Sowenig ein Staat etwas dagegen einwenden wird, daß ein anderer Staat sein Recht rezipiert, sowenig kann er sich darüber beschweren, daß der andere Staat sein Recht in Fällen anwendet, in denen er die Anwendung nicht in Aussicht genommen hat.

IV. Dennoch ist die feste, wenn auch in den Einzelheiten unsichere Praxis, die die Rück- und Weiterverweisung beachtet, gesund, und zwar unter zwei Gesichtspunkten, deren scharfe Betonung zugleich geeignet ist, die rechte Begrenzung der Zulassung zu gewähren.

1. Gesund ist sie da, wo sie zur Anwendung des *eigenen Rechts des Richters* führt. Die überall zu beobachtende Neigung des gewissenhaften Richters (vom trägen ist hier nicht die Rede), möglichst zur Anwendung des eigenen materiellen Rechts zu kommen, ist nicht von Grund auf zu verwerfen. In dem Rechte des eigenen Landes weiß er Bescheid; hier vermag er den Wandel der Rechtsprechung zu verfolgen. Das Studium ausländischer Rechte wird ihm, selbst wenn er über ausreichende Sprachkenntnisse verfügt und ihm Gesetzgebung, Rechtsprechung und Literatur zugänglich sind, fast immer Zweifel lassen, ob er bei der Rechtsfindung frei von Mißverständnissen geblieben ist, ob er den Rechtsstoff erschöpfend berücksichtigt hat, ob ihm insbesondere die neuesten Gesetze und Urteile des fremden Landes bekannt geworden sind. Je mehr das Studium ausländischen Rechts fortschreitet, je größer vor allem die Registrier- und Forscherarbeit in wissenschaftlichen Auslandrechtsinstituten wird, um so mehr mag diese Gefahr schwinden: das Gefühl der Sicherheit rechter Entscheidung, das der Richter bei der Anwendung eigenen Rechts haben darf, wird er bei der Anwendung ausländischen Rechts nie gewinnen. Es wird daher stets als absurd erscheinen, daß z. B. im Falle der Beerbung eines in Deutschland wohnhaften Argentiniers der deutsche Richter argentinisches Erbrecht, der argentinische Richter deutsches Erbrecht sollte anwenden müssen[8b].

[8b] Nach PAGENSTECHER: NJW 1952, 801 ff. hat der deutsche Richter eine Rückverweisung nicht zu beachten, wenn ihre Beachtung zur Zerstörung eines sonst vorhandenen Entscheidungsgleichklangs zwischen den beteiligten Staaten führen würde. Diese höchst präzise Formel wäre unanfechtbar, wenn man das Interesse an der Herbeiführung des Entscheidungseinklangs höher stellte als das Interesse des Gerichts an möglichster Anwendung des eigenen Rechts.

Man hat eingewendet, daß die Renvoi-Lehre den Richter nötigt, ausländisches internationales Privatrecht zu studieren, und daß dieses Studium besonders schwierig sei. Das ist richtig. Aber wenn der Richter nicht zur Klarheit über das ausländische IPR kommt, so mag er feststellen, daß der Nachweis eines Renvoi nicht gelungen ist und ausländisches materielles Recht anwenden.

Der Renvoi ist hiernach immer dann als beachtlich anzuerkennen, *wenn* er zur *Anwendung des eigenen Rechts* des Richters führt, d. h. stets im Falle der Rückverweisung (die entsprechende Praxis des deutschen Reichsgerichts ist hiernach zu billigen), sowie dann im Falle der Weiterverweisung, wenn diese auf einem Umwege zum eigenen Recht des Richters führt.

Gedacht ist an den Fall, daß das internationale Privatrecht des Richters (r) auf das Recht von x verweist, das IntPR von x auf das Recht von y weiterverweist und das IntPR von y wieder auf r weist. Beispiel: Ein in Köln geborener und hier 50 Jahre lang wohnhafter Argentinier zieht nach London, um dort geschäftlich tätig zu sein, aber mit der Absicht, in einigen Jahren nach Köln zurückzukehren. Er stirbt in London. Hat der deutsche Richter im Erbschaftsprozeß zu entscheiden, so hat er nach deutschem IntPR argentinisches Recht anzuwenden; nach argentinischem IntPR gilt englisches Recht als das des Wohnsitzes; nach englischem Recht aber gilt deutsches Recht, da im Sinne des englischen Rechts (im Gegensatz zum argentinischen) der deutsche Wohnsitz (das „domicil of origin") noch besteht. Daher wendet der deutsche Richter deutsches Recht an.

2. Gesund ist die Beachtung des Renvoi ferner dann, wenn sie dahin führt, daß, wo auch immer der Prozeß schwebt, dasselbe materielle Recht anzuwenden ist, daß also das letzte Ziel des internationalen Privatrechts, ein *vom Gerichtsort unabhängiger Entscheidungseinklang*, in concreto *erreicht wird*. Das ist bei der Rückverweisung nur dann der Fall, wenn das eine der beteiligten beiden Rechte den Renvoi beachtet, das andere die Beachtung verbietet (z. B. Deutschland-Italien) oder wenn das eine der beiden Rechte nur den einfachen Renvoi, das andere den doppelten Renvoi kennt (so England im Verhältnis zu Deutschland oder zu Frankreich). Es ist ferner bei der *Weiterverweisung* dann der Fall, wenn die beiden Rechte, zwischen denen die Weiterverweisung liegt, zur Anwendung desselben Rechts kommen würden, nicht aber dann, wenn diese beiden Rechte in der Anknüpfung auseinandergehen.

Beispiele:

a) Ein Däne mit Wohnsitz in Rom stirbt unter Hinterlassung von Mobiliarvermögen in Hamburg. Der mit der Erbfrage befaßte deutsche Richter setzt zunächst (seinem IPR entsprechend) dänisches Recht als anwendbar; nach dänischem IPR (Wohnsitzprinzip) gilt italienisches Recht, nach italienischem IPR gilt dänisches Recht. Weder Italien noch Dänemark erkennen die Rückverweisung an. Da hier zwischen Dänemark und Italien keine Einigkeit über das anzuwendende Recht besteht, hat der deutsche Richter die Weiterverweisung nicht zu beachten, sondern dänisches Recht anzuwenden.

b) Derselbe Fall wie zu a), nur hat der Däne den Wohnsitz in Warschau. Da der dänische Richter keine Rückverweisung beachtet, wohl aber der polnische

Richter, würden beide gleichmäßig polnisches Recht anwenden. Daher hat *auch
der deutsche Richter* die *Weiterverweisung* zu *beachten* und polnisches Recht anzuwenden. So wird in Hamburg, Warschau und Kopenhagen nach demselben Recht
judiziert.

c) Ein britischer Staatsangehöriger, der in Polen domiziliert ist, stirbt. Ob
er Engländer, Schotte oder Nordire war, ist nicht ausgemacht und kann offen
bleiben. Denn jedes der drei Rechte kennt den double renvoi in der englischen
Art und Weise. Er führt zur Geltung polnischen inneren Rechts[8c].

d) Der Fall des RG 91, 139 ff. (s. oben unter I 2c): hier läßt das RG die Weiterverweisung des belgischen Rechts auf die russische lex rei sitae gelten; mit
Recht, da (wie das RG betont) auch das russische IntPR russisches Recht
gelten läßt.

e) Hatte 1932 ein Deutscher in Wien einen auf ihn gezogenen, in Paris zahlbaren
Wechsel akzeptiert und wurde er daraus in Berlin verklagt, so galt für Voraussetzungen und Inhalt seiner Verpflichtung nach deutschem Recht das Recht des
Zahlungsorts, also französisches Recht; da aber nach französischem IntPR die
lex loci actus, also der Ort der Zeichnung des Akzepts, demnach österreichisches
Recht, galt und da auch nach österreichischem IntPR dieses Recht anwendbar
war[9], hatte der deutsche Richter diese Weiterverweisung zu beachten.

3. Für manche Rechtssysteme wird ferner gelehrt, daß der Renvoi
dann zuzulassen sei, wenn dadurch ein formnichtiges Testament gültig
werde. Das wird durch den *favor testamenti* begründet; der gilt im heutigen
deutschen Recht aber nur im Rahmen der Testamentsauslegung (§ 2084)
und kann nicht wohl auf die Frage der Zulässigkeit des Renvoi übertragen werden.

V. Die Rück- und Weiterverweisung wird vielfach nur dann für
beachtlich erklärt, wenn das Heimatrecht auf das Recht des Wohnsitzes
verweist, und eine analoge Anwendung des Art. 27 EG auf andere Fälle
wird für unzulässig erklärt[10]. Meines Erachtens bestehen die für Zulassung des Renvoi sprechenden Gründe auch in anderen Fällen; so,
wenn es sich um die Kollision des Personalstatuts mit der *lex rei sitae*
handelt; aber — wie die Beispiele oben S. 75b, 78e zeigen[11] — auch im
Gebiete des *Obligationenrechts*. Dann freilich, wenn das anzuwendende
Recht durch die Vertragskontrahenten (kraft sog. *Parteiautonomie*) bestimmt worden ist, ist bei verständiger Auslegung dieser vertraglichen
Bestimmung ein Ausschluß des Renvoi als gewollt anzunehmen: die
Erklärung, es solle für den Vertrag französisches Recht gelten, bedeutet
die Vereinbarung der Geltung der französischen Sachnormen, nicht des
französischen Internationalprivatrechts (vgl. S. 143, 4).

[8c] Vgl. DE NOVA: Raape-Festschr. 67 ff. Siehe oben I 1 b.

[9] LEWALD: Successions, Rec. d. Cours (1925) 103; LEWALD: Fritzsche-Festschr.
171; FALCONBRIDGE: Essays 118, 146.

[10] So LEWALD: IPR 21 f.

[11] Vgl. ferner das eindrucksvolle Beispiel von MELCHIOR: Grundlagen 244 f.,
betr. Forderungszession; OLG Hamburg IPRspr 1933, 57.

VI. Wird in *Staatsverträgen* die Geltung des Rechts eines bestimmten Landes vereinbart, so ist damit in der Regel[12] das interne (materielle) Recht des Landes gemeint, nicht dessen Kollisionsrecht. Der Renvoi ist also dann ausgeschlossen.

§ 16. Ausländische Kollisionsnormen bei der Beantwortung von Inzident-(Vor-)Fragen.

MELCHIOR: Grundlagen 245 ff. — WENGLER: RabelsZ 8 (1934) 148 ff. — LEWALD: RVglHWB IV 453 f. — MAURY: Règles gén. 230. — RAAPE: Les rapports juridiques entre parents et enfants, 485. — LEWALD: Règl. gén. 62—65. ROBERTSON, A. H.: LQR 55 (1939) 135.

Die Frage, ob der Richter den *Renvoi* seiner Kollisionsnorm auf eine fremde Kollisionsnorm zu beachten hat, entsteht, *bevor* er festgestellt hat, welches materielle Recht auf den ihm vorgelegten Tatbestand anwendbar ist. Hat er einmal diese Feststellung getroffen, so kommt kein Renvoi mehr in Frage. Aber bisweilen entsteht ein dem Renvoi ähnliches Problem bei der Auslegung einer ausländischen materiellrechtlichen („sachlichrechtlichen") Norm.

Das Problem wird an einem Beispiel klar. Zwei Reichsdeutsche, Oheim und Nichte, fliehen aus dem dritten Reich nach England und begründen dort 1935 ein Domizil im englischen Sinn. Im Jahre 1936 heiraten sie einander, und Anfang 1939 erwerben sie die britische Staatsangehörigkeit. Der Ehemann stirbt 1946 unter Hinterlassung von Mobiliarvermögen in Deutschland. Der deutsche Richter, der mit der Nachlaßregulierung befaßt wird, hat, deutschem Internationalprivatrecht gemäß, englisches materielles Erbrecht anzuwenden, eine Rückverweisung des englischen Kollisionsrechts tritt nicht ein. Die Erbansprüche, die nach englischem Recht der Witwe zustehen, setzen voraus, daß die 1936 geschlossene Ehe gültig war. Hat der deutsche Richter diese Frage nach dem *Kollisionsrecht des forum*, also nach deutschem Kollisionsrecht, zu prüfen? Dann gilt, da beide Verlobte 1936 Deutsche waren, gemäß Art. 13 EG BGB deutsches Eherecht; danach ist die Ehe gültig und die Witwe erbberechtigt. Oder hat der Richter das *Kollisionsrecht des Erbstatuts*, d. h. englisches Kollisionsrecht, anzuwenden? Dann gilt, da beide Verlobte bei Eheschließung in England domiziliert waren, englisches Eherecht, und danach ist eine Ehe zwischen Oheim und Nichte nichtig. Die zweite Antwort dürfte die richtige sein.

Allgemein gesagt: Enthält das auf Grund der maßgeblichen Kollisionsnorm *a* anzuwendende materielle Recht *m* (z. B. das englische Erbrecht) einen Rechtsbegriff, der in verschiedenen Rechtssystemen verschiedenes bedeutet (z. B. die Begriffe „Ehefrau", „Adoptivkind",

---

[12] Vgl. für die Haager Abk. RG 105, 340; KG IPRspr 1934, 109. Anders für die Fähigkeit, Wechsel- oder Scheckverbindlichkeiten einzugehen. Siehe oben II i f.

,,anerkanntes'' uneheliches Kind), so gehört es zur Auslegung des
Rechts *m*, zu ermitteln, welchem der verschiedenen Rechtssysteme die
Bedeutung des *inzidenter* begegnenden Rechtsbegriffes (Ehefrau, Adoptivkind usw.) zu entnehmen ist. *Im Zweifel* wird die Antwort aus dem
Kollisionsrecht des Rechts *m* (also aus der englischen Kollisionsnorm
betr. Erbrecht), und nicht aus dem Kollisionsrecht des forum (z. B.
der deutschen Kollisionsnorm) zu gewinnen sein.

Ein anderes Beispiel: Vor einem deutschen Gericht wird über die Gültigkeit
einer Adoption gestritten, die nach englischem Recht zu beantworten ist (der
Adoptant ist Engländer und wohnt in England). Nach englischem Recht (wie nach
deutschem) kann nur adoptieren, wer keine ehelichen Kinder hat. Ist *x* ein eheliches Kind des Adoptanten *a*? Nicht die deutsche, sondern die englische Kollisionsnorm bestimmt die Rechtsordnung, von welcher die eheliche Kindschaft des *x*
abhängt.

Grund für diese Lösung ist, wie vor allem WENGLER[1] klargestellt
hat, die Tatsache, daß sie in gewissem Umfange geeignet ist, einen
Entscheidungsgleichklang, eine ,,internationale Harmonie'', herbeizuführen: die englische ,,Witwe'' jenes ersten Beispiels wird mit ihren
Erbansprüchen vor dem deutschen Richter abgewiesen, gerade so wie
sie vom englischen Richter abgewiesen werden würde. Freilich wird
solch Einklang schwer erkauft durch eine *interne Dissonanz*. Die Frage,
ob eine bestimmte Frau in gültiger Ehe mit einem bestimmten Mann
verheiratet ist, kann vor einem deutschen Gericht in den verschiedensten Zusammenhängen gestellt werden: im Rahmen einer Ehenichtigkeitsklage, einer Entscheidung über Beerbung oder über Ehelichkeit
von Kindern, in einem Ehescheidungsverfahren, im Strafverfahren wegen
Bigamie, wenn die Nichtigkeit der zweiten Ehe von der Gültigkeit der
ersten abhängt usw. In jedem dieser Verfahren wird möglicherweise
dieselbe Frage (nach Gültigkeit einer bestimmten Ehe) verschieden
beantwortet. Es gibt nun Lagen, in denen solche interne Dissonanz
unerträglich ist. Gesetzt, eine bestimmte Schuld sei nach deutschem
und englischem Kollisionsrecht englischem materiellem Recht unterworfen, weil in England zu erfüllen; sie werde nach französischer Kollisionsnorm von französischem materiellem Recht beherrscht, etwa weil
der Vertrag in Frankreich geschlossen ist. Nach englischem Recht sei
die Schuld nichtig, da es an einer gültigen *consideration* fehlt; nach französischem Recht sei sie gültig. Für diese Schuld verbürge sich ein
Franzose durch einen französischem Recht unterstehenden Vertrag.
Aus diesem Vertrage klagt der deutsche Gläubiger vor einem deutschen
Gericht gegen den Bürgen. Die Verurteilung hängt davon ab, ob die
Hauptforderung besteht. Nach dem französischen internationalen
Privatrecht der Bürgschaftsschuld gilt französisches Recht; danach ist

---

[1] a. a. O. 198 ff.

die Hauptschuld gültig, so daß der Bürge zu verurteilen wäre. Nach dem (deutschen) internationalen Privatrecht des forum untersteht die Hauptschuld englischem Recht und ist daher nichtig, so daß der Bürge nicht haftet. Die zweite Lösung muß die richtige sein: der Bürge haftet nicht. Denn haftete er, so hätte er keinen Regreß gegen den Hauptschuldner, da im Verhältnis zu diesem die Hauptschuld nichtig ist[2].

Ein anderes Beispiel: Eine Griechin gebiert ein Kind, dessen Ehelichkeit zweifelhaft ist: der Erzeuger des Kindes ist ein Grieche, der mit ihr in Deutschland die Ehe vor einem Standesbeamten, aber nicht vor dem Geistlichen geschlossen hat. Hat der deutsche Richter über die Ehelichkeit des Kindes zu entscheiden, so wird er sie bejahen, weil die Ehe nach Art. 13 Abs. 3 EG gültig ist; die Anwendung griechischen Internationalprivatrechts würde zur Unehelichkeit des Kindes führen, da danach Griechen auch im Ausland nur eine kirchliche Eheschließung vornehmen dürfen. Ebenso, wenn einer der „Gatten" in Deutschland auf Scheidung klagt; die Frage, ob die Parteien Ehegatten sind, wird unter Anwendung des internationalen Privatrechts des (deutschen) forum zu beantworten und die Scheidung zugelassen sein.

Die Frage, wann dem internationalen Privatrecht der Prinzipalfrage, wann dem internationalen Privatrecht des forum der Vorzug zu geben sei, läßt sich nicht allgemein beantworten. Die Entscheidung hängt von der Auslegung der ausländischen materiellrechtlichen Norm ab, die die Antwort auf die Prinzipalfrage gibt.

§ 17. Der Grundsatz der größeren Nähe.

KAHN, F.: Abhandl. I 31 ff. — MELCHIOR: RabelsZ 3, 733 ff.; Grundlagen 398 ff. — ZITELMANN: Sondergut nach deutschem IPR (Festschrift für O. v. GIERKE) 1911; IPR II 28 ff., 695 ff. — FRANKENSTEIN: I 509 ff. — HAUDEK, W.: Die Bedeutung des Parteiwillens im IPR 1931, 97 ff. — RAAPE: IPR 57 ff.

Die Grundsätze über Rück- und Weiterverweisung zeigen, daß das deutsche internationale Privatrecht vor einem ausländischen internationalen Privatrecht dann zurücktritt, wenn dessen Geltung zur Anwendung des materiellen deutschen Rechts oder zu einem Entscheidungseinklang unter allen beteiligten Ländern führt. Es gibt aber noch andere Fälle, in denen der deutsche Richter das vom deutschen abweichende ausländische internationale Privatrecht anzuwenden hat: dies deswegen, weil nach deutscher Auffassung der ausländische Gesetzgeber *näher dazu* ist, gewisse kollisionsrechtliche Fragen in bestimmter Weise zu regeln, als der deutsche Gesetzgeber. Der nationale Gesetzgeber fühlt sich hier als Ausführungsorgan der Völkergemeinschaft: er will nur im Rahmen der Kompetenz handeln, die nach seiner Meinung die Gemeinschaft der Staaten ihm gesetzt hat oder setzen sollte (vgl. oben § 3 III); er regelt daher zwar auch Fragen, zu denen er in einer gewissen

---

[2] WENGLER: 205. RABEL III 347 ff.

Beziehung steht; aber er weicht unter bestimmten Voraussetzungen vor der Regelung durch die näherberechtigte Rechtsordnung des Auslands zurück.

I. Die Fälle, in denen das deutsche internationale Privatrecht ein fremdes Kollisionsrecht als näherberechtigt betrachtet, pflegt man in dem Spruche: „*Sonderstatut bricht Gesamtstatut* (oder *Vermögensstatut*)" zusammenzufassen[1]. Art. 28 EG BGB.

Art. 28 spricht von internationalprivatrechtlichen Konflikten, die im Ehegüterrecht, im Recht des Kindesguts und im Erbrecht entstehen können. Nach deutschem internationalem Privatrecht herrscht hier das Staatsangehörigkeitsprinzip. Ist z. B. der Ehemann, der Vater, der Erblasser ein Deutscher und kommt folglich deutsches Recht zur Anwendung, so tritt stets eine einheitliche rechtliche Behandlung für ein Vermögen als Ganzes (eingebrachtes, eheliches Gesamtgut, Kindesvermögen, Nachlaß) ein, ohne Rücksicht darauf, wo die einzelnen zum Vermögen gehörigen Gegenstände belegen sind; vor allem ist, auch bei Grundstücken, ohne Bedeutung, ob sie im Ausland oder im Inland belegen sind. Davon gilt nach Art. 28 eine Ausnahme dann, wenn nach der lex situs die dort belegenen Gegenstände „*besonderen Vorschriften* unterliegen". Solche besonderen Vorschriften sind Kollisionsnormen des Inhalts, daß gewisse Gegenstände oder Rechtsinbegriffe der lex situs unterworfen sind. Bestehen am Lageort solche Sondernormen, so sollen sie vorgehen, und das nach deutschem Kollisionsrecht grundsätzlich geltende Heimatrecht soll nicht angewendet werden.

Sondernormen der erwähnten Art bestehen insbesondere:

1. Für manche „*Sondervermögen*", also Rechtsinbegriffe, die auch materiellrechtlich andere rechtliche Schicksale haben wie das übrige Vermögen (das Allod): Lehns-, Fideikommißvermögen, Bauerngüter[1a].

2. In vielen Ländern scheidet das dort geltende internationale Privatrecht Mobiliar- und *Immobiliar*vermögen. Es läßt nur für jenes das Personalstatut (sei es Heimat-, sei es Wohnsitzrecht) gelten, für dieses dagegen die lex situs: so in vielen Ländern romanischen Rechts (Frankreich, Belgien, Luxemburg, Rumänien, Griechenland [nicht Italien]), aber auch in Österreich, Ungarn und im englischen und in den angloamerikanischen Rechten. Zwar gelten für die in einem dieser Länder gelegenen Grundstücke keine anderen oder nicht immer andere erbrechtliche oder familiengüterrechtliche Normen, als für die ebenda befindlichen Mobilien; der Immobiliarnachlaß bildet also materiellrechtlich kein Sondervermögen, wie in den Fällen zu 1. Die Sonderung be-

---

[1] Nachgebildet dem Art. 28 EG sind Haager EhewirkAbk Art. 7; Haager EntmündigAbk Art. 12; *Polen* IPRGes Art. 16, 19 Abs. 3; Deutsch- Poln. VormundschAbk Art. 5 Abs. 2 (MAKAROV, 361).

[1a] Vgl. KG DR 1941, 1611.

schränkt sich hier auf die kollisionsrechtliche Behandlung, und vor ihr zieht sich das deutsche Kollisionsrecht, das allgemein Heimatrecht anwenden würde, zurück[2].

Stirbt z. B. ein Deutscher mit Grundbesitz in Frankreich, Österreich und Italien, sowie mit einem in verschiedenen Ländern belegenen Mobiliarvermögen, so tritt für das gesamte Mobiliarvermögen und für die in Italien gelegenen Grundstücke Beerbung nach deutschem Recht ein; für die Grundstücke in Frankreich gilt französisches, für die in Österreich gilt österreichisches Erbrecht. Jede dieser drei Vermögensmassen wird als ein besonderer Nachlaß behandelt, der seine eigenen Schicksale hat; vgl. unten § 52.

3. Art. 28 EG findet dann entsprechende Anwendung, wenn Heimatrecht des Ehemannes, Vaters oder Erblassers nicht das deutsche Recht, sondern ein fremdes Recht ist, und dieses auf ein drittes Recht weiterverweist oder auf deutsches Recht zurückverweist (Art. 27 EG). Enthält hier das dritte Recht oder das deutsche Recht „besondere Vorschriften" der geschilderten Art (1, 2), so geht wieder dieses Sonderstatut dem Vermögensstatut vor.

Beispiel: Ein in Genf wohnhafter Däne, der Grundbesitz in Chamonix (Frankreich) hat, stirbt. Der deutsche Richter hat für den Mobiliarnachlaß kraft Weiterverweisung des dänischen Rechts, schweizerisches Recht anzuwenden (da Dänemark und im Erbrecht auch die Schweiz das Wohnsitzprinzip haben). Für den Immobiliarnachlaß muß er, analog Art. 28, das schweizerische Recht zugunsten des französischen Rechts ausschalten, da dieses für Immobilien die lex rei sitae gelten läßt. Dabei kommt nichts darauf an, daß die Schweiz eine dem Art. 28 EG BGB entsprechende Norm nicht kennt.

4. Art. 28 ist auch darin ungenau gefaßt, daß er nur die Konflikte im Ehegüterrecht, im Recht der ehelichen Kinder und im Erbrecht behandelt. Er gilt auch für das Verhältnis zwischen dem unehelichen Kinde und seiner Mutter (Art. 20 EG) und für die Vormundschaft (Art. 23)[3], also immer dann, wenn ein Gesamt-(Vermögens-)Statut mit einem Sonderstatut in Konflikt kommt[4].

II. Dagegen weicht das Gesamtstatut nicht etwa zurück vor dem am Belegenheitsorte geltenden abweichenden Gesamtstatut. Stirbt ein in Kopenhagen wohnhafter Deutscher mit Grundbesitz in Berlin und in Kopenhagen, so läßt der deutsche Richter für die Beerbung das deutsche (Heimat-)Recht, der dänische Richter das dänische (Wohnsitz-) Recht gelten, und zwar jeder von beiden gleichmäßig für den Gesamtnachlaß, auch für die im anderen Staat gelegenen Grundstücke.

Oder: Stirbt ein deutsch-italienischer Doppelstaater und hinterläßt er ein Haus in Köln und eines in Rom, so läßt wieder der deutsche Richter das deutsche Heimat-

---

[2] Ein Mißverständnis in KG JurW 1936, 2469: Rentenschulden unterstehen (so meint das KG) „nach deutschen Gesetzen besonderen Vorschriften", da sie nur entstehen können, wenn sie der lex rei sitae entsprechen (wenn Rentenschulden, weshalb nicht auch Hypotheken, Grundeigentum, Reallasten, Servituten?).

[3] Vgl. auch Haager VormundschAbk Art. 6 Abs. 2.

[4] Herrschende Lehre. Anderer Meinung MELCHIOR, 407.

recht des Erblassers auch in Ansehung des römischen Hauses gelten, während der italienische Richter das italienische Heimatrecht des Erblassers auch für das Kölner Haus anwendet. Es ist früher in der italienischen Praxis auch in Fällen dieser Art dem Grundsatz der größeren Nähe gefolgt worden[5]; der Heimatrichter, der entgegen dem Richter des Lageorts entschiede, würde „ein Urteil von rein akademischem Wert fällen", da im Belegenheitsstaate solchem Urteil die Folge versagt werden könne und müsse. So erwünscht der Grundsatz in dieser Ausdehnung sein mag, dem geltenden Recht gehört er nirgends, und insbesondere dem deutschen Rechte nicht, an. Der positive Konflikt besteht; der deutsche Richter hat sein internationales Privatrecht auch dann anzuwenden, wenn die Anwendung zu einem *nicht durchsetzbaren Spruche* führt.

Verhängnisvoll würde der Konflikt erst sein, wenn der deutsche Richter genötigt wäre, das, was im Ausland ausländischem Rechte gemäß geschieht, als „rechtswidrig" zu behandeln. Davon aber kann keine Rede sein[6].

Ist z. B. in dem Fall des in Kopenhagen wohnhaften deutschen Erblassers nach dänischem Recht *x* der Erbe, nach deutschem Recht *y* und ist ein Deutscher zum Testamentsvollstrecker (nach beiden Rechten gültig) eingesetzt worden, so kann dieser ohne Sorge in Deutschland deutschem Recht gemäß das hier befindliche Vermögen verwalten und dem *y* aushändigen und dänischem Recht gemäß das in Kopenhagen befindliche Gut dem *x* aushändigen, ohne befürchten zu müssen, im anderen Lande wegen seines „bewußt widerrechtlichen" Vorgehens auf Ersatz verklagt zu werden. Vgl. unten § 18 VII (S. 90).

§ 18. Die Anwendung ausländischen Privatrechts.

MELCHIOR: Grundlagen 81 ff., 418 ff. — NUSSBAUM: IPR 96 ff. — WAHL, ED.: RVglHWB IV 337. — LEWALD: Règl. gén. 127 ff. — RIEZLER: IntZivPvR 491, 501 ff.

Die Sätze des internationalen Privatrechts führen den Richter oft zur Anwendung ausländischen Privatrechts.

I. Er hat sich darüber schlüssig zu werden, *ob* er eigenes oder ausländisches und welches ausländische Recht er anzuwenden hat. Nicht selten kann er feststellen, daß die Anwendung aller etwa in Betracht kommenden Rechte zu dem gleichen Ergebnis führen würde. Das Reichsgericht hielt es aber nicht für zulässig, daß er solchenfalls „dahingestellt" läßt, welches Recht anzuwenden sei[1].

---

[5] Nachweise bei KAHN: I 34 ff. LEWALD: Successions, Rec. d. Cours (1925) 29 ff.
[6] Vgl. dazu NEUMEYER: Wörterbuch des Völkerrechts I 571 ff. VERDROSS: Die Verfassung d. Völkerrechtsgemeinschaft 1926, 167.
[1] RG 100, 81; RG WarnRspr 8 (1915) 484; 10 (1917) 233; 14 (1921) 178; RG IPRspr 1919, 9, 12; 1932, 86; 1933, 8; RG 167, 280. — Unzulässig ist es nach deutschem (nicht nach englischem) Recht, wenn der Richter die anwendbare Rechtsordnung *deswegen* offen läßt, weil „die Parteien Abweichungen der verschiedenen Rechte voneinander nicht behaupten wollten", und wenn er daraufhin deutsches Recht anwendet (wie in RG 71, 10).

Gegen diese Praxis spricht viel. Es ist nicht einzusehen, weshalb gerade in diesem Punkte die sonst allgemein zulässige alternative Urteilsbegründung unzulässig sein sollte. Die Irrevisibilität des ausländischen Rechts (vgl. S. 89) ist kein Grund: stellt das Reichsgericht einen Rechtsirrtum bei der Auslegung des deutschen Rechts fest, so entfällt freilich die Möglichkeit, die Anwendbarkeit des deutschen Rechts dahingestellt zu lassen; hat aber der Berufungsrichter bei Auslegung des deutschen Rechts nicht geirrt und festgestellt, daß die sonst noch in Betracht kommenden (ausländischen) Rechtsordnungen zu demselben Ergebnis kommen, so ist, eben wegen der Nichtnachprüfbarkeit dieser Feststellung, das Berufungsurteil nicht mit Erfolg anzugreifen. — Die Praxis des RG erweist sich auch oft als unzweckmäßig. Zumal im Obligationenrecht ist es eine häufige Erscheinung, daß die in Frage kommenden bürgerlichen Rechte ganz offensichtlich zum gleichen Ergebnis führen, während die Zweifel überhaupt nur darin bestehen, welches Recht (z. B. kraft hypothetischen Parteiwillens) maßgebend ist: der Richter, der diese Zweifel (z. B. durch Beweiserhebungen) beheben wollte, würde nutzlose Arbeit leisten und gegen § 300 ZPO verstoßen. — Zu vermerken endlich, daß das RG *selbst* es wiederholt dahingestellt gelassen hat, welches von mehreren Rechten anwendbar ist[2].

II. Hat der Richter ein bestimmtes ausländisches Recht anzuwenden, so hat er *geltendes* Recht anzuwenden. Aufgehobenes Recht, z. B. das Recht des zaristischen Rußland, darf er nicht anwenden (auch nicht auf die russischen Emigranten; vgl. § 10[12]).

Allein: 1. „Aufgehobenes" Recht kann für einzelne unter seiner Herrschaft begründete Rechtsverhältnisse nach den Grundsätzen des intertemporalen Privatrechts noch „gelten": so gilt in Deutschland z. B. für eine vor 1900 geschlossene westfälische Ehe das Ehegüterrecht des Gesetzes von 1860 weiter.

2. Wenn in einem Staat ein Rechtssatz durch einen neuen Rechtssatz eingeschränkt (also teilweise aufgehoben) wird, und der einschränkende Rechtssatz in Deutschland als dem deutschen ordre public widerstreitend (Art. 30 EG) nicht angewendet werden kann, so hat der deutsche Richter das ausländische Recht so anzuwenden, wie wenn dieser Rechtssatz nicht bestände, obwohl er damit ein nicht mehr geltendes Recht anwendet; vgl. oben § 14 IX.

Erkennt der inländische Richter einen fremden Staat oder eine fremde Regierung (in einem anerkannten Staat) nicht an, so kann er die in solchem Staat oder von solcher Regierung erlassenen „Gesetze" zwar nicht als *staatliche* Befehle gelten lassen. Aber wenn diese Gesetze in dem fremden Gebiete angewendet werden, so sind sie auch für ihn „Recht" dieses Gebiets, da von der Überzeugung einer Menschengemeinschaft getragen: Wer wegen der Nichtanerkennung des Gesetzesbefehls die Rechtsnatur der angewendeten Normen leugnet, verkennt,

---

[2] RG 113, 42; 124, 148; 167, 280.

daß es auch sonst nicht der staatliche Wille ist, der dem Rechte den
Charakter als Recht aufprägt.

Aus diesem Grunde konnten also die Richter eines Staates, der die *sowjetrussische* Regierung nicht anerkannt hatte, die Rechtsnatur der dort angewendeten Normen nicht leugnen, mochten sie auch bestreiten, daß es gültige staatliche
Gesetze sind; und sie durften das alte russische Recht nicht als fortgeltend ansehen,
da sie zwar eine Aufhebung durch Gesetz bestreiten konnten, nicht aber ein in
desuetudinem abire[3].

III. Gelten in einem Lande, dessen Recht anzuwenden ist, *verschiedene* Rechtsordnungen, sei es für verschiedene Teilgebiete (früher
Polen, Rumänien), sei es für verschiedene religiöse, völkische, soziale
Klassen, so entscheiden die interlokalen oder interpersonalen Kollisionsnormen dieses Landes; fehlt es an einheitlichen (lokal oder personal
übergeordneten) Kollisionsnormen (wie das vor allem in Deutschland
der Fall ist), so wird der deutsche Richter die Normen desjenigen ausländischen Gerichts anzuwenden haben, vor welches der Kläger den
Anspruch hätte bringen können[4].

Dementsprechend ist auch zu entscheiden, ob ein Tatbestand dem
allgemeinen Privatrecht oder dem *Handelsrecht* zuzuteilen ist[5]. Hat
z. B. der deutsche Richter über einen Kauf zu urteilen, den der Käufer
mit der Absicht schloß, die Kaufsache weiterzuvermieten, und untersteht der Kauf französischem Recht, so ist er nach Art. 632 code de
comm. als acte de commerce zu beurteilen, obwohl das deutsche Handelsrecht solche Geschäfte als Grundhandelsgeschäfte (vgl. § 1 Nr. 1 HGB)
nicht gelten läßt.

IV. Der deutsche Richter hat das ausländische Recht *so* anzuwenden, *wie es im Auslande gilt*. Er hat daher bei der Auslegung der
Gesetzestexte die ausländische Rechtsprechung in demselben Maße zu
berücksichtigen, wie der ausländische Richter[6]. Soweit ständige Rechtsprechung ein Gewohnheitsrecht hat entstehen lassen, ist dessen Anwendung selbstverständlich. Soweit das noch nicht der Fall ist, darf der deutsche Richter an ausländischen Rechtssprüchen dieselbe Kritik üben, die
nach seiner Ansicht der ausländische Richter unter Berücksichtigung
des Bedürfnisses nach Rechtsstetigkeit üben würde. Das Bewußtsein, das
fremde Recht nicht hinreichend zu beherrschen, wird ihn davor behüten,
die Rolle des täppischen Besserwissers zu spielen, und darauf beschränken,
offensichtliche Versehen zu korrigieren. Nur da, wo der anzuwendende
fremde Gesetzestext mit seinem eigenen Gesetze übereinstimmt, mag es
ihm geziemen, aus seiner Zurückhaltung herauszutreten.

---

[3] Vgl. KG IPRspr 1932, 49f.; MELCHIOR: 83ff.
[4] Genaueres bei MELCHIOR: 99f.
[5] Vgl. FICKER: RVglHWB IV 461. — ARMINJON: Précis d. droit internat.
privé commercial 1948. — SCHNITZER: HB d. internat. Handelsrechts 1938.
[6] Vgl. OLG Hamburg IPRspr 1934, 7.

Beispiele: 1. Nach Art. 43 Satz 2 der Wechselordnung (wie sie bis 1. Oktober 1908 sowohl in Deutschland wie in Österreich galt) setzte beim domizilierten Wechsel die Erhaltung des Wechselrechts gegen den Akzeptanten eine Protesterhebung beim Domiziliaten voraus, und zwar nach deutscher Auffassung auch dann, wenn der Wechselgläubiger zugleich Domiziliat war, während die österreichischen Gerichte für diesen Fall den Protest für entbehrlich hielten. Das Reichsoberhandelsgericht hat bei Anwendung österreichischen Wechselrechts die österreichische Auffassung für unrichtig erklärt (15, 208 f.), wobei es offenbar davon ausgeht, daß ein österreichisches Gewohnheitsrecht sich noch nicht (1874) entwickelt hatte; vielleicht mit Recht[7].

2. Art. 970 code civil, der die Erfordernisse des holographischen Testaments nennt, wird in Belgien gewohnheitsrechtlich (seit 1857) dahin verstanden, daß unbeabsichtigte Falschdatierung unschädlich ist, in Frankreich entgegengesetzt: Der deutsche wie der französische Richter hat das in Belgien abgefaßte Testament trotz Falschdatierung für gültig zu achten.

Der deutsche Richter darf die *Verfassungsmäßigkeit* eines ausländischen Gesetzes dann nachprüfen, wenn der ausländische Richter das darf. Zweifelhafter ist, ob er ein ausländisches Gesetz auch dann anzuwenden hat, wenn dieses mit einem älteren Staatsvertrag in Widerspruch steht. Grundsätzlich ist auch hier für ihn die Haltung des Richters entscheidend, in dessen Land das vertragsverletzende Gesetz erlassen worden ist. Davon wird aber eine Ausnahme gelten müssen für den Fall, daß der verletzte Staatsvertrag zwischen dem ausländischen Staate und dem Staate des forum abgeschlossen worden ist: in solchem Fall darf der Richter das verletzende ausländische Gesetz nicht anwenden.

V. Bei der Anwendung ausländischen Rechts hat der Richter oft Rechtsbegriffe des ausländischen Rechts durch äquivalente Begriffe des einheimischen Rechts zu ersetzen: dann nämlich, wenn das einheimische Recht das ausländische Rechtsinstitut nicht kennt und die Parteien nicht die Möglichkeit haben, es frei zu schaffen.

Beispiel: Ein englischer Erblasser hinterläßt ein Testament in englischer Sprache, das ein englischer Solicitor entworfen hat und das Verfügungen im englischen Testamentsstil enthält: Einsetzung eines „Executor" und „Trustee"; der Witwe ist ein „life estate" eingeräumt; nach ihrem Tode ist den Kindern das Vermögen auszuhändigen. Nach englischem Recht ist der Executor „persönlicher Vertreter des Erblassers"; das Vermögen geht auf ihn über. Der deutsche Richter, der für das in Deutschland belegene Vermögen einen Erbschein und einen Testamentsvollstreckerschein auszustellen hat, wird den Executor und Trustee, trotz der englischen Struktur, nicht als „Erben" ansehen, sondern in einen Testamentsvollstrecker deutschen Rechts umdeuten. Zweifelhafter mag sein, ob er die Witwe als mit einem Nießbrauch bedacht und die Kinder als Erben bezeichnet oder die Witwe als Vorerbin und die Kinder als Nacherben ansieht (wohl das letzte)[8].

---

[7] Anderer Meinung MELCHIOR, 91 ff.; NUSSBAUM: 99.

[8] Die Frage ist keine solche des internationalen Privatrechts, sondern eine solche der Rechtsvergleichung. Vgl. LEWALD: Règl. gén. 128 ff., 136 ff. — Andere Beispiele oben § 13 VI 3 i. f., 4.

VI. Der deutsche Richter hat das ausländische Recht *als Recht* anzuwenden[9]. Daraus folgt, daß er es von Amts wegen zu erforschen hat, und daß nicht die bei Tatsachen geltenden Prozeßrechtssätze gelten, z. B. Beweislast- oder Beweisführungsnormen oder der Satz, daß Unstreitiges nicht des Beweises bedarf. Doch darf er nach § 293 ZPO die „Beibringung von Nachweisen" durch die Parteien verlangen (wie bei deutschem Gewohnheitsrecht und bei deutschen autonomen Satzungen), ohne auf sie beschränkt zu sein. Eine *Pflicht* zu selbständiger Erforschung des ausländischen Rechts ist nicht ausdrücklich ausgesprochen; sie ergibt sich daraus, daß ihm das Erforschungsrecht eingeräumt worden ist, damit er seiner Pflicht zur Fällung eines gerechten Urteils genügen könne.

Bringen die Parteien die Nachweise nicht und gelingt es auch dem Richter *nicht*, den Inhalt des ausländischen Rechts mit *Sicherheit* festzustellen, so hat er nicht etwa gegen diejenige Partei zu entscheiden, die aus der Anwendung des (nicht feststellbaren) fremden Rechtssatzes Rechte für sich ableitet (das wäre ein Rückfall in die Vorstellung, daß der Nachweis als Tatsachenbeweis zu behandeln wäre), sondern der Richter wird sich mit der Ermittlung des *wahrscheinlich geltenden Rechts* begnügen[10].

Kann er z. B. eine neuere Ausgabe des Código civil von Bolivia nicht bekommen, so wird er davon ausgehen, daß der Text von 1830 noch gilt. Kann er keine Ausgabe bekommen, so wird er sich mit Berichten über den Inhalt des Gesetzes, die ihm etwa vorliegen, begnügen. Äußerstenfalls wird er (z. B. an der Hand des RVglHWB I 803) ermitteln, daß der bolivianische Código civil eine Nachbildung des französischen c. c. ist. Man hat gemeint, bei der Anwendung solcher hypothetischen Rechtssätze werde das Urteil ganz in die Irre gehen; der Richter habe daher in solchen Fällen (aus Verlegenheit) deutsches Recht anzuwenden. Allein zweifellos geht er damit noch mehr in die Irre. Hat er z. B. über das Testament eines Angehörigen von Ecuador, der Frau und Kinder grundlos enterbt hat, zu urteilen, und kann er das Noterbrecht von Ecuador nicht ermitteln, so wäre es recht verkehrt, wollte er der Frau und den drei Kindern nach § 2303 BGB eine Geldforderung auf je 1/8 des Nachlaßwertes zusprechen, obwohl er weiß, daß das preußisch-österreichische System des Geldpflichtteils sich sonst nirgends auf der Erde findet! Er wird vielmehr das Recht von Chile anwenden, nachdem er (RVglHWB I 1870) festgestellt hat, daß das Gesetzbuch von Ecuador auf diesem beruht; wenn ihm auch das chilenische Gesetz nicht zugänglich ist, so wird er immer noch besser tun, dessen Vorbild, den französischen code civil, anzuwenden, als das deutsche

---

[9] Das ausländische Recht wird aber nicht, weil im Inlande angewendet, zu inländischem Recht; sonst wären, wie F. Kahn richtig bemerkt hat, alle Gesetze der Welt Appendix des einheimischen Rechts. Anders nach einer neueren nordamerikanischen Lehre, der Local Law Theory: da nach der herrschenden anglo-amerikanischen Rechtsquellenlehre Recht grundsätzlich vom Richter geschaffen wird, wird auch das ausländische Recht erst mit seiner Anwendung durch den amerikanischen Richter zu „Recht". Vgl. Wahl, Ed.: RVglHWB IV 337.

[10] Raape: IPR 82f. Vgl. Melchior: 432.

Recht. Ähnlich wird er, wenn er das in einem der Vereinigten Staaten von Amerika geltende common law nicht ermittelt, dessen Mutterrecht, das englische common law, anwenden müssen.

Daraus, daß die Anwendung ausländischen Rechts nicht Tatsachenwürdigung, sondern Rechtsanwendung ist, folgert die Rechtsprechung in manchen Staaten (Österreich, Italien), daß bei unrichtiger Auslegung einer ausländischen Rechtsnorm durch ein Untergericht das höchste Gericht des Landes, dem die Nachprüfung von Tatfragen versagt ist, angerufen werden kann[11]. In den meisten Ländern ist es gesetzlich oder durch die Praxis ausgeschlossen, die *Revision* (den „pourvoi en cassation") auf die Verletzung einer ausländischen Rechtsnorm zu stützen. So auch in Deutschland, § 549 ZPO[12]. Das hat seinen Grund darin, daß die Aufgabe des obersten Gerichts sich darauf beschränkt, die Einheitlichkeit der Rechtsprechung bei Handhabung des deutschen Rechts zu sichern.

Nur dann, wenn die Anwendbarkeit der deutschen Gesetze von der Auslegung ausländischer Gesetze abhängt, sind die Feststellungen des Berufungsgerichts über den Inhalt des ausländischen Rechts revisibel. Das ist z. B. der Fall, wenn die Revision darauf gestützt wird, daß der Berufungsrichter die auslandsrechtlichen Rückverweisungsbestimmungen unrichtig ausgelegt habe[13].

VII. Ausländisches Recht, das der deutsche Richter *nicht anzuwenden* hat, kann für ihn dennoch Bedeutung haben, wenn es in Widerspruch zu dem von ihm anzuwendenden (deutschen oder ausländischen) Recht tritt. Ein solcher Widerspruch kann eine Person

1. in einen Konflikt von *Pflichten* treiben. Das ist dann der Fall, wenn sie nach dem vom Richter anzuwendenden Recht zu einer Handlung verpflichtet ist, die sie nach dem anderen Recht zu unterlassen hat (oder umgekehrt), und wenn sie durch Staatsangehörigkeit, Wohnsitz, Vermögen im Ausland oder durch Vereinbarung eines Gerichtsstandes daselbst eine hinreichende Beziehung zu dem Auslandsrecht hat, um durch dieses betroffen zu werden. Die Unmöglichkeit, jedem der beiden Rechte zu gehorchen, führt dahin, daß der Gehorsam gegenüber einem der beiden Rechte „unzumutbar" ist; welchem gegenüber er es ist, läßt

---

[11] LEWALD: Le contrôle des cours suprêmes sur l'application des lois étrangères, 1937. — LEWALD: Kollisionsfrage und revisio in iure (Festgabe z. schweiz. Juristentag, Basel 1942, 205 ff.). — LEWALD: Jahresbericht d. Züricher Juristenvereins (1936/37) 33 ff. — RIEZLER: 500 ff.

[12] Feste Praxis; RG 95, 272; 96, 98; RG IPRspr 1933, 33 u. a. — Dagegen FRANKENSTEIN: I 293 f. — Wohl aber kann in der freiwilligen Gerichtsbarkeit die weitere Beschwerde (Rechtsbeschwerde) auf die Verletzung eines ausländischen Gesetzes gestützt werden, da § 27 FGG den § 549 ZPO nicht mitzitiert; KG JurW 1937, 2527; SCHLEGELBERGER: Kom. z. FGG I (1927) 338. — Für das Grundbuchrecht vgl. KG IPRspr 1932, 8.

[13] RG 136, 362; 145, 86; 163, 371. Vgl. auch RG 115, 105.

sich nicht allgemein sagen, sondern ergibt sich im Einzelfall aus einer Abwägung von Staatsbürgerpflichten, Territorialpflichten, Vermögensinteressen.

Beispiele:

a) Nach Kriegseröffnung 1914 erließ England ein Verbot des Handels mit dem Feinde (Trading with the Enemy Act): ein Engländer, der vor dem Kriege Ware an einen Deutschen verkauft hatte, weigerte sich demgemäß, sie zu liefern, und wurde vor einem deutschen Gericht auf Schadenersatz verklagt. Das deutsche Gericht durfte nach Art. 30 EG das englische Handelsverbot nicht „anwenden"; aber es mußte anerkennen, daß seine Mißachtung dem englischen Staatsangehörigen unzumutbar war[14]. Dabei macht es keinen Unterschied, ob der Engländer die (z. B. in der Schweiz befindliche) Ware hätte liefern *können* oder nicht.

b) Bei dem Besitzer einer beweglichen Sache, die er dem Eigentümer herauszugeben hat, meldet sich als Vindikant *a*, weil er Erbe des Eigentümers nach deutschem Recht ist; aber auch *b*, der nach norwegischem Recht der Erbe ist. War der Erblasser Deutscher mit Wohnsitz in Oslo, so ist in der Tat für den deutschen Richter *a* Erbe und also Eigentümer geworden, für den norwegischen Richter *b*. Liefert der Sachbesitzer die Sache dem *a* aus, so gehorcht er dem deutschen Recht und verletzt das norwegische Recht; liefert er sie dem *b* aus, so umgekehrt; der *a* kann mit Erfolg in Deutschland, der *b* in Norwegen auf Herausgabe der Sache klagen, falls in beiden Ländern ein Gerichtsstand gegeben ist. (Das in einem Lande erlassene Urteil wird im anderen Lande nicht anerkannt.) Meines Erachtens ist der Pflichtenkonflikt hier so zu lösen: händigt der Besitzer die Sache, die sich in Norwegen befindet, daselbst dem *b* aus, so darf ihm auch von dem deutschen Richter daraus kein Vorwurf gemacht werden, obwohl er sich durch diese Aushändigung die Erfüllung der deutschrechtlichen Pflicht gegenüber *a* bewußt unmöglich gemacht hat. Denn diese Unmöglichkeit darf auch in Deutschland *nicht* als *widerrechtlich* herbeigeführt behandelt werden: kein Staat darf den Gehorsam gegen ein ausländisches Gesetz, auf ausländischem Boden (und mit den im Ausland befindlichen Mitteln) geleistet, als unrechte Tat betrachten. Entsprechend liegt es, wenn die Sache sich in Deutschland befindet und der Besitzer sie hier dem *a* ausliefert.

c) Nicht anders, wenn in dem Beispiel b) zum Nachlasse eine Geldforderung von 1000 DM gehört und der Schuldner nach deutschem Recht dem *a*, nach norwegischem Recht dem *b* zu leisten hat. Daß er hier beide Verpflichtungen zu erfüllen *in der Lage* ist, macht keinen Unterschied; denn 2000 DM zu leisten, ist ihm nach keinem der Rechte zuzumuten.

d) Vgl. auch den Fall oben § 17 a. E. (S. 84)[15].

2. Der Widerspruch zwischen dem vom Richter anzuwendenden und dem nicht anzuwendenden Recht kann auch zu einem Konflikt zwischen einer *Pflicht* und einer *Befugnis* führen. Es wäre unrichtig zu meinen, daß hier immer die Pflicht vorginge. Wer nach dem (nicht anzuwendenden) ausländischen Recht zu einer Handlung befugt ist, die er nach dem anzuwendenden deutschen Recht unterlassen müßte, dem darf auch der deutsche Richter in der Regel nichts vorwerfen, wenn er die auslandsrechtliche Befugnis im Auslande ausübt.

---

[14] So mit Recht RG 93, 182. Vgl. Melchior: 413; Haudek: Bedeutung des Parteiwillens im IPR 99 f.

[15] Vgl. Wengler: RabelsZ 16 (1950) 27.

Beispiel: Der in Deutschland über einen Deutschen eröffnete Konkurs ergreift auch das im Ausland befindliche Vermögen des Gemeinschuldners; ein deutscher Konkursgläubiger pfändet solches in den Niederlanden belegenes Vermögen, dem niederländischen Rechte entsprechend. Er verstößt damit gegen das Einzelbeitreibungsverbot des § 14 Abs. 1 KO. Dennoch ist er nicht verpflichtet, das in den Niederlanden Beigetriebene dem deutschen Konkursverwalter herauszugeben, da ihm nicht zugemutet werden kann, Rechte im Ausland unausgeübt zu lassen, die ihm das ausländische Recht einräumt, zumal da § 237 KO in dem umgekehrten Falle eines Auslandskonkurses die Einzelvollstreckung in Inlandsvermögen auch zugunsten ausländischer Konkursgläubiger zuläßt[16].

§ 18a. Interlokales Recht[1].

In Staaten, die kein für alle Teile des Rechtsgebietes einheitliches Recht haben, entwickelt sich meist — auf Grund von Übung, wissenschaftlicher Untersuchung oder staatlicher Gesetzgebung — eine Ordnung der Anwendbarkeit des für die einzelnen Teilgebiete geltenden Rechts. Neben das inter*nationale* Privatrecht, das Rechtsbeziehungen mehrerer Staaten zueinander regelt, tritt ein inter*territoriales* oder inter*lokales* (interregionales) Privatrecht, das die Beziehungen der Teilgebiete zum Gegenstand hat. Die Teilgebiete mögen organisatorisch eine gewisse staatliche Selbständigkeit haben, wie die deutschen Bundesstaaten von 1871—1919. Oder sie mögen Komponenten des Großbritannischen Staats sein, wie England (mit Wales) und Schottland. Oder sie mögen militärische Zonen sein unter der Herrschaft der britischen, der französischen, der amerikanischen und der russischen Besatzung. Dann spricht man von inter*zonalem*, und in Ansehung von Berlin, von inter*sektorialem* Privatrecht.

Für die Probleme, die uns beschäftigen, macht es keinen Unterschied, ob das anzuwendende interlokale Recht dem einen oder anderen Typus angehört.

Eine Abgrenzung der Zuständigkeiten durch Gesetz, wie sie vor allem in Polen seit 1926 bis zur Rechtsvereinheitlichung bestand, existiert in Deutschland nicht, wenn von der VO vom 12. Dezember 1941 über den Anwendungsbereich erbrechtlicher Vorschriften und von dem Verschollenheitsgesetz § 12 abgesehen wird. Von der Annahme eines einheitlichen Rechts, das durch Gewohnheitsrecht entstanden wäre, kann im Hinblick auf die Kürze der verflossenen Zeit nicht gesprochen werden. Immerhin scheint die Rechtsprechung ziemlich einheitlich zu entscheiden, und wenige Streitpunkte sind hervorgetreten, zum mindesten in der Handhabung des Rechts.

---

[16] Daher im Ergebnis zutreffend: RG 54, 193. Dazu NUSSBAUM: 451f. (mit weit. Lit.).

[1] Lit. zum interlokalen Recht: WOLFF, ERNST: Raape-Festschr. 181ff. — ZITELMANN: I 395ff. — RAAPE: IPR 101, 321ff., 343ff., 430ff. und NJW 1951, 457ff. — WENGLER: AkademZ 1940, 105; NJW 1951, 90ff. — FICKER: Grundfragen des deutschen Interlokalen Rechts, 1952 (dazu DROBNIG: RabelsZ 17, 485; NEUHAUS: Ebenda 507ff.). — BEITZKE: JR 1952, 1ff. — BENKARD: DRZ 1947, 356. — MARQUORDT: MDR 1949, 5ff. — Aus der RSprechung: RG 170, 202; AkadZ 1944, 67ff.; KG DR 1940, 802.

Bei der engen Verwandtschaft, die zwischen dem internationalen und dem interlokalen Privatrecht besteht, liegt es nahe, die Grundregeln jenes voll entwickelten Kollisionsrechts auf das interlokale Recht zu übertragen[2]. Der einzige Unterschied zwischen beiden ist, daß die staatliche Souveränität im interlokalen Recht keine Rolle spielt. Aber das ist kein hinreichender Grund dafür, daß man Grundsätze des internationalen Privatrechts von der analogen Anwendung auf interlokales Recht ausschließen sollte. Bei Durchführung solcher analogen Übernahme wird das Gericht, wo es geboten ist, einschränken, modifizieren, erstrecken.

Im folgenden werden einige[3] Probleme des interlokalen Rechts beleuchtet.

1. Während im deutschen internationalen Privatrecht die Rechtssätze, die sich auf Geschäftsfähigkeit, Eheschließung, Scheidung, Erbgang (man spricht kurz von Personalstatut), an die Staatsangehörigkeit angeknüpft werden, so ist solches im interlokalen Recht nicht möglich. Statt der Staatsangehörigkeit muß entweder der Wohnsitz oder der gewöhnliche Aufenthalt eingesetzt werden. Der Unterschied zwischen Wohnsitz und gewöhnlichem Aufenthalt zeigt sich besonders für Ehefrauen, Kinder und Geschäftsunfähige: sie haben einen gesetzlichen Wohnsitz an einem Orte, an dem sie sich möglicherweise nie aufgehalten haben (§§ 8, 10, 11 BGB). Wo die Frage, ob Wohnsitz oder gewöhnlicher Aufenthalt vorzuziehen sei, nicht gesetzlich oder gewohnheitsrechtlich beantwortet wird, muß die Wahl den gewöhnlichen Aufenthalt treffen[3a]: Die Wahrheit ist der Fiktion, das Natürliche dem Künstlichen überlegen. Fehlt es an beiden, dem Wohnsitz wie dem gewöhnlichen Aufenthalt, so wird das Personalstatut durch den einfachen Aufenthalt in Deutschland bestimmt. Für die Maßgeblichkeit des gewöhnlichen Aufenthalts spricht vor allem, daß der gewöhnliche Aufenthalt eine leicht festzustellende reine Tatsache ist, während der Begriff des Wohnsitzes mit Rechtsfragen beladen ist: In einer gültigen Ehe teilt die Frau den Wohnsitz des Mannes; daher setzt die Bejahung des Wohnsitzes die vorherige Untersuchung der Ehegültigkeit voraus, einer oft schwierigen Rechtsfrage.

---

[2] RG 170, 202. Anderer Meinung FICKER: a. a. O.

[3] Vgl. ferner § 23 ZPO. Er gewährt wegen eines vermögensrechtlichen Anspruchs dem Kläger einen Gerichtsstand in einem Gericht, in dem sich „Vermögen" des Beklagten befindet, wenn der Beklagte „im Deutschen Reiche keinen Wohnsitz hat". Es sollte nicht bezweifelt werden, daß, wer einen Wohnsitz auch nur in einer der Zonen hat, einen Wohnsitz „im Deutschen Reiche" hat, also nicht im Gerichtsstand des Vermögens verklagt werden kann. OGH BZ MDR 1949, 615; Hamburg OLG SJZ 1949, 785. Dawider aber: BGH MDR 1952, 99.

[3a] RAAPE: IPR 34. Anders FICKER: 34 ff.

Man kann in Frankreich, der Schweiz und manchen anderen Ländern mehrere Aufenthaltsorte, aber nicht mehrere Wohnsitze haben. Seit 1938 ist als Anknüpfungspunkt beim Personalstatut des Staatenlosen sein gewöhnlicher Aufenthaltsort an Stelle des Wohnsitzes getreten.

2. Interlokale Konflikte sind in bezug auf die *Volljährigkeit* solcher Personen entstanden, die einen gewöhnlichen Aufenthalt in der Ostzone haben, in der die Volljährigkeit auf 18 Jahre herabgesetzt worden ist[4]. Die Frage ist: behält ein Jugendlicher, der in der Ostzone 18 Jahre geworden ist, die so erworbene Volljährigkeit auch wenn er nachher in eine der Westzonen auswandert? Die Verneinung ist bisweilen daraus hergeleitet worden, daß das sowjetrussisch beeinflußte Gesetz der Ostzone ein „politisches" Gesetz sei (RAAPE), oder daraus, daß es neben der allgemeinen Vorbehaltsklausel (dem allgemeinen *ordre public*) eine „besondere Vorbehaltsklausel zugunsten der Einheit der deutschen Privatrechtsordnung" gebe (WENGLER). Mit Recht lehnen die herrschende Lehre und die überwiegende Rechtsprechung es ab, die öffentliche Ordnung für gestört zu halten, wenn die 18 Jahre alten Bewohner der Ostzone volljährig sind. Das BGB selbst erlaubt Volljährigerklärungen von 18-Jahre-Alten, und das deutsche Hochadelsrecht hat jahrhundertelang den fürstlichen, auch zum Teil den mediatisierten, Familien Volljährigkeit bei 18 Jahren gewährt, ohne daß dadurch ein Schaden entstanden wäre.

3. Auf dem Gebiet der *Geldschulden* sind im interlokalen Recht besondere Schwierigkeiten entstanden; sie ergeben sich aus der Umstellung der Reichsmark in DMark-West und DMark-Ost. Jede der beiden DM-Arten ist Währungsgeld; die eine in der Westzone, die andere in der Ostzone.

Die beiden DM-Arten stehen nicht in einem festen rechnerischen Verhältnis zueinander. Wenn z. B. vor dem Zusammenbruch des Reichs (etwa 1938) ein Vertrag über Reichsmarkzahlungen geschlossen wurde, und jetzt, seit der Zonenbildung, der eine Vertragsschließende in der Ostzone, der andere in der englischen Zone wohnt, ist dann die vertragliche RM-Schuld auf DM-West oder auf DM-Ost umzustellen?

Von der Auffassung, die am Orte des Vertragsschlusses herrscht, kann die Entscheidung nicht abhängen, zumal da er möglicherweise weder in der Ost- noch in der Westzone, sondern im Ausland liegt. Ebensowenig läßt sich aus dem „vermutlichen" oder dem „hypothetischen" Parteiwillen eine Lösung gewinnen, da zur Zeit des Vertragsschlusses niemand sich die Zukunft des deutschen Geldwesens und die „Währungsspaltung" vorstellen konnte. Auch die Währungsgesetze

---

[4] BEITZKE: ZblJR 1950, 181. — DÖLLE: Standesamt 1950, 178. — NEUHAUS: DRZ 1950, 401, 467; OLG Celle, ZblZR 1951, 235; OLG Düsseldorf NJW 1951, 717 u. a.; KG (Berlin-West) MDR 1953, 45. — Anders WENGLER: NJW 1951, 50. Gegen ihn SCHUMACHER: Ibidem 169.

schweigen über die Art der Umstellung von Reichsmarkschulden. Etwas
zu starr scheint die Lösung, daß der RM-Schuldner Ostmark schuldet,
wenn er zur Zeit der Währungsspaltung seinen Wohnsitz in der Ostzone hat, und Westmark, wenn er in der Westzone wohnt. Besser ist
es, mit RAAPE statt der ursprünglichen Anknüpfung eine „Ersatzanknüpfung" zu finden, „die den individuellen Zügen des Tatbestandes
angepaßt ist[5]".

4. Die deutschen Gerichte fragen sich häufig, ob sie aus Gründen des
ordre public das an sich anwendbare Recht unangewendet lassen können.
Für das internationale Privatrecht ist die Frage gemäß Art. 30 EG zu
bejahen. Vom interlokalen Recht schweigt Art. 30. Ist eine Analogie
geboten, so daß der deutsche Richter deutsche Gesetze einer anderen
Zone als ordnungswidrig ablehnen kann? Das wird vielfach geleugnet[6],
weil Art. 30 nur von „ausländischen" Gesetzen spreche, und weil der
Deutsche der Westzone es nicht zu dulden brauche, nach dem Rechte
der Ostzone behandelt zu werden, wenn dieses Recht dem westzonalen
Recht widerspricht. Keine der beiden Begründungen ist annehmbar.
Die erste ist es nicht, weil es sich nicht um direkte, sondern um analoge
Anwendung des Art. 30 handelt. Die zweite Begründung enthält eine
Übertreibung. Nicht ob das anstößige kommunistische Gesetz Sachsens
in Frage steht, oder ein Gesetz der Tschechoslowakei, macht einen
Unterschied, sondern Inhalt und Wirkungen der beiden Gesetze sind
entscheidend. Die ordre-public-Klausel des Art. 30 ist ebenso anwendbar
und ebenso unanwendbar im internationalen wie im interlokalen Privatrecht.

5. Diese Feststellung ist vor allem wichtig im Fall der Enteignungen und Konfiskationen. Tausenden von Bewohnern der deutschen Ostzone oder der russischen
Sowjet-Republiken ist ihr Grundbesitz, zum Teil auch ihre bewegliche Habe,
genommen worden, sei es gegen eine, meist sehr schmale, Entschädigung, sei es
ohne jede Entschädigung.

Eine Enteignung muß der deutsche Richter als wirksam anerkennen,
wenn Entschädigung vorgesehen ist und wenn die Enteignung sich auf
die im Enteignungslande belegenen Sachen beschränkt.

Es macht keinen Unterschied, ob die Entziehung der Sachen auf deutschem
Boden, z. B. in der deutschen Ostzone, oder in fremdem Land, z. B. in der Tschecho-

---

[5] RAAPE: IPR 347. Andere ziehen dem Wohnsitz des Schuldners als Anknüpfungspunkt den Erfüllungsort oder regelmäßig den gewöhnlichen Aufenthaltsort
vor. KG JR 1949, 58. OGH NJW 1949, 503. Auch die Lokalisierung von Geldschulden, die nicht auf Vertrag beruhen (z. B. Unterhaltsschulden außerehelicher
Erzeuger gegen das Kind) wird durch Anknüpfung an den Wohnsitz des Schuldners
vollzogen. Ist ein uneheliches Kind in der Ostzone geboren, und daselbst domiziliert, der Wohnsitz des Vaters aber in Köln belegen, so schuldet er dem Kinde
Unterhalt in Westmark. — Vgl. OGH Z I 391; IV 56. BGH MDR 1951, 288.

[6] ZITELMANN: I 400; RG DR 1941, 1618. — Richtig: FICKER: 57. — DÖLLE:
Ordre public, 411, 413.

slowakei, geschehen ist: interzonale Konflikte werden nach dem Muster internationalrechtlicher Konflikte entschieden.

Die deutsche Rechtsprechung der Jahre seit 1946 ist mit interzonalen Streitigkeiten geradezu überschüttet. Bald steht die Enteignung einer Einzelsache in Frage, die nach der Enteignung in eine der Westzonen verbracht wird; dann wird zwischen dem Erwerber und dem jetzigen Eigentümer prozessiert[7]. Bald werden ganze Vermögen expropriiert, was aber meist wegen Fehlens einer Entschädigung in West-Deutschland als unwirksam behandelt wird. Bisweilen suchen die westdeutschen Gerichte (unzureichend) mit der Vorbehaltsklausel zu helfen. Zahlreiche Wege werden ersonnen, der Erhaltung gewerblicher Unternehmungen, die ihren Sitz in der Ostzone haben, zu dienen. Manches Mal gelingt eine Vollverlegung des Unternehmens nach West-Deutschland. Minder wirksam ist der Erwerb aller oder fast aller Aktien des Unternehmens, da solcher Erwerb dem Vollaktionär zwar das Eigentum an den Aktien, aber nicht das Eigentum an den Bestandteilen des Unternehmens verschafft. Auch die Teilverlegung des Betriebes von der Ostzone in eine der Westzonen ist eine verbreitete Rettungsaktion, die freilich zu manchem Streit führt[8].

6. Fast ausschließlich interzonaler Natur sind die Streitigkeiten, die im Gebiete des *Unterhaltsrechts* entstehen. Zwar bei Unterhaltspflichten auf Grund von Verträgen sind die Schwierigkeiten nicht zu groß: die Auslegung des Unterhaltsvertrags mit Hilfe des „hypothetischen" Parteiwillens ist in der Not ein guter Helfer[9]. Solche Hilfe fehlt bei *gesetzlichen* Unterhaltsansprüchen von Kindern gegen Eltern und umgekehrt, von Ehegatten gegen geschiedene Gatten usw., wenn der Unterhaltsschuldner in der Ostzone, der Gläubiger in einer der Westzonen wohnt oder umgekehrt. Eine allgemeine Regel, in der das Problem zu lösen ist, gibt es nicht. Im Zweifel wird das Personalstatut, im interzonalen Recht also das Recht, das am gewöhnlichen Aufenthalt des in Anspruch Genommenen gilt.

---

[7] OLG Hamburg JZ 1951, 444. — OGH MDR 1949, 351. — RAISER: SJZ 1950, 279.

[8] STARKE: MDR 1948, 461. — BERNAU: NJW 1949, 86. — LG Köln MDR 1950, 47; NJW 1950, 871.

[9] Siehe oben, S. 93.

Zweites Buch.

Die besonderen Lehren.

Erster Abschnitt.

Personenrecht.

§ 19. Die Rechtsfähigkeit. Tod. Verschollenheit.

v. Caemmerer, E.: RVglHWB IV 352 ff. — v. Bar,: IPR I 390 ff. — Zitelmann: IntPR II 80 ff. — Frankenstein: I 373 ff. — Lewald: IPR 38 ff. — Gutzwiller: 1625 ff. — Raape: Komm. zu Art. 9 EG. — Rabel I 163 ff.

I. Die *Rechtsfähigkeit*, d. h. die Fähigkeit, Rechte und Pflichten zu haben, hat heute jeder Mensch; Sklaverei und bürgerlicher Tod würden als der öffentlichen Ordnung widerstreitend nicht anerkannt werden. Die Rechtsordnungen gehen aber darin auseinander, daß die einen für die Entstehung der Persönlichkeit nichts als die Vollendung der Geburt verlangen (so Deutschland, § 1 BGB), die anderen außerdem (dem älteren deutschen Rechte und den romanischen Rechten folgend) *Lebensfähigkeit* fordern (so Frankreich, art. 725, 2; 906 Abs. 3 code civil)[1]. Hier entsteht die Frage, welches Recht anzuwenden ist. Das EG schweigt. Mit Recht erklärt die herrschende Lehre für maßgebend das Personalstatut, d. h. das Recht desjenigen Staats, dem das Kind angehören würde, wenn es Rechtsfähigkeit erlangte[2].

A. M. v. Bar und Zitelmann; sie lassen das Wirkungsstatut entscheiden: Also, wenn es sich um die Fähigkeit handelt, Eigentümer eines bestimmten Grundstücks zu sein, die lex rei sitae; wenn um die Beerbung eines Dritten, dessen Heimatrecht; wenn um die Beerbung des Kindes selbst, dessen Personalstatut. Zitelmann führt aber[3] diese Lehre durch die von ihm selbst gezogenen Folgerungen ad absurdum. Gebiert eine unverehelichte Französin ein lebensunfähiges Kind und ist der Erzeuger des Kindes, ein Deutscher, einige Tage vor der Geburt gestorben, unter Hinterlassung eines Testaments, in dem er das erwartete Kind zum Erben einsetzte, so kann nach Z. das Kind zwar erben, da es nach dem deutschen Heimatrecht des Erblassers rechtsfähig geboren ist; es kann aber nicht beerbt werden, da es nach seinem Heimatrecht nicht Person geworden ist: sollen die Nachlaßsachen nun als res nullius plünderndem Pöbel zufallen? — Nach der hier vertretenen Meinung ist das Kind nicht Person geworden; es kann daher nicht erben.

Die Frage, ob einer Leibesfrucht, einem nasciturus, gewisse Rechte (z. B. Erbrechte, Rechte auf Ersatz eigenen Schadens bei körperlicher

---

[1] Vgl. *Spanien* cód. c. art. 30: Das Kind muß eine „figura humana" haben und 24 Stunden seit völliger Trennung vom Mutterschoß gelebt haben.

[2] RG 117, 217.   [3] IPR II 90.

Verletzung der Mutter) vorbehalten werden, ist keine Frage der Rechtsfähigkeit; den nasciturus sieht keine Rechtsordnung als Person an. Die Frage wird von dem Wirkungsstatut (dem Heimatrecht des Erblassers, der lex loci delicti commissi) beantwortet.

II. Man spricht bisweilen neben der allgemeinen von einer „besonderen" (speziellen) *Rechtsfähigkeit*: so von der Fähigkeit, Fideikommisse, „adlige Güter" oder Grundstücke schlechthin, zu erwerben, Vormund zu werden u. dgl. In Wahrheit handelt es sich hier um die vier Fähigkeiten, ein bestimmtes Recht zu erlangen, das erlangte zu behalten, einer bestimmten Pflicht unterworfen zu werden, ihr unterworfen zu bleiben. Es liegt daher stets eine Frage vor, die zu dem Komplex der Fragen nach Begründung und Untergang von Rechten und Pflichten gehört. Sie wird von dem Wirkungsstatut (der lex rei sitae, dem Heimatrecht des Mündels usw.) beantwortet.

Spricht man von prozessualer Rechtsfähigkeit, so meint man damit die sog. Parteifähigkeit. Es gibt aber auch nichtrechtsfähige Gebilde, die parteifähig sind (gewisse Personenvereinigungen). Parteifähigkeit ist ein rein prozessualer Begriff: es ist die Fähigkeit, „in einem Zivilprozeß Kläger, Beklagter oder Nebenintervenient zu sein". Ob ein Ausländer parteifähig ist, bestimmt sich nach der Rechtsordnung des Staats, dem er angehört[4].

III. Die Persönlichkeit des Menschen *erlischt* überall mit dem Tode[5]. Ob sie auch durch Ablegung des Klostergelübtes erlischt (Klostertod[6]), entscheidet sich nach dem Personalstatut dessen, der es ablegt[7], der deutsche ordre public steht der Anerkennung des Klostertodes nicht entgegen.

Ist es streitig, ob jemand noch lebt, so regeln sich *Behauptungs- und Beweislast* nach dem Gesetz, dem das streitige Rechtsverhältnis unterworfen ist: also bei einem Erbstreit nach dem Heimatrecht des Erblassers, bei einer Klage auf Leibrentenbeträge nach dem Recht, dem

---

[4] PAGENSTECHER: Scritti giuridici in onore di F. Carnelutti, II 455 ff., 459 (1950).

[5] In jugendlichen Kulturen vorchristlicher Zeit wurde vielfach der Tote als fortlebend vorgestellt. Der Tote konnte klagen und verklagt werden. Er erhielt einen „Totenteil" an seinem eigenen Nachlaß, der ihm teilweise zur Ausstattung für das Jenseits diente. Die Braut konnte mit dem toten Bräutigam die Ehe schließen. BRUNNER: Abhandl. z. RGeschichte II 340ff. Diese naive, in heidnischem Glauben ruhende Vorstellung hat geschichtlich nichts zu tun mit dem berüchtigten Erlaß des Führers Hitler, der den Bräuten toter oder verschollener Soldaten erlaubte, die Ehe mit dem Toten zu schließen. Nach keinem Recht, auch nicht nach deutschem Recht, kommt hier eine Ehe zustande oder wird hier der Tote als lebend behandelt.

[6] Nach cod. iur. canon. c. 582 tritt aber ein Klostertod nicht ein. Dem Klostergeistlichen können immer noch bona quovis modo obvenire. Sie gehen aber durch ihn hindurch sogleich weiter auf den Ordo über (cedunt Ordini) oder auf den Heiligen Stuhl. Von einem Untergang des Rechtssubjekts ist nicht zu sprechen: der Mönch kann Rechte erwerben, aber nicht behalten. Er ist also auch noch parteifähig. Vgl. GIERKE, O.: DPrivR I 364.

[7] RG 32, 175.

der Leibrentenvertrag untersteht (z. B. dem Recht des Erfüllungsorts).
Nach eben diesem Wirkungsstatut richtet es sich deshalb, ob *Lebens-*
oder *Todesvermutungen* etwelcher Art bestehen; dahin gehören auch die
Kommorientenvermutungen, wie sie nach § 11 des VerschollenheitsG
vom 4. Juli 1939 (Vermutung gleichzeitigen Todes), art. 720—722 code
civil (Vermutungen des Vorversterbens je nach Alter und Geschlecht)
u. a. bestehen[8].

IV. Der *Verschollene*, der „seit langem nachrichtlos Abwesende"
(SchweizZGB Art. 35), kann unter gewissen Umständen nach manchen
Rechten für tot (so nach deutschem und österreichischem Recht), nach
anderen (Frankreich, Schweiz) für verschollen oder abwesend erklärt
werden. Das deutsche Recht (§ 12 VerschollenheitsG) läßt für die Zulässigkeit und die Wirkungen der Todeserklärung das Personalstatut,
das Heimatrecht, entscheiden. Von der Verschollenerklärung, die ja
dem deutschen materiellen Recht unbekannt ist, schweigt es: für sie
wird wegen Ähnlichkeit der Lage ebenfalls das Personalstatut maßgebend sein[9].

1. Verschollene können in Deutschland, unter den Voraussetzungen
des deutschen Rechts, für tot erklärt werden, wenn sie zur Zeit des
letzten Lebensnachricht deutsche Staatsangehörige waren. Staatenlose,
die zu dieser Zeit ihren gewöhnlichen Aufenthalt in Deutschland hatten,
stehen Deutschen gleich.

2. Eine Todes- oder Verschollenerklärung über Ausländer ist Sache
ihres Heimatstaats. Spricht dieser sie (gemäß dem Heimatrecht des
Verschollenen) aus, so wird sie von den deutschen Behörden anerkannt
und hat die Wirkungen, die ihr das Heimatrecht des Verschollenen
beilegt, z. B. für die Lebens- und Todesvermutungen, und für die Fest-
legung des vermutlichen Todeszeitpunkts. Auch Anfechtung und Aufhebung der Todeserklärung richten sich nach dem Heimatrecht.

3. Eine *Todeserklärung* (keine Verschollenerklärung) über *Ausländer*
in *Deutschland* ist (prinzipwidrig) in drei Fällen zulässig[10]:

a) Dann, wenn ein nach deutschem Recht zu beurteilendes Rechtsverhältnis durch Leben oder Tod des Ausländers beeinflußt wird; in
solchem Fall reicht aber die Wirksamkeit der deutschen Todeserklärung
nicht über das Rechtsverhältnis hinaus[11].

---

[8] RG 25, 143. — Anderer Meinung FRANKENSTEIN: I 381 und viele.
[9] A. M. insbes. RAAPE: Komm. 117f.
[10] Sie ist auch dann zulässig und wirksam, wenn der Ausländer in seinem
Heimatstaat schon für tot erklärt worden ist (RAAPE: Komm. 119). Aber sie ist
in diesem Fall unangemessen, da Deutschland die heimatrechtliche Todeserklärung
anerkennt.
[11] KG IPRspr 1932, 30. Diese Beschränkung der Wirkung ist in das Aufgebot
und die Todeserklärung mit aufzunehmen; doch ist ein Fehlen solchen Hinweises
unschädlich. Vgl. RAAPE: Komm. 113.

Beispiel: Ein Deutscher, dessen einer Sohn Engländer geworden und verschollen ist, stirbt, und es fragt sich, ob der Verschollene ihn noch beerben kann. Die deutsche Behörde kann ihn für tot erklären, um damit eine Antwort auf jene Frage, und nur auf sie, zu ermöglichen.

b) Dann, wenn sich Vermögen des Verschollenen im Inland befindet. Hier beschränkt sich die Wirkung der Todeserklärung auf dieses Vermögen. Der Zeitpunkt für seine Beerbung wird also nach deutschem Recht (§ 9 VerschollenheitsG) bestimmt; aber die Beerbung selbst richtet sich nach dem Heimatrecht.

c) Dann, wenn die Ehefrau des Verschollenen in Deutschland ihren Wohnsitz hat und Deutsche ist oder bis zu ihrer Verheiratung mit dem Verschollenen war. Hier kann sie die Todeserklärung beantragen, z. B. um sich wiederverheiraten zu können; und die Wirkung der Todeserklärung beschränkt sich nicht auf die ehelichen Beziehungen zu dieser Frau.

Das deutsche Recht kann aber nicht hindern, daß in allen diesen Fällen die Heimatbehörde des verschollenen Ausländers selbst eine Todes- oder Verschollenerklärung ausspricht. Es ist leicht möglich, daß in diesem auslandsrechtlichen Verfahren ein anderer präsumtiver Todeszeitpunkt festgestellt wird, als im deutschen Verfahren. Das kann zu Übelständen führen: so wenn in der Zeit zwischen dem deutschrechtlichen und dem heimatrechtlichen Todeszeitpunkt nahe Verwandte des Verschollenen gestorben sind; der deutsche Richter muß sie als Erben des Verschollenen gelten lassen, obwohl er ausländisches Erbrecht anwendet, während der ausländische Richter sie als vorverstorben von der Erbfolge ausschließt. Die Behörden eines dritten Staates haben in solchem Falle, wofern ihr internationales Privatrecht das Heimatprinzip zugrunde legt, nur die heimatrechtliche Todeserklärung zu beachten, nicht die deutsche. — Der deutsche Richter hat leider nicht die Möglichkeit, die deutsche Todeserklärung im Hinblick auf die nachträgliche ausländische Todeserklärung aufzuheben.

4. Eine Todeserklärung über *Deutsche* im *Ausland* (durch eine ausländische Behörde) mag zwar vorkommen und hat dann im Ausland die Wirkungen, die ihr das ausländische Recht gewährt. Das deutsche Recht aber erkennt sie (was streitig ist[12]) nicht an. Ein gleiches gilt für ausländische Verschollenerklärungen über Deutsche.

5. Eine Todeserklärung über Ausländer in einem Staate, der nicht ihr Heimatstaat ist, hat in Deutschland die Wirkungen, die der Heimatstaat ihr beilegt.

V. Die Regelung des Verschollenenproblems durch das geltende deutsche Recht befriedigt angesichts der tatsächlichen Entwicklung nicht mehr. Die Zahl der Verschollenen wird für Europa allein auf 8—10 Millionen geschätzt. Unzureichend ist insbesondere die fehlerhafte Regelung der örtlichen Zuständigkeiten, und die Nichtanerkennung deutscher Todeserklärungen im Ausland.

Die Vereinten Nationen haben sich der Aufgabe unterzogen, wenigstens für die seit dem zweiten Weltkrieg in einem Kriegslande Verschollenen eine Rechtseinheit zu schaffen, wofern solche verschollenen Personen aus rassischen, religiösen,

---

[12] Lit. bei MELCHIOR: Grundlagen 323[5].

politischen oder nationalen Gründen ins Ungewisse ausgewandert, vertrieben, verschleppt, geflüchtet sind. Das Abkommen der Vereinten Nationen über „die Todeserklärung Verschollener"[13] ist am 6. April 1950 abgeschlossen und von 25 Staaten gezeichnet worden. Zu diesen Staaten zählen nicht die wichtigsten. Es fehlen die beiden deutschen Republiken, sowie Rußland und seine Satelliten, also Länder, deren Bewohner durch den Krieg und die Zeit nach dem Kriege vielleicht am meisten gelitten haben und den Hauptteil der Völkerwanderung unserer Zeit darstellen.

Deutschland hat seine Regelung des geltenden deutschen Rechts nur in einem Punkte geändert. Ein Gesetz vom 15. Januar 1951 hat die Zuständigkeit für Ausländer wesentlich erweitert in Anlehnung an die Regelung der Zuständigkeit durch das UN-Abkommen.

§ 20. Handlungsfähigkeit.

v. CAEMMERER, E.: RVglHWB IV 354ff. — v. BAR: IPR I 377ff., 417ff. ZITELMANN: II 69ff. — FRANKENSTEIN: I 398ff. — LEWALD: 54ff. — GUTZWILLER: 1629f. — RAAPE: IPR 116ff. — AUBRY, E.: L'incapacité de la femme mariée en droit int. pr. Paris 1933. — RABEL: I 179ff. — PAGENSTECHER: RabelsZ 15 (1949) 189ff.

I. Die Fähigkeit, Rechtsgeschäfte abzuschließen *(Geschäftsfähigkeit)*, wird seit den Zeiten der Statutentheorie als persönliche Eigenschaft des Menschen nach den die Person betreffenden Gesetzen beurteilt. So ist die Herrschaft des Personalstatuts gemeines kontinentales Gewohnheitsrecht geworden und in die neueren Gesetze übergegangen.

ZITELMANN hat die selbständige Anknüpfung der Geschäftsfähigkeit an das Personalstatut als dem völkerrechtlichen internationalen Privatrecht widerstreitend bekämpft; meines Erachtens auch de lege ferenda mit Unrecht. — Seine Anschauung, daß hier wie für alle übrigen Rechtsgeschäftserfordernisse das Wirkungsstatut (die lex causae), z. B. die lex obligationis, die lex rei sitae maßgebend sein müsse, findet sich im *englischen* Recht teilweise verwirklicht[1].

Auch nach deutschem Recht ist das Personalstatut maßgebend, demnach das *Heimatrecht*, soweit nicht im Wege der Rück- oder Weiterverweisung Wohnsitzrecht gilt (vgl. oben § 15); Art. 7 Abs. 1 EG BGB. Beim *Wechsel der Staatsangehörigkeit* entscheidet der Zeitpunkt, für den die Rechtsfolge die Geschäftsfähigkeit oder -unfähigkeit als Tatbestandsstück voraussetzt. Aber die unter einer Staatsangehörigkeit einmal erworbene volle Geschäftsfähigkeit geht durch Wechsel der Staatsangehörigkeit nicht wieder verloren.

Das spricht freilich Art. 7 Abs. 2 EG nur für den Fall aus, daß ein Ausländer nach erlangter Volljährigkeit (oder Volljährigenstellung) die deutsche Staatsangehörigkeit erwirbt. So wenn ein 20jähriger Schweizer Deutscher wird. Die herrschende Lehre bleibt dabei stehen. Richtiger wird die Norm zu einer voll-

---

[13] Das Abkommen ist in deutscher Übersetzung abgedruckt in RabelsZ 16, 613. — Vgl. BÜLCK: NJW 1951, 747ff.

[1] Über das Recht der USA: MUELLER, RUD.: RabelsZ 8 (1934) 885.

kommenen Kollisionsnorm ausgebaut[2], auch der 20jährige Schweizer, der Österreicher wird, auch der 21jährige Deutsche, der Chilene wird (in Chile wird man mit
25 Jahren volljährig), ist in Deutschland als volljährig zu behandeln[3].

II. Das Heimatrecht beantwortet

1. die Frage, *ob Geschäftsfähigkeit vorliegt* oder ob sie fehlt oder gemindert ist. Es entscheidet daher über den Einfluß des Lebensalters,
des Geschlechts, der Ehe, über die Bedeutung von Krankheiten, von
Verschwendung, Trunksucht u. dgl. für die Fähigkeit des Menschen,
Geschäfte zu schließen. Es entscheidet dagegen nicht die Frage, inwieweit Ehe, Konkurs u. a. ein Rechtssubjekt in der *Verfügung* über ein
bestimmtes Vermögen oder über einzelne Vermögensrechte *beschränken:*
diese Frage wird vielmehr von dem Wirkungsstatut (dem Recht der
Ehewirkungen, dem Konkursstatut usw.) beantwortet.

Heiratet z. B. eine Französin einen Amerikaner (sie bleibt französische Staatsangehörige), so ist nach dem Ehestatut, d. h. dem amerikanischen Recht, zu prüfen,
ob sie in der Verfügung über ihr Vermögen beschränkt wird. Dies ist zu verneinen.
Unabhängig davon ist zu fragen, ob sie nach ihrem Personalstatut (dem französischen Recht) in der Fähigkeit, Geschäfte abzuschließen, beschränkt wird. —
Wenn ein Engländer in Deutschland in Konkurs fällt, so entscheidet deutsches
Recht darüber, ob eine Verfügungsbeschränkung eintritt (zu bejahen), dagegen
englisches Recht darüber, ob er als Bankrottierer voll geschäftsfähig bleibt.

In manchen Rechten macht „Heirat mündig"; so im schweizerischen, im
niederländischen Recht. Bleibt die 17jährige Schweizerin auch in der Ehe Schweizer
Staatsangehörige, hat sie z. B. einen Schweizer oder Russen geheiratet, so wird sie
nach Art. 7 EG voll geschäftsfähig; wird sie durch Ehe mit einem Niederländer
Niederländerin, so ebenfalls. Aber dasselbe muß gelten, wenn sie einen Deutschen
heiratet und Deutsche wird, wiewohl ihr neues Personalstatut, das deutsche, den
Satz „Heirat macht mündig" nicht kennt, und sie unter ihrem alten Personalstatut nie verheiratet war[3a].

Zu der Frage, ob Geschäftsfähigkeit vorliegt, gehört auch die Frage
der Zulässigkeit behördlicher Akte, die die Geschäftsfähigkeit ganz oder
teilweise herbeiführen (Volljährigerklärung; émancipation nach code civil
art. 476ff.) oder mindern (Entmündigung). Auch hier ist das Heimatrecht maßgebend. Vgl. unten VI.

2. Das Heimatrecht entscheidet weiter die Frage, *welche Wirkung*
es hat, wenn die zur Vornahme eines Geschäfts nötige *Geschäftsfähigkeit*
mangelt: ob also die Handlung des nicht voll Geschäftsfähigen nichtig,

---

[2] Zitelmann: I 266, II 63 und Lewald: 58 sehen in Art. 7 Abs. 2 überhaupt
keine Kollisionsnormen, sondern eine den § 2 BGB ergänzende materiellrechtliche
Bestimmung. Allein Art. 7 Abs. 2 beantwortet eine kollisionsrechtliche *Frage:*
die nach dem maßgeblichen Recht bei Statutenwechsel (nicht anders als z. B.
Art. 17 Abs. 2 EG).

[3] Über die interzonale Frage, ob die Gerichte der Westzone die Volljährigkeit
eines 18 Jahre alten Bewohners der Ostzone anerkennen müssen (zu bejahen) s. oben
§ 18a.

[3a] Wer das für „sonderbare Logik" erklärt (Frankenstein: I 424[80]), urteilt
doch wohl vorschnell. Richtig: Raape: Komm. 69, c; 77, e; IPR 120.

schwebend unwirksam, anfechtbar usw. ist, und, wenn danach der
Mangel heilbar ist, was zur Heilung nötig ist (z. B. Genehmigung der
Handlung eines Vertreters oder einer Behörde). Nicht aber ist das
Heimatrecht des Geschäftsunfähigen auch für die Frage maßgebend, *wer*
gesetzlicher Vertreter ist: hier entscheidet das Heimatrecht des Vaters
oder der Mutter (Art. 19 EG), und nur im Vormundschaftsrecht geht
Art. 23 EG von der Maßgeblichkeit des Heimatrechts des Mündels aus.
Vgl. § 44 II 3, § 45 II, § 48 III.

3. Dagegen ist die Frage, ob Geschäftsfähigkeit *nötig* ist, nicht nach
Art. 7 EG dem Heimatrecht, sondern dem Wirkungsstatut unterworfen:
also der lex rei sitae, wenn zu prüfen ist, ob Besitzerwerb oder Dereliktion
Geschäftsfähigkeit verlangt, der lex loci actus, wenn es sich um die Frage
der auftragslosen Geschäftsführung durch einen nicht voll Geschäftsfähigen handelt (vgl. z. B. § 681 BGB) usw.

III. Eine *ausschließliche* Geltung des Heimatrechts würde dem redlichen *Geschäftsverkehr* schädlich sein: wer mit einem Ausländer kontrahiert, müßte sich zunächst erkundigen, welche Voraussetzungen das
ausländische Recht an die Geschäftsfähigkeit stellt; und wer schuldlos nicht
erkennt, daß sein sprachkundiger Geschäftsgegner landfremd ist, würde,
ohne eine Sorgfaltspflicht zu verletzen, in schweren Schaden kommen.

Deshalb hat schon die deutsche *Wechselordnung* von 1848/50 Art. 84
nach dem Vorbilde des preußischen ALR (Einl. § 35) bestimmt, daß
ein „nach den Gesetzen seines Vaterlandes nicht wechselfähiger Ausländer" (dazu gehörte z. B. auch der Bayer, der außerhalb seines Landes
in Deutschland Wechsel zeichnete) durch Eingehung von Wechselverpflichtungen im Inlande dann verpflichtet wird, wenn er „nach den
Gesetzen des Inlands wechselfähig ist".

Es kann kein Zweifel sein, daß dieser Satz nicht nur dem ordre public des
deutschen Staates, in dem gerade geklagt wird, diente. Der (vor 1869 minderjährige) 21jährige Preuße, der in Bayern Wechsel ausstellte, mußte nicht nur in
Bayern, sondern auch in Preußen als durch Wechsel verpflichtet behandelt werden.

Dem folgen nicht nur das *Wechsel-* und das *Scheckgesetz* von 1933,
sondern schon das EG BGB Art. 7 Abs. 3, das hier Gedanken, die für
den Wechselverkehr entwickelt waren, auf den *allgemeinen Geschäftsverkehr* überträgt. Danach gilt ein Ausländer, der in Deutschland ein
Rechtsgeschäft vornimmt, für das er nach seinem Heimatrecht nicht
voll geschäftsfähig ist, insoweit als geschäftsfähig, als er es nach deutschem Recht wäre. Das Gesetz unterscheidet nicht, ob der Geschäftsgegner gutgläubig ist oder den Sachverhalt kennt, ob er in Deutschland
wohnt oder nicht, ob er Deutscher oder Ausländer ist: der 21jährige
Chilene, der in Berlin einem durchreisenden chilenischen Juristen Waren
verkauft, schließt ein gültiges Geschäft ab.

Das Gesetz unterscheidet auch nicht, ob der Ausländer seiner Minderjährigkeit
wegen in der Geschäftsfähigkeit beschränkt oder ob er wegen geistigen Defekts,

Verschwendung oder sonst durch Akt des Staats, dem er angehört, entmündigt worden ist. Die Entmündigung als solche bleibt bestehen und wirkt unbeschränkt bei allen Geschäften, die nicht unter Art. 7 Abs. III Satz 1 fallen [3b].

Daß man auch den Wissenden schützt, entspricht dem Bedürfnis des Handelsverkehrs, innere Seelenzustände ununtersucht zu lassen und nicht zum Gegenstand von Beweiserhebungen zu machen, einem Bedürfnis, das im HGB verschiedentlich anerkannt ist (Starrheit der Prokura, der Vertretungsmacht des Handelsgesellschafters usw.). Den *redlichen* Verkehr schützt man wirksam nur, indem man den Verkehr schlechthin schützt [4].

Der Schutz setzt voraus, daß das Geschäft *in Deutschland* vorgenommen worden ist: körperliche Anwesenheit des Ausländers in Deutschland ist notwendig [5].

Der Schutz des Art. 7 Abs. 3 gilt nur für *Verkehrsgeschäfte*. Er besteht nicht:

1. Für *familien-* und *erbrechtliche* Geschäfte, die ein Ausländer im Inland schließt, wie Erbausschlagungen, Erbverzichte, Erbschaftskäufe, Testamente, Erbverträge; Eheverträge, Eheanfechtungen, Ehelichkeitsanfechtungen, Adoptionen. Hier gilt das Heimatrecht der Kontrahenten.

2. Für Verfügungsgeschäfte über ein ausländisches *Grundstück*. Auch hier wird die Geschäftsfähigkeit durch das Heimatrecht (und nicht etwa durch die lex rei sitae [6]) bestimmt. Diese Maßgeblichkeit des Heimatrechts gilt nur für Verfügungen, d. h. für Geschäfte, die nach dem Wirkungsstatut die Rechtsmacht des Verfügenden unmittelbar mindern. Sie gilt demnach nicht für Grundstücksverkäufe: solche kann der Ausländer in Deutschland wirksam vornehmen, wenn er nach deutschem Recht geschäftsfähig wäre, es aber nach seinem Heimatrecht nicht ist.

Ein 21jähriger Chilene kann daher in Deutschland ein ihm gehöriges chilenisches Grundstück verkaufen; aber der Verkauf kann nicht die dem chilenischen Recht entsprechende Wirkung des Eigentumsübergangs haben.

Welche Rechte als „Grundstücke" zu behandeln sind, sollte sich aus einer Auslegung der Kollisionsnorm, d. h. des Art. 7 Abs. 3 Satz 2

[3b] Vgl. RG 80, 262ff. PAGENSTECHER: a. a. O. 195.

[4] Nach dem IPR-Gesetz *Polens* von 1926 Art. 3 (vgl. auch InterlokalPR-Gesetz Art 5) war ebenfalls die lex loci actus anzuwenden, „wenn es die Sicherheit des ehrlichen Verkehrs erforderte": es läßt sich auch hier die Meinung vertreten, daß es nicht auf die Unkenntnis des Gegenkontrahenten im konkreten Falle ankommt. — Das Institut de droit international hat 1931 in Cambridge beschlossen (und es 1932 in Oslo wiederholt), die lex loci actus sei nur dann für maßgebend zu erklären, wenn der Geschäftsgegner im Lande der Vornahme wohnt und den Geschäftsfähigkeitsmangel nicht kennt und wenn außerdem das Geschäft in diesem Lande wirken soll; vgl. BAAK: Genter Rev. 13 (1932) 820. Diese Einschränkungen, besonders die zweite und dritte, sind wenig glücklich.

[5] HABICHT: 58. — RAAPE: IPR 121. — Anderer Meinung FRANKENSTEIN: I 417. — Wenn nicht der minderjährige Ausländer selbst, sondern sein Vertreter in Deutschland das Rechtsgeschäft abgeschlossen hat, so kommt Art. 7 Abs. 3 nicht zur Anwendung; RG IPRspr 1932, 32.

[6] RAAPE: Komm. 87 unter IV (mit Lit.).

EG BGB ergeben. Da bei Verfügungen über Grundstücke das Heimatrecht des Verfügenden die Geschäftsfähigkeit regelt, hat das Heimatrecht auch zu bestimmen, welche Gegenstände Grundstückscharakter haben.

Verfügte z. B. (vor 1919) ein 22jähriger Österreicher[7] in Deutschland über ein daselbst gelegenes Fabrikunternehmen, so entscheidet die österreichische Kollisionsnorm, ob das Unternehmen immobil oder mobil ist. Ist es immobil, so war der Verfügende nicht geschäftsfähig, die Verfügung also unwirksam; ist es mobil, so war der Verfügende nach Art. 7 Abs. 3 trotz seiner Minderjährigkeit geschäftsfähig. Nach § 300 des österreichischen ABGB ist der Verfügungsgegenstand mobil.

IV. Der Text des Art. 7 Abs. 3 spricht nur von den Geschäften des *Ausländers* in *Deutschland*. Der Gedanke ist aber auch auf solche Fälle auszudehnen, in denen *Ausländer im Ausland*, und zwar in einem Staat, der nicht ihr Heimatstaat ist, ein Verkehrsgeschäft vornehmen, wofern nach dem Kollisionsrecht der lex loci actus ein dem Art. 7 Abs. 3 ähnlicher Satz gilt[8].

Es würde befremden, wollte der deutsche Richter die in der Schweiz geschlossenen, der Schweizer Richter die in Deutschland geschlossenen Verträge dieses Chilenen für unwirksam erklären. Denn beide Länder erkennen es in gleicher Weise als ein Verkehrsbedürfnis, das Heimatprinzip einzuschränken. So hat die Schweiz (Art. 7b Niedergelass. u. Aufenth.G.), ebenso Italien (art. 17 disp. prel. cod. civile von 1942), eine dem Art. 7 Abs. 3 EG völlig entsprechende Norm. Ein 21jähriger Chilene wird, wenn er in der Schweiz kontrahiert, in der Schweiz, wenn in Deutschland, in Deutschland als vollgeschäftsfähig behandelt.

Sachlich geboten wäre es, noch weiter zu gehen und den Grundsatz des Art. 7 Abs. 3 auch dann gelten zu lassen, wenn *Deutsche im Ausland* ein Verkehrsgeschäft schließen und am Vornahmeort ein gleichartiger Kollisionsrechtssatz gilt, wenn z. B. ein 20jähriger Deutscher in der Schweiz ein Geschäft schließt: auch der deutsche Richter sollte solches Geschäft für gültig halten. Dennoch läßt sich diese analoge Ausdehnung angesichts des Wechselgesetzes und des Scheckgesetzes von 1933 nicht rechtfertigen.

Gemäß dem *Genfer Abkommen* Art. 2 Abs. 2 wird ein nach seinem Heimatrechte Wechselunfähiger gleichwohl gültig verpflichtet, wenn er die Unterschrift im Gebiet eines Landes abgegeben hat, nach dessen Recht er wechselfähig ist. Aber nach Abs. 3 kann jeder der Vertragsstaaten die von einem ihm Angehörigen eingegangene Wechselverpflichtung als nichtig behandeln, wenn sie im Gebiete der anderen Vertragsstaaten nur in Anwendung des vorhergehenden Absatzes als gültig an gesehen wird. Von diesem *Vorbehalt* hat *Deutschland* (WG Art. 91 Abs. 2 Satz 2

---

[7] Nach damaligem Recht wurde in Österreich Volljährigkeit erst mit 24 Jahren erreicht.

[8] Vgl. oben § 8 IV 3. — Das muß selbst dann gelten, wenn am Orte der Vornahme des Geschäfts das Verkehrsprinzip, das Art. 7 Abs. 3 EG anerkennt, in Ermangelung eines Gesetzes und aus Verlegenheit als ein Satz des ordre public dargestellt wird, wie in Frankreich. Den richtigen Standpunkt nimmt hier die schweizerische Wissenschaft ein: BECK: Komm. z. Schlußtitel 142. Ferner das Institut de droit international nach den Beschlüssen von Cambridge (1931) und Oslo (1932). Vgl. Anm. 4.

Gebrauch gemacht[9]. Es liegt daher nicht im Geiste der deutschen Gesetzgebung, eine noch weitergehende Analogie zu Art. 7 Abs. 3 EG zuzulassen.

V. Als „*besondere*" Geschäftsfähigkeiten pflegt man die *Ehefähigkeit* und die *Testierfähigkeit* zu nennen. Für sie gilt zwar Art. 7 EG nicht; aber die Normen des internationalen Ehe- und Erbrechts führen ebenfalls zur Geltung des Heimatrechts; Art. 13, 24, Abs. 3 EG (vgl. unten § 50 II 1). Die Fähigkeit, Handelsgeschäfte zu treiben *(Handelsmündigkeit)*, ist, obwohl sie nicht überall mit der allgemeinen Geschäftsfähigkeit zusammenfällt, nach dem Heimatrecht (Art. 7 EG) zu beurteilen. Wo, wie in Deutschland, der Handelsgeschäftsbegriff den Begriff des Kaufmanns voraussetzt — im Gegensatz etwa zu dem französischen und dem spanischen Recht, die den Kaufmannsbegriff als sekundären Begriff gestaltet haben —, ist die Frage, ob der Vertragsschließende ein Kaufmann ist, vor der Prüfung der Handelsmündigkeit zu beantworten; die Antwort darauf aber wird nicht aus dem Heimatrecht, sondern aus dem Recht der Handelsniederlassung gewonnen[10].

Die *Deliktsfähigkeit* richtet sich nicht nach dem Heimatrecht, sondern nach dem Wirkungsstatut, der lex loci delicti commissi (vgl. § 31 II 1).

VI. *Staatsakte*, die auf die Geschäftsfähigkeit eines Menschen Einfluß haben, sind vor allem die Volljährigerklärung und die Entmündigung, ferner die der Volljährigerklärung ähnliche émancipation des französischen Rechts. Es ist schon oben bemerkt, daß für sie das Heimatrecht des Pfleglings[11] maßgebend ist (Art. 7 Abs. 1). Das bedeutet grundsätzlich, daß nur seine Heimatbehörde in der Lage ist, derartige obrigkeitliche Akte, sofern sie konstitutiver Natur sind, vorzunehmen, und daß andere Staaten sie ohne Nachprüfung mit denselben Wirkungen anerkennen, die die Akte im Heimatstaat haben.

Die Grundsätze über die Anerkennung ausländischer Urteile (§ 328 ZPO) finden auf Akte freiwilliger Gerichtsbarkeit, selbst wenn sie in Form von Prozeßentscheidungen vorkommen, keine Anwendung[12].

Der Grundsatz erleidet Ausnahmen bei Entmündigungen, nicht bei Volljährigerklärungen[13]. Nach deutschem internationalem Privatrecht ist zu unterscheiden:

1. Eine von einem *ausländischen* Staate über einen *Ausländer* verhängte Entmündigung wirkt ohne weiteres in Deutschland, wenn sie im Heimatstaat ergangen oder von ihm anerkannt ist. Gleichgültig ist,

---

[9] Ebenso ScheckG Art. 60 Abs. 2 Satz 2.

[10] Vgl. FICKER: RVglHWB IV 463. HARTENSTEIN: Ebenda 712.

[11] Wechselt dieser die Staatsangehörigkeit, so entscheidet die Zeit der Volljährigerklärung, der Entmündigung. Vgl. dazu RAAPE: Komm. 106f.

[12] RG 80, 262ff.; RG JurW 1932, 590. MELCHIOR: Grundlagen 309, 313.

[13] Streitig, ob hier Art. 23 EG analog anzuwenden sei (FRANKENSTEIN: I 428f.; RAAPE: Komm. 92). Ein Bedürfnis für solche Analogie ist nie hervorgetreten.

ob der Entmündigungsgrund in Deutschland bekannt ist oder nicht
(Kokainismus, Morphinismus, lasterhafter Lebenswandel, Taubstummheit).

Die ausländische Entmündigung hat alle Wirkungen, die das Heimatrecht ihr
beilegt. Gehen diese Wirkungen über die hinaus, die eine deutsche Entmündigung
hätte, so gilt zum Schutz des inländischen Verkehrs Art. 7 Abs. 3: der Wirkungs-
überschuß entfällt, wenn der Entmündigte in Deutschland ein Verkehrsgeschäft
schließt, das ein deutscher Entmündigter gültig schließen könnte (z. B. nach § 113
BGB); solch Geschäft ist gültig, auch wenn es nach Heimatrecht unwirksam wäre.

2. Eine Entmündigung eines *Deutschen* ist in *Deutschland* möglich,
auch wenn er im Ausland seinen ausschließlichen Wohnsitz hat (§ 648
Abs. 2 ZPO). Sie geschieht nach deutschem Recht, also auch aus solchen Gründen, die nach dem Rechte seines Wohnsitzes als Entmündi-
gungsgründe nicht anerkannt werden (wie Verschwendung im englischen Recht).

3. Eine Entmündigung von *Ausländern* in *Deutschland* wird nicht
nur (selbstverständlich) dann zugelassen, wenn das Heimatrecht auf
deutsches Recht zurückverweist (wie bei Engländern, die ihr *domicil*, im
Sinne des englischen Rechts, in Deutschland haben), sondern auffälligerweise auch sonst; Art. 8 EG. Es ist hierfür nichts nötig, als daß der
Ausländer in Deutschland einen Wohnsitz (im Sinne des deutschen
Rechts) hat oder, wenn er wohnsitzlos ist, daß er sich in Deutschland
aufhält. Sie geschieht aus den Entmündigungsgründen des deutschen
Rechts; es wäre daher sogar vorstellbar, daß jemand, der in seiner
Heimat nicht entmündigt werden könnte (ein englischer Verschwender),
in Deutschland entmündigt wird. Die deutsche Entmündigung ist selbst
dann zulässig, wenn der Pflegling im Heimatstaat schon entmündigt
oder wenn sonst für ihn gesorgt sein sollte. Sie hat die Wirkungen, die
das deutsche Recht ihr beilegt, und die möglicherweise weiter oder
weniger weit gehen als die der Entmündigung des Heimatrechts.

a) Der französische prodigue (der nicht entmündigt, sondern mit einem conseil
judiciaire ausgestattet wird) wird nach art. 513 code civil nur unfähig, vor Gericht
aufzutreten, sich zu vergleichen, Darlehen aufzunehmen, Forderungen einzuziehen,
seine unbeweglichen (oder auch beweglichen?) Sachen zu veräußern oder mit
Hypotheken zu belasten. Durch die deutsche Entmündigung wird er stärker beschränkt.

b) In Rußland ist ein wegen Geistesschwäche Entmündigter voll geschäfts-
unfähig; wird der Russe nach Art. 8 EG in Deutschland wegen Geistesschwäche
entmündigt, so ist er hier nur in der Geschäftsfähigkeit beschränkt. Es scheint,
daß in diesem Falle der deutsche Richter die heimatrechtliche (russische) Entmündigung zu ignorieren hat, so daß die deutsche Entmündigung die befremdliche
Wirkung hat, den Pflegling geschäftsfähiger zu machen als er nach dem Heimatrechte ist.

Die deutsche Entmündigung über Ausländer wirkt nicht über Deutschlands Grenzen hinaus. Das deutsche Gericht kann sie jederzeit wieder
aufheben.

Von der Möglichkeit, Ausländer in Deutschland zu entmündigen, wird der verständige Richter selten Gebrauch machen; er ist nicht verpflichtet, jedem Antrage eines nach § 646 ZPO Antragsberechtigten stattzugeben. Nur dann, wenn der Heimatstaat nicht tätig wird und nach Heimatrecht eine Entmündigung stattzufinden hätte, wird er gut tun, die Entmündigung zu verhängen, wofern das dem Wohle des Pfleglings oder dem Bedürfnis des deutschen Verkehrs dient.

4. Eine Entmündigung *Deutscher im Auslande* kommt vor allem in Staaten mit Wohnsitzprinzip vor (England). Sie ist in Deutschland nicht anzuerkennen[14].

5. Die dargestellte Regelung des Entmündigungswesens führt zu Entmündigungen mit einem räumlich begrenzten Wirkungsbereich und damit zu Störungen des Rechtseinklanges. Das *Haager Entmündigungsabkommen* vom 17. Juli 1905 (das freilich einen geringen Anwendungsraum hat; vgl. oben § 6 II 5) hat gesündere Grundsätze entwickelt. Danach gilt:

a) Die *Hauptregel* ist: für die Entmündigung und die Vormundschaft, die auf Grund der Entmündigung eintritt, ist das *Heimatrecht* des Pfleglings maßgebend; das gilt nicht nur für die Entmündigung „im eigentlichen Sinne", sondern auch für andere Maßnahmen, die die Geschäftsfähigkeit beschränken (z. B. die inabilitazione des codice civile).

b) *Ausnahmsweise* (und nur subsidiär) kann der Staat, in dem der Pflegling sich aufhält *(Aufenthaltstaat)*, tätig werden. Sein Einschreiten kann von zweierlei Art sein. Er kann zunächst nur *vorläufige Maßregeln* zum Schutz der Person und des Vermögens des Pfleglings treffen (wofern der Pflegling sich in einem Zustand befindet, für den sein Heimatrecht die Entmündigung vorsieht); diese vorläufigen Maßregeln fallen weg, wenn der Heimatstaat das Nötige selbst regelt und dies den Behörden des Aufenthaltstaates mitteilt. Der Aufenthaltstaat kann ferner selbst *entmündigen*, das aber nur, wenn die Heimatbehörden erklären, daß sie nicht einschreiten wollen, oder wenn sie sechs Monate lang seit den Mitteilungen des Aufenthaltstaats schweigen.

Eine *Entmündigung* durch den Aufenthaltstaat kann nur geschehen, wenn sie sowohl nach dem Rechte dieses Staats als nach Heimatrecht geschehen kann.

So kann ein Deutscher in Ungarn nicht wegen Taubstummheit, in Schweden nicht wegen Narkotomanie entmündigt werden.

c) Die *Wirkungen* der durch den Aufenthaltstaat ausgesprochenen Entmündigung richten sich nach dem Rechte dieses Staats. Jede Entmündigung, sowohl die durch den Heimatstaat wie die durch den Auf-

---

[14] Vgl. RAAPE: Komm. 99 (mit Lit. und Rechtsprechung). A. M. insbes. FRANKENSTEIN: I 442ff. Zweifelnd: LEWALD: 62.

enthaltstaat, wirkt ohne weiteres in allen Vertragsstaaten. Die Kontroverse, ob der Entmündigungsbeschluß (oder das Urteil) noch besonders „anerkannt" oder „vollstreckbar erklärt" werden muß, wie das gegenüber Urteilen des Zivilprozesses nötig ist, wird hiernach im verneinenden Sinne entschieden, übrigens in Übereinstimmung mit der im deutschen internationalen Privatrecht herrschenden Auffassung (vgl. oben zu Anmerkung 14).

d) Eine Entmündigung, die der Aufenthaltstaat ausgesprochen hat, kann nicht nur von diesem, sondern überraschenderweise auch von dem Heimatstaat aufgehoben werden, und sie verliert damit von selbst in allen Vertragsstaaten ihre Wirkung: das durch den Akt des einen Staates geschaffene Rechtsverhältnis wird hier also durch den Akt eines anderen Staates beseitigt.

§ 21. Anhang. Der Ausländer in Deutschland.

v. FRISCH, HANS: Das Fremdenrecht 1910. — ISAY, ERNST: Das deutsche Fremdenrecht 1923. — WECK, H.: RVglHWB II 313ff. — STEINBACH: Untersuchungen zum intern. Fremdenrecht 1931. — BERGMANN, A.: Der Ausländer im deutschen Recht 1934. — Zur Geschichte: HÜBNER, RUD.: Grundz. d. deutsch. Privatrechts[5] (1931) 83ff. (mit Lit.).

I. Der Ausländer (der „Elende"), ursprünglich schutzlos und rechtlos, höchstens durch die Fürsorge eines Gastfreundes eine Zeitlang gedeckt, hat schon im Mittelalter eine wenn auch beschränkte rechtliche Persönlichkeit erlangt. Die letzten Reste der alten Rechtlosigkeit[1] sind im 19. Jahrhundert verschwunden. Am längsten hat das *französische* Recht sich gegen die volle Gleichstellung des Fremden mit dem Einheimischen gesträubt[2].

Bis 1819 war in Frankreich die Fähigkeit des Fremden, zu erben und Schenkungen unter Lebenden zu empfangen, beschränkt (code civil art. 726, 912), und die noch heute geltende Formulierung des art. 11 code civil: „L'étranger jouira en France des mêmes droits civils que ceux qui sont ou seront accordés aux Français par les traités de la nation à laquelle cet étranger appartiendra" ist erst durch Wissenschaft und Rechtsprechung ihres feindlichen Charakters entkleidet worden, indem man, in offenbarem Gegensatz zum Gesetzesinhalt, den Begriff der „drois civils" aufs äußerste einengte und darunter nur solche Privatrechte verstand, die ein Gesetz den Fremden ausdrücklich verweigert.

II. Nach deutschem Recht sind die Ausländer den Inländern gleichgestellt. Beschränkungen treten für Angehörige solcher Staaten ein, die ihren Staatsangehörigen die Ausländer (oder gar: nur die Deutschen) nicht gleichstellen. Hier kann ein *Vergeltungsrecht* (Retorsion) geübt

---

[1] Besonders hat das ius albinagii lange bestanden: das Recht des Königs, des Landesherrn, der Stadt, den Nachlaß des Fremden an sich zu ziehen; der Fremde „lebt als Freier, aber stirbt als Knecht".

[2] Vgl. MAKAROV: Staatsangehörigkeitsrecht (1947) 107ff.

werden. Doch kann nicht der deutsche Richter von sich aus Retorsion üben; vielmehr bedarf es dazu einer Anordnung gewisser politischer Zentralstellen; Art. 31 EG. Retorsion nennt man Maßregeln, die ein Staat als Erwiderung auf unbilliges Vorgehen eines anderen Staates trifft: sowohl die Frage, ob ein Vergeltungsgrund vorliegt, wie die, welche Gegenmaßregel angezeigt ist, ist politischer Art; eine Nachprüfung durch den Richter ist ausgeschlossen.

III. Da Ausländer ganz allgemein Inländern gleichstehen, läßt sich ein Katalog der ihnen eingeräumten Befugnisse nicht aufstellen. So wenig wie bei der Angabe des Eigentumsinhalts ein Verzeichnis der dem Eigentümer erlaubten Einwirkungen auf die Sache möglich ist, so wenig würde solche Aufstellung hier befriedigen. In dem Satze, daß der Ausländer in Deutschland dieselbe Rechtsstellung hat wie ein Deutscher in Deutschland, ist der Schutz von Leben, Körper, Freiheit, Ehre, Menschenwürde, Eigentum, wohlerworbenen Rechten, Zulassung zur Prozeßführung vor den deutschen Gerichten usw. gewährleistet. Mit diesem Grundsatz der Gleichbehandlung ist es verträglich, daß er in Ausnahmefällen zurücktritt. So ist z. B.

1. kein Staat verpflichtet, Ausländer (oder Staatenlose) zur Niederlassung oder auch nur zur Einreise (?) zuzulassen, und es steht im Belieben jedes Staats zugelassene Ausländer auszuweisen, ohne daß er dartun müßte, daß sie „lästig" geworden sind.

2. Für die Prozeßführung des Ausländers gelten einige Sondernormen. Nach § 110 ZPO hat ein in Deutschland klagender Ausländer dem beklagten Deutschen auf Verlangen Sicherheit wegen der Prozeßkosten zu leisten, und nach § 114 ZPO hat der klagende Ausländer einen Anspruch auf Armenrecht nur, wenn die Gegenseitigkeit verbürgt ist[3].

3. Nach Art. 88 EG BGB können die Landesgesetze den *Erwerb von Grundstücken* durch Ausländer von staatlicher Genehmigung abhängig machen.

Davon haben mehrere deutsche Länder in verschiedenem Umfang Gebrauch gemacht, insbesondere Hamburg ohne alle Einschränkung. Preußen und Bayern verlangen die obrigkeitliche Genehmigung nur zum Grundstückserwerb durch ausländische juristische Personen. Ist Ausländern durch Staatsvertrag freier Erwerb von Grundstücken gewährleistet, so gelten gesetzliche Einschränkungen nicht.

Die meisten Handels- und Niederlassungsverträge enthalten derartige Gewährleistungen.

Der Erwerb deutscher Grundstücke durch Ausländer hatte in den Inflationsjahren (1919—1923) so große Ausmaße angenommen, insbesondere war von Osteuropa her eine so starke Überfremdung deutschen Landes eingetreten, daß Abhilfe geboten war. Die Abhilfe geschah aber nicht durch Gesetze gegen den Ausländererwerb als solchen (sie wären durch Einschaltung inländischer Strohmänner, die als Salmannen das Grundstück erworben hätten, leicht umgangen worden), sondern

---

[3] RIEZLER: IntZivPrR 413ff.

durch Gesetze, die *allgemein* den Grundstückserwerb von obrigkeitlicher Genehmigung abhängig machten (Grundstücksverkehrsgesetze von 1919—1923). Die meisten dieser Landesgesetze sind wieder aufgehoben, zum Teil durch neue Gesetze ersetzt worden.

4. Nach § 503 HGB kann ein deutscher Mitreeder (bei der Partenreederei) seine *Schiffspart* an einen Ausländer nur mit Zustimmung seiner Mitreeder veräußern, wenn diese sämtlich Deutsche sind, da sonst durch die Veräußerung das Recht zur Führung der Reichsflagge verloren gehen würde.

Dagegen bedarf es keiner obrigkeitlichen Genehmigung. Deshalb ist auch eine Veräußerung eines deutschen *Schiffes* an Ausländer statthaft.

5. Nach dem RG über das Urheberrecht an Werken der *Literatur* und der *Tonkunst* vom 19. Juni 1901 §§ 54, 55 werden deutsche Urheber für alle ihre Werke geschützt, gleichviel ob diese, gleichviel wo sie erschienen sind. Ausländer dagegen genießen den Schutz nur für ihre zuerst in Deutschland (im Original oder in der Übersetzung) erschienenen Werke. Ähnlich für die Werke der *bildenden Künste* und der *Photographie:* § 51 KunstschutzG vom 9. Januar 1907. Muster und Modelle (*Geschmacksmuster*) inländischer Urheber und solcher ausländischer Urheber, die im Inlande ihre gewerbliche Niederlassung haben, werden für die im Inlande gefertigten Erzeugnisse geschützt, gleichviel wo die Erzeugnisse verbreitet werden; § 16 GeschmacksMG vom 11. Januar 1876. Das *Patentgesetz* vom 5. Mai 1936 § 16 stellt ebenfalls die Ausländer den Inländern gleich (abgesehen davon, daß die Regierung ein Vergeltungsrecht anwenden kann) und läßt allein den Wohnsitz entscheiden: wer in Deutschland nicht wohnt und hier keine Niederlassung hat, kann Ansprüche auf Patenterteilung und aus Patenten nur geltend machen, wenn er in Deutschland einen Vertreter bestellt hat. Vgl. Gebrauchsmustergesetz vom 5. Mai 1936 § 20, Warenzeichengesetz vom 5. Mai 1936 § 35.

IV. Rechte und Pflichten der Ausländer, die in der Bundesverfassung, dem Bonner Grundgesetz, verzeichnet sind, ergeben sich zum Teil schon aus dem Völkerrecht; manche anderen ruhen auf staatlichen Normen; manche endlich haben eine doppelte Grundlage. Die sich aus dem Völkerrecht ergebenden Rechte und Pflichten der dem Staat angehörigen Individuen sind von zweierlei Art. Die ältere Lehre, die auch heute noch nicht überwunden ist, erkannte nur an, daß das Völkerrecht lediglich Ansprüche der Staaten gegeneinander enthält. Aber seit etwa 50 Jahren dringt eine zweite Meinung langsam und stetig vor[4]; sie ist in Art. 25 GG zum Siege geführt worden: ihrer ist es gemäß, daß das Völkerrecht auch unmittelbar zwischen Staaten und Individuen Rechte und Pflichten entstehen läßt. Erkennt man diese Meinung als dem geltenden Völkerrecht entsprechend an, so kann es sein, daß die völkerrechtliche Pflicht der Staaten gegeneinander stärker ist als die Beziehung zwischen Staat und Individuum. Ein Staat mag insbesondere seine Angehörigen ohne jede oder ohne angemessene Entschädigung enteignen. Damit verletzt er keine Verpflichtung gegen seine Angehörigen. Wenn er aber die Angehörigen eines fremden Staats ohne zureichende Entschädigung enteignet, so handelt er völkerrechtswidrig und zugleich verletzt er innerstaatliche Normen.

---

[4] JESSUP, PH. C.: A Modern Law of Nations (1949), 15ff., und die dort Genannten, insbes. DUGUIT, KRABBE, SCELLE, LAUTERPACHT u. a.

Die vom Bonner Grundgesetz geregelten sog. *Grundrechte* sind nur zum Teil allgemeine *Menschenrechte*, d. h. Inländern und Ausländern gleich zugänglich. Zu einem anderen Teil sind sie allgemeine „Rechte der Deutschen". Zur ersten Gruppe gehören vor allem: die Rechte, die sich aus der Menschenwürde ergeben, das Recht auf freie Entfaltung der Persönlichkeit, Rechte auf Leben, Unversehrtheit, Gleichheit, Glaubens-, Gewissens-, Religions-, Meinungs-, Pressefreiheit, das „natürliche" Elternrecht zur Erziehung, Unverletzlichkeit von Wohnung, Eigentum und Erbrecht (Art. 1—6, 13, 14, 16, 17 GG). Gewisse andere Menschenrechte sind nur „Rechte der Deutschen": sie stehen Ausländern und Staatenlosen nicht zu. So Versammlungs- und Vereinsfreiheit, Freizügigkeit, freie Berufswahl; Deutsche dürfen nicht dem Ausland ausgeliefert werden, wohl aber Fremde (Art. 8, 9, 11, 12, 16 GG).

V. Unter den Ausländern hebt das GG Art. 116 zwei Personengruppen hervor:

1. Diejenigen, die als Flüchtlinge oder Vertriebene deutscher Volkszugehörigkeit im Gebiete des deutschen Reichs (wie es Ende 1937 war) Aufnahme gefunden haben. Ihnen stehen gleich ihre Ehegatten und ihre Abkömmlinge. Sie alle gelten als Deutsche, wiewohl sie die „Deutsche Staatsangehörigkeit" nicht besitzen; aber sie gelten als Deutsche nur im Rahmen des Bonner Grundgesetzes. Was unter Volkszugehörigkeit zu verstehen ist, ist noch unklar. Die künftige Gesetzgebung wird vielleicht Klärung bringen; jedenfalls aber ist Volkszugehörigkeit nicht dasselbe wie Rassenzugehörigkeit. Wenn das GG fordert, daß der Flüchtling oder Vertriebene im Reichsgebiet „Aufnahme gefunden hat", so ist damit nicht die Begründung eines Wohnsitzes im Sinne des BGN §§ 7—12 gemeint: Aufnahme im Reich findet auch der Geschäftsunfähige, trotz § 8 BGB.

2. Frühere deutsche Staatsangehörige, denen im dritten Reich aus politischen, rassischen oder religiösen Gründen die Staatsangehörigkeit entzogen worden ist, sind auf Antrag wieder einzubürgern, und ebenso ihre Abkömmlinge. Die Wiedereinbürgerung hängt von ihrer Zustimmung ab. Man darf die Opfer des Nazismus nach dem, was sie erlebt haben, nicht ohne ihren Willen, oder gar wider ihren Willen wieder zu Deutschen machen.

VI. Das in allen Ländern Europas seit dem Kriege 1914/18 neu belebte Nationalgefühl und der wirtschaftliche Zusammenbruch haben fast überall eine Zeit der *Fremdenabwehr* heraufgeführt. Sie kennzeichnet sich erstens durch einen Kampf gegen die Überfremdung des Kapitalbesitzes (Grundbesitz, Bergbau, Industrie), wobei man hie und da begonnen hat, auch den Verschleierungen der Überfremdung durch das Strohmännertum und durch Gründung angeblich nationaler Aktiengesellschaften nachzuspüren (Schweden 1916, 1925), zweitens durch das Bestreben, die inländische Arbeiterschaft, zum Teil auch die inländischen Kaufleute und Handwerker gegen Zuzug und Konkurrenz von Ausländern zu schützen. Die Mittel, die man anwendet, liegen überwiegend auf dem Gebiet des öffentlichen Rechts (Paßwesen, Fremdenpolizei, Gewerbeverbote, Praxis der Gewerbekonzessionen usw.), und sind hier nicht zu besprechen. In Deutschland finden sich Eingriffe in die Freiheit des *Dienstvertrags:* Kontrolle der Einstellung und Beschäftigung ausländischer Arbeiter.

§ 22. Persönlichkeitsgüter. Berufsstand.

ZITELMANN: I 138ff. — GIESKER-ZELLER: Der Name im IPR, Festschr. G. Cohn 1915. — NEUMEYER: Int. VerwaltR I 285ff., II 175ff.; Genter Rev. 1938, 827; 1939, 60. — FRANKENSTEIN: I 393ff.; II 410. — NUSSBAUM: 125ff.

I. Welche Befugnisse ein Mensch bezüglich seines Namens, seines Adels oder Wappens, seines Bildes, seiner Stimme hat, darf international-privatrechtlich nicht davon abhängen, ob man solche Befugnisse mit der herrschenden deutschen Lehre als Persönlichkeitsrecht oder als Monopolrechte oder als Rechte an unkörperlichen äußeren Gütern („Immaterialgüterrechte") ansieht oder ihnen gar die Natur subjektiver Rechte abspricht. Jedenfalls stehen Güter dieser Art mit der Persönlichkeit des Menschen in der Regel in so engem Zusammenhange, daß das Personalstatut, in Deutschland also das Heimatrecht, maßgebend sein muß[1]. Das gilt besonders bezüglich der Frage, welcher bürgerliche Name einem Menschen zukommt und ob und in welchem Umfange ein ihm zukommender Name oder auch ein von ihm nur gebrauchter Name (Künstler-, Schriftstellername) geschützt wird.

Aus diesem Grunde entscheidet es sich nach der Staatsangehörigkeit eines unehelichen Kindes, ob das Kind den stiefväterlichen Namen durch „Einbenennung" erhalten kann, was bei deutschen unehelichen Kindern nach § 1706 Abs. 2 Satz 2 BGB (ebenso bei Österreichern, Schweden, Finnländern[2]) zulässig ist[3]. Obrigkeitliche Namensänderungen geschehen nur durch den Heimatstaat des Namensträgers; ist dieser ein Mehrstaater, so kann es zu Namensrechten mit räumlicher Begrenzung (hinkenden Namensrechten) kommen. — Bisweilen sind Namensänderungen die Wirkung gewisser *Statusänderungen:* einer Eheschließung, einer Ehescheidung, einer Legitimation, einer Adoption; dann sind sie dem Recht unterworfen, das die Statusänderung ordnet: dem Heimatrecht der Gatten (Art. 14 EG), des Ehemannes bei Erhebung der Scheidungsklage (Art. 17)[4], des legitimierenden Vaters, des Adoptans (Art. 22 EG); vgl. unten § 41 II, § 43 V 3.

II. Anders bezüglich der kaufmännischen *Firma* (oder des sonstigen Gewerbenamens): hier ist, wie die Übertragbarkeit und Vererblichkeit der Firma ergibt, der Zusammenhang mit der Persönlichkeit des Kaufmanns so stark gelockert, daß der Schwerpunkt nicht im Heimatrecht gefunden werden kann. Das Firmenrecht ist vielmehr, wie das kaufmännische Unternehmen, dem Recht der *Handelsniederlassung* unter-

---

[1] RG 29, 127; 95, 272. KG IPRspr 1932, 28; JurW 1938, 857.

[2] KIPP-(WOLFF): Familienrecht § 94[4].

[3] KG JFG 3, 130. — Unhaltbar RG 119, 44, über diese offensichtliche Fehlentscheidung: REICHEL: Gruchot 70, 51ff. LEWALD: 143. KIPP(-WOLFF): Familienrecht § 99[10]. Vgl. VEITH: RVglHWB IV 428.

[4] KG JFG 50 A 62. Vgl. FICKER: RabelsZ 16, 32.

worfen[5, 6]. Sind mehrere Handelsniederlassungen vorhanden, so entscheidet möglicherweise für die Hauptniederlassung ein anderes Recht als für die Zweigniederlassung.

Wird in Deutschland eine Zweigniederlassung einer ausländischen Unternehmung eröffnet, so ist die Filialfirma nach deutschem Recht zu bilden. Nach diesem aber hat sie der Hauptfirma gleichzulauten, selbst dann, wenn die Hauptfirma in einer Weise gebildet worden ist, die dem deutschen Rechte widerstreitet. So kann nach englischem Recht ein Kaufmann seine Firma beliebig bilden; die deutsche Filiale solcher von Anfang an unwahren englischen Firma hat diese Unwahrheit in ihre Firma zu übernehmen. Aus Art. 30 EG (Vorbehaltsklausel) ist nichts dagegen zu sagen, da auch das deutsche Recht unwahre, freilich nur unwahr gewordene Firmen kennt. Wohl aber müßten irreleitende Zusätze, falls solche nach ausländischem Recht zulässig sind, bei der deutschen Filialfirma gemäß Art. 30 EG gestrichen werden. — Der deutsche Zusatz „Zweigniederlassung" zu der ausländischen Firma ist stets zulässig, selbst wenn das dem ausländischen Recht widerspricht (er ist unter Umständen sogar notwendig; § 30 Abs. 3 HGB).

Wird umgekehrt im Ausland eine Filiale einer deutschen Unternehmung errichtet, so muß auch der deutsche Richter die nach ausländischem Recht richtig gebildete Filialfirma in Deutschland schützen.

Die *Pariser Union* [Verbandsübereinkunft zum Schutze des gewerblichen Eigentums von 1883 (1925)] stellt in Ansehung des Schutzes der Firmen (und der Geschäftsbezeichnungen) die Angehörigen jedes Vertragsstaates in den anderen Vertragsstaaten den Inländern gleich; der Firmenschutz tritt ohne Eintragung ein.

III. Während der Geburtsstand sich nach dem Personalstatut, dem Heimatrecht, bestimmt, gilt dies nicht für den *Berufsstand*. Hier ist der Mittelpunkt der Berufsausübung maßgebend. Das hat vor allem für die Frage, ob jemand *Kaufmann* ist, Bedeutung, da sich an die Kaufmannschaft zahlreiche Sonderrechtssätze (des „Handelsrechts") anzuknüpfen pflegen. Die Kaufmannseigenschaft entscheidet sich nach dem Recht des *Ortes der gewerblichen Niederlassung*[7]. Die Frage, ob ein beschränkt Geschäftsfähiger Kaufmann sein kann, wird aber durch das allgemeine Personalstatut, also das Heimatrecht, zu beantworten sein, wobei dem Verkehrsschutz durch Art. 7 Abs. 3 EG genügt wird.

---

[5] Verbreitet, aber unzutreffend ist die Vorstellung, daß das Firmenrecht, weil Namensrecht, zu den „Persönlichkeitsrechten" gehöre, während seine Veräußerlichkeit zeigt, daß es sich um ein unpersönliches äußeres Gut handelt. Die Firma bezeichnet eine Person nur als Inhaberin eines bestimmten Unternehmens, das seinen Schwerpunkt da hat, wo die Handelsniederlassung belegen ist.

[6] Deshalb setzt die Klage aus der Verletzung eines ausländischen Firmenrechts voraus, daß das ausländische Recht solche Klage gewährt. So mit Recht RG 82, 167 (wo aber dann angreifbarerweise aus § 37 Abs. 2 HGB entschieden wird). — Eine reine Prozeßnorm ist § 17 Abs. 2 HGB (der Einzelkaufmann kann unter seiner Firma klagen und verklagt werden); daher auch für ausländische Firmen, die in Deutschland Prozeß führen, in Kraft, nicht aber für Prozesse deutscher Firmen im Ausland; OLG Hamburg Falkm.-Mugd. 3, 274.

[7] Ficker: RVglHWB IV 462.

Auch für die Eigenschaft einer Ehefrau, Kaufmann *(Handelsfrau)* zu sein, ist nicht ihr Personalstatut[8], sondern das Recht des Orts der Handelsniederlassung maßgebend. Betreibt sie das Unternehmen in Deutschland, so gilt zwar für ihre Geschäftsfähigkeit im allgemeinen ihr Heimatrecht; aber die aus dem ausländischen Heimatrecht oder aus dem Ehegüterrecht sich ergebenden Beschränkungen ihrer Geschäftsfähigkeit wirken in Deutschland nicht, Art. 36 EG BGB. Das gilt nicht nur, wie nach Art. 7 Abs. 3, für solche Geschäfte, die sie in Deutschland vornimmt, sondern für alle zu ihrem deutschen Unternehmen gehörigen Geschäfte, auch solche, die sie in ihrem Heimatlande schließt[9].

§ 23. Die juristische Person.

MAMELOK: Die jurist. Person im IntPR 1900. — ARMINJON: Genter Rev. 1927, 360 ff. — NEUMEYER: Int. VerwaltR I 106 ff. — MAMELOK: Staatsangehörigkeit der jurist. Person, Referat für den schweizerischen Verein f. intern. Recht 1918. — PILLET: Des personnes morales en droit intern. privé 1914. — LEVEN: La nationalité des sociétés 1926. — GIESEKE: RVglHWB II 326 ff. — LEWALD: 45 ff. — FRANKENSTEIN: I 456 ff. — MANN, F. A.: In Festschr. M. Wolff (1952) 271 ff. — NUSSBAUM: 185 ff. — MELCHIOR: 138 f., 458 ff. — GUTZWILLER: In Mitt. d. deutsch. Gesellsch. f. Völkerrecht 1933 (12) 116 ff. — GEILER: Ebenda 177 ff., 227 ff. — GEILER: Düringer-Hachenburgs Komm. z. HGB I 1930, 48 ff. — WOLFF, ERNST: In Festschr. M. Wolff (1952) 375 ff. — RAAPE: IPR 128 ff. — DÖLLE: RabelsZ 17, 185 ff. — NEUNER: RabelsZ 8 (1934) 106 ff. — BEITZKE: Jur. Personen im IPR 1938. — RABEL: II 1 ff.

Im Herbst 1951 wurde die 7. Haager Konferenz für internationales Privatrecht einberufen. An ihr nahmen Delegierte von 17 Staaten teil. Sie berieten und beschlossen unter anderem Normen über die Anerkennung ausländischer Gesellschaften und anderer Personenverbände sowie fremder Stiftungen. Man kam zu einer Einigung, aber es ist nicht wahrscheinlich, daß ein Staatsvertrag auf dieser Basis zustande kommen werde[1]. Aus diesem Grunde wird der Entwurf im folgenden nicht besprochen werden.

I. Ob ein menschlicher Verband juristische Persönlichkeit hat, bestimmt sich nach dem Recht, dem er unterworfen sein würde, wenn er Persönlichkeit hätte; man darf dieses Recht als sein *Personalstatut* bezeichnen (davon II). Hat er sie nach diesem Rechte nicht, so ist er auch im Ausland nicht rechtsfähig, mag auch der fremde Staat die ihm unterworfenen gleichartigen Gebilde als Personen ansehen. Hat er sie nach dem Personalstatut, so erkennt auch das Ausland seine Persönlichkeit grundsätzlich an. Über die Sondernorm des Art. 10 EG siehe III.

Die bürgerlichrechtliche Gesellschaft und die offene Handelsgesellschaft sind in Deutschland nicht juristische Personen; in Frankreich sind sie es beide (in Italien ist es wenigstens die offene Handelsgesellschaft). Ist eine Gesellschaft dem deutschen Recht unterworfen, so ist sie auch in den romanischen Staaten nicht juristische Person. Um dort die Persönlichkeit zu erwerben, müßte sie ihr Personalstatut

---

[8] Anderer Meinung HARTENSTEIN: RVglHWB IV 161.

[9] RAAPE: Komm. 85 VII.

[1] Lit. zum Entwurf: DÖLLE: RabelsZ 17, 185 ff. (der Entwurf ebenda 270 ff.). — WOLFF, ERNST: a. a. O. 375. — (GUTZWILLER und) NIEDERER: Beiträge z. Haager IPR 1951(1951) 107 ff.

wechseln, wovon unten IV 5. Umgekehrt hat eine französische société civile ou commerciale in Deutschland Rechtsfähigkeit[2].

II. Personalstatut einer juristischen Person ist das Recht ihres *Sitzes*, d. h. ihres *Verwaltungszentrums*, ihrer Hauptniederlassung[3].

Bei der physischen Person, die ein Unternehmen betreibt, hat man ihr Personalstatut, das Heimatrecht, von dem Rechte zu scheiden, das das Unternehmen beherrscht, dem am Sitz des Unternehmens geltenden Rechte. Vgl. oben § 22 II, III (S. 113). Bei der juristischen Person kommt ein vom Unternehmenssitz verschiedener Anknüpfungspunkt nicht in Frage, da ihr eine private Lebensbetätigung fehlt, wie sie der Einzelmensch hat. Hier fällt daher das das Unternehmen beherrschende Recht (das man als lex rei sitae bezeichnen kann; vgl. unten S.183) mit dem Personalstatut zusammen.

Der Verwaltungssitz deckt sich nicht mit dem Ausbeutungszentrum (dem centre d'exploitation): eine Aktiengesellschaft mag in Bonn ihren Sitz haben, aber in Schweden eine Brauerei, in Österreich ein Theaterunternehmen betreiben, zahlreiche Länder mit Petroleum beliefern, ihre Schlafwagen in vielen Staaten laufen lassen. Der Verwaltungssitz liegt meist in dem Staat, in dem und nach dessen Recht die juristische Person errichtet worden ist, so daß das Recht des Sitzes mit diesem Recht regelmäßig zusammenfällt. Ist das aber nicht der Fall, so ist Personalstatut weder das Recht des Errichtungsortes[4], noch das des Rechtes, nach dessen Recht die Errichtung geschah (*Gründungsrecht*)[5]. Erlaubt freilich der Gründungsstaat, daß nach seinen Normen eine juristische Person (z. B. eine Aktiengesellschaft) mit Auslandssitz — errichtet werde, so mag er eine so gegründete Körperschaft trotz des ausländischen Sitzes als seinem Rechte unterworfen behandeln[6]: der Staat des Sitzes wird das Gebilde kaum als juristische Person gelten lassen, wenn nicht zugleich seinen Normen Genüge getan ist; ist ihnen aber genügt, so

---

[2] LEWALD: 48. GEILER: 186f. Anderer Meinung MELCHIOR,: 138f. Aber wenn die Gesellschaft französischem Recht unterworfen ist, so muß sie allen Sätzen des französischen Rechts unterworfen sein: die Anerkennung der juristischen Persönlichkeit ist nicht eine „Konstruktion", sondern eine kurze Zusammenfassung einer Reihe von Rechtsnormen.

[3] So die durchaus herrschende Lehre und eine konstante RGRspr. Vgl. v. BAR: Ehrenbergs HB d. HR I 347; ZITELMANN: II 111; PINNER: Staubs Komm. z. HGB § 178 Anm. 13. RG JurW 1904, 231; RG 73, 366; 117, 215; 159, 46; RG IPRspr 1934, 21, 22.

[4] So im sowjetrussischen Recht und Cód. Bustamante art. 16, 17.

[5] So die englisch-amerikanische Lehre und in Deutschland: Komm. v. Reichsgerichtsräten 4 vor § 21 BGB; FRANKENSTEIN: I 459; GEILER: a. a. O. 179ff.; MANN a. a. O. Dazu RAAPE: Komm. 126ff.

[6] So BGB § 23, wonach der Minister des Innern einem Verein mit Auslandssitz (§ 23 spricht nicht nur von Vereinen, die in deutschen Konsulargerichtsbezirken oder deutschen Kolonien sitzen; anderer Meinung LEWALD: 47f. u. a.) Rechtsfähigkeit erteilen kann. Das ist z. B. bei Vereinen für Auslandsdeutschtum (Schulverein und dergleichen) geschehen.

wird er ihn regelmäßig als einen Verein seines Rechts behandeln[7], und ebenso haben dritte Länder in solchem Falle nicht das Gründungsrecht, sondern das Recht des Sitzes zugrunde zu legen.

Der Sitz der juristischen Person wird gewöhnlich in der Gründungsurkunde angegeben; regelmäßig ist diese Angabe vorgeschrieben. Es kann sein, daß der *satzungsmäßige* Sitz sich mit dem wirklichen Sitze der Verwaltung nicht deckt (z. B. erlaubt § 24 BGB dies ausdrücklich). Der satzungsgemäße Sitz hat dann zwar Bedeutung für die Gerichtszuständigkeit (§ 17 ZPO) und für die verwaltungsrechtliche Zuständigkeit der Behörden (§§ 22, 23, 55 BGB), nicht aber für das Personalstatut im internationalen und interlokalen Privatrecht[8].

III. Der Satz, daß die ausländische juristische Person ohne weiteres in Deutschland als Person anerkannt wird[9], gilt ohne Einschränkungen für ausländische Personen des öffentlichen Rechts (völkerrechtlich anerkannte Staaten; ferner Gemeinden, Kirchengemeinden, Handelskammern, Sozialversicherungsanstalten u. a.), weiter für privatrechtliche Körperschaften und rechtsfähige Stiftungen aller Art; mit einer Ausnahme: Solche ausländischen *Vereine*, die, wenn sie deutsch wären, nur nach §§ 21, 22, BGB rechtsfähig werden könnten, werden in Deutschland erst dann als rechtsfähig behandelt, wenn ihre *Rechtsfähigkeit* durch Beschluß des Bundesinnenministers *anerkannt* ist; Art. 10 EG. Die Norm hat geringe Bedeutung. Die für den internationalen Verkehr wichtigsten Gebilde, die Aktiengesellschaften oder Gesellschaften mit beschränkter Haftung (also solche Personen, die auf einem bestimmten in Mitgliedanteile zerlegten Grundkapital aufgebaut sind), würden in Deutschland die Rechtsfähigkeit nach anderen Normen als den §§ 21, 22 BGB erlangen und bedürfen daher keiner deutschen „Anerkennung", um in Deutschland als rechtsfähig zu gelten[10].

---

[7] Anders aber überraschenderweise Preußen, das die unter gothaischem Recht errichteten Bergwerksgewerkschaften selbst dann als gothaische behandelte, wenn sie ihren „Verwaltungssitz" in Preußen haben. Vgl. Anm. 8.

[8] So herrschende Lehre und Rechtsprechung (z. B. RG 117, 217; 83, 369; 88, 54). Anders aber hat das RG in der Frage entschieden, ob die in Gotha nach Gothaischem Bergrecht errichteten Gewerkschaften diesem Recht auch dann unterstehen, wenn zwar Gotha in der Satzung als „Sitz" der Gewerkschaft bezeichnet wird, der „Verwaltungssitz" aber in Preußen liegt. Das RG nimmt an, daß es hier auf den satzungsmäßigen Sitz ankomme (RG JurW 1916, 494; 1918, 305; 1920, 51; RG 99, 218; 100, 210). Das ist schwer zu rechtfertigen. Vgl. dazu MELCHIOR: 466 ff. RAAPE: Komm. 154 ff. NUSSBAUM: 197 ff.

[9] RG 83, 367; 92, 76; 159, 46.

[10] Die ipso-jure-Anerkennung ausländischer Aktiengesellschaften und anderer handelsrechtlicher juristischer Personen besteht nicht in allen Staaten; in manchen Ländern setzt sie einen Staatsvertrag oder einen Verwaltungsakt voraus (Frankreich, Österreich). In zahlreichen Handelsverträgen ist die Anerkennung von „Aktiengesellschaften und anderen Handelsgesellschaften, einschließlich der Industrie-, Finanz-, Verkehrs-, Transport- und Versicherungsgesellschaften, die in dem Gebiet des einen vertragschließenden Teils ihren Sitz haben und nach dessen

Art. 10 bezieht sich auf „Vereine"; dabei ist der Vereinsbegriff des deutschen Rechts zugrunde gelegt, das den Verein, auch den nicht rechtsfähigen Verein, von der „Gesellschaft" anders unterscheidet, als z. B. das französische Recht „association" und „société": auf den „but lucratif", der der französischen société charakteristisch ist, kommt es in Deutschland nicht an; er mag der deutschen Gesellschaft fehlen, und der deutsche Verein mag ihn haben. — Wer im Namen einer noch im Werden begriffenen ausländischen Aktiengesellschaft handelt, darf nicht behandelt werden wie jemand, der im Namen einer noch nicht eingetragenen deutschen Aktiengesellschaft tätig wird (vgl. Aktiengesetz § 34) oder wie jemand, der namens eines nicht anerkannten ausländischen Vereins (EG BGB Art. 10 Satz 2) handelt[11]. — Ist eine französische société civile (oder commerciale) zugleich „Gesellschaft" im deutschrechtlichen Sinn, so ist Art. 10 EG nicht anwendbar, und das Gebilde wird bei uns als juristische Person gelten, weil es in Frankreich als solche gilt, obwohl wir eine deutsche Gesellschaft nicht als Person behandeln (vgl. oben I).

Die „Anerkennung" des Art. 10 EG ist von der „Verleihung" des § 23 BGB zu unterscheiden. Beide sind konstitutiv, aber jene wirkt nur, wenn nach ausländischem Recht ein rechtsfähiges Gebilde schon vorliegt; diese ist von der Haltung des ausländischen Rechts unabhängig. Jene wirkt zurück[12], diese nicht.

Die Anerkennung ausländischer Vereine in Deutschland wird kaum jemals nachgesucht. Der nicht anerkannte ausländische Verein bildet die Regel. Er wird in Deutschland wie ein nicht rechtsfähiger Verein deutschen Rechts behandelt; es gilt also deutsches Gesellschaftsrecht[13] und § 54 Satz 2 BGB.

Danach haften die für den Verein rechtsgeschäftlich Handelnden persönlich; doch wird für die Anwendung des § 54 Satz 2 BGB vorauszusetzen sein, daß der rechtsgeschäftlich Handelnde in Deutschland tätig geworden ist[14].

IV. Das Personalstatut (Recht des Sitzes) ist nicht nur für die Frage maßgebend, *ob* eine juristische Person besteht (vgl. zu I), sondern auch für die Frage, wie diese Person *organisiert* ist, wie Mitgliedsrechte in ihr begründet werden, wer sie vertritt, wer ihre Geschäfte führt, ob und wie sie zu bilanzieren hat, wie ihre Verfassung oder Satzung *geändert* wird, wie sie *aufgelöst* wird, welche Wirkungen eine Auflösung hat, u. a.[15].

Es entstehen manche Zweifel: 1. Nicht untersteht dem Personalstatut der *Gründungsvorvertrag*, das pactum de condenda universitate. Für dieses pactum

Gesetzen zu Recht bestehen, auch im Gebiet des anderen Teils" gewährleistet. Bisweilen erstreckt sie sich auf alle „juristischen Personen des Privatrechts, mögen sie Erwerbszwecken dienen oder nicht" (so Vertrag Deutschlands mit den Vereinigten Staaten von 1923 bei MAKAROV: 307; ähnlich mit Großbritannien 1924, MAKAROV: 314).

[11] RG 159, 34ff.

[12] Wird z. B. ein ausländischer Verein von einem deutschen Erblasser zum Erben eingesetzt, so schadet es nichts, wenn die Anerkennung aus Art. 10 EG erst nach dem Erbfall eintritt.

[13] Anderer Meinung NIEMEYER: 132. FRANKENSTEIN: I 497.

[14] Vgl. HABICHT: 79f., RG 159, 48, über den Streitstand. — Es handelt sich um eine Schutznorm des deutschen Geschäftsverkehrs, wie Art. 7 Abs. 3 EG.

[15] RG 73, 366.

gilt Parteiautonomie, wie für andere obligatorische Verträge. — Dagegen sind
diejenigen Willenserklärungen, die Bestandteile der Gründung selbst sind (Aktien-
übernahmen oder -zeichnungen u. a.), dem Personalstatut der Gesellschaft unterworfen, so daß sich nach diesem Recht auch die Frage der Anfechtung wegen
Willensmangels beantwortet.

2. Für die Übertragung von *Mitgliedsrechten* wird, wenn diese in *Inhaber-* oder
Orderpapieren (Aktien u. a.) verbrieft sind, sowohl das Personalstatut der Körperschaft wie die lex situs cartae befolgt werden müssen. Aber ob die Urkunden
Inhaber-(Order-)Papiere oder ob sie bloße Rektapapiere (d. h. Wertpapiere, die
nicht nach Sondersätzen des Wertpapierrechts oder nach allgemeinen fahrnis-
rechtlichen Sätzen, sondern durch Zession des verbrieften Rechts begeben werden)
oder gar bloße Beweisurkunden sind, kann nur das Personalstatut der Körperschaft
entscheiden[16].

3. Die Frage, *welche Rechte* die juristische Person zu *erwerben*, welche Rechtsgeschäfte *vorzunehmen* sie imstande sei, ist kumulativ von dem Personalstatut
der juristischen Person und der lex causae (dem Recht, dem das konkrete Rechtsverhältnis unterworfen ist) zu beantworten. Die fremde juristische Person kann
höchstens soviel Rechte haben, wie sie nach dem Recht ihres Sitzes hat, und
höchstens soviel wie eine deutsche juristische Person dieser Art in Deutschland hat
(man denke an Schenkungen über 5000 DM, Art. 86 EG). — So wird nach englischem Recht das ,,power of a registered company'' durch ihr ,,Memorandum''
(Statut) begrenzt: alle Handlungen und aller Erwerb darüber hinaus (ultra vires)
sind nichtig. Das muß auch in Deutschland gelten; doch wird in analoger Anwendung des Art. 7 EG eine ultra-vires-Handlung dann für gültig zu achten
sein, wenn sie in Deutschland vorgenommen worden ist[17].

4. Für die *Vertretungsmacht* (vertretungsberechtigte Personen, Umfang der
Vertretungsmacht, Art ihrer Ausübung) gilt grundsätzlich das Personalstatut der
juristischen Person. Hat aber diese eine deutsche Zweigniederlassung[18], die im
Handelsregister eingetragen ist, so sind die vom deutschen Recht abweichenden
Vertretungsbeschränkungen des ausländischen Gesetzes eintragungsfähig, und der
Mangel der Eintragung wird in Anwendung des § 15 HGB redlichen Dritten ent-
gegengehalten werden können (ähnlich wie nach Art. 16 Abs. 1 EG ausländische
gesetzliche Güterstände bei Eheleuten, die in Deutschland wohnen, wie vertrags-
mäßige Güterstände in das Güterrechtsregister eingetragen werden müssen, um
redlichen Dritten gegenüber zu wirken; § 1435 BGB[19]).

5. Zu den dem Personalstatut unterworfenen Satzungsänderungen gehört auch
die *Verlegung des Sitzes* in ein anderes Land. Nach manchen Rechten ist sie nicht
möglich: ihr Ziel kann nur durch Auflösung der bisherigen juristischen Person
in dem einen Land und Neugründung einer juristischen Person im anderen Land
erreicht werden[20] (anders nach einer in Frankreich viel vertretenen Lehre, die die

---

[16] RG IPRspr 1934, 21f. Vgl. KG IPRspr 1932, 44. — FLECHTHEIM:
Düringer-Hachenburg Komm. z. HGB, Vorbem. 10 zu § 222. Siehe auch
DUDEN: Der Rechtserwerb vom Nichtberechtigten im deutschen IPR, 1934, 68ff.
[17] Vgl. DÖLLE: a. a. O. 194. NUSSBAUM: 191[6]. Vgl. GEILER: 193f., der richtig
betont, daß für *deutsche Zweigniederlassungen* ausländischer Gesellschaften die
ultra-vires-Lehre überhaupt nicht gilt.
[18] Vgl. RG IPRspr 1934, 23. KG IPRspr 1934, 27ff.
[19] Dazu RABEL: RabelsZ 3, 810; KG JFG 6, 195.
[20] RG 7, 68; 88, 53; 107, 97; RG JurW 1918, 510. — Vgl. GEILER: 188ff.
QUASSOWSKI: Gruchot 65, 403ff. v. SPINDLER: Wanderungen gewerbl. Körperschaften von Staat zu Staat 1932. HAMEL: RabelsZ 2, 1002 (auch zum folgenden).

Sitzverlegung zuläßt, bald mit der Wirkung der Änderung des Personalstatuts, bald unter Aufrechterhaltung des alten Personalstatuts). Eine Verlegung des Sitzes unter Identitätswahrung ist nur möglich, wenn sowohl das Recht des alten Sitzes wie das des neuen Sitzes sie gestattet. Im Jahre 1905 wurde eine Aktiengesellschaft mit Sitz in Straßburg (damals in Deutschland) errichtet. Nach dem Versailler Vertrag wurde sie zunächst eine ausländische Gesellschaft. 1920 wurde aber der Sitz nach Deutschland (Karlsruhe) zurückverlegt. Das RG erklärte dies für zulässig[21].

6. Sollen zwei Gesellschaften verschiedener Länder miteinander verschmolzen werden *(,,Fusion über die Grenze")* [22], so müssen die Rechte beider Länder beobachtet werden. Ist die veräußernde Gesellschaft eine *deutsche* Aktiengesellschaft, so kann die Fusion nicht ohne Abwickelung geschehen.

7. Wird die juristische Person in dem Lande ihres Sitzes nach dortigem Recht wirksam aufgehoben, so ist sie überall als aufgehoben zu behandeln, wofern nicht der Aufhebungsakt gegen den ordre public verstoßen sollte. Ob dieser Fall bei der sog. *,,Nationalisierung" russischer Aktiengesellschaften*, d. h. Aufhebung ihrer Persönlichkeit durch Staatsakt und Überführung ihres Vermögens auf den Staat, vorgelegen hat, ist viel erörtert worden. In Deutschland hat man die Anwendung des Art. 30 EG im Hinblick auf den Rapallo-Vertrag von 1922, Art. 2 abgelehnt; die früheren Aktionäre sind daher nicht in der Lage gewesen, durch Gründung einer Liquidationsgesellschaft auf deutschem Boden diese zur Rechtsnachfolgerin in bezug auf das Vermögen der längst erloschenen russischen Gesellschaft zu machen[23].

V. Man spricht oft von einer *Staatsangehörigkeit* (oder Staatszugehörigkeit, RG 88, 54) juristischer Personen, indem man die für Menschen gegebene Unterscheidung zwischen Inländern und Ausländern überträgt. So starke Bedenken gegen solche Übertragung bestehen mögen, wenn die natürlichen Grundlagen der Staatsangehörigkeit (Volkstum, Sprache, Heimatliebe usw.) fehlen, so sind doch die Begriffe ,,deutsche", ,,französische" usw. juristische Person unentbehrlich. Auf allen den Gebieten, auf denen der Ausländer gegenüber dem Inländer zurückgesetzt wird (Grunderwerb, Schiffspartenveräußerung, Prozeßkosten-Sicherheitspflicht, vgl. § 21), entsteht die Frage, ob eine juristische Person, die den differenzierenden Tatbestand erfüllt (z. B. ein Grundstück erwirbt[24], einen Prozeß führt), als Ausländer oder als Inländer zu

---

[21] RG 107, 97; RG JurW 1934, 2969; KG. JurW 1926, 1351. QUASSOWSKI: a. a. O. — In solchem Falle wird der deutsche Richter die Gesellschaft als deutsche (wieder) behandeln, während möglicherweise der ausländische Richter die Verlegung, sei es als unwirksam, sei es als ohne Einfluß auf das Personalstatut ansehen wird.

[22] v. SPINDLER: 70ff. GEILER: 194.

[23] RG 129, 98ff. — LEWALD, W.: JurW 1931, 141. — Weiteres Material bei NUSSBAUM: 193. — Über die Stellung Frankreichs zu den russischen Nationalisierungsdekreten: MAKAROV: Z. f. Ostrecht 7, 439ff. — Über die Rechtslage bei Spaltung einer Gebietskörperschaft infolge einer Partialannexion vgl. RG 136, 339; KG IPRspr 1932, 39ff.

[24] Vgl. ferner § 105 RG über die Beaufsichtigung der privaten Versicherungsunternehmungen (VAG) in der Fassung vom 6. Juni 1931, wonach ,,ausländische" Versicherungsunternehmungen, die in Deutschland durch Vertreter oder Vermittler das Versicherungsgeschäft betreiben wollen, der Erlaubnis des Reichswirtschaftsministers bedürfen.

behandeln ist[25]. Entsprechende Fragen treten im Kollisionsrecht auf,
wenn (nach Art. 12, 25 Satz 2 EG BGB) ein beteiligter Deutscher
günstiger behandelt wird, als den allgemeinen Grundsätzen des internationalen Privatrechts entspricht.

Beispiel: Eine Aktiengesellschaft begeht durch ihren Vorstand im Ausland eine
unerlaubte Handlung und wird auf Ersatz des dommage moral (in Deutschland)
verklagt, was der lex loci delicti commissi entsprechen mag. Ist sie eine deutsche
Gesellschaft, so ist die Klage nach Art. 12 EG abzuweisen, wenn nicht § 847 BGB
erfüllt ist.

Die Staatsangehörigkeit einer juristischen Person wird nicht, wie
ihr Personalstatut, durch ihren Sitz bestimmt, vielmehr entscheidet
jeder Staat, welche juristischen Personen seine Angehörigen sind. Man
sollte die Frage nicht so stellen: Nach welchem Recht bestimmt sich
die Staatsangehörigkeit einer juristischen Person? Sondern man hat
die Frage zu spalten in a) Ist die juristische Person, um die es sich handelt, staatsangehörig im Staat x? b) Ist sie es im Staate y? usw.
Bejaht man die eine und nur die eine der beiden Fragen, so ist die Lage
einfach. Bejaht man beide Fragen, so ist die juristische Person (wie
eine physische Person) Doppelstaaterin; verneint man beide, so ist
(möglicherweise) die juristische Person staatenlos[26].

Eine deutsche Aktiengesellschaft bleibt deutsch, wenn ein Ausländer alle
Aktien erwirbt und das Unternehmen vom Ausland her verwaltet.

Nur dann, wenn es der Zweck eines Gesetzes ist, die hinter der juristischen Person stehenden und sie beherrschenden physischen Personen
zu bekämpfen, wie bei Kriegsmaßnahmen (Beschlagnahme feindlicher
Vermögen), ist es nötig, den Schleier wegzuziehen, durch den man mit
Hilfe der Rechtsfigur der juristischen Person die Wahrheit verhüllt,
und die realen Kräfte aufzusuchen, die sich hier verbergen (sog. „Kontrolltheorie")[27]. In solchen Fällen besteht zwar eine Vermutung für ihre
Staatsangehörigkeit; aber eine Widerlegung (die nicht immer einfach
ist) muß zugelassen werden.

Ist z. B. in Deutschland nach deutschem Recht eine Gesellschaft mit beschränkter Haftung gegründet worden, stehen die Geschäftsanteile dieser Gesellschaft zwei Aktiengesellschaften zu, die ebenfalls in Deutschland ihren Sitz haben,
und läßt sich beweisen, daß die Aktien beider zum überwiegenden Teil ausländischen
Kapitalisten aus Feindstaaten gehören, so wird im Sinne solcher Kampfnormen
auch die G. m. b. H. als ausländische Gesellschaft gelten müssen. Ja, man muß
das sogar dann annehmen, wenn alle Aktien im Eigentum von Reichsangehörigen
stehen, auch die Verwaltungsorgane nur Deutsche sind, aber bewiesen wird, daß

---

[25] Zum Stand der Meinungen: RAAPE: Komm. 142ff.; MELCHIOR: 462ff.;
GEILER: 192ff. — Kraft Gesetzes ist auf den Sitz abgestellt im Preuß. AG BGB
Art. 7 § 2. MAURY: Sur quelques questions etc. 1948 III 31ff. MANN: a. a. O.

[26] RG JurW 1934, 2969.

[27] Die Kontrolltheorie liegt dem Versailler Vertrag Art. 297b zugrunde. —
Vgl. FELLER: BrunsZ II 2 (1930) 55f.

hier Deutsche als Strohmänner vorgeschoben sind. — In gewissem Maße sind hier vorbildlich zwei (freilich allzu starr gefaßte) schwedische Gesetze von 1916 und 1925, die die Überfremdung des schwedischen Grundbesitzes und Bergbaus bekämpfen, indem sie sich gegen das „Strohmannsystem" wenden, das dort viel Schaden gestiftet hat[28].

VI. *Überstaatliche* juristische Personen, wie der Völkerbund, die „United Nations Organisation" (UNO), der Weltpostverein, der „International Monetary Fund" und die „International Bank for Reconstruction and Development", begründet durch die Einigung von Bretton Woods, leiten ihre Rechtspersönlichkeit von den sie begründenden Staatsverträgen ab[29]. Ihr Personalstatut ist, soweit sich aus dem Staatsvertrage nichts anderes ergibt, das an ihrem Sitz geltende Recht. Sie können jedoch in keinem der beteiligten Staaten als ausländische Personen behandelt werden.

Privatrechtliche Verbände sog. „internationalen" Charakters, sei es solche mit Gewinnabsicht, wie Aktiengesellschaften, sei es solche ohne Gewinnabsicht, wie wissenschaftliche, humanitäre, religiöse Verbände[30], können heute nicht als überstaatliche Personen geschaffen werden. Sie sind genötigt, sich als nationale rechtsfähige Verbände (mit internationalen Arbeitszielen) zu konstituieren oder in verschiedene Landesgruppen zu spalten, deren jede dann in einem Staate nach dem Recht dieses Staates den Sitz begründet und die Rechtsfähigkeit erlangt, während der Gesamtverband nicht rechtsfähig wird.

Die Unvollkommenheit dieses Zustandes hat seit 1910 Änderungsbestrebungen geweckt; einzelstaatliche Lösungen (z. B. Belgien 1919) sind Scheinlösungen; Entwürfe des Institut de Droit International von 1923 und der Internationalen Handelskammer 1928 (der sich auf die „associations sans but lucratif" beschränkt) haben nicht weitergeführt.

---

[28] FRAENCKEL, W: Auslandsrecht 6 (1925) 421 ff.

[29] Ein reiches Material hierzu bei GUTZWILLER: Mitt. d. deutsch. Gesellsch. f. Völkerrecht 1933, 156 ff., mit eingehenden Lit.-Nachweisen (dort auch Anm. 93, 96 über die Abhandl. von VON DER LÜHE: Die internationale juristische Person 1930; vgl. FICKER: JurW 1932, 570). FRIEDMANN, W.: ModLR 6 (1943) 185; RABEL: II 14—17. — Die „Bank für internationalen Zahlungsausgleich" in Basel ist zwar auf Grund eines Staatsvertrags, aber nicht durch ihn, sondern durch ein von der Schweiz „gewährtes Grundgesetz" errichtet und mit Rechtsfähigkeit ausgestattet worden; Haager Abk. vom 20. Januar 1930 über die Bank f. internat. Zahlungsausgl. Art. 1 (RGBl 1930 II 289, 291). Sie ist daher keine „überstaatliche" juristische Person. Vgl. GUTZWILLER: a. a. O. 174 f. — Über das Internat. Landwirtschaftl. Institut in Rom: Entsch. d. Kassat.-Hofs Rom, RabelsZ 7 (1933) 142.

[30] Die ältesten: die Anti-Slavery and Aborigines Protection Society 1837, die Worlds Evangelical Alliance 1846, die Young Men's Christian Association 1855 (NORMANDIN: Du statut juridique des associations internationales, Paris 1926, 20 ff.). Weitere Literatur über die sog. internationalen Assoziationen: GUTZWILLER: a. a. O. 150 ff. (und die Angaben daselbst Anm. 78).

Internationale Kartelle[31], mochten ihre Mitglieder Einzelunternehmer (nationale Aktiengesellschaften, wie beim Glühlampenkartell) oder nationale Kartelle sein, wie beim Kontinentalen Röhrenkartell, waren meist nur schuldrechtliche Vertragsverhältnisse, z. B. bürgerlichrechtliche Gesellschaften ohne eigene Persönlichkeit: das für sie geltende Recht konnte, wie bei allen Schuldverträgen, durch Parteiautonomie bestimmt werden (vgl. § 28); damit wurde für die Kartellbindungen, die sich auf Produktion, Absatzgebiete, Preisrechnungen u. a. bezogen, ein einheitliches Recht geschaffen, das nur durch den ordre public des jeweils entscheidenden Gerichts durchkreuzt werden mochte. Die Organisation des Kartells und die Frage, ob es — wie etwa die offene Handelsgesellschaft der romanischen Rechte — juristische Persönlichkeit hat, wird durch das Recht des Sitzes des Kartells bestimmt[32].

Zweiter Abschnitt.
Die allgemeine Rechtsgeschäftslehre.
§ 24. Grundsätze.

ZITELMANN: II 136ff. — LEWALD: 63ff. — FRANKENSTEIN: I 519ff. — RABEL: II 357ff. — RAAPE: IPR 280ff. — NUSSBAUM: 86ff. — GUTZWILLER: 1585ff. (mit Lit.). — RHEINSTEIN: RVglHWB IV 359ff. — ACHENBACH: Der briefliche und telegraphische Vertrag im vergleichenden (sic!) und internationalen Privatrecht 1934. — DE VISSCHER, J.: Genter Rev. 65 (1938) 88.

I. Die Frage, *welche* Rechtswirkungen an ein bestimmtes (gültiges) Rechtsgeschäft angeknüpft werden, läßt sich nicht einheitlich beantworten. Ob sachenrechtliche Wirkungen eintreten, entscheidet die lex rei sitae, ob erbrechtliche: das Heimatrecht des Erblassers, ob ehegüterrechtliche: das Heimatrecht des Ehemannes zur Zeit der Eheschließung, ob schuldrechtliche: dasjenige Recht, dem die Parteien das Rechtsgeschäft unterworfen haben.

Das so zu bestimmende Recht (das „*Wirkungsstatut*", die lex causae — Art. 11 Abs. 1 Satz 1 EG spricht von „den Gesetzen, welche für das den Gegenstand des Rechtsgeschäfts bildende Rechtsverhältnis maßgebend sind" —) entscheidet grundsätzlich auch über die *Geschäfts-*

---

[31] Über sie insbes. WOLFF, REINH.: Rechtsgrundlagen der internationalen Kartelle 1929, u. RVglHWB IV 620ff. MEINHARDT, W.: RabelsZ 2 (1928) 460ff. DÖRINKEL, W.: Internat. Kartellrecht 1932. GEILER: a. a. O. 196ff. und in Düringer-Hachenburg: Komm. z. HGB I 474ff. — DEMAY: La condition juridique des cartels internationaux 1935.

[32] Insbes. GEILER: a. a. O. 197ff., 229f. (dort auch über internationale Konzerne).

voraussetzungen: ob ein gültiges Geschäft vorliegt, bestimmt diejenige Rechtsordnung, die, wenn ein gültiges Geschäft vorliegt, seine Wirkungen bestimmt[1].

Doch gibt es einige Einschränkungen:

1. Die Geschäftsfähigkeit der Parteien entscheidet sich nach ihrem Heimatrecht; vgl. Art. 7 und oben § 20.

2. Die Form des Rechtsgeschäfts entscheidet sich zwar grundsätzlich, aber nicht immer, nach dem Wirkungsstatut. Davon § 25.

3. Die Frage, ob ein *bestimmtes Verhalten* einer Person überhaupt als *rechtsgeschäftliche Erklärung* aufgefaßt werden kann[2], bestimmt sich nach demjenigen Recht, in dem dieses Verhalten seinen Schwerpunkt findet, also nach dem Personalstatut dieser Person, bei Gewerbetreibenden nach dem Recht der Niederlassung, bei Verkehrsgeschäften, die Ausländer im Inland vornehmen, nach dem Recht des Vornahmeorts.

In Betracht kommt hier vor allem die Wertung des *Schweigens* einer Person. Geht z. B. einem französischen Kaufmann, der gewerbsmäßig Geschäfte besorgt, ein schriftlicher Antrag zur Besorgung solcher Geschäfte von jemand zu, dem gegenüber er sich dazu (z. B. durch Zirkulare) erboten hat und steht in dem Antrag, daß für das Geschäft deutsches Recht gelten solle, so kann das Schweigen des französischen Empfängers nicht gemäß § 362 HGB als Annahme gedeutet werden; vielmehr wird für die Frage, ob das Schweigen als eine rechtsgeschäftliche Erklärung aufzufassen sei, französisches Recht anzuwenden sein, falls der Schweigende seine Handelsniederlassung in Frankreich hat. (Nach französischem Recht ist die Frage zu verneinen, wenn nicht besondere Umstände vorliegen, die ein silence circonstancié die Bedeutung einer Annahme geben können[3].)

4. Bei *Wechsel* und *Scheck* entschieden sich bis 1933 alle Erfordernisse der Urkunde, materiellrechtliche wie formellrechtliche, nach der lex loci actus[4]. Seit 1933 gilt das nicht mehr.

II. Von diesen Einschränkungen abgesehen ist das Wirkungsstatut maßgebend, und zwar

1. für die Frage, ob die Voraussetzungen für die *Gültigkeit* und Wirksamkeit der *Parteierklärungen selbst* vorliegen, ob z. B. eine Erklärung eine Vertragsofferte ist, ob die Offerte in rechter Zeit und rechter Weise angenommen ist, ob die Vollendung des Geschäfts mit Absendung der Erklärung oder mit ihrem Zugehen oder mit ihrer Kenntnisnahme durch den Empfänger eingetreten ist, welchen Einfluß Willensmängel haben

---

[1] Möglich ist aber, daß die Parteien die Frage, ob ein Schuldvertrag zustandegekommen sei, einem anderen Recht als dem für die Wirkungen maßgebenden unterwerfen wollen. Dazu RG IPRspr 1933, 19, 20.

[2] Dieser Fassung stimmt zu: RABEL: RabelsZ. 3, 754. RABEL: IPR II 519ff. Vgl. ferner WAHL: RabelsZ 3, 800f.; FICKER: RVglHWB IV 383; KIPP, K. TH.: In Fischer-Henle-Titze: BGB¹⁴ II 1 hinter Art. 11 EG; für zu eng hält sie LEWALD: 237. — Angreifbar: RG Gruchot 55, 889ff.

[3] PLANIOL et RIPERT: Traité prat. d. droit civil VI (1930) 135.

[4] Vgl. VEITH: RVglHWB IV 494 und über Durchbrechungen dieses Satzes 499f.

(Anfechtbarkeit, Nichtigkeit usw.)[5], ob das Geschäft inhaltlich erlaubt ist (schuldrechtliche Verträge über eine unmögliche oder über eine durch das Wirkungsstatut verbotene Leistung[6], Erbverträge, Eheverträge nach Eheschließung: vgl. Art. 15 a. E. EG usw.);

2. für die Frage, ob die *außerhalb der Parteierklärungen* liegenden *Gültigkeits-* oder *Wirkungsvoraussetzungen* erfüllt sind: so, ob Zustimmungen Dritter oder behördliche Zustimmungen (z. B. zum Grundstückserwerb) notwendig sind.

Handelt es sich freilich um Zustimmungen, die zur Ergänzung des Willens eines nicht voll Geschäftsfähigen erteilt werden sollen (z. B. um Zustimmungen des gesetzlichen Vertreters, des Vormundschaftsgerichts), so kommt nicht das Wirkungsstatut, sondern das Personalstatut des Vaters oder der Mutter oder im Falle der Bevormundung das Vormundschaftsstatut in Betracht.

Ferner: ob ein Widerrufsrecht (z. B. eines Offerenten) besteht, wie lange es besteht, ob es wirksam ausgeübt ist, ob Tod vor Zugehen die Wirksamkeit hindert (wie in Frankreich) oder nicht (wie nach BGB § 130 Abs. 2), ob eine Geschäftsbedingung bei treuloser Vereitelung des Eintrittes als eingetreten gilt (§ 162 BGB) usw. *Nicht* dagegen gehört hierher die Frage, ob und in welchem Umfang eine Person *Vertretungsmacht* zu dem Abschluß des Geschäfts (oder Verfügungsmacht) hat. Hierfür gilt vielmehr, soweit es sich um *gesetzliche* Vertretung handelt, das Personalstatut des Vertreters (Art. 19 EG) oder des Vertretenen (Art. 23 EG). Für *Prokuristen* und *ständige Handlungsbevollmächtigte* (z. B. Agenten) gilt das Recht derjenigen Handelsniederlassung des Prinzipals (oder des Agenten), von der aus der Vertreter tätig wird[7]. Ob eine Vollmacht *anderer Art* besteht und welchen Umfang sie hat, richtet sich regelmäßig nach dem Recht desjenigen Gebiets, in dem die Vollmacht ihre Wirkungen entfalten soll[8]. Handelt es sich freilich um eine Vollmacht zum Abschluß eines dinglichen Vertrages (einer Auflassung, einer Hypothekenbestellung, einer Hypothekenverpfändung), so wird man den Schwerpunkt der Vollmacht in das Gebiet verlegen, dessen Recht

---

[5] Feste Praxis; RG 53, 138; 78, 55; 95, 164 u. ö. Es spricht aber vieles dafür, die Bedeutung von Willensmängeln nach dem für die Geschäftsfähigkeit geltenden Personalstatut zu würdigen; dazu LEWALD: 239f. BARTIN: Principes II 29ff., 60ff. PERROUD: J.Clunet 60 (1933) 289ff. SICHEL: Im Ἀρχεῖον ἰδιωτικοῦ δικαίου I (1934) 89ff.; WAHL: RabelsZ 3 (1929) 775ff.

[6] Gleichgültig, ob durch das Recht am Vornahmeort verboten. Gleichgültig auch, ob durch die lex fori verboten. Doch kann hier die Vorbehaltsklausel eingreifen. Vgl. Art. 30 EG.

[7] KG IPRspr 1932, 53f.

[8] Hierzu insbes. RABEL: RabelsZ 3, 807ff.; 7, 797ff.; ZITELMANN: II 206ff.; FRANKENSTEIN: I 589f.; FICKER: RVglHWB IV 464f.; RG 38, 196; 51, 149; 78, 60; 134, 67; SeuffA 66 Nr. 73; LG Berlin IPRspr 1932, 133; KG IPRspr 1933, 19. — Auch die Frage der Widerruflichkeit der Vollmacht richtet sich nach dem Recht des Wirkungslandes; LG Berlin a. a. O.

den dinglichen Vertrag beherrscht, und sie folglich der lex rei sitae unterwerfen[9]. Das Ob und der Umfang der Vertretungs- und Verfügungsmacht eines Testamentsvollstreckers richtet sich nach dem Heimatrecht des Erblassers.

III. Maßgeblichkeit *des* Wirkungsstatuts bedeutet nicht immer Maßgeblichkeit einer *einzigen* Rechtsordnung.

1. Es kann sein, daß ein Rechtsgeschäft mehrere Wirkungen erzeugt, die nach verschiedenen Rechtsordnungen zu beurteilen sind. Dann sind auch die rechtsgeschäftlichen Voraussetzungen nach diesen mehreren Rechtsordnungen zu beurteilen. Dabei ist wieder ein Doppeltes möglich:

a) Die *einzelne* Geschäftswirkung tritt ein, wenn nach dem für sie maßgebenden Wirkungsstatut der Geschäftsbestand erfüllt ist. Dies ist dann der Fall, wenn ihr Eintritt von dem Eintritt der übrigen Geschäftswirkungen unabhängig ist. So wenn es sich um die obligatorischen und die dinglichen Wirkungen desselben Vertrags handelt.

Beispiel: Zwei Franzosen schließen in Frankreich einen in Frankreich zu erfüllenden Kaufvertrag über eine noch in Deutschland befindliche bewegliche Sache. Ob die Kontrahenten aus dem Vertrage *verpflichtet* sind, entscheidet sich nach französischem Recht; nach ihm ist z. B. auch zu bemessen, ob ein Teil sich wegen Irrtums, Zwangs, Läsion u. dgl. vom Vertrage lossagen kann, in welcher Weise (action en nullité ou en rescision, art. 1117 c. c.) und wie lange. Ob der Vertrag *das Eigentum überträgt*, entscheidet sich nach der lex rei sitae, dem deutschen Rechte: der Eigentumsübergang wird wegen Fehlens der Übergabe (§ 929) regelmäßig zu verneinen sein; läßt sich der Vertrag als eine Abtretung des Herausgabeanspruchs (§ 931 BGB) auffassen, so geht das Eigentum über; ob aber diese Übereignung wegen Willensmangels angreifbar ist, mit welchen Mitteln (außergerichtliche Erklärung) und wie lange, entscheidet sich nach deutschem Recht.

b) Oder: *Jede* Geschäftswirkung tritt nur ein, wenn nach *allen* Wirkungsstatuten der rechtsgeschäftliche Tatbestand erfüllt ist. Dies ist dann der Fall, wenn nach jeder der beteiligten Rechtsordnungen die ihr unterworfene Rechtswirkung nur eintreten soll, falls auch die dem anderen Rechte unterworfene Wirkung eintritt, vor allem bei synallagmatischen Verträgen[10].

Beim Kauf sind nach allen Rechten die Verpflichtungen jeder Partei von denen der anderen Partei abhängig. Nach deutschem internationalem Privatrecht gilt für die Verpflichtungen jeder Partei unzweifelhaft das Recht ihres Erfüllungsortes; daher sind oft zwei Rechtsordnungen anzuwenden. Nur wenn nach beiden Rechtsordnungen ein gültiger Kaufvertrag besteht, kann er Wirkung haben.

2. Es kann sein, daß das *Wirkungsstatut* zwischen Abschluß und Wirkungseintritt *gewechselt* hat: so, wenn zwischen der Übereignungsofferte und ihrer Annahme die zu übereignende Sache aus einem Lande in das andere importiert worden ist, oder wenn nach dem Abschluß

---

[9] RG 149, 93.   [10] ZITELMANN: II 411f.

des bedingten Übereignungsvertrags, aber vor Bedingungseintritt die
Sache den Ort wechselt oder wenn der Testator nach der Testamentserrichtung eine andere Staatsangehörigkeit erlangt. In Fällen dieser Art
kann eine einheitliche Lösungsformel nicht gegeben werden[11]. In der
Regel entscheidet das neue Statut. Es gibt aber Fälle, in denen nur
das alte Statut maßgebend ist (vgl. z. B. Art. 24 Abs. 3 EG). Ist unter
der Herrschaft des alten Rechts ein subjektives Vor-Recht, insbesondere
ein *Anwartschaftsrecht*, und nicht eine bloße Hoffnung oder Aussicht,
entstanden, so bleibt dieses Recht der alten Rechtsordnung gemäß
erhalten (wofern das neue Statut Rechte dieser Art kennt), und nur
die Frage, ob das Vor-Recht sich zu einem Vollrecht entwickelt, ob z. B.
die Bedingung als eingetreten zu gelten habe (vgl. § 162 BGB), beantwortet sich nach dem neuen Statut[12].

§ 25. Die Form des Rechtsgeschäfts.

Literatur: Zu § 24. — RAAPE: IPR 136—153. — SILZ, E.: Du domaine de
l'application de la règle locus regit actum. Paris 1933 (eine Neuausgabe des Buches:
La notion de forme en droit int. pr. 1937, mit Zusätzen). — RABEL: II 485 ff.

I. Das EG Art. 11 übernimmt zwar den alten, der Statutentheorie
entstammenden[1] Satz „*locus regit actum*", stattet ihn aber nicht (wie
viele ältere Gesetze und heute noch das Recht der Niederlande, Spaniens,
Portugals) mit zwingender Kraft aus[2], sondern läßt ihn, in Übereinstimmung mit dem bisherigen deutschen Recht und mit den meisten
Rechtsordnungen der Erde, nur *wahlweise* (fakultativ) gelten. Ja es
stellt sogar (Art. 11 Abs. 1 Satz 1) die Geltung der *lex causae* als Grundsatz an die Spitze: auch für die Form eines Rechtsgeschäfts ist zunächst
das Recht entscheidend, welches „für das den Gegenstand des Rechtsgeschäfts bildende Rechtsverhältnis maßgebend" ist. Es gilt daher alles
im § 24 Bemerkte auch für die Geschäftsform.

Daher kann ein schuldrechtliches Geschäft, z. B. ein Verkauf eines ausländischen Grundstücks, gültig in der Form desjenigen Rechts geschlossen werden, welchem die Parteien kraft ihrer Autonomie den Verkauf unterstellt haben, und wenn
sie keine Rechtskürung vorgenommen haben, in der Form des Rechts, das am
Erfüllungsort (d. h. da, wo das Grundstück liegt) gilt[3]. — Daher kann ferner nach
deutschem internationalem Privatrecht eine Ehe zwischen einem Griechen und
einer Griechin in Paris gültig in der Form geschlossen werden, die durch die beiden
Heimatrechte der Verlobten gesetzt ist, also in kirchlicher Form. Daß die lex
loci actus diese Form nicht zuläßt, ist gleichgültig.

---

[11] Hierzu ZITELMANN: II 164 ff.; FRANKENSTEIN: I 136 ff.

[12] Über den Statutenwechsel bei Ersitzung und Funderwerb vgl. S. 181 f.

[1] Zur Geschichte: NEUMEYER: Die gemeinrechtliche Entwicklung II 84 ff.,
135 ff. GUTZWILLER: 1585 f. SILZ: 55 ff.

[2] Die „notwendige" Unterwerfung aller „Handlungen" unter die lex loci actus
ist oft geradezu mit Bedürfnissen der staatlichen Gebietshoheit begründet worden.
Vgl. dazu v. BAR: I 337 f.

[3] LEWALD: 67 (mit Nachweisungen).

Die Möglichkeit, in der Form der lex causae zu kontrahieren, ist vor allem dann unentbehrlich, wenn die lex loci actus ein Rechtsgeschäft der vorzunehmenden Art überhaupt nicht kennt (z. B. den Erbvertrag nicht zuläßt), also auch keine Formvorschriften dafür aufstellt[4].

Erst an zweiter Stelle ordnet Art. 11 an: „Es *genügt* die Beobachtung der Gesetze des Orts, an dem das Rechtsgeschäft vorgenommen wird" (Abs. 1 Satz 2).

Man spricht hiernach oft von einem Recht der Kontrahenten, zwischen der Form der lex loci actus und der der lex causae zu „wählen". Allein, es kommt nicht darauf an, welche Form die Kontrahenten beobachten wollten, sondern darauf, daß sie eine dieser beiden Formen beobachtet haben. Haben z. B. zwei Deutsche in Wien einen privatschriftlichen Kaufvertrag über ein in Deutschland gelegenes Grundstück geschlossen, so ist der Vertrag gültig, auch wenn die Parteien damit der deutschen Vorschrift zu genügen glaubten und ihr genügen wollten. Nur wenn man annehmen darf, daß die Parteien die Wahrung der deutschrechtlichen Form des § 313 BGB rechtsgeschäftlich bestimmt haben (§ 154 Abs. 2 BGB vgl. § 127 BGB), kann die Wahrung der gesetzlichen Ortsform genügen[5].

II. Ort der Vornahme eines Rechtsgeschäfts ist bei einseitigen Rechtsgeschäften der Ort, an dem die Willenserklärung abgegeben wird, nicht der Ort, an dem sie zugeht[6]; bei Verträgen unter Abwesenden nicht der Ort, an dem die Annahmeerklärung abgegeben wird (so RG[7]), da auch die Vertragsofferte Vertragsbestandteil und nicht Vertragsvorstufe ist; vielmehr ist hier Wahrung beider Ortsformen zu fordern. Bei schriftlichen Erklärungen kommt es stets auf den wahren Ort der Erklärung an, nicht auf den in der Urkunde angegebenen Ort[8]. Die Wahrung der Ortsform genügt auch dann, wenn die lex causae die Ortsform nicht genügen läßt[9].

Nach dem Niederländ. Wetboek art. 992 darf der im Ausland testierende Niederländer grundsätzlich nicht in holographischer Form testieren, auch wenn

---

[4] Kann ein Anteil an einer deutschen Gesellschaft mit beschränkter Haftung in der Schweiz formlos abgetreten werden? Da die Schweiz diese Gesellschaftsform nicht kennt, kann sie keine Regeln für die Anteilsabtretung aufstellen. Daraus folgt aber nicht, daß diese formlos geschehen kann; vielmehr hat sie in deutscher Form (Form der lex causae) zu geschehen; RG 160, 225ff.

[5] Denn wenn jede Rechtsordnung (in gewissem Umfange) die Bestimmung von Formen durch Rechtsgeschäft gestattet, so tritt vor solchem formbestimmenden Rechtsgeschäft die gesetzliche Form zurück, und zwar auch dann, wenn das formbestimmende Rechtsgeschäft einer anderen Rechtsordnung unterworfen ist.

[6] RG NiemeyersZ 18, 449; KG IPRspr 1931, 42.

[7] RG 62, 381. LEWALD: 71.

[8] Doch kann die bewußte Falschdatierung eine kraft Parteiautonomie unter Umständen gestattete Unterwerfung unter das Recht des locus scriptus sein. Dann gilt aber dieses Recht nie aus Art. 11 Abs. 1 Satz 2, sondern nur aus Abs. 1 Satz 1. Vgl. FRANKENSTEIN: I 549 und für Wechsel und Schecks: VEITH: RVglHWB IV 497f.

[9] LEWALD: 63f. MELCHIOR: 184f. — KG IPRspr 1934, 156; RG 133, 163.

die lex loci actus die holographische Form unbeschränkt gestattet. Dennoch ist
ein von ihm in Deutschland abgefaßtes holographisches Testament nach deutschem
Internationalprivatrecht gültig[10].

III. Der Satz locus regit actum bezieht sich *nur* auf die *Form* des
Geschäfts (locus regit formam). Was Form und was materieller Geschäfts-
teil ist, läßt sich nicht allgemein bestimmen. Die deutsche Rechtsordnung rechnet die Vorschriften über das Aufgebot bei der Eheschließung
zu den Formvorschriften, die französische sieht darin materiellrechtliche
Normen. Ja innerhalb derselben Rechtsordnung wird dieselbe Frage
verschieden beurteilt: so betrachtet man die Unzulässigkeit der Stellvertretung bei der Eheschließung als Formvorschrift (BGB § 1317, EheG
§§ 13, 17), bei anderen Geschäften als materielle Norm. Wenn nun
nach Art. 11 EG entweder die Form der lex causae oder die der lex loci
actus zu wahren ist, so bedeutet das eine Wahrung entweder derjenigen
Normen, die von der lex loci actus, oder derjenigen, die von der lex
causae als Formvorschriften behandelt werden.

Beispiel: Nach englischem Recht wird die Zustimmung gewisser Verwandter
zur Eheschließung als Formerfordernis angesehen; nach französischem Recht ist
sie ein materielles Eheerfordernis. Schließen zwei Franzosen ohne den nach französischem Recht nötigen Elternkonsens, aber unter Wahrung des englischen Kon-
sensrechts, die Ehe in London, so sind die Formen der lex loci actus gewahrt
(Art. 11 also erfüllt); aber da die materiellrechtlichen Ehevoraussetzungen des
Heimatrechts (Art. 13 Abs. 1 EG) nicht vorliegen, ist die Ehe in Frankreich nach
art. 182f. code civil (und in Deutschland) anfechtbar (oder aufhebbar)[11].

Zur Form gehört vielfach die Mitwirkung öffentlicher *Behörden* (Gerichte, Notare, Standesbeamte usw.). Wenn die Kontrahenten die Form
der lex causae, z. B. ihres Heimatrechts, im Auslande beobachten wollen
und die lex causae eine solche obrigkeitliche Mitwirkung verlangt, so
ist damit nicht gesagt, daß sie eine Mitwirkung der *heimischen* Behörden
verlangte. Vielmehr sind die Parteien meist in der Lage, am Abschluß-
orte die Mitwirkung entsprechender ausländischer Behörden zu erreichen.
Das hat besonders für die Aufnahme „öffentlicher Urkunden" Bedeutung:
hier taucht die Frage auf, ob die Beurkundung und Beglaubigung durch
einen ausländischen „Notar" der durch einen deutschen Notar gleichwertig ist; sie kann nicht allgemein bejaht oder verneint werden: bei
einer „einfachen und alltäglichen" Erscheinung, wie es eine Unterschriftsbeglaubigung ist[12], wird eine Bejahung eher unbedenklich sein, als bei

---

[10] Dazu Fragistas: RabelsZ 4, 930ff. (klärend und eine alte Kontroverse
erledigend).

[11] Nicht aber deswegen, weil der deutsche Richter an Hand der deutschen
Auffassung zu prüfen hätte, welche Erfordernisse sich als Formerfordernisse qualifizieren (so Lewald: 65). Würde das französische Recht den Konsens, wie das
englische, zur Form rechnen, so würde die Bedeutungslosigkeit der deutschen
Qualifikation für den deutschen Richter erhellen. Vgl. oben § 13.

[12] KG Falkm.-Mugd.: 7,223. Frankenstein: I 536. Rheinstein: RVglHWB
IV 368. Nussbaum: 95[3].

einer Vertragsbeurkundung, für deren Wertung auch die Art der Vor-
bildung und Auslese der ausländischen Urkundsbeamten im Vergleich
mit dem deutschen Notartyp zu beachten ist.

IV. Die Wirkung der *Formverletzung* (unheilbare oder heilbare Nichtigkeit? Vernichtbarkeit? Gültigkeit trotz der Verletzung?) bestimmt
sich nach dem Gesetz, dessen Form verletzt worden ist. Da nach Art. 11
Abs. 1 EG die Wahl zwischen der Form der lex loci actus und der Form
der lex causae besteht, so tritt, wenn keine der beiden Formen voll
erfüllt ist, die dem Geschäft günstigere Folge ein[13].

V. Von dem Grundsatz der fakultativen Geltung der lex loci actus
neben der lex causae gibt es Ausnahmen:

1. Die lex loci actus gilt *zwingend*

a) für die Form von *Eheschließungen* in Deutschland (Art. 13
Abs. 3 EG).

Diese Regelung ist kaum zu billigen. Sie erklärt sich, wie mir scheint, aus dem
engen Fanatismus, mit dem man in Deutschland seit den Tagen des sog. Kultur-
kampfes an der obligatorischen Zivilehe festhält, obwohl kein ernstliches Interesse
daran besteht, zwei rechtgläubigen Griechen die Eheschließung vor ihrem Geistlichen auf deutschem Boden zu verbieten und sie zu einer (nach ihrem Heimatrecht
unwirksamen) Eheschließung vor dem Standesbeamten zu nötigen, und obwohl
hierdurch manche territorial „hinkende" Ehe entsteht.

b) für *Wechselerklärungen;* Art 92 WG vom 21. Juni 1933 (Art. 3
Genfer WechselIPRAbk von 1930).

Doch hat Deutschland von dem Vorbehalt des Genfer Abk. Art. 3 Abs. 3
Gebrauch gemacht: eine Wechselerklärung, die ein Deutscher im Ausland abgibt,
ist in Deutschland gegenüber anderen Deutschen gültig, wenn sie den Formerforder-
nissen des deutschen Rechts genügt. Die Form des Wechselprotestes und anderer
zur Ausübung und Erhaltung der Wechselrechte erforderlicher Handlungen (z. B.
Notifikationen) bestimmt sich nach dem Recht des Landes, in dessen Gebiet der
Protest zu erheben oder die Handlung vorzunehmen ist; Art. 97.

c) für *Scheckerklärungen:* Art. 62 ScheckG vom 14. August 1933
(Genfer Abkommen von 1931). Es gilt ähnliches, wie nach dem Wechsel-
Abk. Doch bringt das Genfer Abk. eine wesentliche Verbesserung des
bisherigen Rechts, indem es die Form des Zahlungsorts genügen läßt.

Beim Scheck war es in der Tat kaum zu rechtfertigen, daß man für eine Ausstellung auf deutschem Boden die Wahrung der deutschen Scheckform vorschrieb,
auch wenn der Scheck auf ein Formular gesetzt wurde, das aus einem ausländischen
Scheckbuch stammt und das die nach deutschem Recht notwendige Scheckklausel
nicht enthielt: der Engländer, der auf einer Reise durch Deutschland mit solchen
Schecks Gastwirte und Kaufleute bezahlt, wird nicht auf den Gedanken kommen,
das englisch geschriebene und in England zahlbare Papier durch Einfügung der
deutschrechtlichen Erfordernisse zu ergänzen.

2. Die lex loci actus gilt *überhaupt nicht* (sondern statt dessen die
lex causae) für die Form von Rechtsgeschäften, durch welche ein Sachen-

---

[13] RG 133, 165f. Anderer Meinung RAAPE: IPR 141.

recht begründet oder über ein Sachenrecht verfügt wird, z. B. für die Form einer Hypothekenbestellung, Hypothekenzession, Hypothekenverpfändung, einer Fahrnisübereignung, Fahrnisverpfändung, Dereliktion, einer Grundstücksauflassung; Art. 11 Abs. 2 EG.

a) Die lex causae gilt hiernach zwingend für Verfügungs-, nicht für Verpflichtungsgeschäfte: der Verkauf eines deutschen Grundstücks kann im Auslande ohne Wahrung der Form des § 313 BGB geschlossen werden[14]. Für Vermietungen und Pachtverträge kommt es darauf an, ob sie nach der lex rei sitae als Begründung von Sachenrechten erscheinen oder nicht.

b) Die lex causae hat ferner keine zwingende Geltung für Verfügungen über andere als Sachenrechte: Abtretung von Forderungen, Verpfändung von Forderungen, Übertragung von Urheberrechten.

c) Die nach Art. 11 für Sachenrechtsverfügungen geltende lex causae ist stets die lex rei sitae.

d) Die Ausschließung der lex loci actus für Sachenrechtsgeschäfte bedeutet aber nicht, daß solche Geschäfte nur im *Lande* des situs rei vorgenommen werden könnten[15]. So kann ein deutsches Grundstück auch im Auslande aufgelassen, eine in Deutschland belegene Fahrnis im Auslande (z. B. durch Anspruchsabtretung nach § 931, oder durch Besitzkonstitut, § 930 BGB) übereignet werden.

Dritter Abschnitt.

Der Schutz der Rechte.

§ 26. Selbsthilfe und Prozeß. Verjährung.

v. BAR: II 355ff. — ZITELMANN: II 222ff. — FRANKENSTEIN: I 358ff. — LEWALD: 72ff. — NUSSBAUM: 376ff. — MICHEL, J.: Rev. Darras 8 (1912) 302ff. WUNDERLICH, G.: Verjährung nach internationalem Recht, Festschrift E. Heinitz (1926) 481ff. — SCHOCH, MAGD.: Klagbarkeit, Prozeßanspruch und Beweis im Lichte des Internat. Rechts 1934. — Über BAGGE: En präskriptionsfraga inom den internat. privaträtten: PAPPENHEIM, W.: RabelsZ 5 (1931)740. — RIEZLER: IntZivPrR 1949 (mit Lit. 45ff). — ARMINJON: III 189, 237, 263, 292, 383.

I. Ob die Voraussetzungen vorliegen, unter denen jemand befugt ist, ein ihm zustehendes Recht mit *Eigenmacht* durchzusetzen, entscheidet nicht die für dieses subjektive Recht maßgebende Rechtsordnung, sondern das Recht des Orts, an dem die eigenmächtige Handlung vorgenommen werden soll.

II. Für die Durchsetzung der Rechte im *Klagewege* gilt das Recht des Orts, an dem der Prozeß geführt wird, die *lex fori*. Jeder Richter hat nur die Prozeßnormen seines Gerichtsbezirks zu beachten. Dabei sind aber die prozeßrechtlichen Vorschriften von den materiellrechtlichen nicht nach einem der Maßstäbe abzugrenzen, die in der Prozeßwissenschaft zu systematischen Zwecken angegeben werden. Vielmehr

---

[14] RG 121, 156f.; RG JurW 1931, 574; KG FALKM.-MUGD. 44, 152.

[15] Anderer Meinung NEUMEYER: 16, der für die Beurkundung sachenrechtlicher Geschäfte die ausschließliche Zuständigkeit des Staates des situs rei behauptet.

gibt es manche Sätze, die zwar das Verfahren des Richters betreffen, dabei aber bestimmte Privatrechtsgedanken begleiten. Hierher gehören z. B.

1. alle *Beweislastnormen* und *Vermutungen*, gleichviel wohin man sie systematisch stellt[1]. Der deutsche Richter, der über eine dem französischen Recht unterworfene Forderung zu urteilen hat, muß auch die Beweislast nach den Grundsätzen des französischen Rechts beurteilen. Der nahe Zusammenhang zwischen den Beweislastnormen und den Zivilrechtssätzen ergibt sich schon daraus, daß jene regelmäßig in den Zivilgesetzbüchern (so im BGB und HGB, im code civil, im schweizerischen ZGB) mit abgehandelt sind.

2. Die Normen der *Beweisführung* sind überwiegend durch die lex fori bestimmt; ob Eideszuschiebung zulässig ist, wie die Leistung des Parteieides wirkt, ob ein Recht zur Zeugnisverweigerung besteht, ob ein Zeuge eidlich zu hören ist, welche Beweiskraft eine Urkunde hat usw., das entscheidet der deutsche Richter nach deutschem Recht[2]. Anders aber bei den Beweisführungsnormen vieler romanischer Rechte, durch die bei Rechtsgeschäften eines bestimmten Gegenstandswerts der Zeugenbeweis ausgeschlossen wird.

So muß nach art. 1341 code civil über alle Gegenstände, die einen Wert von 500 frcs. (Fassung von 1928) überschreiten, eine notarielle oder privatschriftliche Urkunde aufgenommen werden, und gegen den Inhalt der Urkunde oder über mündliche Nebenabreden gibt es keinen Zeugenbeweis. Ähnlich *Italien*, das *englische* Statute of Frauds (1677) u. a.

Solche Normen wollen denselben Gedanken verwirklichen, den andere Rechtsordnungen mit der zivilrechtlichen Vorschrift erreichen, nach der Verträge über einen bestimmten Gegenstandswert hinaus schriftlich errichtet werden *müssen*, um *gültig* zu sein[3]. Der Unterschied jener Beweisführungsnorm von dieser zivilrechtlichen Formvorschrift ist praktisch gering: er beschränkt sich auf die Fälle der freiwilligen Leistung[4] und des Zugeständnisses. Er rechtfertigt internationalprivatrechtlich keine verschiedene Behandlung[5].

III. Die *Verjährung* ist, auch wenn man sie nicht als Anspruchs-, sondern als Klagenverjährung betrachtet, ein Institut des Zivilrechts[6].

---

[1] RIEZLER: IntZivPrR 464 ff.

[2] Über die Frage, ob eine ausländische Urkunde eine „öffentliche" Urkunde ist: § 438 ZPO.

[3] Zum Beispiel § 131 AllgLandrecht I 5: Verträge über 50 Thaler.

[4] Selbst hier besteht nicht immer ein Unterschied, da vielfach nach Zivilrecht der Formmangel durch freiwillige Erfüllung geheilt wird (vgl. BGB §§ 518 Abs. 2, 766 Satz 2 u. a.).

[5] NIBOYET: Manuel 678 f. v. BAR: II 375 ff. Abweichend FRANKENSTEIN: I 364 ff. NUSSBAUM: 413.

[6] RIEZLER: 106 ff. RAAPE: IPR 307. Über die abweichende Auffassung des englischen Rechts vgl. oben § 13 zu Anm. 13.

Es gilt daher für sie grundsätzlich die Rechtsordnung, die für das verjährende Recht selbst gilt[7], also bei der Verjährung von Forderungen das Obligationsstatut, bei der Verjährung dinglicher Ansprüche die (wechselnde) lex rei sitae.

Auch die Unterbrechung der Verjährung durch Klageerhebung richtet sich nicht etwa nach dem Recht des Gerichts, vor dem die Klage erhoben ist, sondern nach dem des verjährenden Anspruchs. Durch eine im Ausland erhobene Klage wird die Verjährung eines deutschrechtlichen Anspruchs nur unterbrochen, wenn das ausländische Verfahren von der deutschen Rechtsordnung „anerkannt" wird (d. h. wenn das Verfahren zu einem Urteil führen wird, das nach § 328 ZPO in Deutschland anerkannt wird)[8]; vgl. unten § 27[3].

Doch wendet man vielfach aus Gründen des ordre public die lex fori auf die Verjährung an. Vgl. oben § 13 zu Anm. 13.

§ 27. Anerkennung und Vollstreckung ausländischer Urteile.

Lit. im vorigen Paragraphen; Kommentare zur ZPO § 328, insbes. von STEIN-JONAS. — LEHMANN-KRAUSS, in Leske-Loewenfeld: Rechtsverfolgung im intern. Verkehr I (1930). — RIEZLER: 569 ff. — KALLMANN, F.: Anerkennung und Vollstreckung ausländischer Zivilurteile 1946. — SATTER: Zeitschr. f. Zivilprozeß 55, 459 ff. (1930). — GESLER, HELMUTH: § 328 ZPO (Beiträge z. ZivProzeß Heft 14) 1933. — SCHWARZ, HANNAH: Die Anerkennung ausländischer Staatsakte 1935. — SÜSS: Rosenberg-Festgabe 229 ff.

Die Lehre der Anerkennung und Vollstreckung ausländischer Urteile gehört systematisch nicht in eine Darstellung des internationalen *Privat*rechts. Doch empfiehlt sich, wegen des nahen Zusammenhangs damit, ein Überblick.

I. Bis 1900 war in Deutschland nur die *Vollstreckung* ausländischer Urteile gesetzlich geordnet. Das war, namentlich im Hinblick auf die einer Vollstreckung nicht fähigen Feststellungs- und Gestaltungsurteile (z. B. Ehescheidungen) zu eng. Die ZPO von 1898 scheidet mit Recht von der Vollstreckung (§§ 722, 723) die „Anerkennung" ausländischer Urteile (§ 328). Die Vollstreckung geschieht auf Grund eines „Vollstreckungsurteils" (eines „Exequatur") des deutschen Gerichts, das dann und nur dann ergeht, wenn das ausländische Urteil nach § 328 anerkannt wird. Wo keine Vollstreckung möglich ist, wie bei Ehescheidungsurteilen, oder wo sie nicht begehrt wird (sondern der im Ausland rechtskräftig abgewiesene Kläger im Inland noch einmal klagt), da besteht nur die Frage, ob das Urteil „anzuerkennen" sei. Die Anerkennung setzt keinen deutschen Staatsakt voraus, sondern tritt ohne weiteres ein, sobald ihre gesetzlichen Voraussetzungen erfüllt sind[1].

---

[7] RG 74, 173; 145, 121 ff. RG JurW 1936, 2141.

[8] RG JurW 1926, 374 (anderer Meinung NEUMEYER: Ebenda); RG 129, 389; OLG Breslau JurW 1939, 344. LEWALD: 74 f. RIEZLER: 461 f. SÜSS: Rosenberg-Festgabe 261 f.

[1] Vgl. RG 166, 376.

II. Der deutsche „Grundsatz" geht dahin, daß ausländische Urteile in Deutschland *anerkannt* werden. Davon gelten gewisse Ausnahmen, die in § 328 ZPO genannt (und unter III zu besprechen) sind. In Wahrheit freilich sind die Ausnahmen, vor allem die letzte der Ausnahmen, so weittragend, daß der Grundsatz der Anerkennung zurücktritt.

1. Liegt eine der Ausnahmen vor, wird also das ausländische Urteil nicht anerkannt, so kann es immer noch als Tatsache, z. B. in einem neuen Prozeß des Klägers im Inland, wirken.

So erklärte das Reichsgericht einmal (129, 387), daß ein nicht anzuerkennendes norwegisches Urteil „in Anbetracht der eingehenden und sorgfältigen Prüfung und Feststellung des Sachverhalts als wichtiges Beweismittel dafür zu verwenden sei, daß die Beklagte unerlaubte Handlungen begangen hat". — Ferner: wird auf Grund eines nicht anerkannten ausländischen Urteils von dem Verurteilten geleistet, so ist die Leistung weder unentgeltlich noch gar sine causa geschehen, sondern es ist eine Schuld erfüllt, die freilich nur für das Gebiet des Urteilsstaats entstanden ist, die aber auch in Deutschland als eine im Ausland bestehende Schuld zugegeben werden muß[2].

2. Liegt keine der Ausnahmen vor, so hat das Urteil in Deutschland alle Wirkungen[3], die es im Urteilsstaat hat. Diese Wirkungen treten selbst dann ein, wenn der Heimatstaat der Parteien oder der Staat des sonst sachlich maßgebenden Rechts dem Urteil jede Anerkennung versagt.

Werden z. B. zwei italienische Gatten in Paris rechtskräftig geschieden (was nicht hätte geschehen dürfen, da Italien keine Scheidung vom Bande zuläßt), so wird das Urteil in Deutschland anerkannt, obwohl es in Italien nicht anerkannt wird[4].

Anerkannt werden nur rechtskräftige Urteile ausländischer *Zivil*gerichte, nicht solche von Verwaltungsgerichten oder von Strafgerichten, mögen diese auch nebenher über zivilrechtliche Ansprüche (z. B. im Adhäsionsverfahren[5]) entscheiden. Die Zivilgerichte mögen mit Juristen, mit Geistlichen, mit Laien besetzt sein. Urteil ist, ohne daß es auf die ausländische Bezeichnung ankäme, eine gerichtliche Entscheidung nur dann, wenn sie einen Parteienprozeß endgültig auf Grund eines Verfahrens abschließt, das dem deutschen Zivilprozeß entspricht (mag es ihm auch wenig ähneln), bei dem insbesondere beide Parteien gehört werden[6].

---

[2] Vgl. KG Falkm.-Mugd. 18, 55; FRANKENSTEIN: I 356ff.

[3] Übrigens hat nicht erst das Urteil Wirkungen. Schon die Klageerhebung erzeugt eine *Rechtshängigkeit* im Sinne des deutschen Rechts, z. B. für Unterbrechung der Verjährung, für Prozeßzinsen (BGB § 291), Übertragbarkeit des Kranzgeldanspruchs der verführten Braut (BGB § 1300 Abs. 2), für den Eigentumsanspruch (§§ 987—989) u. a.

[4] ZITELMANN: II 771f. Abweichend FRANKENSTEIN: I 345ff. RAAPE: Komm. 421ff.

[5] Für Anerkennung: KOHLRAUSCH: RheinZ 12, 130; gegen Anerkennung: PAGENSTECHER: Ebenda.

[6] STEIN-JONAS: Komm. zu § 328 III 1; RG 16, 428.

III. Die *Anerkennung* eines ausländischen Urteils ist in fünf Fällen *ausgeschlossen:*

1. Wenn kein Gericht des Staats, in dem das Urteil ergangen ist, *nach deutschem Rechte zuständig* ist; § 328 Nr. 1. Das deutsche Recht stellt nicht nur Normen darüber auf, wann deutsche Gerichte Zuständigkeit haben, sondern bestimmt auch die Voraussetzungen, unter denen *nach deutscher Auffassung* ausländische Gerichte judizieren dürfen. Die deutsche Auffassung mag von der des fremden Staats abweichen. Sie mag eine Zuständigkeit anerkennen, die dem ausländischen Recht fremd ist, z. B. den Gerichtsstand des Vermögens. Sie mag umgekehrt eine Zuständigkeit ablehnen, die dem fremden Zivilprozeß geläufig ist.

Beispiel: Nach tschechoslowakischem Recht begründet die anstandslose Annahme einer mit dem Vermerk „klagbar in Prag" versehenen Faktura durch den Käufer eine Zuständigkeit, nach deutschem Recht nicht. Selbstverständlich hat die deutsche Auffassung nicht die Wirkung, die Klage eines Verkäufers im Prager Fakturengerichtsstand unzulässig und das Urteil unwirksam zu machen; sie bewirkt nur, daß das Prager Urteil nicht anerkannt wird.

Ist nach deutschem Recht ein Gerichtsstand im Ausland gegeben, ist aber nach dem ausländischen Recht ein anderes Gericht zuständig als nach deutschem Recht, so wird das ausländische Urteil auch nach deutschem Recht anerkannt; ob das *urteilende* ausländische Gericht zuständig war, ist gleichgültig.

Beispiel: Nach deutschem Recht besteht für einen Kaufvertrag zwischen einem Tschechen und einem Deutschen ein Gerichtsstand des Erfüllungsorts in Pilsen; aber der Verkäufer klagt nicht in Pilsen, sondern im Prager Fakturengerichtsstand. Das Urteil wird in Deutschland anerkannt[7].

2. Wenn ein deutscher Beklagter verurteilt ist, ohne sich auf den Prozeß eingelassen zu haben, wofern im Ausland die Klage nicht persönlich oder durch deutsche Rechtshilfe (z. B. den deutschen Konsul) zugestellt ist; § 328 Nr. 2. Diese Norm dient dem *Schutze Deutscher* gegen *Versäumnisurteile*, wenn der Beklagte nur durch Ersatzzustellung oder öffentliche Zustellung geladen ist.

3. Wenn in Ehe- oder Familienstandssachen eine deutsche Partei durch Nichtanwendung deutschen materiellen Rechts schlechter gestellt ist, als sie nach den Normen des deutschen Internationalprivatrechts (Art. 13, 17, 18, 22, EG BGB) stehen würde.

Weist z. B. der belgische Richter die Klage der deutsch gebliebenen Ehefrau gegen ihren belgisch gewordenen Ehemann auf Scheidung wegen Ehebruchs im Einklang mit dem belgischen Recht (aber entgegen dem deutschen Recht) ab, so hat das Urteil in Deutschland keine Rechtskraftwirkung, da Art. 17 Abs. 3 EG verletzt ist.

4. Wenn das ausländische Urteil dem deutschen *ordre public* zuwiderläuft, der hier ebenso wie in Art. 30 EG bestimmt wird; § 328 Nr. 4 ZPO. Vgl. oben § 14.

---

[7] RG 65, 330.

5. Wenn die *Gegenseitigkeit nicht verbürgt*, d. h. durch Staatsvertrag, Gesetz oder Gewohnheitsrecht sichergestellt ist und in fester Praxis geübt wird; § 328 Nr. 5 ZPO. Dieser Ausschließungsgrund ist für vermögensrechtliche Urteile der bei weitem wichtigste; denn die Gegenseitigkeit besteht nur zu wenigen Staaten.

Man kann Zweifel hegen, ob das deutsche System, das die Vollstreckung ausländischer Urteile von der Verbürgung der Gegenseitigkeit abhängig macht, Lob verdient. Die Tatsache, daß ein Staat mit schlechter Rechtspflege, ungenügender Juristenausbildung, politisch abhängigen Richtern gute Urteile eines anderen Staates vollstreckt, kann für diesen kein Anreiz sein, die Urteile jenes Staates zu vollstrecken[8]! Dennoch ist dieses System der Gegenseitigkeit verbreitet; es findet sich in Österreich, Spanien, Rumänien, Großbritannien, in vielen Schweizer Kantonen und in manchen außereuropäischen Staaten[8a].

Günstiger stehen Urteile über *nichtvermögensrechtliche Ansprüche*, daher vor allem Ehescheidungsurteile. Hier kommt es auf die Verbürgung der Gegenseitigkeit dann nicht an, wenn für den Prozeß ein deutscher Gerichtsstand nicht begründet war; § 328 Abs. 2. Wann ein deutscher Gerichtsstand begründet ist, wird am besten bei Darstellung des internationalen Ehescheidungsrechts besprochen. (Siehe unten § 43 III.) Die Methode der Anerkennung ausländischer Urteile in *Ehesachen*, insbesondere in Ehescheidungssachen, ist durch § 24 der DurchführVO zum Ehegesetz vom 25. Oktober 1941 verändert worden[9]. Solche Urteile sind seither in Deutschland nur wirksam, wenn die oberste Justizverwaltungsbehörde festgestellt hat, daß die gesetzlichen Voraussetzungen für die Anerkennung des Urteils gegeben sind; von der Verbürgung der Gegenseitigkeit kann dabei abgesehen werden. Die Feststellung durch die Justizverwaltungsbehörde bindet Gerichte und Verwaltungsbehörden. Diese Methode ist eine Weiterführung des Gedankens, der dem Art. 31 EG BGB zugrunde liegt: wie dem Richter die Entscheidung über die Anwendung eines Vergeltungsrechts aus der Hand genommen ist, so (allerdings vorläufig beschränkt auf Ehesachen) die Prüfung der Voraussetzungen für die Anerkennung fremder Urteile und der Notwendigkeit einer Gegenseitigkeitsverbürgung.

IV. Die Anerkennung und Vollstreckung ausländischer Urteile ist durch einige Staatsverträge erleichtert. Deutschland hat solche Verträge z. B. mit Österreich (1923), der Schweiz (1929), Italien (1936), Ungarn (1944), geschlossen. Der Abschluß von *Kollektivverträgen* ist bisher nicht gelungen, weil eine Einigung über die anzuerkennenden Gerichtsstände bei den hier bestehenden großen Unterschieden nicht möglich zu sein scheint. Auch das Haager Zivilprozeßabk. vom 17. Juli 1905 hat keine Verständigung über Urteilsanerkennung gebracht. Das

---

[8] v. Bar: II 510ff. und Süss in seiner sehr bemerkenswerten Abhandlung.
[8a] Vielleicht noch in mehreren anderen Staaten; Süss: a. a. O. 247f.
[9] Dazu Beitzke: DRZ 1946, 172.

erste (bisher einzige europäische) Kollektivabkommen über ausländische Vollstreckungstitel ist das *Genfer Abk.* vom 26. September 1927 zur Vollstreckung *ausländischer Schiedssprüche*[10], das in Deutschland am 1. Dezember 1930 in Kraft trat. Vollstreckt wird danach der Schiedsspruch selbst, ohne daß es eines Vollstreckungsurteils der Gerichte des Ursprungslandes bedarf; vorausgesetzt wird, daß der Schiedsvertrag nach demjenigen Recht gültig ist, dem er bei unterstellter Gültigkeit unterworfen ist.

V. Die 7. Haager Konferenz von 1951 hat unter anderem eine teilweise Vereinheitlichung des Zivilprozeßrechts, nämlich eine internationale Anerkennung und Vollstreckung ausländischer Urteile in Aussicht gestellt; man ist aber über einen vorbereitenden Entwurf nicht hinausgekommen.

Vierter Abschnitt.

Obligationenrecht.

§ 28. Der Schuldvertrag. Parteiautonomie.

HAUDEK: Die Bedeutung des Parteiwillens im IPR 1931. — CALEB, M.: Essai sur le principe de l'autonomie de la volonté 1927. — NEUMANN, K.: Vertragsgültigkeit und Parteiwille in Lehre und Rechtsprechung des intern. SchuldRs 1930. NIBOYET: La théorie de l'autonomie de la volonté, Rec.d.Cours 1927 I. — AUDINET: Mélanges Pillet 1929, 57 ff. — BAGGE, ALGOT: Les conflits de lois en matière de contrats de vente Rec.d.Cours (1928) V 129 ff. — MELCHIOR: 498 ff., 238 f. — GUTZWILLER: 1601 ff. — FRANKENSTEIN: II 123 ff. — RAAPE: IPR 280 ff. — BATIFFOL: Conflits de lois en matière de contrats 1938. — Traité élém. 1949, 586 ff. — MOSER, R.: Vertragsabschluß, Vertragsgültigkeit und Parteiwille im int. Obl. R. 1948. — MANN, F. A.: IntLQ 3 (1950) 60, 597. — MORRIS: Ibidem 197. — CARTER: Ibidem 255. — WOLFF, MARTIN: In Transact. Grotius Soc., 1949, 143 ff. — DELAUME: Rev. Crit. 1950, 321 ff. — DÖLLE: RabelsZ 17, 169, 170. YNTEMA: American Journ. of Comp. Law I (1952) 341 ff. — Rechtsvergleichend insbes.: FICKER: RVglHWB IV 371 ff. — RABEL: II 355 ff.

I. Auf keinem Gebiete des internationalen Privatrechts besteht zwischen dem in der Rechtsprechung geübten Recht und den Sätzen, die die überwiegende Rechtslehre als geltendes Recht vorträgt, ein so starker Gegensatz wie auf dem Gebiete des Schuldrechts. Der Streit geht darum: Ist es in *erster* Linie Sache der *Vertragschließenden*, zu bestimmen, welcher Rechtsordnung das Vertragsverhältnis unterworfen werde, und kommt eine gesetzliche Ordnung des Obligationsstatuts gar nicht oder nur subsidiär in Betracht ? *Oder* ist es zunächst Sache der *Rechtsordnung*, das grundsätzlich anwendbare Recht zu bestimmen, und haben die Parteien nur die Befugnis, insoweit als dieses Recht es

---

[10] Vorbereitend: das Protokoll vom 24. September 1923. Vgl. oben S. 28. — Zu den beiden Abkommen: VOLKMAR: JurW 1930, 2745 ff. NUSSBAUM: 474 ff.

gestattet, das Vertragsverhältnis einer anderen Rechtsordnung zu unterwerfen?

Die *Praxis* verficht jenes, und zwar sowohl in Deutschland wie in
den meisten romanischen Ländern, in Großbritannien wie in den Vereinigten Staaten, wenn auch mit manchen Unterschieden im einzelnen[1].
Namhafte Theoretiker, besonders Deutschlands und Frankreichs, bekämpfen den Prinzipat des Parteiwillens und zwar nicht nur de lege
ferenda, sondern überraschenderweise auch de lege lata[2].

Der herrschenden Praxis wird vorgeworfen, sie begehe einen logischen Fehler;
zuerst müsse feststehen, was die Kontrahenten auf Grund einer bestimmten Rechtsordnung wollen können, ehe man feststelle, was sie wollen. Der Vorwurf trifft
nicht. Die Rechtsordnung, die erklärt, daß die Kontrahenten ihre Schuldverträge
einem von ihnen gekorenen Recht unterwerfen können, ist eben das deutsche, das
französische, das belgische, das englische (usw.) internationale Privatrecht.

Die Vertreter der Doktrin gehen aber, indem sie die herrschende Anknüpfung an den Parteiwillen ablehnen, stark auseinander in dem, was
sie an ihre Stelle setzen.

1. Die einen erklären (so vor allem die französische Doktrin) grundsätzlich den *Abschlußort* für maßgebend. Er aber hängt oft vom Zufall
ab und ist bisweilen (z. B. bei telephonischen Abschlüssen) schwer zu
bestimmen[3].

2. Andere legen den *Erfüllungsort* zugrunde, was bei gegenseitigen
Verträgen zu einer Spaltung des Vertrags führt, wenn jeder Teil an einem
anderen Orte zu erfüllen hat. Verwandt damit ist

3. die Lehre, daß der *Wohnsitz* oder Niederlassungsort des Schuldners entscheide (so v. BAR); hier entstehen ähnliche Schwierigkeiten wie
zu 2.

4. Weiter hat man aus angeblichen völkerrechtlichen Erwägungen
das Recht der *Staatsangehörigkeit* (ZITELMANN)[4] als primäres Obligationsstatut behauptet, weil die Obligation auf einem Befehl der Rechtsordnung an den Schuldner beruhe, aber nur das Heimatrecht die völkerrechtlich anerkannte Macht habe, dem Schuldner zu befehlen.

Von diesen vier generalisierenden Lehren befriedigt keine stets; die
vierte, die der staatlichen Souveränität eine Macht zuweist, die diese
nicht beansprucht, befriedigt nie. So hat auch die Theorie immer mehr

---

[1] HAUDEK: 47ff. MELCHIOR: 501ff.

[2] Wenn man ein Gewohnheitsrecht leugnet, weil gelegentlich in höchstrichter-
lichen Entscheidungen auch einmal eine andere Auffassung hervortritt (vgl. die
Entscheidungen bei LEWALD: 202) und weil die Grenzen der Parteiautonomie
(davon unten II) nicht immer einheitlich abgesteckt werden, so ist zu erwidern,
daß jeder gewohnheitsrechtlichen Bildung eine derartige Unsicherheit der Kon-
turen eigen ist.

[3] HINRICHSEN, A.: Die lex loci contractus im amerikanischen IPR 1933.

[4] Ähnlich: FRANKENSTEINS Lehre.

erkannt, daß eine *allgemeine* für das ganze Gebiet der Schuldverträge
passende Formel nicht möglich ist. Sie setzt deshalb heute überwiegend
5. dem *Richter* die Aufgabe, den Schwerpunkt des Rechtsverhältnisses im *einzelnen Falle* unter objektiver Würdigung *aller Umstände*
(Vertragstypus, Vertragsgegenstand, Vertragsparteien u. a.) zu suchen.
Das so bestimmte Recht soll dann das „an sich maßgebende Recht"
sein. Von diesem Recht soll es abhängen, wieweit die Parteien die Freiheit haben, andere Rechtssätze zu wählen. Solche Freiheit hätten sie
gegenüber dispositiven Normen des an sich geltenden Rechts, nicht
aber gegenüber seinen zwingenden Normen. Die dispositiven Sätze und
nur sie, könne man vertraglich im Wege sog. „materiellrechtlicher Verweisung [5]" durch die Sätze einer fremden Rechtsordnung ersetzen.

In dem letzten liegt der Unterschied der Doktrin und der herrschenden
Rechtsprechung. Nach dieser ist es nicht Sache des Gesetzes oder des
Richters, sondern der Kontrahenten selbst, beim Vertragsschlusse unter
den verschiedenen Rechten, zu denen ihr Vertrag Beziehung haben
könnte, dasjenige Recht auszuwählen, in das sie den Schwerpunkt
verlegen. Haben sie so „the proper law of the contract" bestimmt, so
sind sie den zwingenden Normen dieses Rechts unterworfen, nicht dagegen den zwingenden Normen irgendeines anderen Rechts, in das vielleicht der Richter den Sitz des Rechtsverhältnisses auf Grund anderer
Wertung verlegt haben würde.

Beispiele: Nach deutschem Recht (§§ 59, 60 VVG) ist eine Doppelversicherung
in der Regel gültig, aber die Summe herabsetzbar, nach niederländischem Recht
(art. 252 wetboek v. koophandel) ist die Versicherung zeitweise, d. h. während des
Nebeneinanderlaufens der beiden Versicherungen, unwirksam; der Versicherungs-
nehmer ist Niederländer, der Versicherer Deutscher; im Vertrage ist für die typisch
versicherungsrechtlichen Beziehungen niederländisches Recht als anwendbar erklärt [6]; das ist gültig, ohne daß es darauf ankommt, ob beim Mangel der Einigung
über das anzuwendende Recht der Richter (wie anzunehmen) den Schwerpunkt
ins deutsche Recht gelegt hätte. — Ein abstraktes Schuldanerkenntnis, nach deutschem Recht gültig, nach brasilianischem Recht nichtig, wird vertraglich zwischen
einem deutschen Gläubiger und einem brasilianischen Schuldner abgeschlossen;
unterwerfen sich die Kontrahenten dem deutschen Recht, so ist der Vertrag gültig,
auch wenn man zweifeln sollte, ob die Schwerpunktsbestimmung der Kontrahenten
„objektiv" sachgemäß ist [7]. — Ein Ehemakellohn war vor 1900 in Preußen klagbar,
in Sachsen nicht; gesetzt, ein Berliner schloß mit einem Leipziger schriftlich einen
Ehemäklervertrag und machte aus, daß preußisches Recht gelten solle [8]: der preußische Richter hatte diese Bestimmung zu achten, auch wenn er fand, daß die
Beziehungen stärker nach Sachsen wiesen.

[5] Ausdruck ZITELMANNs: I 270; II 374.
[6] OLG Düsseldorf IPRspr 1929 Nr. 48; MELCHIOR: 508.,
[7] MELCHIOR: 507 [4].
[8] In dem Fall RG 44, 300ff. waren beide Parteien des Ehemäklervertrags in
Sachsen wohnhaft und keine Beziehung wies auf Preußen. Deshalb war *hier*
(vgl. II) die Unterwerfung unter preußisches Recht unzulässig. Vgl. MELCHIOR: 511.

Die herrschende Praxis stellt nicht nur geltendes Recht dar; sie trifft auch de lege ferenda das Richtige. Für einen Vertrag mit Auslandsberührung den örtlichen Schwerpunkt zu finden, ist oft schwierig: von mehreren außenstehenden Beurteilern möchte leicht jeder den Vertrag anders lokalisieren, und jeder nach langem Schwanken und mit Zweifeln. Die unwägbaren Kräfte, die das eigene Interesse verleiht, machen die Vertragsschließenden zu den geeignetsten Beurteilern.

II. Die Parteien können das Recht, dem ihr Vertrag unterworfen sein soll, *beliebig* bestimmen; sie sind nicht gebunden, unter einigen wenigen Rechtsordnungen, die als Vertragssitz in Betracht kommen können, zu wählen. Sie mögen eine ferner liegende Anknüpfung wählen. Die *Parteiautonomie ist also unbeschränkt, wenn* von etwaigen Fällen sinnloser, oder albern-verspielter, kurz, *ungehöriger* Wahl abgesehen wird. — Parteien, die von dem Ausgang einer rollenden Kugel im Roulettspiel die Geltung dieses oder jenes Rechts abhängig machen, handeln mißbräuchlich. Solche Verträge abzuschließen, dazu ist die Parteiautonomie nicht da, und tatsächlich kommen solche Verträge nicht vor. Es bleibt praktisch bei der Regel: eine ausdrückliche Wahl eines bestimmten Rechtssystems wird immer als gültig zu betrachten sein.

Die wichtigsten Anknüpfungspunkte, an welche die Kontrahenten bei Vertragsschlüssen vor allem anknüpfen, sind die folgenden[9]: sie sind schon im vorhergehenden, im Zusammenhang mit der unrichtigen Aufstellung zwingender Theorien, erwähnt worden.

1. *Staatsangehörigkeit* und *Wohnsitz* der Vertragsschließenden oder eines von ihnen. Ein Deutscher, der sich in der Schweiz aufhält, dort eine Bürgschaft für einen Schweizer Freund mit dessen Schweizer Gläubiger eingeht und einen Schweizer Erfüllungsort verabredet, kann sich dennoch der Anwendung deutschen Rechts unterwerfen, obwohl es näher liegt, solche Bürgschaft in der Schweiz zu lokalisieren.

Gilt für diese Bürgschaft deutsches Recht, so ist sie selbst dann gültig, wenn die Hauptforderung ihrem Betrage nach nicht feststeht und der Bürge keinen Haftungshöchstbetrag angegeben hat. Anders, wenn schweizerisches Recht anwendbar wäre; Art. 493 SchwObligR.

2. *Abschlußort.* Wird ein Vertrag zwischen zwei Deutschen bei deren Aufenthalt in Paris abgeschlossen, so sind sie — selbst wenn als Erfüllungsort Berlin verabredet wird — in der Lage, den Vertrag französischem Recht zu unterwerfen, obwohl es näher liegen würde, das Schwergewicht in Deutschland zu finden.

---

[9] Das ist keine erschöpfende Aufzählung. Sie wäre nicht möglich; der Versuch des (nicht mehr geltenden) *polnischen* IPRGesetzes von 1926 Art. 7, die Parteienwahl auf eine Reihe aufgezählter Anknüpfungsrechte zu beschränken, taugt nicht. HAUDEK: 44f.

Es kann an der Vereinbarung französischen Rechts ein starkes Interesse bestehen, so, wenn die Kontrahenten beim Abschluß von französischen Advokaten beraten worden sind, die den Vertrag unter Zugrundelegung des französischen Rechts formuliert haben, und wenn die Folgen, die die Anwendung deutschen Rechts hätte, von den rechtlich ungeschulten Parteien damals nicht überblickt werden konnten. — Aber *daß* in concreto ein Interesse bestand, brauchen die Parteien, wenn es später zum Streit über das anwendbare Recht kommt, dem Richter nicht darzutun; es muß genügen, daß es bestehen kann.

3. *Erfüllungsort.* Daß die Kontrahenten das Recht des Erfüllungsorts zum maßgebenden Recht erklären können, ist für das deutsche internationale Privatrecht selbstverständlich; es gilt aber auch für diejenigen ausländischen Rechte, die (wie das französische) dem Erfüllungsort für die Anknüpfung des Schuldvertrags kaum Bedeutung beimessen. Ferner: bei gegenseitigen Verträgen kann der *ganze* Vertrag dem Rechte unterworfen werden, das am Erfüllungsort *eines* der Schuldner gilt, so daß z. B. auch die Pflichten des Käufers dem am Verkäuferdomizil geltenden Recht unterworfen werden können.

Zu betonen ist, daß das auch gegenüber zwingendem Recht gilt. Ist z. B. bei einem Verkauf von Berlin nach Zürich als Erfüllungsort für die Verkäuferpflichten Berlin, für die Kaufgeldschuld Zürich vereinbart, so kann dennoch verabredet werden, daß der ganze Vertrag dem deutschen Recht unterworfen sei, was zur Folge hat, daß die Kaufgeldschuld in 2 oder 4 Jahren (§ 196 Nr. 1 und Abs. 2 BGB) verjährt und nicht in den nach Schweizer Recht unverkürzbaren 10 Jahren des Art. 127 SchwOblR (vgl. Art. 129).

4. Auch die rechtliche oder wirtschaftliche *Anlehnung des Vertrags an einen anderen Vertrag* kann ein hinreichender Grund dafür sein, den Vertragsschwerpunkt in das Gebiet des anderen Vertrages zu verlegen. Ein Deutscher, der sich in Deutschland einem Deutschen verbürgt und Zahlung in Deutschland zusichert, kann verabreden, daß die Bürgschaft dem ausländischen Rechte unterworfen werde, dem die Hauptschuld untersteht. Für eine Rückversicherung kann vertraglich das Recht der durch sie zu deckenden Versicherung vereinbart werden[10]. Bei Beleihung schwimmender Ware, die bereits einmal versichert ist, wird bisweilen auf Verlangen der kreditgebenden Bank eine zweite Versicherung bei einer anderen Versicherungsgesellschaft genommen, und der Zweitversicherer kann daran interessiert sein, nur unter den Voraussetzungen zu haften, unter denen der Erstversicherer haftet: dann wird für den zweiten Vertrag dasselbe Recht vereinbart wie für den ersten. Ein deutscher Importeur amerikanischen Getreides verkauft die nach dem La-Plata-Grain-Contract eingekaufte Ware weiter an einen Deutschen, indem er die Anwendbarkeit desselben (englischen) Rechts vereinbart, nach dem er eingekauft hat, um bei Mängeln, für die er seinem Abnehmer haftet, des Rückgriffs gegen seinen Lieferanten sicher zu sein.

---

[10] Hierzu und zum Folgenden insbes. HAUDEK: 39 ff., der aber die Grenzen der Parteiautonomie weniger weit absteckt; NUSSBAUM: 227.

Alle solchen vertraglichen Bestimmungen des Schwerpunkts müssen zulässig sein, auch soweit das gekorene Recht von zwingenden Normen anderer Rechte abweicht.

III. Die Vertragschließenden sind nicht nur befugt, für ihr gesamtes Vertragsverhältnis *ein* Recht zu küren, sondern auch die einzelnen Bestandteile des Vertragsverhältnisses *verschiedenen* Rechten zu unterwerfen[11]. Davon geht sogar die deutsche Praxis als von dem bei gegenseitigen Verträgen Normalen aus, indem sie annimmt, daß jeder Kontrahent seine Pflichten dem Rechte seines Erfüllungsorts unterstellen wolle[12]. Häufig ist es ferner, bei internationalen Anleihen mit mehreren Erfüllungsorten in den verschiedensten Staaten das Erfüllungsgeschäft vereinbarungsmäßig nach dem Rechte des Orts, an dem die Erfüllung begehrt wird, zu behandeln[13].

Möglich ist es auch, bei Auslandsverkäufen zwar im allgemeinen das Recht des Wohnorts des Verkäufers gelten zu lassen, aber für die Frage der Voraussetzungen, Formen und Fristen der Mängelrüge das Recht des Ablieferungsorts einzusetzen. Doch wird man hier, da meist keine zwingenden Sätze in Frage stehen, mit der Annahme einer ,,materiellrechtlichen Verweisung'' ebensoweit kommen, wie mit der einer internationalprivatrechtlichen Rechtskürung.

Die Maßgeblichkeit des Partei*willens* für die Bestimmung des Obligationsstatuts ist in Wahrheit eine Maßgeblichkeit von Parteiwillens-*erklärungen*[14]. Die Vereinbarung der Geltung eines bestimmten Rechts kann *ausdrücklich* getroffen werden, wie das nicht selten geschieht (in ,,allgemeinen Bedingungen'' des Bank-, Seehandels-, Landtransport-, Versicherungsverkehrs usw.). Oder sie wird *stillschweigend* getroffen: es ergibt sich aus den Umständen, daß die Parteien sich beim Vertragsschluß einem bestimmten Recht unterwerfen wollten[15]; so wenn sie einen einheitlichen Erfüllungsort für beide Parteien verabreden[16], oder wenn sie auf bestimmte Paragraphen eines Gesetzbuchs verweisen und ersichtlich ist, daß sie damit nicht eine Sondernormierung für Teilfragen anstreben.

In einem Vertrag zwischen einem Österreicher und einem Deutschen, erfüllbar in Deutschland, hieß es: Die Vertragschließenden verzichten ausdrücklich auf das Recht, im Falle der Verkürzung über die Hälfte Aufhebung und Herstellung in den vorigen Stand zu fordern. Dieser nicht ausdrückliche, aber stillschweigende Hinweis auf §§ 934, 935 ÖstAllgBGB ergibt hinreichend, daß die Parteien die Geltung österreichischen Rechts annahmen und wollten; sie ist eine konkludente Erklärung dieses Willens[17].

---

[11] HAUDEK: 61ff. MELCHIOR: 521ff. Vgl. RG IPRspr 1932, 62; RArbeitsG IPRspr 1933, 25.

[12] Vgl. dazu unten IV S. 145, 7. Belege bei HAUDEK: 73.

[13] RG 118, 374; 126, 205ff. Dazu aber HAUDEK: 70f. Vgl. unten S. 155[1].

[14] MELCHIOR: 515ff.

[15] Vgl. LEWALD: 210f.

[16] RG 58, 367; 68, 207; 81, 275.

[17] Vgl. auch RG 122, 318; OLG Hamburg IPRspr 1934, 83.

In der über die ganze Erde verbreiteten Verwendung englischer Konnossementsformulare — die auf englische Rechtsbegriffe abgestellt sind — kann eine stillschweigende Unterwerfung unter englisches Seetransportrecht gefunden werden. Auch in der Vereinbarung der ausschließlichen Zuständigkeit eines bestimmten Gerichts läßt sich die Unterwerfung unter das dort geltende materielle Recht finden[18].

IV. Eine (ausdrückliche oder stillschweigende) *Vereinbarung* der Vertragschließenden über das den Vertrag beherrschende Recht *fehlt* in den meisten Fällen, weil die Beteiligten die Frage beim Vertragsschlusse gar nicht bedacht haben. In solchen Fällen erklärt die Rechtsprechung Deutschlands (wie die anderer Länder) überwiegend: es müsse der „*hypothetische Parteiwille*" (der mutmaßliche Parteiwille) erforscht werden, d. h. festgestellt werden, was die Kontrahenten gewollt haben würden, wenn sie auf die Lücke ihrer Abmachungen hingewiesen worden wären[19].

Diese Formulierung hat in der Rechtslehre viel Widerstand gefunden: sie arbeite mit einer Fiktion; sie führe der Lösung nicht näher. Da aber ein nach einfachem Schema ein für alle Male feststellbares subsidiäres Vertragsstatut (Recht des Erfüllungsorts, des Abschlußorts, Personalstatut des Schuldners usw.) nicht vorhanden ist, so stelle man dem Richter die Aufgabe, nach *objektiven* Gesichtspunkten den Schwerpunkt des Schuldverhältnisses im Einzelfall aufzusuchen[20].

Vgl. das S. 138 Gesagte. Dort handelte es sich um die Meinung, daß das vom Richter nach objektiven Gesichtspunkten zu ermittelnde Recht (oder das Recht des Erfüllungsorts, des Abschlußorts, des Wohnsitzes usw.) *prinzipal* („an sich") maßgebend sei. Hier geht es darum, daß es wenigstens *subsidiär* hinter der ausdrücklichen oder stillschweigenden Parteivereinbarung gelte.

Diese Doktrin führt zum größten Teil zu denselben Ergebnissen wie die Lehre von der Geltung des hypothetischen Parteiwillens. Wer untersuchen will, was die Parteien gewollt haben würden, wird prüfen müssen, wie sie *verständigerweise* den Schwerpunkt bestimmt haben würden; und das ist meist nichts anderes, als was die Doktrin dem Richter als Aufgabe setzt[21].

Zu bemerken ist: 1. Der Unterschied ist ein solcher zwischen objektiver und subjektiver *Fassung*. Man macht auch sonst im Recht die Erfahrung, daß die

[18] RG JurW 1906, 452; 1928, 1197; BayOLG IPRspr 1934, 45. (Anders FRANKENSTEIN: II 170.) Ähnliches kann in der Vereinbarung eines Schiedsgerichts gefunden werden. — Auch daraus, daß die Parteien im Prozeß darüber einig sind, es sei deutsches Recht anzuwenden, hat man bisweilen auf eine Einigung beim Vertragsschluß zurückgeschlossen; RG 95, 42; 118, 283; RG IPRspr 1929, **51**; 1933, 45; LEWALD: 211f.
[19] RG 68, 205; 73, 388; 120, 72; 126, 206; u. ö.
[20] So übrigens nicht nur die Rechtslehre, sondern gelegentlich auch das Reichsgericht: RG 74, 174 und der BGH NJW 1952, 540. Vgl. LEWALD: 213f.
[21] WOLFF, M.: Transact. Grotius Society 1949, 143ff.

subjektive Formulierung eine größere Lebensnähe und Anschaulichkeit und damit eine größere Sicherheit der Entscheidung vermittelt, daß eine objektive Stempelung an Schärfe gewinnt, wenn man sich mindestens ergänzend die beteiligten Personen vorstellt. Dafür zwei Beispiele: Statt der objektiv gefaßten Diligenzpflicht des BGB § 276 („die im Verkehr erforderliche Sorgfalt"), hat man im Handelsrecht das Wesen der im Handelsverkehr erforderlichen Sorgfalt dadurch lebendig gemacht, daß man gebietet, sich das Verhalten des ordentlichen Kaufmanns, des ordentlichen Geschäftsmanns, des ordentlichen Frachtführers vorzustellen. Was im Verkehr objektiv erforderlich ist, wird am besten der beantworten, der sich fragt: wie würde sich dieser oder jener, der als erfahrener und gewissenhafter Kaufmann geschätzt wird, verhalten? Aus gleichem Grund bedeutet es eine Belebung, wenn das Reichsgericht die Wendung der §§ 138, 826 BGB („Verstoß gegen die guten Sitten") durch menschlich zu würdigende Wendungen, durch den Hinweis auf das „Anstandsgefühl der billig und gerecht Denkenden" erläutert. So ist es auch hier. Der Richter, der den Schwerpunkt des Vertragsverhältnisses aufsucht, soll sich dabei die Vertragsschließenden selbst vorstellen und versuchen, sich in ihre Lage beim Abschluß zu versetzen. Ich glaube nicht, daß dies entbehrlich ist, und sehe darin die Weisheit der reichsgerichtlichen Rechtsprechung.

2. Der „Vorwurf", daß mit einer *Fiktions*formel gearbeitet werde, da kein wirklicher Parteiwille vorhanden ist, mag erhoben werden[22]. Aber er könnte gerade so gut gegen den § 140 BGB erhoben werden.

3. Die subjektive Formel des RG genügt dagegen nicht, wenn die Parteien sich über die Geltung eines bestimmten Rechts geeinigt zu haben glauben, aber versteckter *Dissens* vorliegt (BGB § 155) oder wenn sie sich geeinigt haben, dann aber die eine Partei ihre Erklärung wegen Irrtums *anficht* (§ 119). In solchem Falle kann man die Frage, welches Recht nun zu gelten habe, nicht ohne arge Verrenkung von ihrem gemeinsamen mutmaßlichen Willen beantworten lassen!

4. Die subjektive Formel des RG könnte ferner nicht erklären, daß auch im Bereich des Rechts der Vertragsobligation die Rück- und Weiterverweisung (s. oben § 15 V) gilt. Eine solche Geltung ist aber immer dann anzunehmen, wenn es an einer ausdrücklichen oder stillschweigenden Vereinbarung der Parteien über das anzuwendende Recht fehlt[23]. Vgl. S. 78.

Nach den Erwägungen zu 3 und 4 ergibt sich hiernach:

Fehlt es an einer gültigen ausdrücklichen oder stillschweigenden Vereinbarung über das, was als Recht gelten soll, so hat der Richter den Schwerpunkt des Rechtsverhältnisses aufzusuchen und dabei sowohl alle *objektiven* Umstände des konkreten Falles als auch das zu berücksichtigen, was die Parteien bei Aufklärung subjektiv als Recht bestimmt oder von der Geltung ausgeschlossen haben würden.

Dabei haben sich schon mancherlei Grundsätze für verschiedene Vertragstypen entwickelt[24].

---

[22] Immerhin läßt sich oft wenigstens sagen, daß die Parteien dieses oder jenes Recht sicherlich *nicht* zugrunde gelegt haben würden; RG 108, 242; RG JurW 1928, 1196 (Darlehnsvertrag in Rußland zwischen zweien, die aus Rußland zu entfliehen gedachten); RG JurW 1935, 3285. Vgl. auch RG 68, 208.

[23] MELCHIOR: 238f. Ein anderer Gedankengang bei LEWALD: 206f.

[24] RABEL: IPR III enthält ein reiches Material zur Erfassung der charakteristischen Züge der einzelnen Vertragstypen.

1. Verträge eines Staats mit einem Privatmann oder einer privaten Körperschaft sind meist und vermutlich[25] dem Rechte des Staats unterworfen. Für Verträge zwischen zwei Staaten gilt keine Sondernorm; das sie beherrschende Recht ist nach denselben Grundsätzen wie bei anderen Verträgen selbständig zu bestimmen. Zum Teil werden völkerrechtliche Pflichten bei der Feststellung des Vertragsinhalts zu berücksichtigen sein. In der Verlegenheit, das anzuwendende Rechtssystem richtig zu bestimmen, wird es oft hilfreich sein, die Anknüpfung unentschieden zu lassen: dann nämlich, wenn alle in Betracht kommenden Systeme zum selben Ergebnis kommen[26].

2. Auch Verträge mit anderen *Personen* des *öffentlichen Rechts* (Gemeinden u. a.) oder mit Personen, die einen öffentlichrechtlich geregelten Beruf haben, wie Ärzte, Anwälten[27], Post, Eisenbahn, beherrscht im Zweifel die Rechtsordnung, der diese Personen unterworfen sind, also ihr Wohnsitz oder der Ort ihrer beruflichen Niederlassung. Denn in derartigen Fällen hat der andere Vertragsteil auf die Gestaltung des Vertragsinhalts kaum einen Einfluß (abgesehen etwa von der Höhe des Entgelts); so hätte er auch keine Macht, die Vereinbarung eines anderen Rechts durchzusetzen. Dasselbe gilt für typenmäßig, insbesondere nach *festen Formularen*, allgemeinen „Vertragsbedingungen" u. dgl. geschlossene Verträge von Banken, Versicherungsgesellschaften, Verfrachtern, Lagerhaltern[28]. Auch für die Dienstverträge mit kaufmännischen Angestellten und Agenten ist regelmäßig das Recht der Niederlassung des Prinzipals maßgebend.

3. Verträge auf *Börsen* oder *Märkten*[29] sind der lex loci actus unterworfen.

Von dem Satz, daß für Geschäfte an Auslandsbörsen das ausländische Recht gilt, besteht aber eine Ausnahme nach § 61 BörsenG vom 8. Mai 1908, die sich als eine Spezialisierung der Vorbehaltsklausel (Art. 30 EG) darstellt: danach sind gewisse Sätze des deutschen Börsengesetzes über Börsentermingeschäfte (vor allem über die Fähigkeit zum Abschluß solcher Geschäfte, die den in Deutschland wohnhaften Personen nur zusteht, wenn sie in das Handelsregister eingetragene Voll-

[25] RG 126, 207; Ständ. Internat. Gerichtshof, in der Sache der serbischen und brasilianischen Anleihen, Entscheidung vom 12. Juli 1929, Sér. A No. 14, 15. R. v. Internat. Trustee; DICEY (MORRIS): 591.

[26] Vgl. hierzu vor allem MANN, F. A.: BYIL 1944, 12ff.

[27] RG 151, 193; vgl. RG 149, 121.

[28] LEWALD: 219. Für Versicherungsverträge vgl. BRUCK, E.: Zwischenstaatliches Versicherungsrecht 1924, Privatversicherungsrecht 1930, 39ff. Ein Rückversicherungsvertrag ist dem Rechte der Niederlassung des Rückversicherers (nicht des Hauptversicherers) unterworfen (streitig; PRÖLSS, RückversichR 1942 und CivA 150, 28ff, 48ff, 260. — Vgl. RabelsZ 16, 203ff.) — Für Frachtgeschäfte: v. BAR: Ehrenbergs HBdHandRs I 407; SCHAPS: Seerecht[2] 1921, 305ff. mit Nachweisung der RG-Praxis, die freilich bei Seefrachtgeschäften das Recht des Bestimmungshafens gelten läßt.

[29] Nicht auch öffentlichen Versteigerungen. RABEL: IPR III 53, note 12.

kaufleute, Bankiers, frühere Bankiers oder Börsenbesucher sind) auch dann anzuwenden, wenn das Börsengeschäft im Ausland geschlossen oder zu erfüllen ist[30].

Die Maßgeblichkeit des am Börsenort geltenden Rechts erstreckt sich nicht auf die zwischen Kommittent und Kommissionär abgeschlossene, auf ein Börsengeschäft gerichtete Kommision: hier wird vielmehr regelmäßig der Ort der Niederlassung des Kommissionärs entscheiden.

4. Obligatorische Verträge, die sich auf *Grundstücke* beziehen, werden nach manchen ausländischen internationalen Privatrechten (Schweiz, Polen) der lex rei sitae unterworfen. Für die Grundstücksmiete und -pacht ist das auch in Deutschland anzunehmen; für den Grundstückskauf läßt es sich nach bisherigem Recht kaum behaupten, soweit nicht der Erfüllungsort (vgl. unten zu 7.) in Deutschland liegt, vor allem also nicht für die Pflicht zur Kaufpreiszahlung.

5. Verträge, bei denen *alle Kontrahenten Deutsche* sind, werden oft, wenn kein anderer Schwerpunkt gefunden werden kann, dem deutschen Rechte unterworfen, gleichviel wo die Verträge geschlossen, wo sie zu erfüllen, wo die Parteien wohnhaft sind[31]. Man wird entsprechend entscheiden dürfen, wenn alle Beteiligten Angehörige desselben ausländischen Staates sind: hier ist im Zweifel ihr Heimatrecht anzuwenden[32].

6. Bisweilen ergibt sich der Schwerpunkt eines Schuldverhältnisses aus einer Beziehungshäufung, d. h. daraus, daß *mehrere* Anknüpfungsbeziehungen auf das Recht desselben Gebiets weisen, mag auch jede einzelne Beziehung für sich genommen ohne erhebliche Bedeutung sein: so wenn am Wohnsitz der einen Partei der Vertrag bei persönlicher Anwesenheit beider Teile oder ihrer Vertreter abgeschlossen und dabei eine Urkunde in der Landessprache aufgesetzt ist.

Besonders sucht man nach solchen Anknüpfungshäufungen dann, wenn man dadurch vermeiden kann, daß bei gegenseitigen Verträgen für die Verpflichtungen jeder Partei verschiedenes Recht zur Anwendung kommt. Denn es ist in der Regel davon auszugehen, daß die Parteien das zwischen ihnen bestehende Rechtsverhältnis einem einheitlichen Recht würden unterwerfen wollen[33].

7. Wenn, wie häufig der Fall, jede individualisierende Betrachtung versagt, so greift die deutsche Praxis, nach dem Vorbilde Savignys (S. 208), zum Rechte des *Erfüllungsorts*[34].

[30] Brändl: Internationales Börsenprivatrecht 1925; RVglHWB II 597ff. Nussbaum: 276ff.

[31] RG 68, 207; 120, 72f.; KG JurW 1936, 2532. Andrerseits: OLG München IPRspr 1929, 69; Lewald: 212.

[32] OLG Kiel JurW 1931, 156. Auch der codice civile Italiens disp. prel. art. 25 läßt das gemeinsame Heimatrecht der Kontrahenten dann entscheiden, wenn die Parteien das maßgebende Recht nicht bestimmt haben.

[33] RG 68, 205; 122, 318 u. ö. Vgl. RG 120, 72; RG IPRspr 1933, 20, 23.

[34] Zahllose Entscheidungen aus den Gebieten des gemeinen Rechts (Windscheid-Kipp: Pandekten § 35[9]), des preußischen Rechts (vgl. Dernburg: Preuß. PrivatR I § 28[2]) und des heutigen deutschen Rechts. Lewald: 224ff.; Melchior:

Der Gedanke, daß das Recht des Erfüllungsorts als von den Kontrahenten mutmaßlich gewollt gelte, klingt heute in der Rechtsprechung nur noch selten an[35]. Er war jahrzehntelang herrschend, offenbar zu Unrecht: würde man bei einem gegenseitigen Vertrage, z. B. einem Kauf, mit zwei Erfüllungsorten die Kontrahenten fragen, welches Recht für den Vertrag gelten solle, so würde man — wie auch immer positiv geantwortet würde — stets eine Einigkeit dahin feststellen, daß jedenfalls kein verschiedenes Recht für die Pflichten des Verkäufers und für die des Käufers gelten sollte. Nachdem aber der Glaube, daß die Maßgeblichkeit des Erfüllungsorts dem hypothetischen Parteiwillen entspreche, zu einem festen Gewohnheitsrecht geführt hat, bedarf diese subsidiäre Geltung der lex loci solutionis nicht mehr der Krücke des mutmaßlich Gewollten[35a].

Den Erfüllungsort hat der deutsche Richter nach deutschem Recht (§§ 269, 270) zu bestimmen. Sind mehrere Erfüllungsorte gegeben, so wird bald der Ort, an dem die Erfüllung verlangt wird, bald der Wohnort des Schuldners (so bei Unterlassungspflichten) entscheidend sein[36].

Über die Schwierigkeiten, die die Anknüpfung an den Erfüllungsort beim gegenseitigen Vertrage, insbes. beim Kauf, im einzelnen macht (Gefahrübergang, Mängelhaftung), vgl. unten S. 149 f.

V. Die grundsätzliche Maßgeblichkeit des Parteiwillens gilt nicht für die Begründung von *Wechsel- und Scheckverbindlichkeiten* gemäß den beiden *Genfer Abkommen* betr. das internationale Wechselprivatrecht Art. 4 ff. und das internationale Scheckprivatrecht Art. 5 ff. sowie dem deutschen Wechselgesetz von 1933 und dem deutschen Scheckgesetz von 1933[37].

Das *Wechselgesetz* unterwirft alle Wechselverpflichtungen dem Recht des Landes, in dem die Erklärungen *unterschrieben* sind, so daß ein einheitliches Recht für die Form, die materiellen Voraussetzungen und die Wirkungen der Wechselerklärungen gilt. Davon gelten aber Ausnahmen:

1. Das Recht des *Zahlungsorts* ist maßgebend für das Akzept der Tratte und für die Verpflichtung des Ausstellers eines Eigenwechsels. Es bestimmt ferner, ob das Akzept auf einen Teil der Wechselsumme beschränkt werden kann und ob der Wechselinhaber Teilzahlungen annehmen muß. Es bestimmt endlich die Maßnahmen, die bei Verlust oder Diebstahl des Wechsels zu ergreifen sind.

2. Das Recht des *Ausstellungsorts* ist maßgebend für die Frage, ob der Erwerber einer Tratte auch die der Ausstellung zugrunde liegende Forderung erwirbt. Es bestimmt ferner die Fristen für die Ausübung der Wechselregreßrechte, und zwar für alle Wechselschuldner einheitlich (während die Protestfristen sich nach dem Rechte des Landes richten, in dessen Gebiet der Protest zu erheben ist).

---

238. RG 6, 131; 9, 227; 12, 36; 14, 239; 20, 335; 46, 199; 54, 316; 55, 117; 73, 387; 74, 173; 81, 275; 95, 165; 103, 261; 107, 123; 108, 243; RG JurW 1938, 1175; RArbeitsG JurW 1935, 3665; BayrObLG IPRspr 1934, 43: OGH BrZ NJW 50, 643, 906.

[35] RG 107, 123. [35a] Über die Fehler dieses deutschen Systems: RABEL: Mélanges Streit II 269 ff. (1940).

[36] Vgl. LEWALD: 228. Um eine Frage der Qualifikation handelt es sich nicht, s. oben § 11 II.

[37] RAISER: Die Wirkungen der Wechselerklärungen im IPR 1931, 17 ff., 43 ff.; VEITH: RVglHWB IV 489 ff.; RABEL: RabelsZ 6, 324 ff.; WOLFF, MARTIN: Festgabe Wieland (Beiträge zum Handelsrecht) 1934, 457—460; KESSLER, F.: Wechselg.-Komm. (1933) 137 ff.; Scheckg.-Komm. (1934) 156 ff.

Das hiernach „an sich" maßgebende Recht bestimmt, wieweit die Parteien befugt sind, im Wege materiellrechtlicher Verweisung, Sätze eines anderen Rechts gelten zu lassen.

Wird von dem Aussteller des Wechsels oder dem Schreiber des Indossaments als „Ausstellungsort" oder „Unterschriftort" ein Ort angegeben, der es nicht ist, so bestimmt sich das maßgebende Recht nach dem Recht des *locus verus*, nicht nach dem des *locus scriptus*. Das Ergebnis ist bisweilen überraschend. Schreibt der Wechselinhaber in Calais ein Indossament auf den Wechsel und unterschreibt er es mit der Ortsangabe Dover, weil er das Papier dem Indossatar in Dover aushändigen wird, so gilt für seine Verpflichtungen französisches, nicht englisches Recht. Auch der gutgläubige Erwerber, der den Text für korrekt hält, wird nicht geschützt: er kann nicht verlangen, daß das Recht angewendet werde, das anwendbar wäre, wenn der *locus scriptus* ein *locus verus* wäre. Es besteht in der Tat kein Bedürfnis für solchen Schutz. Es genügt, daß der Erwerber im Falle des Verschuldens des Indossanten (oder Ausstellers) einen Schadenersatzanspruch gegen den Schuldigen hat.

Das Scheckgesetz v. 14. August 1933 Art. 61—66 folgt im wesentlichen den Normen des Wechselrechts.

VI. Ist das Schuldverhältnis unter der Herrschaft eines bestimmten Rechts, z. B. des am Erfüllungsort geltenden Rechts, entstanden, so bleibt in der Regel dieses Recht maßgebend, auch wenn *nachträglich Änderungen eintreten.*

1. Bedeutungslos ist eine vereinbarte Änderung des *Vertragsinhalts*, wenn sie nicht deutlich auf eine neue Bestimmung des maßgebenden Rechts hinweist. So kann aus einer vertraglichen Verlegung des Erfüllungsorts nicht auf die Unterwerfung unter das Recht des neu bestimmten Erfüllungsorts geschlossen werden.

2. Bedeutungslos ist in der Regel auch ein *Souveränitätswechsel*. Wird das Gebiet, dessen Recht nach der Parteibestimmung maßgebend sein soll, Teil eines anderen Staates (Elsaß, Posen, Nord-Schleswig usw.), so kann man nicht davon ausgehen, daß es dem Willen der Kontrahenten entspreche, das Schuldverhältnis der *neuen* staatlichen Rechtsordnung für dieses Gebiet zu unterwerfen. Vielmehr bleibt regelmäßig das Recht desjenigen Staates maßgebend, der bei Schuldbegründung die Herrschaft hatte. Ein anderes gilt nur dann, wenn alle Vertragsteile entweder den Vertrag dem *wechselnden* Recht unterwerfen wollten oder örtlich unter der Herrschaft des neuen Rechts stehen[38].

Ist z. B. zwischen zwei Posener Einwohnern vor 1918 ein Schuldverhältnis begründet und sind die beiden oder einer von ihnen nach Kriegsende nach Berlin übersiedelt, so bleibt das Schuldverhältnis dem deutschen Recht unterworfen und untersteht nicht dem polnischen Recht, was insbesondere im Aufwertungsrecht von Bedeutung war; vgl. S. 163. Sind Gläubiger und Schuldner in Posen geblieben und haben sie die polnische Staatsangehörigkeit erlangt, so ist es angemessen, das polnische Recht als dem hypothetischen Parteiwillen entsprechend gelten zu lassen.

---

[38] RG 107, 123; 121, 344; 123, 134; 131, 46, 48; 137, 1; 139, 81; 152, 53; RG IPRspr 1931, 63 f.; OLG Marienwerder JurW 1937, 1972.

3. Hat sich dagegen *ohne* Souveränitätswechsel das Recht eines bestimmten Gebiets durch Erlaß neuer Gesetze geändert, so ist im Zweifel anzunehmen, daß die Parteien, die sich dem Gebietsrecht unterwarfen, dieses in seiner neuen Gestalt gelten lassen werden. Anders freilich bei revolutionären Eingriffen des Staats in die alten Schuldverhältnisse: dann wird zwar der Richter dieses Gebiets die Rechtsänderung, wofern sie zwingendes Recht enthält (Zinsherabsetzungen, Moratorien), beachten müssen, aber nur er, und auch er nur, wenn es sich um Parteien handelt, die der jetzt herrschenden Staatsgewalt unterworfen sind.

§ 29. Der Geltungsbereich des Obligationsstatuts.

HAUDEK: Die Bedeutung des Parteiwillens (1931) 72ff. — NEUNER: RabelsZ 2, 108ff. — RABEL u. RAISER: Ibidem 3, 77ff. — BAGGE, A.: Les conflits de lois en matière de contrats de vente 1928. — ZITELMANN: II 391ff. — FRANKENSTEIN: II §§ 37—41. — LEWALD: 245ff. — GUTZWILLER: 1614ff. — HERZFELD, IGNAZ: Kauf und Darlehn im IPR (Basler Studien H. 3) 1933.

Das nach den Grundsätzen des vorigen Paragraphen zu ermittelnde *Obligationsstatut* (zunächst also die von den Parteien gekorene Rechtsordnung, an zweiter Stelle die Rechtsordnung, die im Hinblick auf den Schwerpunkt des Rechtsverhältnisses im einzelnen Falle zu bestimmen ist, und im äußersten Falle das Recht des Erfüllungsorts) beherrscht das Vertragsverhältnis nach *allen* Richtungen.

I. Das Obligationsstatut ist für die Frage der *Vertragsgültigkeit* maßgebend, abgesehen von der Geschäftsfähigkeit der Kontrahenten und von der Vertragsform; vgl. dazu oben S. 123.

II. Das Obligationsstatut entscheidet über den gesamten Inhalt der Obligation, gleichviel, ob es sich dabei um vorausgesehene Wirkungen („effets“) oder um unvorhergesehene („suites“) handelt.

Die Unterscheidung beider (jene: vertraglich gewollter Inhalt; diese: Folgen von „incidents“) ist sehr alt; sie findet sich auch heute nicht selten in der französischen Literatur[1]. Dem deutschen Recht ist sie fremd.

Das Obligationsstatut gilt hiernach auch für die Veränderungen, die die Obligation infolge von Verzug, Unmöglichkeit der Erfüllung, Mangelhaftigkeit des Vertragsgegenstandes u. dgl. erleidet: nach ihm entscheidet es sich, ob wegen Verzugs ein Zinsanspruch entsteht und in welcher Höhe, ob infolge Unmöglichwerdens Schadenersatz gefordert werden kann und worauf er gerichtet ist (Naturalherstellung, Geldersatz, Ersatz immateriellen Schadens), ob das störende Ereignis durch Verschulden eingetreten ist, welchen Einfluß ein mitwirkendes Verschulden des Gläubigers hat. Gleichgültig ist, ob die durch das störende Ereignis entstehende Verpflichtung (zu Ersatz oder Verzinsung), würde

---

[1] Zum Beispiel VALÉRY: Manuel d. dr. int. pr. 987f. Dawider insbes. SURVILLE: Cours élém. 355ff. Vgl. NEUNER: a. a. O. 110.

man sie isoliert betrachten, in derselben oder in einer anderen Weise wie die Grundverpflichtung lokalisiert werden würde.

Beispiel: Der Schuldner zerstört die vertraglich geschuldete Sache fahrlässig; die Vertragsobligation ist dem französischen Recht unterworfen, die Zerstörung geschieht in Deutschland: ob die Zerstörung vertragliche Wirkungen hat, entscheidet das französische Recht, die Deliktsfolgen regelt das deutsche Recht als die lex loci delicti commissi.

Nach dem Obligationsstatut richtet es sich auch, ob auf das Schuldverhältnis Sondersätze des *Handelsrechts* anzuwenden sind (z. B. über höhere Zinsen, über Rügepflicht bei Sachmängeln). Wenn freilich die Anwendung handelsrechtlicher Sätze davon abhängt, daß ein Beteiligter Kaufmann ist, so entscheidet sich die Frage, *ob* er Kaufmann ist, nicht nach dem Obligationsstatut, sondern nach dem Rechte des Orts der gewerblichen Niederlassung[2]. Vgl. § 22 III.

Nur die schuldrechtlichen Vertragswirkungen sind dem Obligationsstatut unterworfen; ob sachenrechtliche Wirkungen, z. B. Eigentumsübergang infolge des Kaufabschlusses, eintreten, bestimmt sich nach der lex rei sitae[3].

III. Bei *gegenseitigen Verträgen*, vor allem beim Kauf, bereitet die Anknüpfung dann Schwierigkeiten, wenn die Verpflichtungen des Verkäufers einem anderen Statut unterworfen sind als die des Käufers, wenn z. B. (mangels einer Rechtskürung) für jede Partei das Recht ihres Erfüllungsorts gilt. Dem *Verkäuferrecht* unterwirft man die Frage, zu welchen Leistungen er primär verpflichtet ist, in welchem Zustand die Ware zu liefern ist, wann und wie er für Rechtsmängel einzustehen hat, ob er bei Sachmängeln zur Nachlieferung fehlerloser Ware, ob zum Schadenersatz verpflichtet ist. Nach dem *Käuferrecht* dagegen richtet es sich, ob der Käufer abnahmepflichtig (oder nur abnahmeberechtigt) ist, wie er den Preis zu zahlen hat, ob die (Preis-) Gefahr[4] auf den Käufer übergegangen ist, zu welchen Leistungen der Käufer bei Vertragsverletzung verpflichtet wird. Auch, ob der Käufer wandeln oder mindern kann, ist dem Käuferrecht unterworfen, da er sich durch Wandlung und Minderung von seiner Zahlungspflicht ganz oder teilweise befreien will[5]. Zur Frage der Voraussetzungen des Wandlungs-

---

[2] FICKER: RVglHWB IV 461 ff. Anderer Meinung v. BAR, L.: Ehrenbergs HBdHR I 330. [3] Vgl. RABEL: III 78.

[4] Im Gegensatz zur „Leistungsgefahr" (§ 300 Abs. 2 BGB); PLANCK-SIBER: Komm. z. BGB II 1 50; HAUDEK: 84[2]. — Von dem Gefahrübergang hängen dann wieder ab: Verteilung der Nutzungen zwischen Käufer und Verkäufer, Pflicht zur Verzinsung des Kaufpreises (HAUDEK: 79f.); für die Transportkosten kommt es darauf an, wo der Erfüllungsort des Verkäufers ist (Genaueres bei HAUDEK: 80f.).

[5] Das gilt auch, wenn er schon gezahlt hat und nun das Gezahlte ganz oder teilweise zurückfordert; denn wenn es sich auch um eine Verpflichtung des Verkäufers handelt, so hängt diese doch davon ab, ob der Käufer, hätte er noch nicht bezahlt, zur Preiszahlung verpflichtet sein würde. Vgl. RG 55, 107; 66, 76.

und Minderungsrechts gehört es auch (und ist daher nach dem Käuferrecht zu beurteilen), ob der Käufer bei mangelhafter Lieferung sich
eine mangelfreie Nachlieferung gefallen lassen muß. Das gleiche gilt
für die Mängelrüge, und zwar gleichviel, ob diese der Erhaltung von
Ansprüchen dienen soll, die dem Käuferrecht unterliegen (Wandlungsund Minderungsansprüchen) oder von Ansprüchen, die nach Verkäuferrecht zu beurteilen sind (Schadenersatz- und Nachlieferungsansprüchen)[6].
Ob wegen Vertragsverletzung ein Rücktrittsrecht besteht, unter welchen
Voraussetzungen (Fristsetzung u. dgl.), welchen Inhalt es hat, entscheidet
das Recht des vertragstreuen Teils. Ist er nach diesem Recht durch
Rücktritt frei geworden, so entscheidet das Obligationsstatut des anderen Teils, welche Wirkungen der Rücktritt auf seine Verpflichtungen
hat, z. B. ob er ersatzpflichtig ist[7].

IV. Das Obligationsstatut entscheidet ferner, ob die Obligation noch
besteht oder *erloschen ist*; es bestimmt daher auch, was zum Untergang durch Erfüllung, durch Leistung an Erfüllungs Statt, durch Erlaß
(Vertrag oder einseitiger Verzicht?), durch Hinterlegung, durch Novation
usw. nötig ist. Ob die zur Erfüllung etwa notwendige Sachübereignung
zustande gekommen ist, wird nach der lex rei sitae beurteilt.

Schwierigkeiten bereitet die *Aufrechnung*, wenn die zu verrechnenden Forderungen zwei verschiedenen Rechten unterworfen sind. Entscheidend ist hier[8], daß die „Hauptforderung", d. h. diejenige, gegen
die aufgerechnet wird, durch einen Akt des Schuldners ohne den Willen
des Gläubigers unbar getilgt wird, während die unbare Tilgung der
„Gegenforderung" auf einem Akt ihres Gläubigers beruht, also mit
seinem Willen geschieht[9]. Die Aufrechnung ist daher nur zulässig, wenn
diejenige Rechtsordnung sie gestattet, der die Hauptforderung unter-

---

[6] RG 73, 390f.; 81, 275. LEWALD: 254f.

[7] Die Fehlerhaftigkeit des geltenden Rechts ist hier offensichtlich. RABEL
(Mélanges Streit 1940 II 269ff.) schlägt vor, nicht länger die Anknüpfung an die
Erfüllungsorte — verschieden für Käufer und Verkäufer — aufrechtzuerhalten.
Nach ihm ist, mindestens für den Kauf von Waren, der normale Schwerpunkt des
Vertrags als Ganzen am Orte der „Lieferung" der Ware, wobei „Lieferung" ein
„elastischer" Begriff ist: die Lieferung kann vertragsmäßig beim Verkäufer geschehen oder durch Versendung oder Abladung an einem vertragsmäßig bestimmten
Orte, oder durch Bereitstellung an einem bezeichneten Bestimmungsort, oder endlich durch Ablieferung in die Hände des Käufers oder eines Dritten (280). —
Diesem gesunden Vorschlag ist jedenfalls de lege ferenda zuzustimmen. Vielleicht
läßt er sich oft schon im Wege der Auslegung der Kaufverträge (der Feststellung
des hypothetischen Parteiwillens) verwirklichen.

[8] Insbes. LEWALD: 280ff. KEGEL, G.: Probleme der Aufrechnung 1938.

[9] Das gilt auch da, wo „ipso iure compensatur" (französ. code civil art. 1290);
denn auch diese Tilgung „de plein droit, par la seule force de la loi, même à
l'insu des débiteurs" erfolgt, wirkt nur, wenn eine Partei sich darauf beruft, so daß
es stets eines Aufrechnungsakts, einer Geltendmachung der vollzogenen Aufrechnung bedarf; PLANIOL et RIPERT: Traité prat. VII 623[1]. Vgl. LEWALD: 281.

worfen ist. Das Statut der Gegenforderung ist nur für die Frage erheblich, ob der Schuldner der Gegenforderung „frei wird, wenn sich ihr Gläubiger im Wege der Verrechnung Befriedigung verschafft hat"[10], und das wird fast ausnahmslos zu bejahen sein.

Beispiele:

1. Eine dem französischen Recht unterworfene illiquide (nach Grund und Betrag streitige) Forderung des A gegen B und eine dem deutschen Recht unterworfene ebenfalls illiquide Forderung des B gegen A stehen sich gegenüber; das französische Recht (code civil art. 1291) verlangt zur Aufrechnung Liquidität der beiden Forderungen, das deutsche Recht nicht. Der Schuldner der deutschrechtlichen Forderung kann diese durch Aufrechnung tilgen; der Schuldner der französischrechtlichen Forderung kann es nicht.

2. Aus einem in Bern begangenen Betruge schuldet der Betrüger Schadenersatz; der Betrogene schuldet ihm aus einem deutschrechtlichen Darlehn den gleichen Betrag (nach BGB § 393 kann gegen eine Betrugsforderung nicht aufgerechnet werden; nach Schweizer Recht kann aufgerechnet werden); hier kann jeder der beiden aufrechnen; der Betrüger, weil die Deliktsforderung, gegen die er aufrechnen will, dem Schweizer Recht unterworfen ist; der Betrogene, weil das für seinen Aufrechnungsakt maßgebende deutsche Recht die Aufrechnung mit einer Deliktsforderung nicht verbietet.

3. Eine dem deutschen Lohnbeschlagnahmegesetz unterworfene und nach § 2 Abs. 2 unaufrechenbare Lohnforderung eines Angestellten steht einer auslandsrechtlichen Schuld des Angestellten an den Prinzipal gegenüber: hier kann selbstverständlich der Prinzipal nicht aufrechnen; aber auch der Angestellte kann es nicht, da der Prinzipal nach deutschem Recht durch solche Aufrechnung von seiner Lohnschuld nicht frei werden würde.

V. Auch die *Abtretung*[11] einer Forderung wird von dem Obligationsstatut der abzutretenden Forderung beherrscht[12]; denn von der Rechtsordnung, die eine Verpflichtung regelt, muß es auch abhängen, wem der Schuldner zu leisten hat oder leisten darf. Danach entscheidet es sich, ob die Forderung abtretbar ist, wie die Abtretung geschehen muß (ob durch bloßen Vertrag zwischen Zedent und Zessionar oder unter Anzeige [signification] an den Schuldner[13] oder unter Übergabe von Urkunden[14]), wie die Zession wirkt, insbesondere also auch, ob der Schuldner sich trotz ihrer noch durch Leistung an den Zedenten befreien

---

[10] So mit Recht LEWALD: 283. Anders ZITELMANN: II 397; DÖLLE: RheinZ 13, 32ff., die eine Aufrechnung nur zulassen, wenn sie nach beiden Obligationsstatuten zulässig ist. Vgl. RABEL: III 465ff.

[11] Dazu GULDENER: Zession, Legalzession und Subrogation im IPR. Aarau

[12] RABEL: III 391ff.

1930. KG JurW 1936, 2102. — Im amerikanischen Recht wird nur die Abtretbarkeit vom Obligationsstatut geprüft; die Abtretung selbst unterliegt der lex loci contractus; vgl. RG SeuffA 87, 161ff. (dazu RabelsZ 7, 791ff.).

[13] RG 65, 358. Solche Anzeige ist nicht „Form", OLG Hamburg IPRspr 1934, 31.

[14] Bedarf es nach dem Obligationsstatut der Übereignung einer Urkunde, z. B. eines Wertpapiers, so hat diese nach der lex cartae sitae zu geschehen. RG SeuffA 87, 161ff.

kann (vgl. § 407 BGB), ob der dem Zessionar nur so viel zu zahlen
braucht, wie dieser dem Zedenten als Entgelt für die Zession gezahlt
hat[15], welche Einreden oder Aufrechnungsrechte er hat. Auch ob die
Nebenrechte (Bürgschaften, Pfandrechte) mit der zedierten Forderung übergehen, hängt von dem Recht ab, dem diese unterworfen ist;
ist der Übergang danach zu bejahen, so kann er aber nur eintreten,
wenn er auch nach dem Statut der Bürgschaftsforderung (vgl. IX),
oder der lex situs pignoris eintritt. Ob die Zession als kausaler Vertrag
aufzufassen ist, also eine gültige causa voraussetzt (wie nach französischem und italienischem Recht), oder (wie nach BGB) abstrakter
Vertrag ist, richtet sich ebenfalls nach dem Statut der abzutretenden
Forderung. Ob aber ein gültiges Kausalverhältnis *vorliegt* und welche
Wirkungen es erzeugt, entscheidet sich möglicherweise nach einer anderen Rechtsordnung (dem Statut des Kausalverhältnisses).

Die Verpflichtungen aus dem Kausalverhältnis (z. B. die Pflicht aus Forde-
rungskauf oder die gesetzliche Pflicht zur Zession kraft eines beneficium cedendarum
actionum[16] sind von den Verpflichtungen aus der Zession selbst zu scheiden. So
ist, wenn die abgetretene Forderung dem deutschen Recht unterworfen ist, der
Zedent aus § 402 zur Auskunft verpflichtet, ohne daß es darauf ankommt, ob
auch das Kausalverhältnis, das einem ausländischen Recht unterworfen sein mag,
solche Auskunftspflicht erzeugt. So ist ferner die Frage, inwieweit der Zedent
dem Zessionar für Bestand und Güte der Forderung einzustehen hat, in manchen
Rechten (so im BGB § 437) aus dem Kausalverhältnis, in anderen Rechten (Frankreich, Italien) auch aus der Zession selbst zu beantworten.

Ob ein *gesetzlicher* Übergang einer Forderung (cessio legis) kraft Befriedigung
des Gläubigers eintritt, ist eine Frage desjenigen Rechts, dem das Rechtsverhältnis
zwischen dem bisherigen Gläubiger und dem ihn befriedigenden Dritten unterworfen ist: der zahlende Bürge, Versicherer oder Drittverpfänder erwirbt die
Forderung nur, wenn das Statut, dem die Bürgschaft oder der Versicherungs-
vertrag unterworfen ist, das Recht des Orts, an dem das Pfand gelegen ist, solchen
gesetzlichen Übergang anordnen. Entsprechend erwirbt der Legatar die ver-
machte Forderung ipso jure nur, wenn das Erbstatut (das Heimatrecht des Erblassers) ein Vindikationslegat zuläßt. Kann nach diesem Statut der gesetzliche
Übergang eintreten, so ist aber außerdem nötig, daß alle Normen gewahrt werden,
die das Obligationsstatut (d. h. die Rechtsordnung, die die Hauptforderung beherrscht) zum Schutze des Schuldners aufstellt[17], z. B. eine Anzeige an den Schuldner geschieht, wenn die Forderung dem französischen Recht unterworfen ist
(art. 1690 code civil).

VI. Für die *Enteignung* und *Konfiskation* von Forderungen gelten
ähnliche Sätze wie für die körperlicher Gegenstände. Vgl. unten § 35 II 5.
Nur derjenige Staat kann und darf sich zwangsweise Rechte zueignen,
der sie in seinem Machtbereich hat.

---

[15] So nach der lex Anastasiana, die sich in manchen Rechten in der (deutsch-
rechtlichen) Gestalt eines Näherrechts (Retraktrechts) wieder findet: wird eine
Forderung verkauft, so ist der Schuldner „näher als ein Fremder" und mag den
Zessionar auskaufen; code civil art. 1699; für niederländisches Recht: Hecht-
Kohler: Z. f. HandelsR 59, 333f.

[16] Lewald: 275.   [17] So überzeugend Lewald: 276.

1. Bei der Enteignung (oder Konfiskation) von *Forderungen* will der Staat den Schuldner zwingen, ihm zu leisten, was er dem Gläubiger schuldet; er kann dies nur, wenn der Schuldner im Staatsgebiet wohnt oder dort Vermögen hat; dagegen ist es gleichgültig, ob der Gläubiger sich im Herrschaftsbereich des Staats befindet[18]. Der Versuch, eine Forderung gegen auswärtige Schuldner zu erzwingen, würde einen unzulässigen Eingriff in eine fremde Staatshoheit enthalten.

2. Ähnlich wie Forderungen als Enteignungsobjekte werden andere unkörperliche Gegenstände behandelt. Dahin gehören namentlich die in der Rechtsprechung viel erörterten *Hypotheken* und Hypothekenforderungen. Ein Staat kann Hypotheken enteignen, wenn diese an Grundstücken des Staatsbereichs bestehen. Mit der Enteignung der Hypothek selbst ist keinesfalls ohne weiteres die Hypothekenforderung enteignet, zu deren Sicherheit die Hypothek diente; der Staat ist zu solcher Enteignung nur imstande, wenn die Hypothekenforderung ebenfalls im Staatsgebiet gelegen ist. Das aber ist nicht notwendig der Fall. Insbesondere liegt die Hypothekenforderung da, wo der Wohnsitz des Hypothekenschuldners ist.

Ist die Hypothek enteignet, die Forderung aber nicht enteignet, so haftet der persönliche Schuldner weiter, obwohl die Hypothekenforderung nicht mehr als solche, sondern als gewöhnliche ungesicherte Forderung besteht.

Gleichgültig ist es für die Enteignung der Hypothek, wo sich der Hypothekenbrief befindet.

3. Zu den unkörperlichen Gütern, von denen man oft in etwas verworrenem Nebeneinander redet, gehören das *Unternehmen* oder Erwerbsgeschäft. Das Vermögen einer juristischen Person, die juristische Person selbst, sowie die Summe der in ihr enthaltenen Mitgliedschaftsrechte (Aktien). Juristische Personen können nicht enteignet werden; sie sind fähig, Rechte zu haben, nicht Rechte zu sein. Die Rechte, die sie haben, können enteignet werden, wenn und soweit als die einzelnen Vermögensteile im Bereich des enteignenden Staats liegen oder als dort belegen gelten (z. B. bei Forderungen am Wohnsitz des Schuldners). Die Enteignung eines „Vermögens" als Ganzes gibt es nicht. Die Enteignung der Mitgliedsrechte in einer juristischen Person, z. B. einer Aktiengesellschaft, kann nur geschehen, wenn die juristische Person die Herrschaft über die große Mehrheit der Aktienurkunden durch Enteignung oder sonstwie erwirbt. Endlich die Enteignung eines Unternehmens (Erwerbsgeschäfts) ergreift diejenigen zum Geschäftsbetrieb gehörigen Gegenstände, die im Bereich des Enteignungsstaats liegen. Vgl. S. 183.

VII. Eine *Schuldübernahme* kann nur eintreten, wenn das bisherige Obligationsstatut sie kennt und dessen Normen befolgt sind. So wird

---

[18] KG (W) JZ 1951, 367. BEITZKE: Ibidem. OGH NJW 1949, 502. Ebenso jetzt RAAPE: 439.

bei einer dem deutschen Recht unterworfenen Schuld der bisherige
Schuldner frei, wenn (ohne sein Wissen) ein Dritter mit dem Gläubiger
einen Übernahmevertrag (§ 414 BGB) schließt, mag auch dieser Vertrag einem fremden Recht unterworfen sein. Voraussetzung für das
Freiwerden des Altschuldners ist aber — bei dem, was man heute
Schuldübernahme nennt[19] — daß statt seiner der Dritte wirklich Schuldner wird. Ob er es wird, entscheidet sich nicht notwendig nach dem alten
Obligationsstatut; vielmehr ist für das Rechtsverhältnis, durch das er
es (angeblich) wird, der Schwerpunkt selbständig zu suchen[20].

Bei einem auf Schuldübernahme gerichteten *Vertrage* wird oft anzunehmen
sein, daß die Kontrahenten (seien es Alt- und Neuschuldner oder Gläubiger und
Neuschuldner) das Obligationsstatut der bisherigen Schuld zugrunde legen wollen
(oder bei Überlegung wollen würden). Aber es kann anderes vereinbart werden
oder sich hypothetisch gewollt ergeben; so dann, wenn die Schuldübernahme Teil
eines umfassenden Vertrages ist, der seinen Schwerpunkt in einem anderen Rechte
hat. Verkauft z. B. ein deutscher Grundeigentümer sein Grundstück einem Deutschen in Deutschland und wird dabei Übernahme der hypothekarisch gesicherten
Schulden in Anrechnung auf den Kaufpreis ausgemacht, so ist dieser Vertrag
deutschem Recht unterworfen, auch wenn eine der übernommenen Schulden
kraft Parteiautonomie unter Schweizer Recht stehen sollte. Damit der Erwerber
Schuldner werde, muß also § 416 BGB erfüllt sein; zugleich muß aber Art. 832
Abs. 2 SchwZGB gewahrt werden, damit der Altschuldner frei wird; mit anderen
Worten, die Schuldübernahme gelingt nur, wenn 1. die Eintragung des Erwerbers
im Grundbuch schon geschehen ist, der Veräußerer dem Hypothekengläubiger die
Schuldübernahme schriftlich mitteilt und dieser darauf genehmigt oder sechs Monate schweigt *und* 2. die Jahresfrist des Schweizer Rechts, die von der Mitteilung
der Grundbuchbehörde an läuft (Art. 834 ZGB), abgelaufen ist.

Bisweilen ist die kumulative Schuldübernahme die *gesetzliche* Wirkung einer *Vermögensübernahme* (so nach § 419 BGB) oder der Übernahme
eines Handelsgeschäfts (§ 25 HGB): für die Frage, ob diese Wirkung
eintritt, ist das Statut maßgebend, das den Vermögens- oder Geschäfts-
übergang bestimmt.

Wo, wie in Deutschland, ein Vermögen nicht uno actu, sondern durch Übertragung der einzelnen Vermögensstücke (Auflassung und Eintragung bei Grundstücken, Tradition der Fahrnis usw.) übergeht, ist das Statut maßgebend, in dessen
Bereich die Vermögensstücke liegen. Liegen sie in mehreren Rechtsgebieten, so
tritt die Schuldübernahmewirkung möglicherweise nur in einem der Gebiete ein,
und sie kann dann nur die dort belegenen Sachen als Haftungsobjekte ergreifen. —
Ob die Übernahme eines Handelsgeschäfts eine Schuldübernahme bewirkt, wird
nach dem Rechte des Sitzes des Unternehmens zu bestimmen sein[21].

VIII. Bei *Gesamtschuldverhältnissen* kann für jedes der Schuldverhältnisse verschiedenes Recht gelten. Gesetzliche Rückgriffsrechte unter

---

[19] Reprise de dette, Eintritt in die bestehende Schuld; im Gegensatz zur Novation mit Schuldnerwechsel (expromissio).

[20] Vgl. ZITELMANN: II 395f.; FRANKENSTEIN: II 268f., die aber (konsequent)
stets an das Personalstatut des Neuschuldners anknüpfen. — Angreifbar: RG JurW
1932, 3811.

[21] Vgl. NUSSBAUM: 210[7].

den Gesamtschuldnern bestehen nur, wenn sie nach beiden Rechtsordnungen bestehen[22].

IX. Angelehnte (akzessorische) Schulden entstehen durch *Bürgschaft*[23]. Sie setzen den Bestand der Hauptschuld voraus; ob diese besteht, und wie hoch sie ist, bestimmt sich nach ihrem Obligationsstatut. Ob, wenn sie besteht und bis zu ihrer Höhe, die Schuld des Bürgen entstanden ist, bestimmt sich nach einem eigenen Statut, das selbständig nach allgemeinen Grundsätzen zu ermitteln ist[24]: die Parteiautonomie entscheidet; fehlt es an einer Vereinbarung, so gilt das Recht des Erfüllungsorts der Bürgenschuld; die gesetzliche Bürgschaft des § 1251 Abs. 2 Satz 1 BGB tritt ein, wenn die Pfandsache sich zur Zeit der Besitzerlangung durch den neuen Pfandgläubiger in Deutschland befindet; die des § 571 Abs. 2 Satz 1 besteht für deutsche Mietsgrundstücke. Nach dem Bürgschaftsstatut richtet es sich, ob der Bürge selbstschuldnerisch oder subsidiär haftet, und letzterenfalls, ob er nur eine Einrede hat oder ob die Insolvenz des Hauptschuldners Klagevoraussetzung ist; weiter, ob er die Einreden des Hauptschuldners, ob er ein Aufrechnungs- und Anfechtungsrecht hat.

Über die Frage des Übergangs der Hauptforderung auf den leistenden Bürgen vgl. oben S. 152.

§ 30. Die Geldschuld.

NUSSBAUM: IPR 251 ff. — MELCHIOR: 272 ff. — ECKSTEIN: Geldschuld und Geldwert im materiellen und internationalen PR (1932) 103 ff. — FRANKENSTEIN: II 196 ff. — KAUFMANN, ERICH: Deutsche Hypothekenforderungen in Polen (1922) 43 ff. — WAHLE, K.: In den Gutachten für den VI. deutschen Juristentag in der Tschechoslowakei 1933, 181 ff. — GUTZWILLER, M.: Der Geltungsbereich der Währungsvorschriften 1940. — SCHNITZER: IPR (3. Aufl.) 1950, 600 ff. — BEHREND, CHARLOTTE: Die Wirkung der Aufhebung der Goldklauseln 1936 (Berlin Diss.). — LÜDERS: MDR 2 (1948) 384. — RAAPE: IPR 332 ff, — MANN: The legal Aspect of Money, 1938. — MANN: Schulz-Festschrift II 298 ff.

I. Auch der Inhalt der Geldschuld richtet sich nach dem allgemeinen Obligationsstatut (dem vertraglich vereinbarten oder dem für den Einzelfall zu ermittelnden Recht, äußerstenfalls dem Recht des Erfüllungsorts), wenn nicht das „Zahlungsgeschäft" vertraglich einem besonderen Rechte unterworfen worden ist.

Solche Sonderanknüpfung des Zahlungsgeschäfts findet sich besonders bei öffentlichen Anleihen, die auf „bunte Währung" gestellt sind: so wenn die Schuld nach Wahl des Papierinhabers in Wien in Kronen, in Bonn in DMark (W), in Zürich in Schweizer Franken usw. zu zahlen ist. In solchen Fällen unterwerfen sich die Parteien für das Zahlungsgeschäft im Zweifel dem Recht des Orts, an dem der Gläubiger die Zahlung verlangen wird[1].

---

[22] Vgl. FRANKENSTEIN: II 232f. Bei Doppelversicherung: § 59 Abs. 2 Satz 2 VersichVertragsGes. vom 30. Mai 1908.

[23] LETZGUS: RabelsZ 3, 837 ff.   [24] RG 54, 315; 137, 11.

[1] RG 118, 374; 126, 205 ff. Vgl. oben § 28[15].

Aus dem Obligationsstatut ergibt sich daher:

1. *Welcher Währung* Geld geschuldet wird. Ist insbesondere der Ausdruck der vertraglichen Geldschuldbenennung mehrdeutig („Franken", die französische oder Schweizer Franken sein können, „Kronen": dänische oder schwedische, „Pfunde": englische oder kanadische oder australische; DMark: Ost oder West), so gelten die vom Obligationsstatut gegebenen Auslegungsregeln.

Ist z. B. in einem dem deutschen Recht unterworfenen Handelsgeschäft zwischen einem deutschen Verkäufer und einem in Malmö wohnenden dänischen Käufer der Kaufpreis in Kronen festgestellt, so gilt § 361 HGB, wonach unter den Kronen schwedische Kronen zu verstehen sind. — Lautet ein Wechsel oder Scheck auf eine Geldsorte, die im Ausstellungslande und im Zahlungslande denselben Namen trägt (bei Verschiedenheit des Werts), so ist im Zweifel die Geldsorte des Zahlungsorts gemeint; WechselG Art. 41 Abs. 4; ScheckG Art. 36.

2. Ob der Geldschuldner, der ausländische Währung schuldet, *nur* Geld dieser Währung oder ob er auf Grund einer *Umrechnung* Geld inländischer Währung leisten oder gar der Gläubiger solches Geld verlangen darf. Doch gibt das deutsche Recht hier eine versteckte Kollisionsnorm (§ 244 BGB)[2], indem es das Recht des Zahlungsorts dann entscheiden läßt, wenn er in Deutschland liegt; jeder Geldschuldner, der in Deutschland zu leisten (d. h. regelmäßig: in Deutschland das Geld abzusenden) hat, hat im Zweifel das Umrechnungsrecht. Das gilt auch dann, wenn das deutsche Recht nicht das Obligationsstatut ist: so, wenn der Kaufvertrag dem französischen Recht unterworfen ist, der Käufer aber in Deutschland wohnt und hier Franken zu zahlen hat. Ist umgekehrt der Vertrag dem deutschen Recht unterworfen, aber die Geldschuld im Ausland zu erfüllen, so wird die in § 244 versteckte Kollisionsnorm analog anzuwenden sein[3], d. h. ob der Schuldner den in DM ausgedrückten Kaufpreis in der Währung des Zahlungsorts leisten darf, entscheidet das Recht des Zahlungsorts.

Ist das Obligationsstatut ein ausländisches Recht *und* die Geldschuld im Ausland (vielleicht in einem dritten Land) zu erfüllen, so bewendet es bei dem Satze, daß über das Umrechnungsrecht des Schuldners das Obligationstatut, und nicht das Recht des Zahlungsorts, entscheidet.

Ob der *Gläubiger* ein Umrechnungsrecht hat, ob also eine facultas alternativa creditoris besteht, kraft der er statt des bezeichneten Fremdwährungsgeldes eigene Währung fordern kann, entscheidet stets nur das Obligationsstatut. Ist die Schuld dem deutschen Recht unterworfen, so besteht solch Umrechnungsstatut nicht.

---

[2] Daß § 244 eine Kollisionsnorm enthält, hat wohl zuerst Th. Kipp (Windscheid-Kipp: Pandekten[9] I 151, II 54) beobachtet, ohne daß aber die allgemeinen Schlüsse für die Bestimmung des Obligationsstatuts, die er zieht, gezogen werden dürfen.

[3] Anders — auf Grund der Entstehungsgeschichte — Melchior: 285ff.; auch Raape: IPR 333.

Wenn nach dem Vertrage mehrere Zahlungsorte zur Wahl des Gläubigers oder des Schuldners stehen, so kommt die Kollisionsnorm des § 244 BGB nur zur Anwendung, wenn der Wahlberechtigte einen deutschen Zahlungsort wählt oder wenn die Schuld dem deutschen Recht unterliegt.

Das Umrechnungsrecht aus § 244 Abs. 1 BGB kann vertraglich wegbedungen werden; das geschieht dadurch, daß Zahlung in ausländischer Währung „ausdrücklich" bedungen wird. Es kann aber auch dadurch geschehen, daß die Parteien vereinbaren, für die Frage der Umrechenbarkeit solle trotz des deutschen Zahlungsorts nicht § 244, sondern das Obligationsstatut gelten, daß sie also die in § 244 enthaltene Internationalprivatrechtsnorm wegbedingen. Es ist nicht richtig, diese Norm als eine solche des deutschen ordre public aufzufassen[4].

3. Dasselbe gilt für die Frage, *nach welchem Maßstab* umzurechnen ist. Nach deutschem Internationalprivatrecht ist dafür das Recht des Zahlungsorts bei den in Deutschland erfüllten und wohl auch bei allen dem deutschen Recht unterworfenen im Ausland erfüllten Geldschulden maßgebend; § 244 Abs. 2 BGB.

Die Umrechnung geschieht gemäß § 244 Abs. 2 nach dem (Brief-)Kurs, den ausländische Noten am Zahlungsort zur Zeit der tatsächlichen Zahlung[5] haben.

II. Veränderungen der Währung, wie sie in Krisenzeiten nicht ausbleiben, sind von zweierlei Art.

1. Rein geld*rechtliche* Änderungen: der Übergang von der Silber- zur Goldwährung, die Einführung neuer Münzen, neuer Arten von Geldscheinen, die Ausstattung von Banknoten mit Legalkurs (cours légal) oder mit Zwangskurs (cours forcé) u. dgl. Solange man die Geldschuld „metallistisch" als Schuld eines bestimmten Quantums Edelmetall auffaßte, solange man in dem Geld einen „geprägten und beglaubigten Barren" sah[6], bestand im Falle eines Währungswechsels ein Problem, sowohl für das Übergangsrecht wie für das internationale Privatrecht. Im (inneren) Übergangsrecht wurde hier oft gesetzlich eine Umrechnungsnorm geschaffen; war sie auf das Wertverhältnis abgestellt, das zwischen dem alten und dem neuen Währungsmetall zur Zeit der Geldänderung bestand (so z. B. im deutschen Münzgesetz vom 9. Juli 1873), so war sie auch internationalrechtlich für maßgebend zu halten; anders, wenn sie (nicht selten von wuchernden Staaten und Herrschern) dahin gestaltet wurde, daß der schlechten neuen Münze die Zahlkraft der besseren alten beigelegt wurde. Die größten Zweifel entstanden, wenn eine Umrechnungsnorm völlig fehlte.

---

[4] Wie MELCHIOR: 285 zu Anm. 3 anregt.

[5] RG 101, 312. Nach dem WechselG Art. 41 und dem ScheckG Art. 36 entscheidet die Fälligkeitszeit; doch kann, wenn der Schuldner in Verzug ist, der Gläubiger nach seiner Wahl Umrechnung auf der Grundlage des Fälligkeits- oder des Zahlungstags fordern.

[6] So noch GOLDSCHMIDT, L.: HB des Handelsrechts I 2 (1868) 1093, 1074; BEKKER: Couponsprozesse der österreichischen Eisenbahngesellschaften (1881) 93 ff., 121.

Die metallistische Auffassung der Geldschuld ist verschwunden[7]. Überall herrscht heute der „Nominalismus" (Chartalismus): geschuldet wird die Übereignung solcher Sachen, die zur Zahlungszeit Geld sind, und so vieler Sachen dieser Art, daß die in ihnen verbrieften Rechnungsgrößen nach ihrem Nennbetrage zusammen die geschuldete Geldsumme ergeben[8]. Welche Sachen Geld sind, und mit welchem Nennbetrage (Nennwert) sie es sind, entscheidet die Rechtsordnung, und zwar heute regemäßig staatlich gesetztes Recht[9].

Das dem Gelde wesentliche Vertrauen der Verkehrsgenossen darauf, daß sie gegen Hingabe der Geldzeichen Güter verschiedenster Art werden erwerben können, ruht nicht notwendig in den Eigenschaften des Edelmetalls und gründet sich heute, da Metallgeld zum großen Teil durch nicht voll gedecktes Papiergeld ersetzt ist, auf das Vertrauen in den geldausgebenden Verband (Staat, Kommune usw.), seine Wirtschaft, seine Finanzen, seine Politik, seine Aussichten. Dieses Vertrauen erfaßt auch den den Geldstücken vom Staate (oder der Gemeinschaft) verliehenen Nennwert.

Wer ins Ausland verkauft und der eigenen Währung weniger vertraut als der des Käuferlandes oder auch dieser weniger als einer dritten Währung, mag sich Zahlung des Kaufpreises in der ihm vertrauenswert scheinenden Währung versprechen lassen, oder, wenn er der Währung keines Staates der Erde vertraut, Zahlung in Edelmetall ausbedingen. Wählt er aber eine staatliche Währung, z. B. die englische, so gibt er damit seinem Vertrauen in das Gebaren des englischen Staates auf geldpolitischem Gebiet Ausdruck. Wird er in diesem Vertrauen getäuscht, werden z. B. die ihm durch Vertrag vom 1. September 1931 versprochenen 10000 englischen £ infolge der Einstellung der Goldeinlösung in ihrer Kaufkraft wenige Wochen später um ein Viertel oder mehr gemindert, so kann er nicht etwa den Goldbetrag von 10000 £ fordern, sondern leidet wie jeder zu Unrecht Vertrauende.

Welche Rechtsordnung die Entscheidung darüber trifft, ob eine Sache Geld ist und welchen Nennwert sie hat, kann nicht zweifelhaft sein: es ist die Rechtsordnung, die den Sachen die Geldnatur und einen bestimmten Nennwert *verleiht: das sog. Währungsstatut*[10].

---

[7] In bereinigter Form lebt sie in der sog. „valoristischen" Auffassung der Geldschuld fort, wonach „ein bestimmter wirtschaftlicher oder Vermögenswert" in Geld geschuldet werde. Die bedeutendste Arbeit dieser Richtung ist die F. ECKSTEINS (der S. 131 einige Vorläufer nennen kann). Diese Lehre krankt an der Unbestimmtheit und damit rechtlichen Unbrauchbarkeit des Begriffs „wirtschaftlicher Wert": einen „üblichen" Sinn dieser Worte, eine Bedeutung, die „dem täglichen Leben" angehörte (ECKSTEIN S. 3), gibt es nicht. — Keinesfalls stellt diese Lehre geltendes Recht dar.

[8] Vgl. Vf's Darstellung des Geldrechts in Ehrenbergs HB des Handelsrechts IV 1 (1917) 637.

[9] Vgl. dazu die berühmten Worte KNAPPS (Staatliche Theorie des Geldes 1905): Das Geld sei „ein Geschöpf der Rechtsordnung". Zu KNAPPS Lehre, die manche Übertreibungen enthalten würde, wenn man sie der Absicht des Verfassers zuwider als Jurist würdigen dürfte, die in der vorigen Anmerkung bezeichnete Schrift 566[6], 568[12], 571 f.

[10] Vgl. Haager Cour perman., J. Clunet 1929, 1005 betr. die Serbischen Goldanleihen.

Was 1000 DM (West) sind, bestimmt keine andere als die deutsche Rechtsordnung; das außerdeutsche *Obligationsstatut*, dem eine Geldschuld von 1000 DM unterworfen sein mag, enthält keinen Satz über den Sinn einer solchen Bezeichnung. Es gibt insbesondere keine Rechtsordnung der Welt, die heute noch, nach Überwindung des Metallismus, erklärte: 1000 DM seien $^{100}/_{279}$ kg Feingoldes.

So ist auch bei einer geldrechtlichen *Veränderung* nur das Währungsstatut, nicht das Obligationsstatut, imstande, den Maßstab für die Umrechnung der Geldschuld zu geben.

a) Beschränkt sich die Veränderung auf die Einführung neuer Arten von Münzen oder Scheinen (Schaffung silberner 10 DM-Stücke, staatlicher Kassenscheine, hochwertiger Banknoten nach englischem Muster u. dgl.), so behält die Schuld ihren Nennbetrag[11] und sie ist in denjenigen Geldsorten zu erfüllen, die zur Zahlungszeit von dem Währungsstatut als Geld anerkannt sind.

b) Wird eine *Währung* durch die andere *ersetzt* (die Talerwährung durch die Markwährung, die Markwährung durch die Reichsmarkwährung, die Reichsmarkwährung durch die Deutsche Mark-Währung usw.), so ist eine *Umrechnung* der auf die alte Währung gestellten Schulden auf die neue Währung nötig. Sie kann wieder nur auf Grund des Währungsstatuts geschehen, da das davon etwa verschiedene Obligationsstatut die Frage nicht beantwortet. Eine 1870 in Österreich begründete und dortigem Recht unterworfene Schuld von 1000 T war seit dem 1. Januar 1876 eine Schuld von 3000 M der deutschen Goldwährung (also in 300 goldenen Zehnmarkstücken) zu tilgen, mochte auch der Silberpreis seither um ein Viertel gesunken sein[12]. Fast jedes moderne Währungsgesetz regelt den „rekurrenten Anschluß" der neuen Währung an die alte[13] und man hat geradezu gesagt, daß in einer nominalistischen Geldwirtschaft das Geld *nur* durch seinen rekurrenten Anschluß definiert werde: 1 Mark sei zu definieren als $^1/_3$ Taler, 1 Reichsmark als 1 Billion Mark. Bei der Ersetzung der RM durch die DM (West) und die DM (Ost), die unabhängig voneinander umlaufen, fehlt ein einheitlicher rekurrenter Anschluß.

---

[11] Ob die neuen Münzen stoffwertärmer sind als die alten, ob neue Papiergeldscheine in größerer Menge geschaffen sind als zur Zeit der Schuldentstehung vorhanden, ist also *in diesem Zusammenhang* bedeutungslos. Vgl. aber unten zu 2.

[12] Diese Frage wurde vor allem in den Streitigkeiten deutscher Gläubiger gegen österreichische Eisenbahngesellschaften aus den Zinscoupons der vor 1871 ausgegebenen Obligationen ausgetragen. Die Obligationen und Coupons lauteten auf „bunte Währung", z. B. „200 Gulden österreichischer Währung gleich $133^1/_3$ Taler der Talerwährung". Als nach Übergang Deutschlands zur Goldwährung das Silber stark sank (das Verhältnis von Gold zu Silber ging rasch von $1:15^1/_2$ auf $1:19$) und hierdurch die österreichischen Silbergulden stark entwertet wurden, weigerten sich die Eisenbahngesellschaften, ihre deutschen Gläubiger in deutschem Gelde zu bezahlen. Wenn man annahm, daß die Gesellschaften sich überhaupt verpflichtet hatten, nach Wahl des Gläubigers in deutschem oder in österreichischem Geld zu zahlen (das war zu bejahen), so war das internationalprivatrechtliche Problem das: War die deutsche Umrechnungsnorm (1 M = $^1/_3$ Taler) auch dann maßgebend, wenn Obligationsstatut das österreichische Recht war? Die Frage war zu bejahen und wurde von den deutschen Gerichten überwiegend bejaht. Vgl. ROHG 23, 205 ff.; 25, 41 ff.; RG 1, 23; 6, 126 ff.; 19, 48 ff. Aus der Lit. insbes. HARTMANN: Internat. Geldschulden 1883.

[13] Ausdruck KNAPPS, Staatl. Geldtheorie 12 ff. Dazu die oben in Anm. 8 genannte Darstellung des Geldrechts 571 f., 644 f.

2. Anders zu beurteilen ist der Einfluß von *Veränderungen der Kauf-kraft* des Geldes (Geldentwertung, Geldwertsteigerung) auf den Inhalt des Schuldverhältnisses. Hier entscheidet das *Obligationsstatut*, sowohl dann, wenn es sich darum handelt, ob der Geldschuldner oder der Geld-gläubiger wegen der Kaufkraftveränderung ein Rücktritts- oder Kündi-gungsrecht hat, wie dann, wenn eine Aufwertung oder Abwertung der Geld-schuld selbst in Frage steht. So galt insbesondere das deutsche *Aufwer-tungsrecht*, sei es das aus § 242 BGB entwickelte, sei es das Aufwertungsge-setz vom 16. Juli 1925, grundsätzlich nur dann und stets dann, wenn die aufzuwertende Geldschuld dem deutschen Recht unterworfen ist.

a) Nicht jede auf ,,Mark" gestellte Schuld war daher aufzuwerten. Die Aufwertungsnormen sind keine währungsrechtlichen Normen[14] (der zu 1 behandelten Art); sie haben den rekurrenten Anschluß (1 RM = 1 Billion Mark) nicht geändert. Ist also die *Markschuld ausländischem Recht* unterworfen, so ist zu prüfen, ob nach dem ausländischen Recht die Geldwertänderung zu einer Änderung des Vertragsinhalts führt.

Die Prüfung ist nicht immer einfach. Die Aufwertungsgesetze des Auslands (Polen, Ungarn, Litauen u. a.) bezogen sich regelmäßig nur auf solche Geldschulden, die in der eigenen Währung des Landes ausgedrückt waren, waren also auf auslands-rechtliche Markschulden meist nicht anwendbar. Aber auch diejenigen Länder, die (wie Frankreich und England) die Aufwertung versagten, dachten dabei in erster Linie an Schulden eigener Währung, da das Aufwertungsverbot regelmäßig der Sicherung der Landeswährung im öffentlichen Interesse dient. Es war daher eine Frage der Auslegung der *allgemeinen* schuldrechtlichen Normen des Obligations-statuts, vor allem der Normen, die die Pflichten des Schuldners dem Gebot von Treu und Glauben (z. B. code civil art. 1134 Abs. 3) unterwarfen, ob danach eine Auf-wertung geboten war. Die Judikatur des Auslandes gibt hie und da Anhaltspunkte[15],

---

[14] Überwiegende Praxis und Lehre. Die ,,Schuldrechtstheorie" wird vertreten von FRANKENSTEIN: II 222f.; RAAPE: IPR 335ff.; SCHLEGELBERGER: Rabels Z 3, 69; REICHEL: JurW 1928, 3146 und Festschrift für den 24. Deutschen An-waltstag1929, 441ff.; MELCHIOR: JurW 1926, 2345; Z. f. Ostrecht 1928, 502; Grundlagen 295ff. und RG 119, 259; 120, 70ff.; JurW 1930, 1587; 1932, 1049; BayObLG IPRspr 1931, 16; RG ebenda 62f.; RG WarnRspr 25 1933) 228; KG IPRspr 1932, 137 (vgl. MELCHIOR: 300[1]). Die gegenteilige Auffassung, daß das Aufwertungsrecht, Währungsrecht oder ,,Annex des Währungsrechts" (was immer das sein mag), daher nicht dem Obligations-, sondern dem Währungs-statut unterworfen sei, findet sich nur in wenigen RG-Entscheidungen (120, 279; JurW 1932, 583 u. a.) und wird von NEUMEYER: JurW 1928, 137ff.; Intern. VerwR III 2, 350ff.; NUSSBAUM: Bilanz der Aufwertungstheorie 33ff.; LEWALD: 29f. vertreten. — Die Währungstheorie wird in der ausländischen Rechtsprechung und Literatur allgemein abgelehnt; man entscheidet Aufwertungsfragen nach der lex causae. Nachweisungen bei MELCHIOR: 302ff.; MANN: 202ff.

[15] Schwankende Praxis in den Niederlanden und in den Vereinigten Staaten von Amerika. Ablehnend gegen die Aufwertung von Markforderungen: England, Dänemark u. a. Günstiger die Schweizer Praxis, die trotz Maßgeblichkeit des Schweizer Rechts bei Markschulden mit der Vermutung hilft, daß die Parteien eine Aufwertung gewollt haben. Einzelnes bei MELCHIOR: 302ff.; HARMENING: RVglHWB II 297ff.; MANN: 75, 208.

b) Eine auf *Auslandswährung* lautende, aber dem *deutschen Recht* unterstehende Schuld, z. B. eine deutschrechtliche Schuld englischer Pfunde, ist dann aufzuwerten, wenn das dem deutschen Recht entspricht. Da das deutsche Aufwertungsgesetz nur von Markschulden handelt, kommt hier allein § 242 BGB in Betracht.

Nach deutscher Auffassung entspricht es grundsätzlich nicht Treu und Glauben, eine deutsche Forderung auf Auslandswährung dann aufzuwerten, wenn ausländische Forderungen, die auf diese Auslandswährung lauten, in der Währungsheimat nicht aufgewertet werden. Anders nur dann, wenn die Entwertung der ausländischen Valuta so weit vorgeschritten ist, daß es angemessen ist, „die Notmaßnahmen, die die *katastrophale* Geldentwertung in Deutschland erforderlich gemacht hat, nun auch auf Forderungen auszudehnen, die mit der Entwertung der deutschen Mark nichts zu tun haben"[16]. Danach war die Aufwertung deutschrechtlicher Schulden französischer oder belgischer Franken, englischer £, niederländischer Gulden, nordamerikanischer Dollar oder italienischer Lire abzulehnen[17], während Schulden auf österreichische und ungarische Kronen deswegen aufgewertet worden sind, weil es sich um eine „wertlos gewordene" Leistung handelte[18].

c) Unter Umständen greift die *Vorbehaltsklausel* (Art. 30 EG, § 328 Nr. 4 ZPO) ein, vor allem gegenüber solchen ausländischen Urteilen, die eine dem deutschen Recht unterworfene Markforderung dem deutschen Aufwertungsrecht zuwider nicht aufwerten[19].

Dagegen sollte keine Rede davon sein, daß die Nichtaufwertung einer ausländischem Recht unterworfenen Markforderung dem Zwecke eines deutschen Gesetzes widerspräche oder gar, daß sie gegen die guten Sitten verstieße[20].

III. Nicht währungsrechtlicher Art sind Eingriffe des Gesetzgebers in bestehende *Goldklauseln*. Fast alle europäischen und zahlreiche amerikanischen Staaten haben es seit 1914 für notwendig gehalten, die Goldeinlösung von Banknoten einzustellen und alle vertraglich begründeten Goldklauseln, die sich auf die staatliche Währung beziehen, aufzuheben. Das war verständlich. In Zeiten gesunder Staatswirtschaft ist das Ausbedingen von Goldklauseln unschädlich, aber ohne praktischen Wert. Erst in Krisenzeiten zeigt die Goldklausel ihre Kraft (für den Gläubiger) und ihre Gefahr (für den Staat). Wenn ein Staat sich aus gesamtwirtschaftlichen Gründen entschließt, seine Währung abzuwerten und die Goldeinlösung einzustellen, so können Gläubiger, die sich durch Goldklauseln gegen eine Aufhebung des Goldstandards geschützt haben,

---

[16] RG JurW 1925, 1987.

[17] Französ. Fr.: RG JurW 1925, 1987; 1926 1323; niederländ. Gulden: RG DRichterZtg 1925 Nr. 200; italien. Lire: OLG München Falkm.-Mugd. 46, 78; belgische Fr.: KG JurW 1929, 446; engl. Pfund: RG WarnRspr 25 (1933) 228.

[18] RG 120, 74ff. (österr. Kronen); KG IPRspr 1931, 213 (ebenso); KG IPRspr 1929, 64 (ungar. Kronen).

[19] RG 114, 171ff.

[20] Zutreffend: RG 119, 259ff. Vgl. RG 132, 193ff.

den Erfolg der staatlichen Aktion lähmen und sich Sondervorteile verschaffen, die sie aus der allgemeinen Not herausheben.

Die für die Weltwirtschaft wichtigste Goldklauselaufhebung war
die der *Joint Resolution* (der beiden Häuser) der Vereinigten Staaten
von Amerika vom 5. Juni 1933. Sie hob alle Gold-Dollarklauseln auf,
gleichviel ob sie Goldmünzklauseln („Zahlung von 1000 goldnen Dol-
lars") oder Goldwertklauseln („Zahlung von Papierdollars in Höhe des
Werts von 1000 Golddollars") waren. Der Anwendungsbereich der Joint
Resolution war zweifelhaft. Welche Dollarschulden wollte das amerikanische Gesetz treffen? Welche konnte es nach völkerrechtlichen
Grundsätzen treffen? Kommt es bei der Abgrenzung auf die Staatsangehörigkeit oder den Wohnsitz des Gläubigers oder des Schuldners
oder darauf an, wo die Dollarschuld zahlbar ist? Kommt es ferner
darauf an, welchem Recht die Dollarschuld unterworfen, ob also nord-
amerikanisches Recht Obligationsstatut ist? Die rechte Antwort war
die: Die Joint Resolution ist anwendbar, wenn entweder amerikanisches Recht Obligationsstatut ist oder der Zahlungsort in den USA
gelegen ist; dagegen kann es auf die Staatsangehörigkeit oder den Wohnsitz von Gläubiger und Schuldner nicht wohl ankommen. Das Reichsgericht hat in einer kurzsichtigen, unglücklichen Entscheidung von 1936
die Anwendung der Joint Resolution aus Gründen des *ordre public* dann
abgelehnt, wenn der Gläubiger ein Deutscher ist, mögen auch Obligationsstatut und Zahlungsort amerikanisch sein[21]. Wäre dies richtig,
so würde bei einer Anleihe, von der manche Teilobligationen in deutscher, andere in amerikanischer oder französischer Hand waren, die
Schuldsumme je nach der Person des einzelnen Partialisten zu bestimmen sein. Die Lebensfremdheit der Entscheidung des RG war so
groß, daß sofort der Reichsgesetzgeber eingreifen mußte: ein Gesetz
vom 26. Juli 1936 über *Fremdwährungs-Schuldverschreibungen*, das sich
rückwirkende Kraft beigelegt hat — gerade jene RG-Entscheidung zu
beseitigen war sein Ziel — hat bestimmt, daß bei Auslandsanleihen,
die auf eine Auslandswährung lauten, mögen sie eine Goldklausel enthalten oder nicht, im Falle der Abwertung die abgewertete Währung
für den Umfang der Zahlungspflicht maßgebend sein sollte: Eine Berufung auf den ordre public (Art. 30 EG BGB) ist demgegenüber nicht
zulässig[22].

---

[21] RG JurW 1936, 2058.

[22] Aus der reichen Literatur zur Goldklausel: MANN: The Legal Aspect of
Money (1938) 92ff., 110ff., 218ff.; GUTZWILLER: Geltungsbereich, 68ff.; RAAPE:
IPR 343; RABEL: RabelsZ. 10 (1936) 492ff.; BEHREND, CHARLOTTE: Die Wirkung
der Aufhebung der Goldklauseln (Diss. Berlin) 1936; DUDEN: RabelsZ 8 (1934)
639, 990; 9 (1935) 274, 615, 891; 10 (1936) 385, 666; 11, 265; MUELLER: Ibidem
7 (1933) 489ff.; NUSSBAUM: La clause-or dans les contrats internationaux,
Rec.d.Cours 1933 I 559ff.; MÜGEL: BankArchiv 1933/34, 287ff.; JurW 1934, 516.

IV. Die französische Rechtsprechung hat im Interesse eines internationalen Geldumlaufs die Aufrechterhaltung der Goldklauseln zugelassen, aber nur für die von dem Pariser Oberstaatsanwalt *Mater* als „Internationale Contracte" herausgehobenen Anleihen, „qui produisent comme un mouvement de flux et de reflux au dessus des frontières, des conséquences réciproques dans un pays et dans un autre". Dieser Anleihetypus soll deshalb zulässig sein, weil ihn angeblich art. 1134 des code civil erlaubt. (Gesetzmäßig zustande gekommene Verträge gelten wie Gesetze für die, die sie geschlossen haben.)

Man leitet aus dieser Norm ab, daß die Parteiautonomie unbeschränkt ist und als *souveraine maîtresse* sich auch über die zwingenden gesetzlichen Anordnungen hinwegsetzen könne. Dies ist jedenfalls die Deutung des Kassationshofs[23]. Das deutsche Recht kennt eine derartige Deutung nicht.

V. Bei *Gebietsabtretungen*, wie sie der Versailler Vertrag gebracht hat, erhebt sich die Frage nach dem Schicksal der Geldschulden, die in dem abgetretenen Gebiet ihren Schwerpunkt haben, z. B. der vor 1914 mit Erfüllungsort in Posen, Straßburg, Nordschleswig begründeten Schulden, mögen sie hypothekarisch gesichert sein oder nicht, mag das Pfandgrundstück in dem abgetretenen Gebiet oder im Stammland oder in einem dritten Staate liegen.

Die Geldschuld bleibt, wie jede Schuld, grundsätzlich dem Recht des Staats unterworfen, dem sie vor der Abtretung unterworfen war. Aber da der neue Gebietsstaat jetzt die Herrschaft hat, kann er den Schuldinhalt abweichend vom bisherigen Recht bestimmen. Solche Neuordnung wirkt außerhalb des neuen Gebietsstaates nur dann, wenn entweder die durch die Rechtsänderung berührten Parteien dem neuen Gebietsstaat angehören oder die Parteien die Geltung des neuen Gebietsrechts wollen (vgl. oben § 28 VI 2).

Der neue Gebietsstaat (Polen usw.) kann insbesondere eine neue Währung schaffen und die hier lokalisierten alten Geldschulden auf diese Währung umstellen (immer mit der eben gemachten Einschränkung). Bis er eine neue Währung schafft, bleibt die Geldschuld auf die bisherige Währung gestellt, die insoweit Eigenwährung des Gebietsstaats, nicht Fremdwährung ist. *Aufwertungsrecht*, das sich im Stammland entwickelt, wirkt auf den Schuldinhalt insoweit nicht ein, als es auf besonderen Aufwertungsgesetzen beruht, wohl aber (im Zweifel) soweit es aus allgemeinen Grundsätzen des Schuldrechts abgeleitet wird.

So galt die aus § 242 BGB abgeleitete Aufwertungspflicht auch für die in den abgetretenen Gebieten lokalisierten Schulden; denn mögen auch die deutschen Gerichte erst nach der Gebietsabtretung Anlaß gehabt haben, die 1922 einsetzende

[23] KassH 21. 6. 1950; J. Clunet 1950, 1197. Auch in Frankreich hat die Lehre Gegner gefunden, besonders in NIBOYET und BATIFFOL. — Grotius Society 35 (1950) 153.

sog. „katastrophale" Geldentwertung mit Hilfe des § 242 im Einzelfall zu mildern, so handelte es sich dabei nicht um die Schaffung neuen Rechts, sondern um die Anwendung eines bei Gebietsabtretung (1920) bestehenden Rechts[24].

§ 31. Deliktschulden.

MORRIS: ModLR 12 (1949) 248. — MORRIS: HarvLR 64 (1951) 881. — SCHNITZER: IPR (3. Aufl.) 1950, 596. — NEUHAUS: RabelsZ 17, 650. — v. SCHELLING: RabelsZ 3, 854 ff. — HANCOCK: Torts in the Confl. of Laws 1942. — LEWALD: 260 ff. — RAAPE: Komm. 194 ff. — ZITELMANN: I 111 f., II 464 ff. — FRANKENSTEIN: II 358 ff. — NUSSBAUM: 286 ff. — GUTZWILLER: 1622 (mit Lit.). — SCHMIDT, RUD.: Festschrift Lehmann 1937, 175 ff. — RABEL: II 227 ff.

Fast in allen Ländern hat sich der Gedanke durchgesetzt, daß Voraussetzungen und Wirkungen einer unerlaubten Handlung nach dem Recht des Begehungsorts (der lex loci delicti commissi) zu beurteilen sind.

Die ältere Auffassung SAVIGNYS, wonach „die auf Delikte bezüglichen Gesetze stets unter die zwingenden, streng positiven zu rechnen sind", weshalb auf Delikte stets die lex fori anzuwenden sei (VIII 278), findet sich noch in *England*, wo die Ersatzpflicht aus Delikten nach der lex fori beurteilt wird, wo aber eine Verurteilung voraussetzt, daß die Tat auch nach der lex loci delicti rechtswidrig ist.

I. Nach deutschem Recht entscheidet, wie zwischen den Zeilen des Art. 12 EG zu lesen, übrigens gewohnheitsrechtlich begründet ist, für unerlaubte Handlungen das Recht des Begehungsorts. Begehungsort ist zunächst jeder der Orte, an dem der Täter selbst oder durch eines seiner wissenden oder unwissenden Werkzeuge handelt (*Handlungsort*)[1]: durch den Briefboten, der den verleumdenden Brief an den vom Absender bestimmten Ort bringt, durch den Zeitungsausträger, der die kreditschädigende Zeitungsnachricht verbreitet. Es kann hiernach mehrere „Handlungsorte" geben[2]. Auch im Fall eines Zusammenstoßes zweier Schiffe auf hoher See liegen möglicherweise zwei Begehungsorte vor[3].

Im Falle eines unlauteren Wettbewerbs, den ein deutscher Gewerbetreibender im Ausland begeht, liegt es oft so, daß der Täter zugleich im Inland eine *vorbereitende* Pflicht verletzt. Es besteht für alle in Deutschland niedergelassenen Gewerbetreibenden die Pflicht, ihren Wettbewerb so einzurichten, daß dadurch nicht gegen die deutschen Vorschriften über unlauteren Wettbewerb verstoßen wird, gleichviel, wie die ausländischen Vorschriften lauten[4]. In diesem Fall gibt es einen Handlungsort *auch* im Inland, und der Geschädigte kann deutsches Deliktsrecht anrufen.

---

[24] Vgl. RG 114, 171 ff.; 139, 81.

[1] Dazu RAAPE: Komm. 204.

[2] RG 54, 205; 138, 246. Eine unerlaubte Handlung durch die Presse ist nicht nur da begangen, wo die Drucksache erscheint, sondern überall, wo sie verbreitet wird. Aber ein „Verbreiten" liegt nicht schon dann vor, „wenn da und dort einmal durch Dritte ein Stück oder eine Mehrzahl von Stücken über die Grenze gelangt"; RG JurW 1936, 1292.

[3] RG 138, 246, vgl. BGH NJW 1951, 259. Vgl. unten § 32 [1] u. [2].

[4] RG 140, 29; 150, 269; RG JurW 1936, 1291.

Im Falle einer Schädigung durch Unterlassen ist „Handlungsort" der Ort, an dem zu handeln der Unterlassende verpflichtet war[5].

Begehungsort ist aber nach überwiegender Praxis auch jeder der Orte, an denen ein schädigender Erfolg eintritt (*Erfolgsort*)[6], gleichviel, ob an diesem noch eine menschliche Handlung stattfindet: so, wenn eine an der Landesgrenze liegende Fabrik fahrlässig zur Explosion gebracht und dadurch auch ein Haus jenseits der Grenze zerstört wird. Es kann auch mehrere „Erfolgsorte" geben. Dennoch sind Handlungs- und Erfolgsort nicht gleichwertig. Auf das Recht des Erfolgsorts allein kann ein Deliktanspruch nicht gestützt werden; aber *wenn* nach dem Recht des Handlungsorts eine unerlaubte Handlung vorliegt, und nach eben diesem Recht der Erfolg als durch die Handlung verursacht anzusehen ist, so kann der Geschädigte sich auch auf das Recht des Erfolgsorts berufen, um Ansprüche geltend zu machen, die er nach dem Recht des Handlungsorts nicht hätte (z. B. auf Geldersatz, statt Naturalherstellung, oder auf Ersatz des dommage moral). Sind mehrere Handlungsorte vorhanden, z. B. weil der Täter den Angegriffenen im Eisenbahnabteil nach der Abfahrt von Aachen in Deutschland betäubt und jenseits der belgischen Grenze aus dem Abteil hinausgeworfen hat, so kann der Verletzte sich nach Belieben auf jedes der Ortsrechte berufen, und der Richter hat von Amts wegen nach dem für den erhobenen Anspruch günstigeren Rechte zu entscheiden.

II. Das Recht des Begehungsorts ist *maßgebend:*

1. Für den *Tatbestand* der unerlaubten Handlung; demnach auch für die *Deliktsfähigkeit*, die also abweichend von der Geschäftsfähigkeit nicht an das Personalstatut angeknüpft wird. Soweit sich das Delikt gegen ein bestimmtes *subjektives Recht* (Eigentum, Urheberrecht, Firmenrecht usw.) richtet, entscheidet über die Frage der Existenz dieses Rechts nicht das Deliktsstatut, sondern das Statut, dem das verletzte Recht, wenn es besteht, unterworfen ist: z. B. bei Eigentumsverletzung die lex rei sitae. Vorausgesetzt ist dabei aber, daß dieses Recht als Recht auch in demjenigen Staat anerkannt wird, in dem der Begehungsort liegt: wer z. B. im Ausland einem deutschen Patent- oder Warenzeichenrecht zuwiderhandelt, kann nicht (im Inland oder Ausland) deswegen auf Ersatz verklagt werden, weil das Zeichen- oder Patentrecht nach deutschem Recht gültig entstanden ist; denn ein solches Recht wirkt nicht über die Grenzen des Verleihungsstaats hinaus: die Auslandsfabrikation enthielt keine „Verletzung", sondern war rechtlich irrelevant[7]. — Nach der lex loci delicti richten sich auch die Gründe für den *Ausschluß der Rechtswidrigkeit* (Notwehr, Notstand), richtet sich das „Verschulden", richtet sich endlich (was streitig ist) die Kennzeichnung

---

[5] RG 36, 27.   [6] Nachweise bei LEWALD: 261.

[7] RG 30, 52; 118, 141. Vgl. NUSSBAUM: 337 ff.

der Handlung als einer deliktischen: eine im Ausland vorgenommene Handlung, die nach deutschem Recht Verletzung eines dem deutschen Recht unterworfenen Vertrags ist, also alle deutschrechtlichen Wirkungen der Vertragsverletzung erzeugt, kann außerdem die Deliktsfolgen des ausländischen Rechts haben, wofern sie nach dem Recht des Begehungsorts Delikt ist (vgl. oben S. 58 b).

2. Für die *Wirkungen* der unerlaubten Handlung: die Art und das Maß des Schadenersatzes (Naturalherstellung oder Geldersatz, dommage moral), die Bedeutung des konkurrierenden Verschuldens des Verletzten, die Mithaftung Dritter für die unerlaubte Handlung.

III. Maßgebend ist grundsätzlich *nur* das Recht des Begehungsorts. Allein, es gibt Situationen, in denen die Anknüpfung der unerlaubten Handlung an den Ort der Handlung unmöglich oder unangemessen wäre. Unmöglich dann, wenn in dem Gebiet, in dem gehandelt wurde, überhaupt kein Recht galt (z. B. die verletzende Handlung geschah auf einer Nordpolexpedition). Unangemessen dann, wenn der Tatort „mehr zufälliger Natur" (SCHNITZER)[8] ist: SCHNITZER bildet das Beispiel eines politischen Mordes an einem ausländischen Ort, an dem der Mörder den Getöteten zufällig trifft und sogleich erschießt. J. H. C. MORRIS (a. a. O.) hat für Fälle dieser Art die Wendung „proper law of the tort" vorgeschlagen. Wie die allzu starren Normen des internationalen *Vertrags*rechts (Maßgeblichkeit des Orts des Vertragsschlusses) durch individuelle Untersuchung aufgelockert worden sind, so sollte auch die Anknüpfung an die *lex loci delicti commissi* durch eine elastischere Wendung ersetzt werden[9].

IV. Eine unangemessene Schutznorm für Deutsche bietet Art. 12 EG, der eine Spezialisierung der Vorbehaltsklausel des Art. 30 enthält. Gegen einen *Deutschen* können aus einer im Auslande vorgenommenen Handlung, die nach deutscher Auffassung[10] eine „unerlaubte Handlung" sein würde, *nicht weitergehende Ansprüche* gerichtlich oder außergerichtlich (durch Aufrechnung, Zurückbehaltung) *geltend gemacht* werden, als nach den deutschen Gesetzen begründet sind. Man hat also zu prüfen, ob der Täter zu Ersatzleistungen und zu welchen Leistungen er verpflichtet sein würde, wenn im Ausland das deutsche Recht in Kraft stände. Die Antwort auf diese Frage bietet das Maximum der Verpflichtung.

Man hat die Frage nicht so zu stellen[11]: zu welchen Leistungen würde der Täter verpflichtet sein, wenn die Tat in Deutschland begangen wäre? Wird z. B. ein in Deutschland unbekanntes französisches „Schutzgesetz" in Frankreich verletzt, so

---

[8] IPR II 598. Vgl. NEUHAUS: RabelsZ 16 (1951) 652.

[9] Ebenso steht es mit der typischen Anknüpfung von Sachenrechten an den situs rei, welche unter gewissen Voraussetzungen durch eine individuelle Anknüpfung ersetzt werden muß. S. unten § 34 II.

[10] Anders ZITELMANN: II 504.

[11] Darauf hat vor allem ZITELMANN: II 506 f. hingewiesen.

kann daraus in Deutschland geklagt werden, da das Schutzgesetz (würden §§ 823 ff. BGB in Frankreich gelten) unter § 823 Abs. 2 fiele. Oder: wird ein im Ausland geschütztes Patent (das in Deutschland nicht geschützt ist) im Ausland verletzt, so kann nicht aus Art. 12 EG die Haftung abgelehnt werden.

Im einzelnen ist manches undeutlich, und die Antwort wird aus dem Geist der Vorbehaltsklausel zu finden sein.

a) Das Verbot betrifft nur die Geltendmachung weitergehender Ansprüche gegen einen *Deutschen*[11a]. Es ist ausreichend und erforderlich, daß der in Anspruch Genommene zur Zeit der letzten mündlichen Tatsachenverhandlung Reichsangehöriger oder daß er Erbe eines Reichsangehörigen ist. (Doch bleibt daneben Art. 30 EG anwendbar; vgl. oben § 14[28].)

Ist einer der Täter Deutscher, ein anderer Ausländer, so haftet dieser unter Umständen auf mehr als jener. Sein Rückgriffsrecht gegen den deutschen Mittäter dürfte durch Art. 12 nicht verkürzt sein.

b) Maximum ist nach Art. 12 das, was der Beschädigte „nach den deutschen Gesetzen" fordern könnte. Das bedeutet nicht: was er nach dem deutschen Recht der unerlaubten Handlung fordern könnte.

Könnte er z. B. nach dem BGB aus unechter Geschäftsbesorgung (§ 687 Abs. 2) oder aus ungerechtfertigter Bereicherung Herausgabe des Erlangten oder Wertersatz verlangen, und ist dieser Anspruch noch nicht verjährt, während der Deliktsanspruch nach deutschem Recht (§ 852 BGB) verjährt wäre, so kann er den unverjährten ausländischen Deliktsanspruch bis zur Höhe des Geschäftsbesorgungs- oder Bereicherungsanspruchs noch geltend machen[12].

c) Leistet der deutsche Täter in Deutschland aus Rechtsunkenntnis mehr, als wozu er nach Art. 12 vom deutschen Richter verurteilt werden würde, so fragt es sich, ob er den Überschuß kondizieren kann. Die Frage ist zu verneinen, da der Täter immerhin eine auslandsrechtliche Pflicht, die freilich in Deutschland nicht Rechtspflicht war, erfüllt hat. Die Erfüllung derartiger Pflichten wird oft auch in Deutschland durch den Anstand geboten sein (§ 814 BGB), und wenn sie das nicht ist, so verstößt die Aufrechterhaltung solcher Leistung doch keineswegs gegen die guten Sitten oder den Zweck eines deutschen Gesetzes, daher auch nicht gegen Art. 12 EG.

d) Haftet der Deutsche nach deutschem Recht strenger als nach der lex loci delicti, so kann unter Umständen in der Anwendung des milderen ausländischen Rechts ein Verstoß gegen die Zwecke eines deutschen Gesetzes liegen, so daß das strengere deutsche Recht nach Art. 30 EG anzuwenden ist. So haftet nach manchen amerikanischen Rechten (common law), wer den Tod eines Menschen verschuldet hat, den Hinterbliebenen nicht auf Schadenersatz; ist der Getötete Deutscher, so werden seine Hinterbliebenen sich auf §§ 844, 845 BGB stützen dürfen[13].

e) FRANKENSTEIN hat die These aufgestellt, daß für eine unerlaubte Handlung die ein Deutscher gegen einen Deutschen im Ausland begeht, deutsches Recht

---

[11a] Auch eine juristische Person deutscher Staatsangehörigkeit wird durch Art. 12 geschützt.

[12] RG 118, 143.   [13] FRANKENSTEIN: II 382.

zur Anwendung kommen müsse[14]. Eine deutsche Verordnung aus der Kriegszeit vom 7. Dezember 1942 hat diesen Gedanken übernommen. Sie ist hinfällig geworden.

§ 32. Sonstige Verpflichtungen.

ZITELMANN: II 510ff. — FRANKENSTEIN: II 384ff. — RAAPE: Komm. 224ff. IPR 329. — NUSSBAUM: 294ff. — NEUNER: RabelsZ 2, 122. — ZWEIGERT: Bereicherungsansprüche im IPR, SDJZ 2 (1947) 247ff. — RABEL: III 361ff.; GUTTERIDGE and LIPSTEIN: Cambridge LJ 7, 18.

Die alte, unfruchtbare Scheidung der Obligationen in solche aus Quasikontrakten und solche aus Quasidelikten — die man in Untersuchungen zum internationalen Privatrecht noch findet — führt hier nicht weiter.

I. Ersatzpflichten aus *unverschuldeter* rechtswidriger Handlung, aber auch Ersatzpflichten aus *rechtmäßigen*, aber anomalen Eingriffen (wie nach BGB § 228 Satz 2, 904 Satz 2) sind dem Recht *des Orts der Vornahme* der Handlung unterworfen. Für jene (Tierhalterhaftung, Eisenbahnhaftung usw.) hat man aber die Schutznorm des Art. 12 EG anzuwenden, wonach Deutsche nicht stärker als nach deutschem Recht haften sollen. Kraft eines argumentum a maiore ad minus muß die Schutznorm erst recht gelten, wenn es sich um eine Ersatzpflicht aus rechtmäßiger Handlung handelt, da der Deutsche, der rechtswidrig geschädigt hat, nicht günstiger stehen kann, als wer es rechtmäßig getan hat.

Statt des Vornahmeorts ist, wenn die Handlung auf offenem Meer geschah, der Heimatort des Schiffes einzusetzen. Das hat besonders Bedeutung für die Haftung aus einem *Zusammenstoß* von Schiffen[1]. Sind die Schiffe verschiedener Nationalität, so kann der Kläger, da ein Begehungsort auf jedem der beiden Schiffe liegt, sich auf jedes der beiden Rechte stützen[2].

Auch im Falle der *großen Haverei* entscheidet das Heimatrecht des Schiffs, ob und unter welchen Voraussetzungen der Schiffer zur Opferung von Schiff und Ladung befugt war. Dagegen ist für die Frage der Ausgleichsansprüche nicht dieses Heimatrecht maßgebend, sondern, wie § 835 HGB erkennen läßt, das Recht des Orts, an dem die amtliche Schadensfeststellung und Verteilung zu geschehen hat (Dispacheort): d. h. regelmäßig des Bestimmungshafens, möglicherweise des Nothafens, den das Schiff aufgesucht hat[3]. Denn die Dispache ist die Grundlage der Ersatzansprüche; die Dispacheure aber stellen die Dispache auf Grund des Rechts des Vornahmeorts auf.

Das Recht, nach welchem der *Reeder haftet*, gibt auch Antwort auf die Frage, in welchem Umfange er haftet, ob unbeschränkt oder *beschränkt*, und im letzten Fall: ob gegenständlich beschränkt (mit Schiff und Fracht: deutsches System)

---

[14] II 375f. Vgl. RAAPE: IPR 365.

[1] Soweit hier nicht *materielle* Rechtseinheit auf Grund des internationalen Abkommens über einheitliche Feststellung von Regeln über den Zusammenstoß von Schiffen vom 23. September 1910 (RGBl 1913, 49) besteht, somit die Internationalprivatrechtsfrage überhaupt nicht auftaucht.

[2] RG 138, 246.

[3] RG 38, 3. NUSSBAUM: 285[2]. FICKER: RVglHWB IV 482.

oder rechnerisch beschränkt (englisches System), sowie ob er bei unbeschränkter Haftung ein Abandonrecht hat (französisches System[4]).

Die Frage, ob die haftenden Gegenstände *dinglich* (pfandrechtlich) haften, beantwortet sich nach der lex rei sitae, auf offener See nach dem Heimatrecht des Schiffs.

II. Auch bei der *auftragslosen Geschäftsbesorgung* wird der Schwerpunkt am Ort der Vornahme der Handlung zu finden sein, und nicht im Personalstatut des Geschäftsherrn (ZITELMANN) oder des Geschäftsführers. Besteht die Geschäftsbesorgung in einem Vertragsabschluß, so ist das Recht der Vertragsobligation nicht notwendig das der negotiorum gestio.

Zur auftragslosen Geschäftsführung gehört auch die Tätigkeit des *Finders* und oftmals die *Bergung und Hilfeleistung in Seenot* (die freilich auch auf Vertrag beruhen kann). Dort gilt das Recht des Fundorts auch in Ansehung der Handlungen, die der Finder anderwärts vornimmt; so, wenn er die Sache auf dem Wege zum Bahnhof gefunden und mit auf die Reise genommen hat. Für die Bergung in Seenot ist — auch wenn sie auf Grund Vertrags geschehen ist — der Vornahmeort maßgebend; geschieht sie auf offener See, so gilt das Heimatrecht des geretteten Schiffs[5].

III. Zweifelhafter ist die Behandlung der Ansprüche aus *ungerechtfertigter Bereicherung*. Bisweilen wird das Recht des Erfüllungsorts, bisweilen das des Wohnsitzes (oder der Staatsangehörigkeit) des Schuldners für maßgebend erklärt. Zu Unrecht. Meist schließt sich der Bereicherungsanspruch an einen Rechtsübergang an, den er wirtschaftlich einschränkt; dann ist dem Recht zu unterwerfen, nach welchem sich jene Vermögensverschiebung selbst beurteilt.

So wird die Kondiktion wegen Schenkungswiderrufs dem Recht unterworfen sein, dem die Schenkung unterlag[6]; die Kondiktion des Verlierers gegen den Finder, der durch Zeitablauf Eigentum erworben hat (BGB § 977), ist der lex rei sitae unterworfen; desgleichen der Anspruch auf Bereicherung, aus Vermischung, Verbindung, Verarbeitung (BGB § 951). Auch für die Kondiktion nicht geschuldeter Leistungen ist das Recht des Leistungsgeschäfts selbst für maßgebend zu halten; nur die Frage, ob die Leistung geschuldet oder nicht geschuldet war, ist dem Recht unterworfen, das für die Schuld, wenn diese bestände, maßgebend wäre[7].

IV. Verpflichtungen aus *Gläubigerverkürzung (actio Pauliana)*[8]. Ist der Schuldner in Konkurs geraten, so entscheidet das Recht des Konkursgerichts, welche Rechte der Konkursverwalter im Fall schädigender

---

[1] FICKER: a. a. O. 477. Der deutsche Reeder haftet nicht stärker als nach deutschem Recht; Art. 12 EG.

[5] Freilich streitig. Vgl. NUSSBAUM: 296. FICKER: 483f. — Im übrigen tritt die internationalprivatrechtliche Frage hier ähnlich wie bei der Haftung aus Zusammenstoß von Schiffen zurück, da zwischen den wichtigsten Staaten durch ein Abkommen vom 23. September 1910 materielle Rechtseinheit in den Hauptfragen geschaffen ist.

[6] Besonders deutlich beim Widerruf wegen Undanks, also wegen Verletzung der aus dem Schenkungsvertrage fließenden Dankbarkeitspflicht.

[7] NEUNER und ZWEIGERT: a. a. O. — RG 74, 175 ist unbefriedigend; richtiger: RG IPRspr 1932, 86.

[8] FRAGISTAS: RabelsZ 12 (1938/39) 452ff. (mit Lit.).

Akte des Gemeinschuldners hat, wie er sie geltend machen kann, und ob neben ihm auch einzelnen Gläubigern ein Anfechtungsrecht zusteht. Die Frage aber, ob der Erwerbsvorgang zwischen Schuldner und Anfechtungsgegner anfechtbar ist, bestimmt sich nach dem für diesen Erwerbsvorgang maßgebenden Wirkungsstatut. Ist kein Konkurs eröffnet, so ist weder das Recht des Wohnsitzes des Schuldners noch das des Wohnsitzes des Anfechtungsgegners noch das Recht des Ortes, an dem die anzufechtende Handlung vorgenommen war, noch endlich die lex fori maßgebend. Richtiger wird man mit FRAGISTAS das Rechtsverhältnis nach der *lex causae* desjenigen Anspruchs bestimmen, zu dessen Befriedigung die Anfechtung dienen soll.

Fünfter Abschnitt.

Sachenrecht.

NIBOYET: Conflits de lois relatifs à l'acquisition de la propriété. Paris 1912. — DESBOIS: J. Clunet 58 (1931) 281 ff. — ROUSSELL, LOUIS: Du conflit des lois en ce qui concerne l'acquisition et la transmission entre-vifs de la propriété, Thèse, Paris 1893. — ELTER, HANS: Die grundsätzliche Beurteilung der Rechte an beweglichen Sachen im IPR, Diss. Breslau 1914. — DIENA: I diritti reali considerati nel dir. int. priv., Turin 1895. — DONLE: Arch. öff. R. Bd. 8, 249 ff.; 513 ff. — FRANKENSTEIN: Mitt. d. Deutsch. Gesellsch. f. Völkerrecht 9 (1929) 3 ff. — WEISFLOG, W.: Der Schutz des Erwerbs beweglicher Sachen vom Nichteigentümer im IPR, Diss. Zürich 1930. — WOLFF, M.: RVglHWB IV 390 ff. — ZITELMANN: II 301 ff. — FRANKENSTEIN: II 1 ff. — GUTZWILLER: 1590 ff. — LEWALD: 169 ff. NUSSBAUM: 298 ff. — RAAPE: IPR 370 ff. — RABEL: III 78 ff.

§ 33. Die Einteilung der Sachen.

I. Eine Einteilung der Sachen (körperlichen oder unkörperlichen Gegenstände) in *bewegliche und unbewegliche* findet sich fast überall. Aber, wie LEWALD (IPR 175, 176) gesehen hat, sie findet sich in zwei verschiedenen Zusammenhängen: entweder innerhalb einer Kollisionsnorm oder innerhalb der materiellen ("sachlich-rechtlichen") Rechtsordnung eines Gebiets. Eine Kollisionsnorm, die zwischen beweglichem und unbeweglichem Vermögen unterscheidet, ist z. B. die in Frankreich, Belgien, Ungarn, Österreich, England und den Vereinigten Staaten geltende internationalprivatrechtliche Regel, daß der bewegliche Nachlaß gemäß dem Personalstatut des Erblassers, der Immobiliarnachlaß dagegen nach der lex situs vererbt wird. In solchem Fall hat die Kollisionsnorm selbst zu bestimmen, welche Sachen sie der einen, welche der anderen Gruppe von Gegenständen zuweist[1].

---

[1] In Deutschland gibt es keine Norm des Internationalen Privatrechts, die zwischen Mobilien und Immobilien unterscheide. Aber auch der deutsche Richter kann auf dem Wege des *renvoi* zur Anwendung solcher (fremden) Norm berufen sein; so in dem Fall RG 145, 85.

Viel häufiger ist es nicht die Kollisionsnorm, sondern die auf Grund der Kollisionsnorm zur Anwendung kommende materielle Norm, die einen Unterschied zwischen beweglichen und unbeweglichen Sachen macht. Bei einem deutschen Ehepaar (z. B.), das in den Niederlanden wohnt, hat der deutsche Richter kraft seiner Kollisionsnorm deutsches Recht als Ehegüterrecht anzuwenden, ohne Scheidung zwischen Mobilien und Immobilien; aber wenn das Paar kraft Ehevertrags in Fahrnisgemeinschaft lebt, so ist § 1551 Abs. 2 BGB anzuwenden: danach sind z.B. immobil (und daher eingebrachtes Gut) Grundstücke nebst Zubehör, mobil (daher Gesamtgut) Hypotheken und Grundschulden; andere Rechtsordnungen sehen Zubehör als mobil, Hypotheken als immobil an. Gilt nun die Einordnung der Sachen, die § 1551 Abs. 2 vornimmt, nur für solche Sachen, die in Deutschland belegen sind, oder auch für auswärts befindliches Vermögen? Nicht die lex situs beantwortet diese Frage, sondern das deutsche Ehegüterrechtsstatut, und danach kommt es auf die Belegenheit nicht an.

Anders in dem lehrreichen Fall, den LEWALD (176 bb) mitteilt[2]: nach Baseler Recht waren bewegliche Sachen zu Zubehör eines Baseler Grundstücks gemacht und damit immobil geworden; die Sachen wurden dann nach Baden gebracht und gepfändet, da das badische Recht sie als mobil ansah; war ein Pfändungspfandrecht entstanden? Die zutreffende Antwort lautete: ja, denn hier kam es auf den situs rei an (Baden); die Baseler Immobilisierung konnte die Entstehung von Fahrnisrechten außerhalb Basels nicht verhindern.

II. Einfacher liegt es bei der Einteilung der Sachen in *verbrauchbare* und *unverbrauchbare*. Es gibt keine Kollisionsnorm, die nur für verbrauchbare oder nur für unverbrauchbare Sachen gilt. Der Unterschied spielt nur in den einzelnen materiellen Rechtsordnungen eine Rolle. Nach bisherigem deutschem Ehegüterrecht darf ein Ehemann nur über verbrauchbare Sachen der Frau unbeschränkt verfügen. Der Nießbraucher verbrauchbarer Sachen ist Eigentümer. Dabei ist der Begriff der verbrauchbaren Sache anders bestimmt als in den meisten Rechten. So rechnet das deutsche Recht die zu einem Warenlager gehörigen Sachen zu den verbrauchbaren, zum Unterschied insbesondere von den romanischen Rechten. Welcher Begriff der verbrauchbaren Sache im Einzelfall zu verwenden ist, bestimmt die Rechtsordnung, die an die Verbrauchbarkeit Rechtsfolgen knüpft.

Ist der Ehemann bei Eheschließung Deutscher gewesen, so gilt für ihn deutsches eheliches Güterrecht, und er hat das Verfügungsrecht über Sachen der Frau, die

---

[2] OLG Karlsruhe 1892, Puchelts Zeitschr. 25, 46. — Die meisten lassen allgemein der lex rei sitae die Entscheidung über Beweglichkeit und Unbeweglichkeit. Das deutsch-estnische Konsularabkommen von 1925 Art. XVIII § 14 Abs. 1 (RGBl 1926 II 337), setzte die Maßgeblichkeit der lex situs voraus. — Der deutsch-russische Konsularvertrag von 1925 Schlußprot. z. Anl. zu Art. 22 zu § 11 (RGBl 1926 II 83) regelte selbst die Frage, welche in Rußland belegenen Gegenstände als immobil gelten sollen: „Gebäude aller Art und das Erbbaurecht."

im deutschen Sinn verbrauchbar sind, mögen sie auch im Ausland belegen sein. Der Nießbraucher verbrauchbarer Sachen wird Eigentümer, wenn sie zur Zeit der Nießbrauchsentstehung in Deutschland belegen sind: hier gilt also die lex rei sitae.

III. In gleicher Weise ist für sonstige Eigenschaften der Sache zu entscheiden. Ob eine Sache *Zubehör* einer anderen ist, richtet sich nach dem Wirkungsstatut, z. B. dem Erbrechtsstatut, wenn die Hauptsache (durch Damnationslegat) vermacht worden ist, oder dem Obligationsstatut, wenn jemand sich vertraglich zur Veräußerung einer Sache verpflichtet (BGB §§ 2164, 314). Ähnliches gilt für die Eigenschaft einer Sache, *Frucht* zu sein; ferner für ihre *Verkehrsfähigkeit*. Die nach spanischem Recht unveräußerliche res sacra (Kirchengerät), die nach Frankreich gelangte, konnte dort gültig veräußert werden, da das Wirkungsstatut die lex situs ist[3].

§ 34. Die Anknüpfung der Sachenrechte im allgemeinen.

Literatur vor § 33.

I. Das EG BGB enthält sich jeder Norm; mit Recht: die Maßgeblichkeit der *lex rei sitae* steht für die Rechte an Immobilien seit Jahrhunderten fest. Aber auch für Rechte an beweglichen Sachen ist sie in Deutschland seit nahezu einem Jahrhundert unzweifelhaftes Gewohnheitsrecht[1].

Sie war es nicht immer. In der älteren Doktrin Italiens und Frankreichs hat sich der Satz entwickelt: *mobilia ossibus inhaerent* oder *mobilia personam sequuntur*, ein freilich mehrdeutiger Satz, da er bald auf die Personalstatuten des Eigentümers, bald auf die des Besitzers bezogen wurde, bisweilen nur für das bewegliche Gesamt-„vermögen" (Erbrecht, Ehegüterrecht) angenommen, bisweilen aber auch auf die Rechte an einzelnen Mobilien (Sachenrechte) angewendet wurde. Er ist mit den übrigen Sätzen der Statutentheorie auch außerhalb seines Entstehungsgebietes durchgedrungen: so in Deutschland, im englisch-amerikanischen Rechtskreis („personality [d. i. personal property] has no locality") u. a. Noch das preußische Allgemeine Landrecht (§ 28 Einl.) hat ihn zum Ausdruck gebracht; doch haben die Praxis und die Theorie des 19. Jahrhunderts, unter dem Einfluß der von SAVIGNY ausgehenden Mißbilligung des Satzes, diesen umgedeutet und auf das bewegliche „Vermögen" (Erbrecht, Ehegüterrecht) beschränkt[2]. Heute findet sich der alte Satz noch in Spanien und vielleicht im Geltungsgebiet des Liv-, Est- und Kurländ. Privatrechts. Einige südamerikanische Rechte (Argentinien, Paraguay, Brasilien) lassen für *gewisse Mobilien* das Personalstatut des Eigentümers gelten: nämlich für solche Sachen, die er stets bei sich trägt oder die seinem persönlichen Gebrauch dienen; daß ein künstliches Gebiß ossibus inhaeret, ist in der Tat eine verständige

---

[3] Trib. de la Seine, J. Clunet 13 (1886) 593.

[1] A. M. aber HABICHT, H. R.: Festschrift Heinitz 1926, 463ff.

[2] ECCIUS: PreußPrivR I[7] (1896) 59f. mit Belegen aus der Praxis schon des preußischen Obertribunals. Eine ähnliche Umdeutung haben das Österreichische allgemeine bürgerliche Gesetzbuch § 300 und der codice civile Italiens dispos. prelim. (von 1865) art. 7 erfahren; hierzu DIENA: Principî di dir. intern. II[2] 36ff., 223ff. Vgl. oben § 4[23].

Vorstellung. Würde hier in der Praxis je ein internationalprivatrechlicher Streit entstehen, so würde auch heute der deutsche Richter im Personalstatut den Schwerpunkt derartiger quasi partes corporis finden.

Zum Siege gelangte die Maßgeblichkeit der lex rei sitae durch SAVIGNY, der als den „Sitz" der sachenrechtlichen Verhältnisse den Ort der Lage erkannte. In der Begründung der Maßgeblichkeit der lex rei sitae ist man freilich nicht einig. Die „Natur der Sache", die Natur des Rechtsverhältnisses, der vermutliche Unterwerfungswille des Eigentümers, ja sogar die staatliche Souveränität und völkerrechtliche Erwägungen haben, neben praktischen Überlegungen der Zweckmäßigkeit, als Begründung gedient.

II. Die Maßgeblichkeit der lex rei sitae gilt sicherlich für diejenigen beweglichen Sachen, die eine *feste Lage von einer gewissen Dauer* haben, wie Hausmobiliar, Bibliothek, Gartengerät, auch Waren im Warenlager, aber auch für Sachen wechselnder Lage, die ein bestimmtes Rechtsgebiet nicht verlassen (Straßenbahnwagen, Lokomotiven einer Staatsbahn). Zweifelhaft ist dagegen, welches Recht für solche Sachen maßgebend ist, die ohne bestimmte Lage sind und den Ort derart wechseln, daß sie aus einem Rechtsgebiet ins andere gelangen. SAVIGNY u. a. wollen hier in Ermangelung einer festen Belegenheit einen anderen „Ruhepunkt" aufgesucht sehen, an dem die Sache „auf längere, vielleicht unbestimmte Zeit zu bleiben bestimmt ist"[3]. Nach anderen gilt auch hier das Recht des Ortes, an dem sich die Sache gerade, wenn auch vorübergehend, befindet (ZITELMANN, FRANKENSTEIN), obwohl hier von einer „Lage", einem „situs rei" offensichtlich nicht gesprochen werden kann. Die Frage wird besonders für Sachen von zweierlei Art erörtert:

1. Für die Rechte an *res in transitu*, Sachen, die, während sie sich auf dem Transport von einem Rechtsgebiet ins andere befinden, übereignet, belastet, entlastet werden sollen[4]. NIBOYET u. a. lassen hier das Recht des Orts gelten, an den die Sachen transportiert werden sollen, also eine *lex loci futuri*[5].

Sicherlich kann der locus *praesens* nicht entscheiden. Zwar darüber, daß er oft nicht zu ermitteln ist, ließe sich mit Anwendung der allgemeinen Beweislastregeln hinwegkommen (ZITELMANN). Aber es ist unziemlich, das Recht des Durchfahrtorts zum Schwerpunkt der sachenrechtlichen Verhältnisse zu machen. Man räumt damit dem Zufall einen ungebührlichen Raum ein, und das aus Starrheit des Denkens; die Maßgeblichkeit der lex rei sitae darf nicht zu einem völkerrechtlichen Axiom erhoben werden. Dennoch ist auch die Annahme der lex *loci futuri* nicht immer angemessen, sondern nur dann, wenn alle am Geschäft Beteiligten den Bestimmungsort kennen.

Richtiger wird man bei Sachen, die der festen Lage entbehren (mag der Ort, an dem sie sich derzeit befinden, bekannt oder unbekannt

---

[3] SAVIGNY: System VIII 178.
[4] Vgl. die korrekte Formulierung bei LEWALD: 190f.
[5] Ebenso Vertrag von Montevideo Art. 28 für Schiffsladungen in außerstaatlichen Gewässern.

sein), den Schwerpunkt des Rechtsverhältnisses nicht allgemein, sondern *nach den Umständen des konkreten Falles* zu bestimmen haben. Dabei ist dem (wirklichen oder hypothetischen) *Parteiwillen*[6] eine ähnliche Rolle zuzusprechen, wie im Recht der obligatorischen Verträge: ob der Absendungsort oder der Bestimmungsort oder der Durchgangsort, an dem die Sachen sich gerade befinden, maßgebend sein soll, wird unter Berücksichtigung der Vorstellungen und des Willens der betroffenen Personen zu prüfen sein.

So wird der Gläubiger, der die Sachen am Durchgangsort pfändet, nach dem Rechte dieses Orts (und nur nach ihm) ein Pfandrecht erwerben können. So wird es dem Verkäufer und dem Käufer fahrender Güter erlaubt sein, die Übereignung dem Recht des Bestimmungsorts zu unterwerfen, und zwar auch für den Fall, daß die Güter das Bestimmungsland nie erreichen.

Im Zweifel wird die *letzte feste Lage*, die die Sachen vor dem Transporte hatten, entscheidend sein[7]. Sind über die Waren Traditionspapiere (Konnossemente, Ladescheine) oder Frachtbriefduplikate ausgestellt, so entscheidet zwar über den Erwerb von Sachenrechten an diesen Papieren selbst die lex cartae sitae; aber ob dadurch auch dingliche Rechte an den Gütern übergehen, entscheidet sich nach dem Recht, dem das im Papier verbriefte Rechtsverhältnis unterworfen ist, und das wird regelmäßig das Recht desjenigen Ortes sein, an dem der Verfrachter oder Frachtführer die Güter dem Empfänger auszuliefern verpflichtet ist.

2. Für Rechte an *Seeschiffen*[8] und *Luftfahrzeugen*. Die Neigung, das Schiff zu personifizieren, ist alt. Das Schiff hat einen Namen wie ein Mensch. Es wird ihm eine Art Staatsangehörigkeit zugesprochen. Es gibt Schiffs„taufen", Ordensverleihungen an Schiffe. Im englischen und angloamerikanischen Recht wird das Schiff geradezu als Prozeßpartei gedacht. Es hat einen Wohnsitz wie ein Mensch: den Heimathafen. So läßt es sich verstehen, daß, wie das Personalstatut des Menschen an seinen Wohnsitz oder seine Staatsangehörigkeit anknüpft, auch die das Schiff berührenden Schicksale, sei es durch das *Recht des Heimathafens*, sei es durch das der *Flagge*, bestimmt werden. Dazu kommt, daß das Schiff, obwohl bewegliche Sache, den Immobilien seit alter Zeit rechtlich stark angenähert ist: es erscheint als „schwimmendes Haus" (HEUSLER). Vollstreckung, Verpfändung, Registrierung geschehen im Heimathafen. So tritt heute das *Recht des Heimathafens*, wofern dort das Schiff registriert ist — bisweilen mit dem Recht der Flagge verwechselt — an die Stelle der lex rei sitae, soweit es sich um

---

[6] Vgl. insbes. BayObLG IPRspr 1934, 42 ff. Vgl. OGH NJW 1949, 784, 944. Siehe oben § 28.

[7] RABEL-RAISER: RabelsZ 3, 64 f.

[8] Vgl. dazu MELCHIOR: 491 ff. — Für Rechte an Binnenschiffen gelten keine Sondersätze. Vgl. FICKER: RVglHWB IV 475.

Begründung und Aufhebung von Rechten an dem Schiffe handelt. Das gilt für Staatsschiffe stets und für Handelsschiffe, während sie sich auf hoher See befinden; aber auch Handelsschiffe in fremden Küstengewässern, ja auch solche in fremden Territorialgewässern (Hafen, Flußmündung) unterstehen dem *Heimatrecht*, soweit es sich um Übereignung oder Verpfändung des Schiffes selbst handelt.

Dagegen gilt für die Entstehung dinglicher Rechte an den auf dem Schiff befindlichen Sachen, z. B. durch Fund einer Sache auf einem deutschen Schiff im fremden Hafen[9] das Gebietsstatut, das in dem Hafen in Kraft steht[10].

Eine andere Frage ist es, ob die Beteiligten ein im fremden Territorialgewässer befindliches Schiff nach dem Recht des Aufenthaltsorts behandeln *dürfen*. Das ist zu bejahen. Das Schiff kann daher im fremden Hafen mit Arrest belegt werden, selbst wenn nach dem Heimatrecht die Voraussetzungen des Arrestpfandrechts nicht vorliegen[11].

Was für das Seeschiff gilt, ist auch für das *Luftfahrzeug* anzunehmen[12].

§ 35. Der Geltungsbereich des Gebietsrechts.

Literatur vor § 33.

Die lex rei sitae (lex situs) ist für den ganzen Bereich des Sachenrechts maßgebend.

I. Nach ihr entscheidet sich die Frage, *welche Sachenrechte* überhaupt entstehen können. Ein der lex rei sitae unbekannter Sachenrechtstypus kann nicht gewählt werden; z. B. kann in Deutschland keine dingliche Miete oder Pacht, kein dingliches Verwaltungsrecht, kein Sondereigentum an wesentlichen Bestandteilen begründet werden[1].

II. Die lex rei sitae entscheidet, ob an einer bestimmten Sache ein *bestimmtes Sachenrecht entsteht, übergeht, geändert wird, untergeht*.

1. Das Recht des situs rei bestimmt, was zur Entstehung, Übertragung, Aufhebung oder Änderung eines dinglichen Rechts nötig ist; ob eine Übergabe erforderlich ist, wodurch sie ersetzt werden kann u. dgl. Ist über die Ware ein Ladeschein, Konnossement oder Lagerschein ausgestellt worden, so entscheidet der situs der Ware für die Frage, was zu ihrer Veräußerung notwendig sei, ob es insbesondere einer Begebung der Urkunde bedarf; die lex situs *cartae* bestimmt, was zu dieser Begebung verlangt wird (Indossament, Übergabe u. dgl.)[2].

---

[9] Vgl. den Fall, den das OLG Hamburg 1904 (Entsch. d. OLG 10, 114) zu entscheiden hatte: Fund an Bord eines deutschen Dampfers im New Yorker Hafen, nach New Yorker Recht zu beurteilen.

[10] Vgl. OLG Stettin IPRspr 1932, 121.

[11] Vgl. LEWALD: 193f.

[12] Vgl. vor allem RIESE: Luftrecht, passim, insbes. 389, 250, 267.

[1] Vgl. OLG Hamburg IPRspr 1933, 59, 61.

[2] RG 119, 216.

2. Ist gemäß der lex situs rei ein bestimmtes Sachenrecht *gültig ent-standen* und gelangt die Sache in ein anderes Rechtsgebiet, in welchem das Recht nicht auf dieselbe Weise hätte entstehen können, so geht das Recht nicht unter.

Beispiele:

a) Eine Sache ist in Frankreich durch Verkauf ohne Übergabe gültig übereignet worden und dann nach Deutschland gelangt; jenes Eigentum besteht weiter, obwohl es hier durch bloße Einigung nicht entstanden wäre.

b) Eine Sache ist in Deutschland von einem Geisteskranken verkauft und übereignet worden; der Erwerber hat sie durch 10jährigen Besitz ersessen. Dann gelangt die Sache nach Österreich, wo sie mangels gültigen Titels erst in 30 Jahren ersessen worden wäre (§ 1477 AllgBGB). Der Ersitzungserwerb bleibt wirksam.

c) Im Ausland ist (nach dortigem Recht gültig) durch bloße Einigung ein Fahrnispfandrecht begründet worden und die Sache dann in ein Gebiet gekommen, dessen Recht für die Verpfändung Übergabe verlangt (Frankreich, Deutschland): jenes Pfandrecht besteht grundsätzlich weiter, außer, wenn man auf Grund einer Auslegung des neuen Gebietsrechts zu dem Ergebnis kommt, daß dieses Gebietsrecht nicht nur die Entstehung, sondern auch den Bestand einer „Mobiliarhypothek" verbieten wolle (so z. B. für Frankreich nach dem Satze: les meubles n'ont pas de suite par hypothèque)[3].

3. Ist umgekehrt nach der lex rei sitae das dingliche Recht *nicht entstanden* (oder nicht übergegangen oder nicht untergegangen) und kommt danach die Sache in ein Rechtsgebiet, in dem das Recht entstanden (übergegangen, untergegangen) wäre, so tritt die dingliche Wirkung nicht ein. Ersteht ein Deutscher in einer Baseler Versteigerung eine gestohlene Sache, so wird er nach schweizerischem Recht (Art. 934 ZGB) nicht Eigentümer, und ein Transport der Sache nach Deutschland nützt ihm nichts.

Er kann in Deutschland erst nach 10 Jahren (durch Ersitzung) Eigentümer werden, hat aber bis dahin die dem BGB unbekannte, aber unter Schweizer Recht entstandene und deshalb in Deutschland fortgeltende Einrede des Lösungsrechts.

4. Auch die *Form* der dinglichen Rechtsgeschäfte richtet sich nach der lex rei sitae und nicht nach dem Recht des Vornahmeorts; Art. 11 Abs. 2 EG BGB. Vgl. oben § 25 V 2.

5. Die lex rei sitae gilt nicht nur für die *rechtsgeschäftlich* bestimmten Sachschicksale; sie gilt auch für Rechtserwerb durch Ersitzung, Verarbeitung, Fund u. a., insbesondere auch für Rechtserwerb und -verlust durch *Staatsakte*[4]. Eine *Konfiskation*, d. i. eine strafweise Rechtsentziehung, ist nur an solchen Sachen möglich, die sich im Gebiet des konfiszierenden Staates befinden. Dasselbe gilt für *Enteignungen*, d. i.

---

[3] Anders für Deutschland. Hier kann ein Pfandrecht bestehenbleiben, auch wenn der Verpfänder den Besitz (ohne Willen des Pfandgläubigers) wieder erlangt hat. Die wissentliche Belassung des Besitzes beim Verpfänder steht einer Rückgabe im Sinne des § 1253 BGB nicht gleich.

[4] Vgl. oben § 29 VI. Literatur: PETERSEN: Godesberger Juristen-Tagung, 1947, 127 ff. Zum Enteignungsbegriff BGH 6, 280.

für die Entziehung (gegen Entschädigung) von Gegenständen, die für
ein bestimmtes Unternehmen zum öffentlichen Wohl gebraucht werden.

a) Konfiskationen und Enteignungen von Sachen, die im Gebiet des entziehen-
den Staats liegen, hat jeder andere Staat anzuerkennen, wofern die Enteignungen
gegen angemessene Entschädigung geschehen. Fehlte es an einer solchen Entschädigung, so ist die Enteignung völkerrechtswidrig. Die Frage wurde viel erörtert anläßlich der russischen „Nationalisierungen" und anderer osteuropäischer
Entziehungen. Die Sachen, die zur Zeit der Entziehung in Rußland, Polen, der Tschechoslowakei lagen, sind wirksam entzogen worden und die Enteignungen sind
völkerrechtsgemäß; kommen die Sachen später ins Ausland, so können die Ent-
rechteten „ihre" Sachen nicht vindizieren.

b) Befanden sich die Sachen zur Zeit der Konfiskation oder Enteignung im
Ausland, so ist der Staatsakt unzulässig und unwirksam. Der alte Eigentümer bleibt
Eigentümer; er kann im Ausland wirksam verfügen, und solche Verfügung bleibt
gültig, auch wenn die Sachen später wieder in das Gebiet des konfiszierenden oder
enteignenden Staats gelangen.

6. Die lex rei sitae gilt für den Erwerb (Verlust usw.) *aller* Sachenrechte, auch des *Besitzes*, gleichviel ob man diesen überhaupt zu den
Rechten und zu den Sachenrechten zählt. Ob auf Grund eines bestimmten Ereignisses Besitz überhaupt (im Gegensatz zur Detention
des gemeinen Rechts oder zur Besitzdienerschaft) und ob ein bestimmt
gearteter Besitz (z. B. ein publizianisch schützbarer) erworben sei, entscheidet sich nach dem Recht des Orts, an dem sich die Sache zur Zeit
jenes Ereignisses befunden hat. Auch für den Übergang des Besitzes
gilt das Gebietsrecht. Deshalb geht der Besitz an einer in Deutschland
belegenen Sache auf den Erben über, mag auch das Heimatrecht des
Erblassers (also das Erbstatut) eine Besitzvererbung ablehnen[5]. Das
Gebietsrecht ordnet ferner auch den *mittelbaren* Besitz. Hier kann es
kommen, daß der Herausgabeanspruch, auf dem der mittelbare Besitz
(nach deutschem und schweizerischem Recht) beruht, nach einem anderen Recht als dem Gebietsrecht zu beurteilen ist, z. B. nach dem
Recht des Erfüllungsorts oder des Vertragsschlußorts, und daß dieses
Recht einen mittelbaren Besitz nicht kennt (so wenn ein Österreicher
eine bewegliche Sache in Bonn verliehen, aber als Erfüllungsort Zürich
verabredet hat): dann besteht dennoch der mittelbare Besitz nach dem
Recht der belegenen Sache. Befindet sich die Sache in Deutschland,
so entscheidet deutsches Recht darüber, ob durch Abtretung des
Herausgabeanspruchs der mittelbare Besitz übergeht (bejahend: § 870),
aber nicht darüber, *wodurch* der Herausgabeanspruch abgetreten wird
(ob durch formlosen Vertrag, ob Anzeige an den unmittelbaren Besitzer nötig sei): hierfür ist vielmehr das Recht maßgebend, dem der
Herausgabeanspruch unterworfen ist.

7. Der Ort, an dem die Sache zur Zeit des Erwerbs- (oder Verlusts-)
Tatbestandes gelegen hat, und dessen Recht daher für Erwerb und Ver-

---

[5] ZITELMANN: II 951.

lust maßgebend ist, deckt sich nicht immer mit dem Ort, an dem sich der Erwerbstatbestand selbst abgespielt hat. So untersteht z. B. eine in der Schweiz zwischen Schweizern vorgenommene Abtretung der Vindikation dem deutschen Recht (§ 931 BGB), wenn die Sache sich in Deutschland befindet. So kann der Deutsche dem Deutschen in Deutschland eine in Paris befindliche Sache durch bloßen Kaufvertrag nach art. 1138 code civil übereignen (ob die Parteien das wollen oder ob sie, heimischem Recht gemäß, beim Verkauf nur eine obligatorische Abrede meinen, ist eine andere Frage).

III. Die lex rei sitae entscheidet, welchen *Inhalt* ein Sachenrecht hat. Wie im intertemporalen Recht das unter altem Recht entstandene Eigentum mit der Gesetzesänderung den Inhalt des neuen Eigentums bekommt, so *ändert sich* der Inhalt des Sachenrechts auch mit dem Gebietswechsel[6]. Auch kann sich der Inhalt eines *Besitzes* dadurch ändern, daß die Sache in ein Land kommt, das dem Fremdbesitzer (detentor) den Besitzschutz versagt. Die wechselnde Gebietsnorm entscheidet insbesondere auch über den *Inhalt* der *begrenzten dinglichen Rechte*.

1. Nießbrauch. Nach deutschem Recht gehört zum Inhalt des Nießbrauchs auch ein gesetzliches Schuldverhältnis zwischen Eigentümer und Nießbraucher; nach den meisten fremden Rechten gehört es nicht dazu: das Gebietsstatut entscheidet, ob solch Schuldverhältnis im Nießbrauch enthalten ist[7]. Ferner: ein Nießbrauch besteht zugunsten einer juristischen Person an einer in Frankreich belegenen oder nach Frankreich gelangten Sache stets nur als ein höchstens 30jähriger (art. 619 code civil); er erlischt also, wenn die in Deutschland belastete Sache bei Ablauf der 30 Jahre sich in Frankreich befindet (und kann auch durch Rückkehr nach Deutschland nicht wieder aufleben).

2. Pfandrecht. Auch hier besteht nach deutschem Recht ein Legalschuldverhältnis zwischen Pfandgläubiger und Verpfänder, während die fremden Rechte meist obligatorische Wirkungen nach römischrechtlichem Muster an einen besonderen contractus pigneraticius knüpfen: solange sich das Pfand in Deutschland befindet, besteht hiernach jenes Schuldverhältnis. — Das wechselnde Gebietsrecht ist maßgebend auch für die Frage, wie der Pfandgläubiger das Pfand *verwerten* darf, daher für die Gültigkeit von *Verfallklauseln:* sind solche nach dem Gebietsrecht der Bestellungszeit gültig geschlossen, und kommt das Pfand in ein Gebiet, dessen Recht diese Art der Gläubigerbefriedigung nicht anerkennt, so wirkt hier die Verfallklausel nicht.

3. Reallasten. Das Recht des belasteten Grundstücks entscheidet auch die Frage, ob der Grundeigentümer auf Grund der Reallast persönlicher Schuldner wird (§ 1108 BGB). Vgl. unten V 1.

Kennt das Ortsrecht ein unter einem anderen Ortsrecht entstandenes Rechtsgebilde überhaupt nicht (z. B. ein Heimfallsrecht, ein relativ dingliches *trust*-Recht), so kann dieses nicht weiter bestehen. Kennt es ein ähnliches, nur anders benanntes oder aus anderer Wurzel gewachsenes

---

[6] LEWALD: Règl.gén. 38 ff.
[7] ZITELMANN: II 515.

Gebilde (publizianisches Besitzrecht — Besitzrecht „aus älterer Gewere", § 1007 BGB)[8], so besteht es mit dem Inhalt solchen inhaltsverwandten (international äquivalenten) Rechts oder in der schwächeren Gestalt, die das gegenwärtige Ortsrecht gewährt (z. B. als obligatorisches Vorkaufsrecht, statt des bisherigen dinglichen), fort.

IV. Die lex rei sitae entscheidet die Frage, wie ein Sachenrecht *geschützt* wird. Mit der Ortsveränderung ändert sich der *Rechtsschutz*. Das gilt auch, wenn die Ortsveränderung erst während eines Prozesses vorgenommen wird; doch gehen überall die durch Klageerhebung entstandenen Rechte bei nachträglicher Ortsveränderung nicht unter. Bisweilen (nicht aber in Deutschland) werden gewisse Rechtsschutzmittel als prozessuale Einrichtungen aufgefaßt, so besonders die Besitzschutzansprüche. Alsdann läßt man für sie nicht die lex rei sitae, sondern die lex fori entscheiden. Dem wechselnden Ortsrecht unterliegt von den Ansprüchen des Eigentümers nicht nur der auf Herausgabe der Sache selbst, sondern auch der auf Herausgabe derjenigen *Nutzungen*, an denen der Vindikationsgegner kein Eigentum erlangt hat (in Deutschland sind dies die vom bösgläubigen Besitzer gezogenen natürlichen Sachfrüchte).

Dagegen untersteht der Anspruch wegen der vom Beklagten zu Eigentum erworbenen Früchte (insbesondere der vom gutgläubigen Besitzer im Übermaß gezogenen Früchte) dem Recht des Orts, an dem der die Bereicherung erzeugende Tatbestand geschehen, d. h. die Frucht gezogen ist, gleichviel, ob sich die Frucht noch jetzt an diesem Ort befindet. Ebenso unterstehen die Ansprüche wegen *Schadenszufügung*, wie sie z. B. gegen den bösgläubigen Besitzer gegeben sind, nicht dem Recht der belegenen Sache, sondern dem des Orts, an dem der Schaden zugefügt ist[9]. Für die *Gegenrechte des Besitzers* gegen den Eigentümer wegen Verwendungen oder Finderlohns (oder wegen seines Lösungsrechts) ist das Recht des Orts maßgebend, an dem sich die Sache zur Zeit der Verwirklichung jenes Tatbestandes (zur Zeit der Verwendung des Fundes) befand. Dieses Recht entscheidet sowohl, ob und in welcher Höhe Gegenrechte entstanden sind (Erstattungsfähigkeit bei notwendigen oder nützlichen Verwendungen, Höhe des Finderlohns), als auch, welche Rechte entstanden sind, ob nur eine Einrede oder auch ein Anspruch oder ein Recht, sich aus der Sache zu befriedigen; bezüglich des Befriedigungsrechts freilich muß das *jetzige* Ortsrecht dann entscheiden, wenn nach ihm (anders als in Deutschland) das Befriedigungsrecht als dingliches Recht (Pfandrecht) ausgestaltet ist[10].

V. Maßgebend ist stets nur die Ortslage *des belasteten* (zu belastenden, zu veräußernden) *Gegenstandes*.

1. Besteht ein Recht zugunsten des jeweiligen Eigentümers eines anderen Gegenstandes (Grunddienstbarkeiten, subjektiv dingliche Reallasten u. dgl.) und befindet sich dieser Gegenstand in einem anderen Rechtsgebiet, so kommt dessen Recht nicht in Betracht.

---

[8] ZITELMANN: II 343 ff.
[9] ZITELMANN: II 236 ff., 365, 526 f.
[10] JOSEF: CivA 127, 349. FRANKENSTEIN: II 73 ff. LEWALD: 182 f.

Wenn z. B. das Land Thüringen subjektiv dingliche *Reallasten* verboten,
Preußen sie erlaubt hat, so kann zwar kein thüringisches Grundstück zugunsten
eines preußischen, wohl aber ein preußisches zugunsten eines thüringischen belastet
werden. Auch die Frage, ob bei *Grunddienstbarkeiten* der Eigentümer des herrschenden Grundstücks zu positiven Leistungen (Unterhaltspflichten bei der servitus oneris ferendi) verpflichtet sei, entscheidet sich dann nach dem Recht des
dienenden Grundstücks, wenn solche Pflichten nach diesem Recht als Inhalt der
Dienstbarkeit erscheinen (wie im BGB § 1021).

2. Zum Inhalt des Grundeigentums gehören die gesetzlichen Ein-
wirkungsschranken. Soweit solche zugunsten eines *Nachbargrundstücks*
bestehen, gelten, wenn das eine Grundstück diesseits, das andere jenseits
der Landesgrenze liegt, nur die von beiden Gebietsrechten anerkannten
Schranken des freien Einwirkungsbeliebens[11].

3. Gesamtrechte an *mehreren* in verschiedenen Gebieten gelegenen
Sachen, insbesondere *Gesamthypotheken*, können nur entstehen, wenn
sie nach dem Recht jedes belasteten Grundstücks an diesem gültig
begründet sind[12]. Ist die Gesamthypothek entstanden, so bemißt sich
die Stellung des Berechtigten zu jedem der Grundstücke nach dem dieses
Grundstück beherrschenden Recht.

Für eine Hypothek haften außer dem Grundstück regelmäßig auch
zahlreiche bewegliche Sachen mit: getrennte Erzeugnisse, Zubehör u. dgl.
Für diese Mithaftung entscheidet das Recht des Orts, an dem diese
Sachen belegen sind. Deshalb treten z. B. Erzeugnisse eines deutschen
Grundstücks aus der hypothekarischen Haftung, wenn sie in ein Gebiet
gebracht werden, in dem sie nach dem dort geltenden Recht hypothekenfrei werden, mögen sie auch nach BGB §§ 1121, 1122 noch haften[13]; sie
bleiben in solchem Falle hypothekenfrei, auch wenn sie nach Deutschland zurückgelangen. Dagegen werden bewegliche Sachen nicht schon
dadurch hypothekenfrei, daß sie in ein Land gelangen, in dem die
Haftung nicht entstanden sein würde.

VI. Die lex situs des belasteten Gegenstandes ist auch bei solchen
Rechten maßgebend, die von einem anderen Rechte abhängig (*akzes-
sorisch*) sind, daher besonders bei *Pfandrechten* und *Hypotheken*. Doch
bleibt die durch das dingliche Recht gesicherte *Forderung* ihrem eigenen
Rechte unterworfen, so wie wenn sie ungesichert wäre. Wird z. B. eine
dem französischen Recht unterworfene Forderung durch Hypothek an
einem deutschen Grundstück gesichert, so bleibt das französische Recht
für die Forderung grundsätzlich maßgebend (wenn nicht die Umstände

---

[11] ZITELMANN: II 317ff., 516, 565[250]. Anders FRANKENSTEIN: II 96. — Vgl.
NIBOYET: Genter Rev. 60 (1933) 468ff.
[12] Die Möglichkeit der Entstehung leugnet NUSSBAUM: 300[4]. Vgl. noch ObTrib.
Kaunas, JurW 1928, 1475.
[13] Anders FRANKENSTEIN: II 103.

eine stillschweigende Unterwerfung unter deutsches Recht ergeben)[14]. In solchem Fall ist daher die Forderung formlos abtretbar und § 1154 BGB nicht anwendbar. Aber solche Abtretung kann den Mitübergang dann nicht bewirken, wenn die lex rei sitae für die Hypothekenzession eine bestimmte Form der Forderungszession verlangt (wie § 1154 BGB). Geht hiernach nur die Forderung über, nicht die Hypothek (an dem deutschen Grundstück), so wird die Hypothek zur Eigentümergrundschuld. Ist umgekehrt die Form der lex rei sitae gewahrt, aber nicht die des ausländischen Forderungsstatuts (fehlt es z. B. an der nach französischem Recht nötigen signification), so kann die Hypothek nicht übergehen, da die Forderung nicht übergeht.

VII. Zweifelhaft ist, welches Recht dann anwendbar ist, wenn ein dingliches Recht auf Grund eines „*gestreckten*" *(Sukzessiv-) Tatbestandes* (d. h. eines Tatbestandes, der aus mehreren zeitlich einander folgenden Tatsachen zusammengesetzt ist) entstanden, verändert, untergegangen sein soll, die Sache aber *während* dieses Tatbestandes die Lage gewechselt hat.

1. Entscheidend ist das *neue* Gebietsrecht, unter dem sich der unter dem alten Gebietsrecht unabgeschlossene Tatbestand vollendet haben soll. Die Erfordernisse des neuen Gebietsrechts müssen erfüllt sein; aber es genügt, daß einige von ihnen sich schon unter dem alten Recht erfüllt haben: solche früher verwirklichten Tatbestandsstücke werden mit ihrem jetzigen „Rechtswert" (Ausdruck Zitelmanns) eingesetzt.

a) Das steht besonders für die *Ersitzung* heute nahezu fest. In Deutschland ersitzt man in 10, in der Schweiz in 5 Jahren. Hat jemand in Zürich 4 Jahre redlich besessen und kommt dann die Sache nach Deutschland, so kann er nur ersitzen, wenn alle deutschrechtlichen Ersitzungsvoraussetzungen vorliegen; aber es schadet nichts, daß ein Teil davon sich in der Schweiz verwirklicht hat: er hat noch 6 Jahre zu besitzen.

Die abgelaufene Zeit wird nicht etwa „verhältnismäßig" angerechnet, so daß, da $^4/_5$ der schweizerischen Ersitzungszeit abgelaufen sind, nur noch $^1/_5$ der deutschen (d. h. 2 Jahre) laufen müßten: so v. Bar, und Meili, sowie das ZivGB Liechtensteins[15].

Hat jemand umgekehrt in Deutschland die Ersitzung begonnen und bringt er die Sache nach 7 Jahren in die Schweiz, so wird sie sein Eigentum, sobald ein situs rei in der Schweiz vorhanden ist (also nicht etwa schon, wenn er mit der Sache im Schlafwagen von Frankfurt a. M. durch den Gotthard nach Mailand fährt).

---

[14] Daher gilt z. B. zwar § 1164 BGB, aber nicht §§ 1165—1167 BGB. — Auch § 1138 BGB gilt, wenn die Forderung dem ausländischen Recht unterworfen ist; denn er enthält keinen Satz, der die Forderung selbst betrifft.

[15] Genaueres RVglHWB IV 396; Arminjon: Mélanges Pillet, I 28.

b) Ein Gleiches gilt für den Eigentumserwerb durch *Fund:* das Recht, dem die Sache bei Vollendung der Erwerbsfrist unterworfen ist, ist maßgebend. — Hat jemand in der Schweiz eine Sache gefunden und nach Anzeige bei der Polizei dort ein halbes Jahr besessen, und bringt er sie nach Deutschland, so wird er schon nach einem weiteren Halbjahr Eigentümer, und nicht, wie nach Schweizer Recht, erst auf Grund 5jährigen Besitzes. Hat er aber, z. B. bei einem Fund von 5 DM Wert, die Polizeianzeige nicht erstattet (das Schweizer Recht erfordert solche Anzeige erst bei Werten von mehr als 10 Fr., das deutsche Recht schon bei mehr als 3 DM), so kann er auch nicht in der deutschen Jahresfrist das Eigentum erlangen. Vgl. aber unten zu 2.

c) Veräußert ein Nichteigentümer die Sache durch Besitzkonstitut in einem Lande, das die Herleitung des Eigentums vom Nichtberechtigten nicht kennt (z. B. England, Portugal), kommt dann die Sache nach Deutschland und wird sie hier dem Käufer übergeben, so wird er Eigentümer (§ 933 BGB).

2. Ist bei dem Ortswechsel zwar der Tatbestand für den Erwerb des dinglichen Rechts noch nicht abgeschlossen, aber nach der Auffassung des bisher herrschenden Gebietsrechts doch schon ein „*Anwartschaftsrecht*" entstanden[16], so kann dieses Recht nicht dadurch untergehen, daß die Sache in ein Gebiet kommt, in dem sich der Erwerb nicht vollenden kann. Das ist vor allem von Bedeutung für den Eigentumserwerb an Fundsachen (vgl. 1b): das Recht des Fundorts bleibt zugunsten des Finders dann maßgebend, wenn nach diesem Recht der Finder zwar noch nicht Eigentum, aber ein Anwartschaftsrecht an der Sache (ein vererbliches, übertragbares, pfändbares Recht) erworben hatte, wie das in Deutschland der Fall ist.

Ein solches „wohlerworbenes" Recht geht nicht dadurch verloren, daß die Fundsache in ein Land kommt, das, wie die Schweiz, längere Verschweigungsfristen oder, wie England, keinen Eigentumserwerb des Finders kennt. Nur kann der Finder das Eigentum auf Grund des alten Gebietsrechts so lange nicht erwerben, wie sich die Sache im Ausland befindet, und er kann es überhaupt nicht mehr erwerben, wenn nach der Rechtsordnung der neuen Lage ein anderer (z. B. der Staat) das Eigentum erworben hat.

§ 36. Rechte an unkörperlichen Gütern und an einem Vermögen.

I. Wie auch immer man das *Recht am Recht* (Pfandrecht an einer Forderung, Nießbrauch an einer dinglichen Rente) auffassen mag, ob man als Objekt des belastenden Rechts das belastete Recht selbst oder nur dessen Gegenstand betrachtet: internationalprivatrechtlich ist es richtig, daß dieselbe Rechtsordnung, der *das beschwerte Recht* unterworfen ist, auch für das Recht an diesem Rechte maßgebend ist: so gilt für den Nießbrauch an einer Reallast das Gebietsrecht des mit der Reallast belasteten Grundstücks, für das Pfandrecht an einer Forderung das diese Forderung beherrschende Recht, für das Pfandrecht an einem Aktienrecht das Personalstatut der Aktiengesellschaft.

---

[16] Die Frage, ob vor der Vollendung des Tatbestandes schon ein festes Anwartschaftsrecht besteht oder nur eine schutzunwürdige Hoffnung, ist nicht immer leicht zu beantworten. Vgl. v. Tuhr: Allgem. Teil I 182.

Ist nach dem also maßgebenden Statut die Übertragung (Verpfändung usw.) einer *Urkunde*, z. B. eines Inhaber- oder Orderpapiers, notwendig, damit das verbriefte Recht gültig belastet werde, so kommt für die Frage, wie diese Urkunde übertragen werde, die *lex cartae sitae* in Betracht.

Das maßgebende Statut gilt auch für die gesetzlichen Verpflichtungen, die nach ihm zwischen dem Inhaber des belasteten Rechts und dem Inhaber des Rechts am Recht (z. B. zwischen dem Gläubiger und dem Forderungsnießbraucher) etwa bestehen.

II. Zu den unkörperlichen Gütern gehören außer den „Rechten" und den Persönlichkeitsgütern (wovon oben § 22) auch die künstlerischen und technischen Geisteswerke, die Warenzeichen und die Unternehmen.

1. Die alte, seit langem überwundene Lehre, daß die Rechte an *Geisteswerken* und an *Warenzeichen* die Natur von Monopolrechten (oder gar von Privilegien) haben[1], wirkt noch heute darin nach, daß jeder Staat grundsätzlich nur die von ihm durch Einzelakt verliehenen oder nach seiner Gesetzgebung allgemein anerkannten Urheberrechte nach Maßgabe dieser *seiner* Gesetzgebung schützt[2], dagegen *ausländisches Urheberrecht nicht* anwendet, und die von ausländischen Staaten verliehenen Patent-, Muster- und Warenzeichenrechte nicht als Rechte anerkennt. Man spricht hier von einem Territorialitätsprinzip.

2. Das *Unternehmen*, insbesondere das kaufmännische oder sonstige gewerbliche Unternehmen, gilt als an demjenigen Orte belegen, an dem sich die gewerbliche Niederlassung des Inhabers befindet. Nach dem Recht des Niederlassungsorts, dem Quasi-Realstatut des Unternehmens, entscheidet es sich, ob einheitliche Rechte an dem Unternehmen entstehen können und wodurch sie entstehen, wie das Unternehmen übertragen wird u. dgl.[3]

Wenn nach dem Ortsrecht die Übertragung des Unternehmens den Übergang des im Unternehmen arbeitenden Vermögens oder gewisser Teile erfordern sollte, so entscheidet der Ort der Lage der einzelnen Vermögensstücke über die Art ihres Übergangs.

III. Rechte, die das *Gesamtvermögen* einer Person oder ein ihr zustehendes *Sondervermögen* (z. B. das eingebrachte Gut der Ehefrau) in seinem wechselnden Bestande ergreifen, sind internationalprivatrechtlich leicht zu lokalisieren: das Recht des Ehemannes am Frauengut richtet sich nach dem Ehegüterrechtsstatut (Art. 15 EG); das des Vaters am Kindesgut nach dem Heimatrecht des Vaters (Art. 19 EG); das Verwaltungsrecht des Testamentsvollstreckers am Nachlaß unterliegt, wie das Recht des Erben am Nachlaß, dem Erbstatut (dem Heimatrecht des Erblassers) usw.

---

[1] Vgl. dazu GIERKE, O.: DPrivR I 757.　[2] Vgl. oben § 21 II 3.

[3] Über die Bedeutung des Rechts des Niederlassungsorts für die Firma und die Kaufmannseigenschaft: vgl. oben § 22 II, III.

Das deutsche Recht kennt auch einen „*Nießbrauch am Vermögen*", §§ 1085 ff. BGB, der in Wirklichkeit nur ein Nießbrauch an den einzelnen zum Vermögen gehörigen Gegenständen ist und daher, entsprechend der rechtsgeschäftlichen Übertragung eines Vermögens, nicht uno actu geschaffen werden kann, sondern nur durch Einzelübertragung aller zum Vermögen gehörigen Gegenstände entsteht. Ein echter Nießbrauch an einem Vermögen in seinem wechselnden Bestande kann nur entstehen, wenn das Statut, in dem das Vermögen seinen Schwerpunkt hat, d. i. das Personalstatut des Vermögenssubjektes, einen solchen kennt, und nur hinsichtlich derjenigen Einzelsachen, für die auch nach der lex rei sitae eine Gesamtbestellung möglich wäre.

Die Frage, inwieweit ein Vermögensnießbraucher durch die Schulden des Vermögensherrn (des Bestellers) mitbetroffen (duldungspflichtig, zahlungspflichtig?) wird, entscheidet sich nach den die Nießbrauchsbestellung beherrschenden Rechten, also den für die einzelnen Nießbrauchssachen maßgebenden Gebietsrechten. Vgl. oben § 29 VII a. E.

Sechster Abschnitt.

Familienrecht.

I. Eherecht.

§ 37. Die Verlobung.

ZITELMANN: II 797 ff. — LEWALD: 77. — GUTZWILLER: 1633. — RAAPE: IPR 182 ff. — FRANKENSTEIN: III 39 ff. — SPIEGEL: Das Verlöbnis im IPR Heidelberg, Diss. 1929. — v. SCHELLING: RabelsZ 3, 863. — Des Verfassers Artikel: RVglHWB IV 397 f.

I. Ob ein *gültiger* Verlobungs-„Vertrag" *geschlossen* ist, entscheidet sich nach dem Heimatrecht der beiden Verlobten[1]. Hat jeder eine andere Staatsangehörigkeit, so ist das Verlöbnis nur wirksam, wenn bei jedem Verlobten die Erfordernisse seines Heimatrechts gewahrt sind; Art. 13 EG ist entsprechend anwendbar. Ob die Form erfüllt ist, ist nach Art. 11 EG zu beurteilen.

So ist z. B. das mündliche Verlöbnis zweier Italiener in Berlin oder zweier Deutscher in Florenz gültig (obwohl der cod. civile ital. art. 81 nur schriftliche Eheversprechen mit Wirkungen ausstattet), jenes auf Grund des Abs. 1 Satz 2, dieses auf Grund des Abs. 1 Satz 1 des Art. 11 EG.

Erkennen die Heimatrechte die Verlobung als einen Vertrag nicht an (wie das französische Recht[2]), so kann der Verlöbnisbruch nach dem Recht jedes Orts, an dem das Verlöbnis verletzt wurde, als „Delikt" angesehen werden. Vgl. oben § 13 I a. E.

---

[1] Herrschende Lehre. Verfehlt die ältere Praxis, die das Recht des „Erfüllungs-orts" entscheiden ließ.

[2] PLANIOL et RIPERT: Traité pratique II 68 ff.

II. Liegt ein gültiges Verlöbnis vor, so hat jeder Verlobte die Pflichten, die ihm sein Heimatrecht auferlegt, und nicht mehr Rechte, als ihm sein Heimatrecht gewährt[3].

III. Im Verlöbnisrecht ist der *ordre public* (Art. 30 EG) von Bedeutung: der deutsche Richter darf durch Anwendung eines ausländischen Gesetzes die Freiheit der Eheschließung nicht stärker beeinträchtigen, als es das deutsche Gesetz erlaubt[4].

Er darf daher nicht zu einer Eheschließung verurteilen, selbst wenn das Heimatrecht der Verlobten solche Urteile zuläßt[5]. Er darf versprochene Vertragsstrafen nicht für verfallen erklären. Er darf die weitgehenden Ersatzansprüche, die das englische Recht der verlassenen Braut einräumt, nicht zusprechen.

§ 37a. Arten der Ehe: Polygamie und Monogamie.

MORRIS, J. H. C.: The Recognition of Polygamous Marriages in Engl. Law, Festschr. Martin Wolff 1952, 287ff. — BECKETT, SIR ERIC: LQR 48 (1932) 341. — Abweichend: FITZPATRICK, D.: Journ. of Compar. Legisl., 2nd series 1900 359ff. — LORENZER: Yale LJ 32, 471. — FALCONBRIDGE: CanadBR 27, 1184.

Man mag den Begriff der Ehe in der (farblosen) formalen Definition wiederfinden, wonach Ehe eine rechtlich anerkannte und mit Rechtswirkungen ausgestattete Geschlechtsverbindung von Mann und Frau ist. Ihre zwei Hauptgestalten sind die monogame und die polygame Ehe, beide abzugrenzen gegeneinander und gegen eheähnliche, unentwickelte Gebilde, wie Frauenraub, Frauenkauf, Polyandrie und (vielleicht existierende) Gruppenehen. Von ihnen handeln Ethnologie und Anthropologie.

Der Ausdruck Polygamie wird nicht überall im selben Sinne gebraucht. Oft wird als polygam der Ehemann bezeichnet, der mehr als eine Ehefrau *hat*. Im Britischen Commonwealth wird das Wort anders verwendet: nicht ob ein Ehemann eine oder mehrere Ehefrauen hat, entscheidet, sondern ob ihm erlaubt ist, sie zu haben. Der Muselman, der mit nur einer Frau allein lebt, ist Polygamist; der holländische Junggeselle, der mit drei Konkubinen und deren Kindern zusammen lebt, ist monogam.

Eine Frage, die im internationalprivatrechtlichen Verkehr vor allem Antwort verlangt: wovon hängt es ab, ob eine konkrete Ehe als monogam oder als polygam zu behandeln ist? Es kommt in erster Linie darauf an, in welcher Form die Ehe geschlossen wird. Ist sie als Zivilehe vor einem staatlichen und befugten Standesbeamten eingegangen, so hat

---

[3] KG JurW 1938, 1715; KG IPRspr 1934, 91. Anders OLG München IPRspr 1929, 105.
[4] Hat er umgekehrt ausländische Gesetze von der Anwendung auch dann auszuschließen, wenn sie einen Ersatz bei Verlöbnisbruch ablehnen? Das behauptet OLG Köln LZ 1926, 602; zu Unrecht.
[5] Erläßt er dennoch solches Urteil, so ist es nicht vollstreckbar; ebenso wenn die Verurteilung im Ausland ausgesprochen worden ist. ZPO §§ 888, 894, 328.

sie die Natur einer monogamen Ehe, mag sein, einer nichtigen oder sonst
fehlerhaften Ehe. Das Gleiche gilt, wenn die Verlobten eine kirchliche
oder religiöse Eheschließungsform wählen. Monogam ist auch die dem
römischen Recht entlehnte Konsensehe (,,consensus facit nuptias''), die
in der katholischen Kirche bis zum Tridentiner Konzil den größten Teil
der christlichen Welt mit dem Konsensprinzip beherrschte. Sie findet
sich auch vereinzelt und im Bedürfnisfall in entlegenen Teilen des britischen Empire und der Vereinigten Staaten. Ein ferneres Beispiel.
nicht aus kanonischer Quelle stammend, ist die sog. *faktische (oder nicht
registrierte) Ehe* des Sowjetrechts. Für diesen Ehetypus hat das Reichsgericht die Gültigkeit mit Grund anerkannt und den Unterschied zwischen ihr und einem Konkubinat scharf entwickelt: bei der faktischen
Sowjet-Ehe liege ,,eine nach dem Willen der Beteiligten auf die Dauer
berechnete Lebensgemeinschaft'' vor, die beim Konkubinat fehle[1].

Alle diese Eheformen führen, wenn die Verlobten von ihnen Gebrauch machen, zu monogamen Ehen, zu gültigen, zu nichtigen oder
zu sonst fehlerhaften monogamen Ehen.

Polygame Ehen werden in denjenigen Gebieten der Erde geschlossen,
in denen gewisse Heiratsformen — in jedem Lande andere — beobachtet
werden oder durch Recht und Brauch fixiert sind.

Dahin gehören die Wohnplätze der ungeheuren Völkergruppen des Islam, wie
die Araber, die Perser, die Ägypter, Irakesen, die Pakistani, die Afghanen,
die Bewohner Nordafrikas (wo übrigens auch kleine Gruppen polygamer Juden
gefunden worden sind). Millionen von Asiaten sind in den letzten Jahren der Polygamie verlorengegangen: vor wenigen Jahren verboten zunächst China und dann
Indien polygame Ehen. Vor etwa 90 Jahren verschwand die kurzlebige polygame
Gemeinde in Utah. Der polygame Charakter unzähliger heidnischer Ehe-Riten,
zumal aus Asien und Afrika, hat die Gerichte wiederholt beschäftigt.
Es ist vielleicht etwas zu eng, wenn man den Gegensatz ausschließlich auf das
am *locus actus* d. h. am Eheschließungsort geltende Recht verweist; die Verweisung
auf Hochzeitsbräuche, die für den Ehekonsens und im islamischen Recht für die
Ehegültigkeit unwesentlich sind, läßt die Natur der Ehe als einer polygamen
besser erkennen, als es der nüchtern-farblose Konsens erlaubt.

Die polygame kann wie die monogame Ehe eine vollgültige oder
eine fehlerhafte und vielleicht nichtige Ehe sein. Ob solche sog. ,,nich-
tige'' Ehe nach dem europäischen Muster gewisse Ehewirkungen zugunsten von Kindern oder von gutgläubigen Gatten begründet, kann
nur das Recht bestimmen, dem das polygame Gebilde unterworfen ist.

§ 38. Die materiellen Voraussetzungen der Eheschließung (Ehehindernisse).

Quellen des deutschen Rechts: EG BGB Art. 13 und das Haager Eheschließungsabkommen vom 12. Juni 1902 (oben § 6 II 1).

---

[1] RG 157, 258ff., 264. Vgl. entsprechend die engl. Entsch. des Appell.-Hofs in
NACHIMSON v. NACHIMSON (1930) 217.

Literatur: Zitelmann: II 603ff. — Lewald: 79ff. — Gutzwiller: 1632ff. Nussbaum: 131ff. — Raape: IPR 154ff. — Bergmann, Alex.: Internationales Ehe- und Kindschaftsrecht I 1926. — Frankenstein: III 48—219. — Wieruszowski, in Leske-Loewenfeld: Rechtsverfolgung im internationalen Verkehr IV 1² (1932) 50ff. — Zum Haager Abkommen; Lewald: WB des VölkerRs I 454ff. — Beer: NiemeyersZ 25 (1915) 305ff. — Kahn II 37ff. — Travers: La Convention de la Haye relative au mariage 1912. — Meili-Mamelok: Das IPR auf Grund der Haager Konvention 1911. — Überholt ist Letzgus: ArchivPrax CivA 145, 177. — Aus dem Schrifttum über ausländisches IPR: Pillet: Traité prat. I 542ff. — Batiffol: Traité 446ff. — Cheshire: Priv. Internat. Law (4. Aufl.) 295ff. — Dicey (Morris:) 785ff. — Kessler: RabelsZ I 858ff. — Rabel: Confl. of Laws I 243ff. Vgl. RVglHWB IV 406ff.

Unter den Problemen des internationalen Privatrechts sind diejenigen, die das persönliche Eheschließungs- und Ehescheidungsrecht berühren, die im Schrifttum und in der Rechtsprechung meistbehandelten. Die materiellen Eherechtsnormen der Welt weichen in ungleich höherem Maße voneinander ab als die Sätze des Verkehrsrechts. Viele von ihnen wurzeln so stark im Kulturleben der einzelnen Völker, daß sie als Sätze des ordre public angesehen werden. So ist man hier dem Ziele des Internationalprivatrechts, einen Entscheidungseinklang herbeizuführen, noch merklich ferner als sonst: daß dieselbe Verbindung zweier Menschen, die in dem einen Staate als gültige Ehe gilt, in anderen Staaten als nichtige Ehe oder gar als Konkubinat behandelt wird, ist bei dem heutigen Zustande der materiellen und der Kollisionsrechte eine häufige und noch unausweichliche Folge. Das Haager Werk der Staatenkonventionen über Fragen des internationalen Eherechts muß im wesentlichen als gescheitert angesehen werden.

I. Die Frage, nach welchem Recht die sachlichen Voraussetzungen der Eheschließung oder, wie man die Anlehnung an den ehrwürdigen Sprachgebrauch des kanonischen Rechts sich auszudrücken pflegt, die *Ehehindernisse* zu beurteilen sind, wird auf der Erde sehr verschieden beantwortet. Man kann drei *Hauptgruppen* von Rechtsordnungen unterscheiden:

1. Den Vorzug der Einfachheit hat das nordamerikanische Recht, dessen Prinzip sich auch in einigen lateinamerikanischen Rechten[1] findet: das *Recht des Eheschließungsorts* entscheidet: ,,A marriage valid where consummated is valid everywhere.'' Dieses System erspart dem mitwirkenden Beamten und den juristischen Ratgebern der Verlobten jede Untersuchung von Rechtssätzen aus ihnen fremden Rechten. Aber es erkauft die Einfachheit mit Ungerechtigkeit: man knüpft an ein Recht an, dessen Geltung vermögende Verlobte durch eine Reise herbeiführen können, ohne zu ihm in sachlicher Beziehung zu stehen, und

---

[1] Insbes. in den Rechten der Staaten, die die Konvention von Montevideo geschlossen haben.

ermöglicht so die Flucht aus einem Heimatstaat mit strengen Eheforderungen in ein Land mit laxerem Recht.

Freilich lassen manche Gesetze solche in fraudem legis auswärts geschlossene Ehen nicht gelten; aber sie mehren damit die Unsicherheit, wofern sie den Nachweis der Umgehungsabsicht verlangen, und verlassen das Prinzip, wenn sie von solchem (schwer zu führenden) Nachweis absehen. Vgl. oben § 12[1].

2. England[1a], Schottland, Norwegen und Dänemark lassen das *Recht des Wohnsitzes* entscheiden, ebenso wie das bis 1900 in Deutschland geltende gemeine und preußische Recht. Bei diesem System kann man, wenn auch nicht so leicht wie bei dem amerikanischen, so doch durch eine Wohnsitzverlegung über die Eheverbote, die das Heimatrecht aufstellt, hinweghelfen.

3. Nach französischem und österreichischem Recht entscheidet die *Staatsangehörigkeit* der Verlobten. Dieser Lösung folgen das deutsche EG BGB, die meisten romanischen Rechte (Belgien, Niederlande, Italien, Spanien, Portugal, Luxemburg, Rumänien), ferner Griechenland, Bulgarien, Polen, Ungarn, Schweden, weiter die Schweiz für solche Ehen, die in der Schweiz abgeschlossen werden. Auch das *Haager* Eheschließungsabkommen hat das Heimatrechtsprinzip übernommen.

II. Maßgebend ist in Deutschland sowohl für die trennenden und aufschiebenden Ehehindernisse[2] wie für die Willensmängel[3] das Recht der *Staatsangehörigkeit* jedes der *beiden Verlobten*; für Staatenlose gilt jetzt das Recht ihres gewöhnlichen Aufenthalts (s. oben § 10 II 2); Art. 13, 29 EG.

Erforderlich ist, daß das Heimatrecht *jedes Verlobten ihm* die Eheschließung gestatte: sein Heimatrecht sagt, wann er den anderen Verlobten, nicht wann der andere Verlobte ihn heiraten darf. Regelmäßig bestimmt das Heimatrecht nur die Voraussetzungen, die in der Person des ihm unterworfenen Verlobten vorliegen müssen. Es kann aber sein, daß es *ihm* die Ehe nur gestatten will, wenn auch in der Person des anderen Verlobten bestimmte Voraussetzungen vorliegen. Danach unterscheidet man „einseitige" und „zweiseitige" Hindernisse[4].

1. *Einseitig* ist das impedimentum *aetatis*; § 1 EheG will, daß der deutsche Bräutigam volljährig, die deutsche Braut 16 Jahre alt sei, nicht: daß der deutsche

---

[1a] Für England streitig: CHESHIRE 297 läßt das „intended matrimonial home" entscheiden. Siehe aber dazu DICEY (MORRIS): 762.

[2] Der Mangel des Aufgebots ist in Deutschland und den meisten Ländern nicht materiellrechtliches Ehehindernis, sondern Formmangel. Anders Frankreich, worauf Art. 5 Abs. 3 Haager Abkommen Rücksicht nimmt (vgl. oben § 13 II 2). — Das Fehlen der Zustimmung dritter Personen zur Eheschließung (Eltern, Großeltern, Vormund u. dgl.) ist in allen kontinentalen Rechten ein materiellrechtlicher Mangel, in England Formmangel; vgl. § 25 III Abs. 2.

[3] RG JurW 1931, 1340.

[4] RG JurW 1930, 1003. RG 151, 314; 152, 36.

Bräutigam kein Mädchen heirate, das noch nicht 16 Jahre alt ist. So kann er eine 14jährige Italienierin heiraten (vgl. V c); so mag ein älteres deutsches Mädchen einen 17jährigen Serben ehelichen.

2. *Zweiseitig* sind z. B. die Hindernisse der *Epilepsie* oder *Geschlechtskrankheit* des schwedischen oder das impedimentum *impotentiae* des italienischen Rechts. Jenes steht der Ehe eines kranken Schweden mit einer gesunden Deutschen geradeso entgegen, wie der eines gesunden Schweden mit einer kranken Deutschen. Zweiseitig ist auch das deutsche Hindernis des *Ehebruchs* (§ 6 EheG): es besteht sowohl, wenn eine deutsche Ehe wegen Ehebruchs der Frau mit einem Engländer, wie wenn eine englische Ehe wegen Ehebruchs der Frau mit einem ledigen Deutschen geschieden ist (das englische Recht kennt das Hindernis nicht)[5]. — Auch das Verbot der Ehe zwischen *Adoptans* uud Adoptivkind wendet sich an den deutschen Verlobten nicht nur, wenn er Adoptans, sondern auch wenn er Adoptivkind ist: ein von einem Österreicher adoptiertes deutsches (und deutsch gebliebenes) Mädchen darf den Wahlvater nicht heiraten.

3. Bisweilen ist es zweifelhaft, ob ein Hindernis einseitig oder zweiseitig ist; die Frage ist dann eine solche der Auslegung der materiellrechtlichen Norm des einzelnen Staates. Viel erörtert sind besonders die impedimenta *ordinis* und *disparitatis cultus* (Verbot einer bürgerlichen Priesterehe und einer Zivilehe zwischen Christen und Nichtchristen), wie sie sich z. B. in Österreich noch bis 1938 fanden, und das österreichische Hindernis des *Katholizismus*, wonach ein Katholik bei Lebzeiten seines ersten Gatten selbst dann keine weitere Ehe schließen konnte, wenn die erste Ehe im Auslande dem Bande nach geschieden war. Zweifellos durfte danach ein österreichischer Priester nicht heiraten, ein österreichischer Christ keine deutsche Jüdin heiraten, ein im Ausland geschiedener österreichischer Katholik keine zweite Ehe eingehen. Aber durfte eine Österreicherin einen deutschen Priester, ein österreichischer Jude eine deutsche Christin heiraten? Durfte eine ledige Österreicherin in erster Ehe einen deutschen Katholiken heiraten, dessen erste deutsche Ehe nach deutschem Recht gültig geschieden war? Die Fragen waren nach österreichischem Recht streitig; man neigte zu ihrer Bejahung[6].

III. Maßgebend ist das Heimatrecht, dem der Verlobte bei Eingehung der Ehe angehörte. Eine nach diesem Recht nichtige Ehe wird nicht durch Erlangung einer anderen Staatsangehörigkeit gültig; umgekehrt wird eine gültige Ehe nicht durch einen Wechsel der Staatsangehörigkeit nichtig.

Heiratet eine Spanierin ihren Vetter, so bleibt die Ehe spanischem Recht gemäß nichtig, auch wenn die Frau durch die Eheschließung oder wenn beide Gatten nach der Eheschließung Reichsdeutsche werden. Heiratete ein deutscher Priester und wurde er dann Österreicher, so blieb er verheiratet.

Ein Heimatrecht, dem ein Gatte *vor* Eingehung der Ehe angehörte, das er aber bei Eingehung der Ehe wieder verloren hat, kommt nicht in Betracht. Davon gilt eine Ausnahme für den Fall der Ausländerin, deren erster Mann für tot erklärt ist, und die wieder heiratet; war sie vor ihrer ersten Ehe Deutsche gewesen, so soll ihre zweite Ehe deutschem Recht gemäß gültig sein, wofern auch nur einer der

---

[5] Es ist also in beiden Fällen die Ehe der Ehebrecher nur bei Dispens zulässig. SASSE: GruchotsBeitr 71, 211 ff. BERGMANN: Z. f. d. Standesamtswesen 1925, 103. Vgl. LEWALD: 81; LG Aachen IPRspr 1932, 140.

[6] Vgl. JurW 1925, 1678, 2171. — Eine andere Frage ist, ob diese österreichischen Ehehindernisse in Deutschland überhaupt zu beachten waren oder unter Art. 30 EG fielen. Vgl. hierüber IV 2.

Gatten dieser zweiten Ehe redlich war; aber jeder der irrenden Gatten ist anfechtungsberechtigt; Art. 13 Abs. 2 EG. Diese Durchbrechung eines wohlbegründeten Prinzips ist nichts als Einzelausprägung des ordre public zum Schutze von ursprünglich deutschen Mädchen gegen auslandsrechtliche Hindernisse kirchlichen Ursprungs. Die Nichtbeachtung des Personalstatuts der wiederheiratenden Frau führt zu einer „hinkenden Ehe": die Ehe wird in Deutschland als gültig, aber anfechtbar behandelt; dagegen ist sie nichtig in dem Staate, dem der erste Mann angehörte und in allen anderen Staaten, die auf das Personalstatut abstellen, wofern jener Staat beim Fortleben des Verschollenen das Hindernis des Bandes anerkennt. Vgl. § 40 I a. E.

IV. *Alle* heimatrechtlichen Ehehindernisse sind zu beachten. Doch können sich Ausnahmen erstens aus dem Grundsatz der Rück- und Weiterverweisung (vgl. § 15), zweitens aus dem ordre public (vgl. § 14) ergeben.

1. Renvoi. Beispiel: Ein in Bonn domizilierter Engländer oder Nordamerikaner kann hier ohne Rücksicht auf die Hindernisse seines Heimatrechts heiraten; es gelten für ihn die Ehehindernisse des deutschen Rechts, da England das Wohnsitzrecht, die USA. das Recht des Eheschließungsorts entscheiden lassen.

Das Haager EheschlAbk Art. 1 Abs. 2 läßt einen *renvoi* nur zu, wenn das Heimatrecht „ausdrücklich" auf ein anderes Gesetz verweist, und nur in Ansehung des „Rechts zur Eingehung der Ehe".

2. Ordre public. Hier kann es sich entweder um den ordre public des Eheschließungsorts handeln, falls die Ehe erst geschlossen werden soll, oder um den des forum, falls die Frage geprüft wird, ob eine geschlossene Ehe gültig ist. Im letzteren Fall hat der Richter nur den ordre public der lex fori, nicht außerdem den der lex loci celebrationis zu beachten. Für Deutschland war es zweifelhaft, ob auslandsrechtliche *religiöse Hindernisse* (impedimenta voti, ordinis, disparitatis cultus, mixtae religionis), die sich besonders in Österreich und Polen fanden, durch die Vorbehaltsklausel getroffen wurden; das RG (132, 418) hat das für das impedimentum disparitatis cultus geleugnet, wohl zu Unrecht. — Hindernisse der *Rasseverschiedenheit* bestehen in 33 Staaten der Vereinigten Staaten von Amerika, meist zwischen Weißen und Negern oder Mulatten, bisweilen zwischen Weißen und Indianern, Mongolen, Malayen, Chinesen oder Japanern; in Louisiana auch zwischen Negern und Indianern, in Maryland zwischen Negern und Malayen. Solche Hindernisse werden zwar in den übrigen der Vereinigten Staaten anerkannt, nicht aber in Europa. Ehehindernisse innerhalb der weißen Rasse (zwischen Juden und Nichtjuden) hat es nur 10 Jahre lang (1935—1945) im Nazireich gegeben. Sie wurden außerhalb Deutschlands in den meisten Ländern nicht anerkannt. In Indien gibt es Hindernisse der *Kastenverschiedenheit*, die außerhalb Indiens nicht berücksichtigt werden. Ebenso bleiben unberücksichtigt sog. politische Hindernisse, z. B. solche, die im ausländischen Beamten- oder Militärdienst wurzeln (Mangel der Zustimmung des Vorgesetzten; vgl. BGB § 1315. Abs. 1, jetzt aufgehoben) und solche wegen politischer Proskription.

Das *Haager Abkommen* Art. 3 hat die Fälle, in denen aus Gründen des ordre public ausländische Ehehindernisse unbeachtet bleiben können, spezialisiert: die Nichtbeachtung ist nur bei religiösen Hindernissen zulässig, *nicht* dagegen bei *politischen Hindernissen.* Deshalb durften Frankreich und Belgien, solange sie dem Haager Abkommen angehörten, deutschen Deserteuren nicht erlauben, ohne Zustimmung ihrer deutschen militärischen Vorgesetzten in Frankreich oder Belgien zu heiraten: hierin lag der Grund, aus dem Frankreich und Belgien das Abkommen gekündigt haben.

V. *Nur* die heimatrechtlichen Ehehindernisse sind zu beachten. Davon gelten wieder Ausnahmen erstens im Falle der Rück- und Weiterverweisung, zweitens wegen des *ordre public:* die nach den Heimatrechten zulässige Ehe darf in Deutschland nicht geschlossen werden, wenn die Eheschließung gegen die guten Sitten oder den Zweck eines deutschen Gesetzes verstieße; und die in der Heimat der Verlobten etwa schon (gültig) geschlossene Ehe kann in Deutschland (höchst ausnahmsweise) dann für nichtig erklärt werden, wenn nicht nur die Eheschließung, sondern der Ehebestand gegen die guten Sitten verstößt (muselmanische Mehrehe).

Beispiele: Ein Sowjetrusse oder ein New-Yorker Bürger darf in Deutschland nicht ohne Dispens seine russische oder amerikanische Schwiegertochter heiraten, obwohl das Hindernis der *ehelichen Schwägerschaft* den Heimatrechten unbekannt ist[7]. Gegen den ordre public des deutschen Rechts verstieß die *Befreiung vom Ehehindernis des Bandes*, die vor 1938 in Österreich in vielen Tausenden von Fällen erteilt worden ist; wird auf Grund solcher Befreiung in Deutschland eine zweite Ehe geschlossen, so ist diese „Dispensehe" nach deutschem Recht nichtig[8]. — Ein deutscher Standesbeamte darf ferner bei einer Eheschließung von Ausländern nicht mitwirken, wenn ein deutsches Hindernis, das den Schutz eines deutschen Kindes bezweckt, entgegensteht. So darf ein Witwer, der Ausländer geworden ist, erst nach Auseinandersetzung mit seinem erstehelichen Kinde, das deutsch geblieben ist, wieder heiraten (§ 9 EheG). — Dagegen würde das Hindernis der *Wartezeit* (§ 8 EheG) oder das des *Ehebruchs* (§ 6 EheG) oder das *impedimentum affinitatis illegitimae* (§4 Abs. 2 EheG) einer auf deutschem Boden geschlossenen nach dem Heimatrecht erlaubten Ehe nicht entgegenstehen; Art. 30 EG ist nicht anwendbar. Auch das Anfechtungsrecht wegen Irrtums über persönliche Eigenschaften des anderen Gatten (§ 32 EheG), das dem österreichischen Recht vor 1938 unbekannt war und dem kirchlichen Recht noch unbekannt ist, kann nicht mit Art. 30 EG durchgesetzt werden[9].

Im Bereich des *Haager Abkommens* (Art. 2) ist die Vorbehaltsklausel des Art. 30 EG nicht anwendbar. Eine nach den Heimatrechten der Verlobten gestattete Eheschließung kann daher im Eheschließungsstaat grundsätzlich nicht verboten werden. Davon gibt es zwei Gruppen von Ausnahmen:

a) Der Eheschließungsstaat kann solche Ehe *aufschiebend* verbieten, wenn sie gegen seine eigenen indispensablen Ehehindernisse der Verwandtschaft, der Schwägerschaft, des Ehebruchs oder der Lebensnachstellung verstößt.

So darf die Schweiz verbieten, daß ein Deutscher seine deutsche Nichte in der Schweiz heirate, da das Hindernis der Verwandtschaft nach Schweizer Recht (Art. 100 Nr. 1 ZGB) indispensabel ist; schließt er die Ehe dennoch, so darf sie aber (auch in der Schweiz) nicht als nichtig behandelt werden. Dagegen kann

---

[7] Wird die Ehe dennoch geschlossen, so verstößt es nicht gegen die deutschen guten Sitten, sie gelten zu lassen, da das deutsche Recht (§ 4 EheG) einen Dispens zuläßt.

[8] RG 151, 313. Vgl. FRANKENSTEIN: III 95ff.

[9] OLG München und BayObLG IPRspr 1931, 123ff.

Deutschland eine Eheschließung zwischen zwei Schweizern, denen, wären sie Deutsche, das Hindernis des Ehebruchs entgegenstände, nicht verbieten (da dieses Hindernis nach deutschem Recht dispensabel ist; § 6 Abs. 2 EheG).

b) Der Eheschließungsstaat kann eine nach Heimatrecht gestattete Ehe sogar *trennend* verbieten, wenn sie „mit Rücksicht auf eine vormalige Ehe" oder auf ein religiöses Hindernis dem Recht des Eheschließungsorts widerstritte. Wird die Ehe dennoch geschlossen, so beschränkt sich aber ihre Nichtigkeit auf das Gebiet des Eheschließungsstaats.

So kann z. B., wenn eine Deutsche, deren erster (deutscher) Mann für tot erklärt ist, in Schweden einen Deutschen heiratet, und wenn dann der Verschollene heimkehrt, das schwedische Gericht die neue Ehe für nichtig erklären, während sie nicht nur in Deutschland, sondern auch in anderen Vertragsstaaten wirksam ist.

c) Dagegen dürfen im Bereich des Haager Abkommens andere Ehehindernisse des Eheschließungsstaats, als die genannten, nicht berücksichtigt werden, so daß ein deutscher Standesbeamte z. B. genötigt ist, bei der anstößigen Eheschließung eines Deutschen mit einem italienischen Kinde von 14 Jahren in einem Falle mitzuwirken, in dem in Deutschland ein Dispens nie erteilt werden würde.

VI. Der deutsche Standesbeamte hat hiernach, wenn ein Ausländer vor ihm heiraten will, zu prüfen, ob das Heimatrecht die Ehe erlaubt. Da ihm eine Kenntnis ausländischer Rechte nicht zuzumuten ist, bestimmt § 10 EheG, daß ein Ausländer erst heiraten darf, wenn er ein *Zeugnis* seiner *Heimatbehörde* dahin beibringt, daß ihm nach seinem Heimatrecht keine Ehehindernisse entgegenstehen.

Liegt das Zeugnis vor, so braucht der Standesbeamte die materiellen Ehevoraussetzungen des Heimatrechts nicht von sich aus nachzuprüfen. Aber er *darf* es. Deshalb durfte er z. B. den Abschluß einer sog. Dispensehe katholischer Österreicher ablehnen, auch wenn ein Wiener Zeugnis die Eheschließung für zulässig erklärte[10].

§ 39. Die Form der Eheschließung.

Quellen und Literatur: Siehe den vorigen Paragraphen.

I. Wird die Ehe *in Deutschland* geschlossen, so bestimmt sich die Form ausschließlich nach deutschem Recht: der Satz „locus regit actum" hat hier ausnahmsweise imperativen Charakter; Art. 13, Abs. 3 EG (vgl. oben § 25 V 1 a).

Deutschland läßt, wie die meisten Staaten, die die obligatorische Zivilehe kennen, auf seinem Boden keine Eheschließung in geistlicher Form zu, mag auch diese dem Personalstatut der Heiratenden gemäß zulässig (Skandinavien, England) oder gar geboten (Griechenland) sein.

Eheschließungen, die gegen die deutsche Form verstoßen, sind nichtig („Nichtehen"), auch wenn sie im Heimatstaat gültig sind. Umgekehrt sind Ehen, die in Deutschland in deutscher Form geschlossen sind, gültig, auch wenn das Heimatrecht sie für nichtig erklärt (vgl. § 40 I).

---

[10] Vgl. BayObLG JurW 1928, 3121; IPRspr 1934, 93; KG Falkm.-Mugd. 46, 166; OLG Karlsruhe IPRspr 1931, 130.

Heiraten z. B. zwei Griechen in Köln vor ihrem Geistlichen, oder heiraten zwei Sowjetrussen in Berlin durch private Konsenserklärung (der Satz: consensus facit nuptias gilt in Rußland), so erscheinen alle diese in ihrer Heimat als Eheleute, in Deutschland als ledig. — Heiraten die beiden Griechen in Deutschland vor dem Standesbeamten, so sind sie nach deutschem Recht Eheleute, nach ihrem Heimatrecht ledig.

Nach dem *Haager Abkommen* muß die in Deutschland in deutscher Form abgeschlossene Ehe in allen Vertragsstaaten als formgültig anerkannt werden. Ausnahme: ein Staat mit kirchlicher Form (früher: Polen) braucht eine von *seinen* Angehörigen in Deutschland geschlossene Zivilehe nicht anzuerkennen; Art. 5 Abs. 1, 2.

II. Für eine Eheschließung *außerhalb Deutschlands* gilt nach deutschem Internationalprivatrecht der Satz locus regit actum nur fakultativ. Die Ehe kann *entweder* nach dem Recht des Eheschließungsorts *oder* nach den Heimatrechten beider Verlobten[1] formgültig geschlossen werden. Art. 11 Abs. 1 EG.

Beispiele:

1. Zwei Deutsche heiraten in Texas durch formfreien Konsens. Die Ehe ist auch in Deutschland gültig[2].

2. Ein griechisches Paar heiratet in Frankreich in kirchlicher Form. Die Ehe wird in Frankreich als nichtig, in Griechenland (auch in Deutschland) als gültig behandelt. Daß Frankreich und Deutschland eine religiöse Form der Eheschließung auf ihrem eigenen Boden für nichtig erklären, steht nicht entgegen, da der Zivilehezwang in beiden Ländern auf ihrem ordre public beruht[3], kein Land aber den ordre public eines anderen Landes beachtet, selbst wenn er sich mit dem eigenen deckt.

3. Nach manchen (z. B. amerikanischen) Rechten kann eine Ehe durch Stellvertreter, ja sogar durch Korrespondenz geschlossen werden. Der Abschluß durch Stellvertreter (per procuratorem; codex iur. canonici c. 1088, 1091) setzt voraus, daß eine solche Eheschließung nach dem Rechte desjenigen Landes zulässig ist, in dem der Vertreter seine Erklärung abgibt. Damit eine Ehe durch Briefwechsel zustande kommt, ist es notwendig, daß in beiden Ländern, in denen die Verlobten ihre Eheerklärung abgeben, eine Ehe durch Korrespondenz zugelassen sei[4].

Im Bereich des *Haager Abkommens* (Art. 5, 7) unterliegt die Eheschließung außerhalb Deutschlands der Form des Abschlußorts. Nur die Staaten mit imperativer religiöser Form dürfen die Anerkennung der im Ausland geschlossenen Zivilehe ihrer Angehörigen ablehnen, was für Deutschland keine Bedeutung hat. Anderseits gestattet das Haager Abkommen statt der Wahrung der lex loci actus auch die der Heimat-

---

[1] RG 133, 161.
[2] RG JurW 1902, 361; RG 138, 215; LG Tübingen IPRspr 1934, 130 (dazu LETZGUS: RabelsZ 8, 310); LG Hamburg IPRspr 1934, 38.
[3] Für Frankreich vgl. z. B. SURVILLE: 402f. (Gegründete Bedenken gegen diese Praxis bei PILLET: Traité pratique I No. 255.) — Für Deutschland: Art. 13 Abs. 3 EG ist nur ein Spezialfall des Art. 30; vgl. oben § 14 VIII, X.
[4] Anderer Meinung LG Hamburg IPRspr 1934, 38. — Vgl. DEUCHLER: Raape-Festschrift 91; LG Kiel RabelsZ 15, 578.

rechte der Verlobten, freilich in unvollkommener Weise: das Recht des Eheschließungsstaats kann solche Eheschließung als nichtig behandeln (entsprechend der in fast allen Staaten herrschenden Auffassung); die anderen Länder aber können die Ehe als gültig behandeln (Art. 7). So läßt das Haager Abkommen nach zwei Richtungen „hinkende" Ehen zu; vgl. § 40 I.

Heiraten z. B. zwei Angehörige der schwedischen Kirche in der Schweiz vor dem schwedischen Geistlichen, so ist die Ehe in der Schweiz nichtig, in Schweden, Deutschland, Italien, Ungarn usw. aber gültig.

III. Sog. *diplomatische* und *konsularische Eheschließungen:*

1. *Deutscher im Ausland.* Nach dem Gesetz über die Eheschließung und Beurkundung des Personenstandes von Bundes-(Reichs-)Angehörigen im Ausland vom 4. Mai 1870 (dazu Art. 40 EG) kann der Bundeskanzler einen diplomatischen Vertreter für das ganze Gebiet des Empfangsstaats und einen Reichskonsul für seinen Amtsbezirk allgemein ermächtigen, bei Eheschließungen (als Standesbeamter) mitzuwirken, wofern auch nur einer der Verlobten Deutscher ist.

Darauf, ob der andere Verlobte Deutscher oder Angehöriger des Empfangsstaats oder eines dritten Staats ist, kommt nichts an; ebensowenig darauf, ob der Empfangsstaat oder der Heimatstaat des anderen Verlobten die diplomatische oder konsularische Eheschließungsform anerkennt. Es kann daher leicht geschehen, daß solche Ehe nur in Deutschland als gültig, in dem Heimatstaat des anderen Verlobten aber als nichtig behandelt wird[5].

2. Eheschließung von *Ausländern in Deutschland.* Da Deutschland für die auf seinem Gebiet geschlossenen Ehen den Satz locus regit actum imperativ gelten läßt (Art. 13 Abs. 3 EG), muß es die Eheschließung von Ausländern vor ihrem Gesandten oder Konsul für nichtig erklären. Eine Ausnahme gilt nur, soweit ein *Staatsvertrag* solche Eheschließungen gestattet.

Solche Verträge hat Deutschland mit Italien, der Sowjetunion, der Türkei und Bulgarien geschlossen[6]; Voraussetzung der Eheschließung ist aber, daß beide Verlobte dem Entsendestaat angehören.

3. Nach dem *Haager Abkommen* Art. 6 setzt die diplomatische und die konsularische Eheschließung voraus, daß keiner der Verlobten dem Empfangsstaat angehört und daß dieser der Eheschließung nicht widerspricht. Ein Widerspruch darf nicht auf religiöse Hindernisse gestützt oder im Hinblick auf eine vormalige Ehe erhoben werden. — Eine solche diplomatische oder konsularische Ehe muß von allen Vertragsstaaten anerkannt werden, außer von demjenigen Staat, dessen Angehöriger nur religiös heiraten kann.

---

[5] Vgl. ZITELMANN: II 613. Siehe unten § 40 I. RG JurW 1931, 1335 (dazu FRANKENSTEIN: III 169).

[6] WIERUSZOWSKI: 56, Anm. 321.

§ 40. Die fehlerhafte Eheschließung.

Literatur: Vgl. zu § 38.

Die Folgen der Verletzung der für die Eheschließung maßgebenden Rechtsordnung regelt die verletzte Rechtsordnung.

I. Wie das Heimatrecht der Verlobten bestimmt, welche *Ehehindernisse* bestehen, so bestimmt es auch, ob sie trennend oder aufschiebend sein sollen, d. h. ob die dennoch geschlossene Ehe „nichtig", „nicht bestehend", „anfechtbar", „aufhebbar" oder gültig ist. Seit dem Ehegesetz von 1938, dem das Ehegesetz von 1946 §§ 28 ff. folgt, ist die ex tunc wirkende „Anfechtung" durch eine ex nunc wirkende „Aufhebung" ersetzt worden, die eine Scheidung auf Grund vorehelicher Tatsachen darstellt. Internationalprivatrechtlich ist die Aufhebung nicht der Scheidung, sondern der Anfechtung, Annulation, Vernichtung (u. dgl.) äquivalent. Daher beurteilt sich die Aufhebbarkeit nicht nach dem Recht, das die Scheidung beherrscht, d. h. dem Heimatrecht des Mannes, sondern nach dem Heimatrecht des zur Aufhebung befugten Gatten[1].

Soweit das Recht des Eheschließungsorts die *Form* maßgebend normiert, bestimmt es auch, welche Wirkung die formwidrige Eheschließung hat[2]. Sind *mehrere* Rechtsordnungen verletzt, z. B. bei Verschiedenheit der Staatsangehörigkeit der beiden Verlobten, so ist die Ehe nichtig, wenn auch nur eine der Rechtsordnungen die Nichtigkeit anordnet[3]. Ist die Ehe nach beiden Rechten nichtig, ist aber nach dem einen Recht die Nichtigkeit von selbst wirksam („Nichtehe"), nach dem anderen erst infolge gerichtlicher Nichtigerklärung, so wirkt die Nichtigkeit von selbst[4].

In allen diesen Fällen beantwortet man die Frage nach der Kraft der verbotenerweise geschlossenen Ehe für alle Rechtsgebiete *einheitlich*.

Schließen z. B. ein Deutscher und eine Belgierin, die miteinander Ehebruch begangen haben, nach Scheidung ihrer früheren Ehen, die Ehe miteinander, so ist diese Ehe, der sowohl nach deutschem wie nach belgischem Recht ein Ehehindernis entgegensteht, nach deutschem Recht nichtig, nach belgischem Recht gültig. Sie ist daher nach deutschem Recht zu beurteilen, also nichtig; und das gilt nicht nur für den deutschen, sondern auch für den belgischen Richter.

---

[1] Betr. die Anfechtbarkeit vgl. ZITELMANN: II 632 ff.; KG Falkm.-Mugd. 27, 108. — Kennt das Heimatrecht des Irrenden ein Anfechtungs- oder Aufhebungsrecht nicht (wie das russische Recht), so ist die Ehe unangreifbar, mag auch nach deutschem Recht ein Aufhebungsgrund bestehen; RG WarnRspr 1928, 25. Ob Art. 30 EG dann anzuwenden ist, wenn das Heimatrecht auch im Falle der arglistigen Täuschung oder der Drohung ein Anfechtungsrecht versagt, mag zweifelhaft sein (wohl zu bejahen).

[2] Dazu RG 133, 165 f. KG IPRspr 1933, 14; 1934, 35.

[3] RG 136, 143.

[4] ZITELMANN: II 623.

Anders in solchen Fällen, in denen die Verletzung einer Rechtsordnung im Gebiete einer anderen Rechtsordnung nicht zu beachten ist.
So wenn die in Bonn nur vor dem Geistlichen geschlossene Ehe in
Deutschland Nichtehe, in der griechischen Heimat Ehe, oder die in
Bonn zwischen einem Kalifornier und seiner Schwiegertochter geschlossene Ehe hier eine nichtige, in der Heimat eine gültige Ehe ist, oder wenn
ein in England wohnender Deutscher, dessen Ehe wegen seines Ehebruchs geschieden ist, seine Mitschuldige heiratet: solche Ehe ist im
Heimatstaat nichtig, im Wohnsitzstaat gültig.

In allen solchen Fällen spricht man von „*hinkenden*" Ehen.

II. Das *Verfahren* bei der Nichtigkeits- und der Aufhebungsklage
ist dem Recht des Prozeßorts unterworfen.

Doch ist bei der Formulierung des Urteilstenors das materielle Recht, auf dem
das Urteil beruht, zu berücksichtigen. Das was vor dem Ehegesetz von 1938 in
Deutschland als Anfechtungsklage und seit 1938 als Aufhebungsklage bezeichnet
wird, führt zu einem „Nichtigkeits-" bzw. „Aufhebungsurteil". Im schweizerischen
Recht entspricht dem die „Anfechtungsklage", die zu einer „Ungültigerklärung"
führt. Solche Ungültigkeit unterscheidet sich von der Nichtigkeit darin, daß sie
nicht zurückwirkt. Das deutsche Gericht, vor welches schweizerische Ehegatten
eine Anfechtungsklage bringen, hat, wenn die Klage begründet ist, die Ehe nach
schweizerischem Sprachgebrauch nicht für nichtig, sondern für ungültig zu erklären[5].

Für die Anerkennung ausländischer Nichtigkeits- oder Aufhebungs-
urteile gelten dieselben Regeln wie für die Anerkennung von Scheidungs-
urteilen. Vgl. §§ 27 III, 43 V 2.

III. Nach dem für die Beurteilung der Ehegültigkeit maßgebenden
Recht beurteilt es sich auch, ob die nichtige Ehe trotz der Nichtigkeit
Ehewirkungen hat, und ob sie (durch Bestätigung, Dispens u. dgl.)
geheilt werden kann[6]. Sind mehrere Rechtsordnungen verletzt, so setzt
eine Heilung voraus, daß sie nach allen Rechtsordnungen möglich ist
und nach allen geschieht.

Haben beide Gatten nach der Eheschließung die Staatsangehörigkeit
gewechselt, so kann die Ehe nur dann für nichtig erklärt werden, wenn
dies auch nach ihrem jetzigen Heimatrecht möglich ist.

Das steht zwar nicht im Gesetz; aber mit Recht betont das Reichsgericht,
„daß der deutsche Richter keine Veranlassung hat, eine Ehe für nichtig zu erklären,
die im Heimatstaat der Ehegatten als gültig behandelt wird" (132, 419). Daraus
folgt aber nicht, was das RG meint, daß die Scheidungsgrundsätze des Art. 17 EG
entsprechend anzuwenden wären, daß es also auf die Staatsangehörigkeit des
Ehemannes zur Zeit der *Erhebung* der Nichtigkeits- oder Aufhebungsklage ankäme.
Denn

1. wenn die Ehefrau ihre ursprüngliche Staatsangehörigkeit behalten hat, so
muß immer geprüft werden, ob sie nach *ihrem* Heimatrecht gültig verheiratet ist
(Art. 13), und wenn sie es danach nicht ist, so muß die Ehe für nichtig erklärt
werden, auch wenn sie nach dem neuen Heimatrecht des Mannes gültig sein sollte;

---

[5] RG 151, 226.   [6] KG JurW 1937, 2039.

2. ein Staatsangehörigkeitswechsel nach Klageerhebung ist zu berücksichtigen, wofern er vor der letzten mündlichen Tatsachenverhandlung eingetreten ist.

IV. Die Wirkungen nichtiger Ehen im *Geschäftsverkehr mit Dritten* können sich nicht nach dem Heimatrecht der Gatten allein richten. Vielmehr ist hier § 27 EheG entsprechend anzuwenden (wie § 1435 BGB gemäß Art. 16 EG), wofern entweder die deutschen Gatten, die im Ausland geheiratet haben, in Deutschland leben oder ausländische Gatten, deren Ehe sich in bezug auf ihre materielle Gültigkeit nach ausländischem Recht bemißt, ihren Wohnsitz in Deutschland haben.

An Stelle der formnichtigen und nicht einmal in das Heiratsregister eingetragenen Ehe ist die im Ausland geschlossene formnichtige Ehe, die dort als Konkubinat (Nichtehe) behandelt wird, zu setzen. Bei solcher „Nichtehe" wird der Dritte nicht geschützt; die „Ehefrau" teilt nicht kraft Gesetzes den Wohnsitz des Ehemannes[7].

§ 41. Die persönlichen Wirkungen der Ehe.

Quellen: EG BGB Art. 14; Haager Abkommen betr. die Wirkungen der Ehe auf die Rechte und Pflichten der Ehegatten in ihren persönlichen Beziehungen und auf das Vermögen der Ehegatten vom 17. Juli 1905 Art. 1, 9, 10. Vgl. oben § 6 II 4.

Literatur: RABEL: I 294ff. DÖLLE: RabelsZ 16, 360ff. (Insbes. Vergleich mit französ. Recht). — ARMINJON: III 30ff. Vgl. oben § 38.

I. Die persönlichen Beziehungen der Ehegatten werden, wenn und solange beide Ehegatten *demselben Staate* angehören, durch das Recht dieses Staats geordnet. Wechseln sie während der Ehe die Staatsangehörigkeit gemeinsam, so ist das neue Recht maßgebend. Zweifelhaft ist dagegen, welches Recht dann gilt, wenn die Gatten nicht dieselbe Staatsangehörigkeit haben oder staatenlos sind. Das EG BGB (Art. 14) regelt den Fall, daß beide Gatten Deutsche waren, aber der Mann die Reichsangehörigkeit verloren, die Frau sie behalten hat; dann gilt deutsches Recht. Dasselbe muß gelten, wenn der Mann Deutscher geblieben, die Frau Ausländerin geworden ist[1]. Nach der herrschenden Lehre soll in anderen Fällen stets die Staatsangehörigkeit des Mannes entscheiden. Das ist dann angreifbar, wenn die Ehegatten einmal eine gemeinsame Staatsangehörigkeit gehabt haben: dann wird diese so lange maßgebend sein, wie einer der Gatten sie behält: die daraus der Frau erwachsenden Rechte können nicht wohl ohne ihr Zutun dadurch verlorengehen, daß der Mann eine fremde Staatsangehörigkeit erlangt, während sie die alte behält. Hat aber keiner von ihnen mehr die letzte gemeinsame Staatsangehörigkeit oder gehören die Gatten von Anfang

---

[7] Beispiel aus dem englischen Recht: De Reneville v. De Reneville [1948] P. 100.

[1] Anders OLG Stuttgart IPRspr 1933, 63.

an verschiedenen Staaten an, so ist (aus Verlegenheit) der herrschenden
Lehre von der Geltung des Heimatrechts des Mannes zuzustimmen[2].
Eine Rückverweisung ist zu beachten[3].

Nach dem *Haager Ehewirkungsabkommen* Art. 1, 9 ist für die persönlichen
Beziehungen der Ehegatten stets nur ihr jetziges und im Fall eines Wechsels ihr
früheres gemeinsames Heimatrecht maßgebend. Wie es bei Ehegatten steht, die
nie ein gemeinsames Heimatrecht hatten, ist nicht bestimmt. Versuche, hier
staatsvertraglich Klärung zu bringen, sind bisher gescheitert.

II. Was zu den *persönlichen* Ehewirkungen *gehört*, läßt sich nicht
für alle Länder einheitlich beantworten. Es hängt von der Auslegung
der Kollisionsnorm und damit in der Regel von der Einordnung ab,
die eine gegebene ausländische Rechtsregel innerhalb des ausländischen
Rechtssystems findet (s. oben § 13). Zweifellos gehört zu den persönlichen Ehewirkungen überall die (mehr oder minder umfassende) Pflicht
zur Lebensgemeinschaft, der Anspruch auf Herstellung der häuslichen
Gemeinschaft[4], entsprechend dem bisherigen deutschen Recht auch das
Entscheidungsrecht des Ehemannes, sein Recht Verträge der Frau zu
kündigen, der gesetzliche Wohnsitz der Ehefrau, ihr Recht und ihre Pflicht
Haushaltsgeschäfte zu führen[5], die Gültigkeit von Schenkungen unter
Ehegatten, das Interzessionsverbot des Senatusconsultum Vellaeanum.
Zu den Ehewirkungen gehört wohl überall auch die Einwirkung der Ehe
auf den Namen der Frau, sowie meist der Unterhaltsanspruch[6].

Doch sind manche Ansprüche, die hie und da als Teile des Unterhaltsanspruchs
erscheinen, anderwärts in das eheliche Güterrecht eingeordnet: so der Anspruch
der Frau auf Prozeßkostenvorschuß, den der Österreicher als unterhaltsrechtlich,
der Deutsche als ehegüterrechtlich ansieht. Vgl. oben § 13 II, VI 5 A a.

In manchen, z. B. den romanischen Rechten, erscheinen die persönlichen Beschränkungen, denen die Frau durch die Ehe unterworfen wird,
zugleich als *Beschränkungen der Geschäftsfähigkeit*. Es entsteht die Frage,
ob sie sich dann nach dem Ehestatut (Art. 14 EG) oder nach dem Personalstatut der Frau (Art. 7 EG) richten.

Die Frage ist vor allem dann praktisch, wenn beim Fehlen eines gemeinsamen
Heimatrechts der Gatten das Heimatrecht des Mannes entscheidet: so wenn eine
Amerikanerin aus New York einen Franzosen heiratet. Dann ist Ehestatut das
französische Recht, Personalstatut der Frau das Recht von New York. Aus welchem
der beiden ist die Antwort zu entnehmen? Die Antwort ist: aus dem Ehestatut[7].

---

[2] Vgl. WIERUSZOWSKI: 61; KG JurW 1936, 2470ff.; OLG Kiel IPRspr 1931,
131. — Auch im Ausland herrscht die Lehre von der Prävalenz des Mannesrechts.

[3] RG 62, 404. Art. 27 EG schweigt freilich. Vgl. oben S. 74[7].

[4] Vgl. RG 147, 385. DÖLLE: 370f.

[5] „Interne" Schlüsselgewalt, im Gegensatz zu der in der Schlüsselgewalt *auch*
enthaltenen Vertretungsmacht gegenüber Dritten, wovon Art. 16 II (§ 1357).

[6] Vgl. BayObLG Falkm.-Mugd. 30, 165; KG IPRspr 1932, 180. DÖLLE:
380ff.

[7] Streitig. Ich halte meine frühere Ansicht nicht aufrecht. Vgl. DÖLLE: 376
Anm.

III. Gilt hiernach ausländisches Recht, so ist doch Art. 30 EG (ordre public) zu beachten. Daher ist ein ausländisches Recht, das (wie das sowjetrussische) eine Rechtspflicht zur ehelichen Lebensgemeinschaft leugnet, nicht anzuwenden[8]; ebensowenig ein Gesetz, das einem Ehegatten gegen den anderen geringere Unterhaltsansprüche gewährt als das deutsche Recht[9].

Das Haager Abkommen läßt eine allgemeine Berücksichtigung des ordre public nicht zu: jeder Gatte hat grundsätzlich die dem Heimatrecht entsprechenden Befugnisse. Diese können aber nur durchgeführt werden mit den dem Durchführungsstaat bekannten Mitteln (ein Satz, der sich außerhalb des Bereichs des Haager Abkommens für die meisten Staaten aus dem ordre public ergibt).

§ 42. Das eheliche Güterrecht.

Quellen: EG Art. 15, 16. Haager Ehewirkungsabkommen vom 17. Juli 1905; s. oben § 6 II 4.

Literatur: MARIOLLE: Seufferts Blätter f. Rechtsanwendung 56, 85 ff., 103 ff. WIERUSZOWSKI: Handbuch d. Eherechts II 19 ff. — GRAF LUXBURG: NiemeyersZ 23, 10 ff. — ZITELMANN: II 675 ff. — LEWALD: 96 ff. — GUTZWILLER: 1638 f. — FRANKENSTEIN: III 280—407. — WOLFF, M.: RVglHWB IV 409 ff. — RABEL: I 328 ff. — NUSSBAUM: 148 ff. — AUDINET: Des conflits de lois relatifs aux effets patrimoniaux du mariage (Rec. d. Cours 1932 II 241 ff.). — NEUBECKER: Der Ehe- und Erbvertrag im internat. Verkehr (1914) 222 ff., 310 ff.— JOELSON, J.: Güterrechtliche Wirkungen der Ehe 1933. — ARMINJON: III 93 ff.

I. Für das *gesetzliche* eheliche Güterrecht bestehen fünf Gruppen von Fragen:

1. *Worauf beruht es?* In den meisten Ländern auf Gesetz oder Gewohnheitsrecht. In Frankreich lehnt die Rechtsprechung eine allgemeine (auch nur dispositive) Norm ab und stellt den Grundsatz der *Parteiautonomie* an die Spitze: je nach den Umständen sieht man bald das Heimatrecht der Verlobten, bald das Recht des von ihnen in Aussicht genommenen Ehewohnsitzes oder anderes als vermutlich gewollt an[1]. Im *deutschen Recht* wird das anwendbare Recht durch Gesetz bestimmt. Dem Parteiwillen wird Raum nur gewährt, soweit das an sich maßgebende Recht ihm Raum gibt.

Es steht also hier anders als im Obligationenrecht, wo der Grundsatz der Parteiautonomie herrscht. Vgl. oben § 28.

---

[8] RG WarnRspr 1928, 25. Anders OLG Hamburg IPRspr 34, 106 für niederländisches Recht.

[9] Dem stimmt zu: WIERUSZOWSKI: 62 Anm. 358. OLG Dresden Sächs. Annalen 28, 534 (LEWALD: 33). Vgl. RG 62, 401 ff.

[1] PLANIOL et RIPERT: Traité prat. VIII no. 9. HAUDEK: Die Bedeutung des Parteiwillens (1931) 13. BATIFFOL: 636 ff. Ähnlich in Italien, England u. a.

2. *Heimatrecht oder Recht des Ehewohnsitzes?* Die Frage deckt sich nicht mit der Frage, ob das Personalstatut eines Menschen durch seinen Wohnsitz oder durch seine Staatsangehörigkeit bestimmt wird. Es gibt Länder, die das Ehegüterrecht an den Wohnsitz anknüpfen, obwohl Personalstatut das Heimatrecht ist: so Österreich und für die im Lande Niedergelassenen die Schweiz. Deutschland gehört nicht dazu. Maßgebend ist das *Heimatrecht*[2], wobei es nur auf die Staatsangehörigkeit *des Mannes*, nicht auf die der Frau ankommt; Art. 15. Dasselbe gilt auch im Bereich des Haager Ehewirkungsabkommens (Art. 2): das Heimatrecht der Frau wird im Gegensatz zu der Anknüpfung der persönlichen Ehewirkungen (vgl. § 41 I) nicht beachtet.

3. *Wandelbarkeit oder Unwandelbarkeit* des Ehegüterstatuts? Die Frage, ob in einer Ehe das gesetzliche Güterrecht mit dem Wechsel der Staatsangehörigkeit oder des Wohnsitzes (wo dieser maßgebend ist) wechselt, war früher eine der bestrittensten des internationalen Privatrechts, „famosissima quaestio"[3]. Heute ist sie meist im Sinne der Unwandelbarkeit gelöst[4]: maßgebend bleibt das Recht des ersten Heimatrechts. So ist auch in Deutschland die Staatsangehörigkeit, die der Mann zur Zeit der Eheschließung hatte, dauernd maßgebend.

4. *Einheitlichkeit* des Ehegüterrechtsstatuts oder *Sonderung von Immobiliar- und Mobiliarvermögen?* Heute überwiegt in der Welt die Einheitlichkeitslehre: die ehegüterrechtlichen Kollisionsnormen gelten gleichmäßig für Mobilien wie für Immobilien. Auch das deutsche Recht nimmt diesen Standpunkt ein.

In England, den Vereinigten Staaten von Amerika, auch in Frankreich und Österreich gilt die ältere, im Feudalismus wurzelnde Auffassung, wonach für jedes Grundstück die lex situs maßgebend ist, während das Mobiliarvermögen einem anderen Statut, sei es dem Personalstatut, sei es dem durch Parteiautonomie bestimmten, unterworfen ist.

Auf diese Anschauungen nimmt Art. 28 EG BGB Rücksicht; der Grundsatz einheitlicher Anknüpfung tritt zurück, wenn zum Ehevermögen Grundstücke gehören und diese in einem Staate liegen, der für die Ehegüterrechte an Liegenschaften die lex rei sitae gelten läßt. Ebenso Haager Abk. Art. 7. Vgl. oben § 17.

5. Wirkung ausländischer Güterstände *auch gegen Dritte* oder *Verkehrsschutz?* Das deutsche Recht gewährt gegenüber der unbeschränkten Geltendmachung eines auslandsrechtlichen Güterstandes dem Dritten einen ähnlichen Verkehrsschutz, wie gegenüber heimatrechtlichen Geschäftsunfähigkeiten; aber nur einen ähnlichen, nicht denselben.

---

[2] Die Kollisionsnorm ist unvollkommen. Die Lücke wird durch Analogie gefüllt. RG 91, 406. Vgl. oben § 8 IV.

[3] TEICHMANN: Über die Wandelbarkeit oder Unwandelbarkeit des gesetzl. ehel. Güterrechts 1879. ZITELMANN: II 725ff. — AUDINET: a. a. O. 252.

[4] Anders im Liv-, Est- u. Kurländ. PrivR und in England, DICEY: 794 (zweifelhaft).

Nach Art. 7 Abs. 3 EG gilt ein Ausländer, der im Inland ein Rechtsgeschäft vornimmt, für das er nach seinem Heimatrecht nicht voll geschäftsfähig ist, für dieses Geschäft insoweit als geschäftsfähig, als er es nach deutschen Gesetzen sein würde. Ob er im Inland seinen Wohnsitz hat und ob der Geschäftsgegner den Sachverhalt kennt oder nicht, ist ohne Bedeutung; vgl. oben § 20. Anders hier:

a) Leben die Ehegatten nach einem ausländischen Güterrecht, und haben sie ihren Wohnsitz in Deutschland, so bedarf ihr Güterstand der Eintragung in das deutsche *Güterrechtsregister*, um *unwissenden* Dritten, die auf die Wirksamkeit von Rechtsgeschäften oder Urteilen vertrauen, entgegengesetzt zu werden. Der ausländische Güterstand wird also wie ein deutscher vertraglicher Güterstand behandelt. Art. 16 Abs. 1 EG.

b) Die deutschen Vorschriften über die *Schlüsselgewalt* und die ehe-rechtlichen Eigentumsvermutungen (§§ 1357, 1362) gelten bei Ehegatten, die in Deutschland *wohnen*, zugunsten Dritter insoweit, als sie diesen günstiger sind als das ausländische Recht; Art. 16 Abs. 2 EG.

Schließt z. B. eine in Bonn lebende Italienerin ein Geschäft, das in den Rahmen der deutschen Schlüsselgewalt fällt, aber über das hinausgeht, was nach der italienischen Praxis zu ihrer Vertretungsmacht gehört (in Italien kann die Frau den Mann nur entsprechend seiner wahren Vermögenslage, nicht entsprechend seinem äußeren Auftreten verpflichten)[5], so haftet dem Gläubiger nach deutschem Recht der Mann, nach italienischem die Frau; er kann daher den Mann *oder* die Frau (nur nicht beide zusammen) in Anspruch nehmen. Sein Recht, sich auf deutsches Recht zu stützen, besteht auch, wenn er weiß, daß die Eheleute nach einem Recht leben, das in diesem Punkt vom deutschen abweicht. Seine Redlichkeit kommt aber insoweit in Betracht, als die rechtsgeschäftliche Einschränkung der deutsch-rechtlichen Schlüsselgewalt durch den Mann gegen redliche Dritte nur wirkt, wenn sie in das Güterrechtsregister eingetragen war, gegen unredliche Dritte auch sonst.

c) Ähnliches gilt für ein von der Frau selbständig mit Zustimmung des Mannes betriebenes Erwerbsgeschäft, und zwar hier nicht nur dann, wenn die Frau in Deutschland wohnt, sondern auch dann, wenn sie, bei *Auslandswohnsitz*, in Deutschland das Geschäft betreibt (Art. 16 Abs. 2, 36 I EG); eine deutsche Zweigniederlassung genügt.

6. Das *Haager Abkommen* gibt selbst keine Norm zum Schutze des Geschäfts-verkehrs. Es gestattet aber den Vertragsstaaten (Art. 8) besondere Förmlichkeiten zu erfordern, wenn der ausländische Güterstand Dritten gegenüber geltend ge-macht werden soll, sowie Vorschriften anzuwenden, welche Dritte in ihren Be-ziehungen zu einer im Staatsgebiet berufstätigen Ehefrau schützen sollen. Die deutsche Regelung des Art. 16 EG gilt hiernach auch im Bereich des Haager Ab-kommens.

II. Der Bereich dessen, was unter *ehelichem Güterrecht* zu verstehen ist, ist ungleich abgesteckt.

1. Manche Rechte betrachten als güterrechtliche, was andere als *personenrechtliche* Ehewirkung ansehen.

---

[5] KIPP, K. TH.: RVergl. Studien z. Lehre v. d. Schlüsselgewalt 1928, 76f.

Vgl. über die Prozeßkostenvorschußpflicht des Mannes, die in Deutschland güterrechtlich ist (§ 1387 BGB[6]), in Österreich als Teil der Unterhaltspflicht auf-gefaßt wird, oben § 13, II, VI. 5 Aa.

2. Manche Rechte betrachten als güterrechtlich, was andere als *allgemein vertragsrechtlich* ansehen und dem Obligationsstatut unter-werfen: Schenkungen unter Ehegatten, Mitgift u. a.

3. Manche Rechte sehen gewisse Wirkungen, die der Güterstand bei der Eheauflösung hat, als ehegüterrechtlich an; andere Rechte, die diese Wirkungen auf den Fall der Eheauflösung durch Tod beschränken, kennzeichnen sie als *erbrechtlich* oder als Teil des *Eltern- und Kindesrechts:* so die Fortsetzung einer Gütergemeinschaft zwischen dem überlebenden Elternteil und den gemeinschaftlichen Abkömmlingen.

In einem Rechtsstreit, in dem das Ehegüterrecht dem belgischen, die Erbfolge dem deutschen Recht unterworfen war, wurde es zweifelhaft, ob eine vertragliche Teilungsanordnung ehegüterrechtlich oder erbrechtlich war: die Frau sollte das Recht haben, bei Auflösung der Gemeinschaft gewisse Gegenstände aus dem Ge-samtgut gegen Entschädigung zu übernehmen. Mit Recht erklärte sich das RG (JurW 1938, 1718) für den ehegüterrechtlichen Charakter solcher Anordnung.

Wenn *deutsches* Ehegüterrecht anzuwenden ist, d. h. wenn der Ehemann bei Eheschließung Deutscher war, sind alle die Sätze anzuwenden, die nach deut-schem Recht zum Ehegüterrecht gehören (vgl. oben § 13 II); daher auch die Regeln über schuldrechtliche Wirkungen des Güterstandes (z. B. §§ 1377, 1386—1388, 1390 BGB). Auch in der Frage, ob ein Ausländer einer deutschen Ehefrau testa-mentarisch etwas wirksam als Vorbehaltsgut zuwendet (§ 1369 BGB), ent-scheidet deutsches Ehegüterrecht, nicht ausländisches Erbrecht, darüber, ob das Zugewendete zum Vorbehaltsgut gehört[7].

III. *Eheverträge.* 1. Die *Zulässigkeit* des Abschlusses eines Ehe-vertrags bestimmt sich nach dem Recht, das das gesetzliche Ehegüter-recht ordnet. Es kommt weder darauf an, wo die Ehe, noch wo der Ehe-vertrag selbst geschlossen wird. Da in Deutschland der Unwandelbar-keitsgrundsatz gilt, entscheidet hiernach bei Wechsel der Staatsange-hörigkeit das alte Heimatrecht des Mannes darüber, ob auch während der Ehe ein Ehevertrag geschlossen werden kann.

Die meisten Rechte lassen, unter Führung des französischen Rechts, den Ab-schluß von Eheverträgen (aus gutem Grunde) nur vor der Eheschließung zu[8]; das deutsche Recht auch während der Ehe.

Doch gilt hiervon eine Ausnahme: wenn nach dem maßgebenden Güterrecht ein Ehevertrag während der Ehe unzulässig ist, so soll er dennoch zugelassen werden, falls entweder der Ehemann nach der Ehe-schließung Deutscher geworden ist oder die ausländischen Gatten in Deutschland wohnen; Art. 15 Abs. 2 EG.

Im Bereich des *Haager Abkommens* entscheidet das Heimatrecht *beider* Gatten über die Zulässigkeit von Eheverträgen; bei einem Staats-

---

[6] RG 47, 72.   [7] ZITELMANN: II 692. LEWALD: 99.
[8] Vgl. KADEN: RVglHWB II 740.

angehörigkeitswechsel während der Ehe ist nicht, wie sonst im Ehegüterrecht, das Recht der ersten Staatsangehörigkeit maßgebend, sondern das neue Heimatrecht, aber nur, wenn es beiden Gatten gemeinsam ist; Art. 4, 9.

Wie es liegt, wenn beide Gatten nie demselben Staat angehört haben, ist im Haager Abkommen nicht vorgesehen. Im Jahre 1928 wurde vorgeschlagen, in diesem Falle das Recht des Ehemannes für maßgebend zu erklären: eine Verlegenheitslösung.

2. Die Ehevertrags*fähigkeit* richtet sich nach dem Gesetz, dem die allgemeine Geschäftsfähigkeit unterworfen ist (Art. 7 EG); für die Frau also nach ihrem Heimatrecht auch dann, wenn (wie in Deutschland) Zulässigkeit und Inhalt des Ehevertrags sich nur nach dem Heimatrecht des Mannes richten. Maßgebend ist dabei nach allgemeinen Grundsätzen die Zeit des Vertragsschlusses, nicht die der Eheeingehung.

Das Haager Abkommen Art 3 läßt, wenn Brautleute den Vertrag schließen, die Zeit der Eheeingehung entscheiden.

3. Für die Ehevertrags*form* gelten in Deutschland keine Sondersätze: die lex loci actus gilt neben der lex causae fakultativ; Art. 11 EG[9]. Ebenso nach dem Haager Abkommen; doch muß danach, wenn das Heimatrecht eines der Kontrahenten die Vertragsgültigkeit von der Wahrung einer bestimmten Form, auch bei Abschluß im Ausland, abhängig macht, diese Form gewahrt werden[10]; Art. 6.

4. Über die Frage, welchen *Inhalt* der Ehevertrag haben darf, ob eine freie Wahl des Güterstandes zulässig ist oder ob sich die Wahl, wie in Italien, auf einige Systeme (Dotalsystem und Errungenschaftsgemeinschaft) beschränkt, ob Vorbehaltsgut für einen der Gatten verabredet werden kann, ob Abreden von Todes wegen, Zuwendungen an Dritte zulässig sind, entscheidet das Gesetz, das über das Ehegüterrecht überhaupt entscheidet: in Deutschland also das Heimatrecht, das der Ehemann bei der Eheschließung hatte. Der Zeitpunkt der Eheschließung gilt auch für solche Eheverträge, die vor der Ehe abgeschlossen werden, mag auch der Mann damals eine andere Staatsangehörigkeit gehabt

---

[9] Schweizer Recht (Art. 180 ZGB) verlangt für einen während der Ehe abzuschließenden Ehevertrag die Zustimmung der Vormundschaftsbehörde und betrachtet dies angeblich als Formerfordernis. Wenigstens nimmt das KG (IPRspr 1933, 64 ff.) solches an, meint aber, es komme für den deutschen Richter nur darauf an, wie das deutsche Recht solch ausländisches Erfordernis einordnet. Meines Erachtens handelt es sich um die Auslegung eines schweizerischen Rechtssatzes; es läßt sich bestreiten, daß das schweizerische Recht einen vom deutschen verschiedenen Begriff der „Form" habe, und daß das Erfordernis der behördlichen Zustimmung ein Formerfordernis im Sinn des schweizerischen Rechts sei; der kurze Randvermerk zum Art. 181, „III. Form des Vertrags", auf den sich das KG beruft, ist eine schwache Stütze.

[10] Dazu der Hinweis LEWALDs: WB d. Völkerrechts I 478c, auf einen Fall aus dem schwedischen Recht.

haben als bei Eheschließung. Er gilt ferner für solche Eheverträge, die nach der Heirat in einem Zeitpunkt geschlossen werden, in dem der Ehemann die erste Staatsangehörigkeit aufgegeben hat.

Doch weicht davon das *Haager Abkommen* ab, indem es (Art. 5) für diesen Fall das gemeinsame Heimatrecht der Ehegatten zur Zeit des Vertragsschlusses entscheiden läßt.

Zur Frage des Vertragsinhalts gehört auch die Frage, ob die Ehegatten einen Güterstand ausländischen Rechts durch Verweisung auf fremdes Recht wählen dürfen. Das BGB beschränkt solch Verweisungsrecht der Parteien: § 1433. Derartige Verbote, die sich auch in anderen Staaten finden[11], sind nicht nur von den Gerichten des verbietenden Staates zu beachten, sondern auch von den Behörden anderer Staaten, falls nach deren internationalem Privatrecht das Recht des verbietenden Staates für die Ehegüterrechtsverhältnisse maßgebend ist.

5. Die *Wirkungen* des Ehevertrags *gegenüber Dritten* bestimmen sich nach dem oben zu I 5 Gesagten.

§ 43. Ehescheidung und Ehetrennung.

Quellen: EG BGB Art. 17. — ZPO § 606. — Reichsgesetz über die Anwendung deutschen Rechts bei Ehescheidung vom 24. Januar 1935. (Das Haager Ehescheidungsabkommen von 1902 gilt in Deutschland nicht mehr.)

Literatur: ARMINJON: III 20. — RABEL: I 383ff. — ZITELMANN: II 675ff. — LEWALD: 105ff. — GUTZWILLER: 1640ff. — RAAPE: Komm. 367ff.; IPR 184ff.; JurW 1934, 2951. — FRANKENSTEIN: III 408ff. — WIERUSZOWSKI: In Leske-Loewenfeld: Rechtsverfolgung IV 1, 69ff. — SÜSS: JurW 1938, 833. — RVglHWB IV 412.

I. Die Frage *wer* eine Ehe dem Bande nach *scheiden* (oder die Trennung von Tisch und Bett anordnen) *darf*, wird von dem Recht des Scheidungs- oder Trennungsorts beantwortet. Die meisten Rechte lassen eine Scheidung nur durch den Richter zu; so auch das deutsche Recht. Daneben kennen (oder kannten) manche Staaten die Scheidung im Verwaltungsgange und durch das Staatsoberhaupt (Dänemark, Norwegen), die geistliche Scheidung (z. B. Bulgarien bis 1945, Jugoslawien bis 1946, Griechenland), die Scheidung durch eine im Einverständnis abgegebene Erklärung vor dem Standesbeamten (Sowjetrußland)[1], die Scheidung durch Einzelgesetz (Parlamentsakt Quebec, Irland), sowie die private Scheidung, sei es durch einfachen Vertrag oder durch einseitigen Verstoßungsakt (unter Mitwirkung des Rabbiners: jüdisches Recht).

1. Wird am Scheidungsorte eine Scheidung durch eine Person ausgesprochen, die nach dem Ortsrecht zu Scheidungen *nicht* befugt ist, so liegt keine gültige Scheidung vor, selbst wenn der Scheidungsakt dem Heimatrecht der Ehegatten entspricht.

Freilich mag in solchem Falle der Heimatstaat eine dem Ortsrecht widerstreitende Scheidung für wirksam ansehen, so daß eine hinkende Ehe übrigbleibt.

---

[11] Vgl. KADEN: RVglHWB II 752.   [1] Vgl. RG 136, 146.

Werden z. B. *in Deutschland* litauische Juden durch Übergabe eines Scheidungs-
briefs ohne Gericht geschieden, so ist die Ehe in Litauen als geschieden, in Deutschland als nicht geschieden anzusehen[2].

2. Wird umgekehrt die Ehe durch eine am Scheidungsorte zur
Scheidung von Ehen *berufene* Behörde geschieden, so kann solche Scheidung im Heimatstaate unwirksam sein, z. B. wenn nach dem Heimatrecht die Behörden des scheidenden Staats nicht zuständig waren
(vgl. § 328 Nr. 1 ZPO): dann besteht die Ehe im Heimatstaat noch,
nicht dagegen im Scheidungsstaat und nicht in denjenigen dritten
Staaten, die das Scheidungsurteil anerkennen.

II. *Scheidbar* sind nur Lebensverhältnisse, die im *Scheidungsstaat*
als gültige oder als fehlerhafte (anfechtbare, aufhebbare) oder nichtige
Ehen anerkannt werden. Geschiedene Ehen sind nicht scheidbar, außer
wenn das alte Scheidungsurteil von dem Gericht des Staats, in welchem
jetzt Scheidung begehrt wird, nicht anerkannt wird[3].

1. Was im Scheidungsstaat als ,,Nichtehe" oder nicht als Ehe angesehen wird, ist dortselbst nicht scheidbar. Haben z. B. zwei Griechen
in Bonn nur vor dem Geistlichen geheiratet, so kann ihre Gemeinschaft,
wiewohl sie in Griechenland eine Ehe ist, in Deutschland nicht geschieden werden.

Der Gedanke, eine Sowjet-Ehe außerhalb Rußlands als Nichtehe und deshalb
als unscheidbar zu behandeln, ist in Deutschland und in England aufgetaucht, aber
vom RG und vom englischen Appellgericht verworfen worden[4].

2. Umgekehrt: was im Scheidungsstaat als Ehe angesehen wird, ist
hier scheidbar, mag es auch im Heimatstaat nicht Ehe sein. Haben
z. B. zwei Griechen in Bonn vor dem Standesamt, nicht kirchlich,
geheiratet, so kann ihre Ehe in Bonn (oder Paris) geschieden werden,
obwohl sie nach griechischem Recht als Nichtehe unscheidbar wäre[5].

III. Ob ein Gericht eines bestimmten Staats *zuständig* ist, eine bestimmte Ehe zu scheiden (oder zu trennen), bestimmt das in ihm geltende
innerstaatliche Prozeßrecht.

In Deutschland gilt § 606 ZPO in der Fassung der IV. Durchführungs-
VO zum Ehegesetz vom 25. Oktober 1941 (§ 19[5a]). Danach ist in Ehescheidungssachen — übrigens auch in Ehenichtigkeits- und Eheauf-
hebungssachen — ein deutscher Gerichtsstand stets gegeben, wenn einer
der Gatten deutscher Staatsangehöriger ist. Daß einer von ihnen in
Deutschland wohnt oder sich dort aufhält, ist nicht erforderlich. Ist
keiner der Gatten deutscher Staatsangehöriger, hat aber mindestens

---

[2] RG 102, 126; 113, 41; RG WarnRspr 1925, 175; RG 147, 401; 157, 263;
KG IPRspr 1931, 246ff.; 1932, 173. [3] RG 150, 378.
[4] Im Prozeß Nachimson v. Nachimson: vgl. RabelsZ 4, 420. — RG 157,
263, 265. Unten Anm. 10. [5] OLG Dresden IPRspr 1934, 100.
[5a] § 606 ist durch das Ehegesetz § 46 nicht aufgehoben; ZWEIGERT: SJZ
1948, 147.

einer von ihnen seinen gewöhnlichen Aufenthalt in Deutschland, so ist ein deutscher Gerichtsstand in zwei Fällen gegeben:

1. Wenn nach dem Heimatrecht des Ehemanns die deutsche Entscheidung anerkannt werden wird.

Das ist bei nur wenigen Staaten der Fall, z. B. bei der Schweiz, den Niederlanden, Ungarn. Manche Staaten, namentlich Frankreich, erkennen deutsche Urteile nur auf Grund sachlicher Nachprüfung ihres Inhalts an; das genügt nicht, um die Zuständigkeit eines deutschen Gerichts zu begründen[6].

2. Wenn auch nur einer der Ehegatten staatenlos ist.

Die Zuständigkeit des Gerichts ist keine Voraussetzung für die Wirksamkeit der Scheidung. Scheidet ein unzuständiges Gericht rechtskräftig, so ist die Ehe jedenfalls mit Wirkung für das Gebiet des Scheidungsstaats geschieden.

IV. *Wann* darf der deutsche Richter eine Ehe scheiden? Für das frühere gemeine Recht war es streitig, ob die lex fori oder das Personalstatut des Mannes entscheide. Das heutige Recht läßt zwar das Personalstatut des Mannes, sein *Heimatrecht*, maßgeblich sein, räumt aber auch der lex fori einen Einfluß ein; Art. 17 EG[7], [8].

1. Eine Scheidung dem Bande nach ist nur zulässig, wenn

a) sowohl das Heimatrecht des Mannes wie die lex fori das Institut der Scheidung dem Bande nach kennt — ein Italiener kann also in Deutschland nicht auf Ehescheidung klagen;

b) und außerdem nach jedem der beiden Rechte ein Scheidungsgrund besteht. Nicht nötig ist, daß nach beiden Rechten derselbe Scheidungsgrund besteht[9]; Scheidungsgrund ist aber immer nur der vom Heimatrecht des Mannes zugelassene.

Klagt z. B. in Deutschland eine Belgierin gegen ihren belgischen Gatten auf Scheidung, erstens wegen Ehebruchs, zweitens wegen gegenseitiger Einwilligung, so ist, wenn beide Gründe bewiesen werden, auf Scheidung zu erkennen, obwohl der erste Scheidungsgrund nur dem deutschen, der zweite nur dem belgischen Recht angehört. Geschieden wird dann aus dem belgischen Grund, der gegenseitigen Einwilligung, so daß der Ehemann nicht für den allein schuldigen Teil

---

[6] Vgl. RG 149, 232.

[7] Ist die Ehe im Heimatstaat „nicht bestehend" (eine Nichtehe), aber im Scheidungsstaat (Deutschland) gültig — vgl. oben II 2 —, so kann nicht aus Gründen des Heimatrechts geschieden werden, sondern nur nach der lex fori, d. h. nach deutschem Recht. Lewald: 111; Schöndorf: JheringsJ 75, 79; Süss: a. a. O.; KG IPRspr 1933, 84; 1934, 110; JurW 1936, 1588; 1936, 2462; 1937, 961; OLG Dresden JurW 1934, 1740. Anderer Meinung Raape, JurW 1934, 2951.

[8] *Nur* die lex fori, die meist auch die lex domicilii ist, ist maßgebend in England, den Vereinigten Staaten von Amerika, Rußland, Estland, Lettland, Österreich, Dänemark, Norwegen, Griechenland und in vielen lateinamerikanischen Ländern. Nur das *Heimatrecht* (neben dem ordre public der lex fori) ist maßgebend in den meisten europäischen Staaten: Frankreich, Polen, Belgien, Luxemburg, den Niederlanden, Spanien, Portugal, Rumänien, Italien (für die separatio tori et mensae).

[9] OLG Hamburg IPRspr 1933, 86.

erklärt werden darf. — Ebenso, wenn Russen in Deutschland klagen: nach sowjet-
russischem Recht ist der Antrag stets begründet; ist er es auch nach deutschem
Recht, weil z. B. Ehebruch vorliegt, so ist die Ehe zu scheiden, und zwar aus dem
russischen Recht[10]. — Mit anderen Worten: das *Ob* der Scheidung beantworten
lex fori und lex patriae kumulativ, das *Warum* der Scheidung beantwortet die
lex patriae allein.

Ganz anders liegt es jedoch, wenn die Scheidung durch Klage und Widerklage
begehrt wird, das eine Recht aber nur den Klagegrund, das andere Recht nur den
Widerklagegrund kennt: die Belgierin klagt in Bonn nur wegen Ehebruchs, der
belgische Mann erhebt Widerklage wegen Verurteilung der Frau zu einer *peine
afflictive et infamante*; hier ist nach der deutschen lex fori möglicherweise nur die
Klage begründet (da der Widerklagegrund nicht notwendig unter § 43 EheG,
1946 fällt), nach dem belgischen Heimatrecht ist nur die Widerklage begründet;
deshalb ist die Scheidung nicht zulässig, die Klage und die Widerklage sind abzuweisen.

c) Statt des Heimatrechts des Mannes gilt nach dem (in Deutschland
nicht mehr geltenden) Haager Scheidungsabkommen[11] das letzte gemeinsame Heimatrecht der Ehegatten.

Dieses gemeinsam gewesene Recht ist auffälligerweise auch dann maßgebend,
wenn keiner der Gatten ihm noch angehört: wird von zwei ungarischen Ehegatten
der Mann Pole, die Frau Niederländerin, so gilt für die Scheidung ungarisches Recht.
Zweifelhaft ist, welches Recht anzuwenden sei, wenn die Gatten nie eine gemeinsame Staatsangehörigkeit gehabt haben. Man hält hier bald das Recht des Ehe-
domizils, bald das des Ehemanns, bald die lex fori, wenn sie mit dem Heimatrecht
eines der Gatten zusammenfällt, für maßgebend. Auf der VI. Haager Konferenz
von 1928 wurde vorgeschlagen, in solchen Fällen (ebenso für den Fall, daß keiner
der Gatten mehr die gemeinsam gewesene Staatsangehörigkeit hat) die Scheidung
oder Trennung nur zuzulassen, wenn sie sowohl durch das Heimatrecht des Mannes
wie durch das der Frau zugelassen ist.

d) Statt des Heimatrechts des Mannes gilt (oder galt) deutsches Recht
in drei Fällen:

1. Bei Rückverweisung (Art. 27 EG BGB), die in Scheidungsprozessen
bei Staaten mit Domizilprinzip (England, Schottland, Irland, British
Commonwealth, Dänemark, Norwegen, Island, USA.) wichtig ist.

2. Dann, wenn der Mann während der Ehe die Reichsangehörigkeit
verloren, die Frau sie aber behalten hat.

3. Nach dem Vorbild der französischen Praxis, wenn nur die Ehefrau
Deutsche ist und das Heimatrecht des Mannes eine Scheidung dieser
Ehe dem Bande nach „grundsätzlich" nicht zuläßt (Gesetz vom 24. Ja-
nuar 1935). In diesem dritten Fall versagte das Recht des EG BGB.

---

[10] So unsittlich die russische Norm dem westeuropäischen Bürger erscheinen
mag, so führt ihre Anwendung hier nicht zu einem unsittlichen Ergebnis, da man
zu demselben Ergebnis auch bei Anwendung des deutschen Rechts kommen würde.
Für Art. 30 EG ist daher kein Raum. OLG Hamburg IPRspr 1931, 143 ff.;
Stettin ibidem 1930, 157; RG JurW 1938, 1518.

[11] Deutschland gehört seit 1. Juni 1934 dem Haager Abkommen nicht mehr an.
Ältere Scheidungsurteile sind aber anzuerkennen. KG JurW 1936, 3074. Vgl. RG
147, 385.

Die Maßgeblichkeit des Heimatrechts des Mannes war dann ungerecht, wenn die Frau vor der Ehe Deutsche war oder sonst einem Staate angehörte, der eine Scheidung dem Bande nach kennt, wenn sie aber durch Eheschließung mit einem Italiener Angehörige eines Staates mit katholischer Eherechtsgestaltung geworden ist. In solchem Falle konnte sie, auch wenn sie in ihr Heimatland zurückkehrte und die alte Staatsangehörigkeit wieder erwarb, nicht vom Bande geschieden werden. In großzügiger Rechtsprechung hat Frankreich diese Folgerung nicht gezogen und einer Französin, die einen Italiener geheiratet hatte, später aber wieder Französin geworden war, die Scheidung gewährt[12]. Diese Lösung wurde in der französischen Wissenschaft stark umstritten. Da sie mit dem Text des Haager Abkommens nicht verträglich war, auch für Deutschland nach Art. 17 EG nicht zu rechtfertigen war, kündigten (außer Frankreich und Belgien, die schon früher ausgeschieden waren) auch die Schweiz, Deutschland und Schweden das Haager Abkommen und gestalteten ihre innere Gesetzgebung so, daß der Ehefrau die Scheidung ermöglicht wurde.

In größerem Umfang scheinen Übelstände in der Schweiz hervorgetreten zu sein: unglücklich gewordene Ehen zwischen Italienern und Tessiner Mädchen gaben dort den Anstoß zum Einschreiten.

2. Hat der Mann während der Ehe die Staatsangehörigkeit gewechselt, so entsteht die Frage, welcher *Zeitpunkt* für die Scheidbarkeit der Ehe entscheidet. Das richtigste wäre es, auf die Zeit abzustellen, in der sich die als Scheidungsgrund angeführte Tatsache ereignet hat. Denn wenn eine Ehefrau ein Scheidungsrecht erworben hat, so ist es nicht angemessen, daß sie es deswegen wieder verliert, weil ihr Ehemann nachträglich eine Staatsangehörigkeit erlangt, unter der sie jenes Scheidungsrecht nicht hätte erwerben können. Das deutsche Recht kennt jedoch nur den umgekehrten Satz. Es erklärt grundsätzlich für maßgebend die *Zeit* der *Klage-* (oder Widerklage-)*erhebung*[13]. Aber eine Tatsache, die nach dem zur Zeit ihres Geschehens maßgebenden Recht keinen Scheidungs- oder Trennungsgrund gibt, soll nicht dadurch zum Scheidungsgrund werden, daß der Mann nachträglich ein Heimatrecht erwirbt, unter dem sie ein Scheidungs- oder Trennungsgrund sein würde. Ein Wechsel der Staatsangehörigkeit soll nicht dazu benutzt werden, eine unscheidbare oder doch untrennbare Ehe in eine scheidbare zu verwandeln.

Beispiele:

a) Ein deutscher Ehemann begeht einen Ehebruch und wird, bevor seine Frau die Scheidungsklage erhebt, Belgier: dadurch wird die Ehe unscheidbar, da nach belgischem Recht in der Regel Ehebruch des Mannes kein Scheidungsgrund ist.

b) Ein belgischer Ehemann begeht einen Ehebruch und wird Deutscher: auch diese Ehe ist unscheidbar.

c) Ein Italiener bricht seine Ehe und wird danach Deutscher: die Ehe ist scheidbar, da auch nach italienischem Recht ein „Trennungsgrund" bestand.

---

[12] Fall Ferrari: Cour de Cass., J. Clunet 1922, 714.

[13] RG 150, 383; 151, 109. Die Zeit der Klageerhebung ist für die erst nach Klageerhebung vorgebrachten neuen Klagegründe nicht maßgebend, wenn inzwischen die Staatsangehörigkeit des Klägers gewechselt hat; RG Gruchot 46, 959. Weitergehend RAAPE: Komm. 378a. Vgl. KG IPRspr 1934, 135.

Möglicherweise erstreckt sich die „Tatsache", von der Art. 17 Abs. 2 EG spricht (richtiger: der Tatbestand, der den Scheidungsgrund darstellt), über einen längeren Zeitraum: bösliche Verlassung, Geisteskrankheit. Wechselt hier die Staatsangehörigkeit, nachdem der Tatbestand erst teilweise verwirklicht ist, so muß die volle Verwirklichung dem neuen Recht entsprechen, wobei aber die abgelaufene Frist angerechnet wird. In dem Fall RG 165, 149 hatten die Gatten die Reichsangehörigkeit erst nach Aufhebung der häuslichen Gemeinschaft erworben, und seit dem Erwerb waren die drei Jahre, die das Gesetz verlangt (vgl. § 48 EheG), noch nicht abgelaufen. Das Reichsgericht erklärte die Scheidung für zulässig, sobald die drei Jahre Getrenntlebens abgelaufen sein werden, mit der feinsinnigen Begründung: die „Tatsache", an die die Scheidbarkeit geknüpft sei, sei „nicht der Ablauf der Trennungsdauer, sondern nur die Vollendung dieses Ablaufs".

3. Nach deutschem Recht hat das Gericht nicht nur festzustellen, ob und aus welchem Grunde die Ehe zu scheiden ist, sondern auch, ob ein Gatte und welcher Gatte der schuldige oder überwiegend schuldige Teil ist (§§ 52, 53 EheG). Dies gilt jedenfalls, wenn deutsches Recht das Heimatrecht des Ehemannes ist. Aber die §§ 52, 53 haben zugleich die Natur prozeßrechtlicher Sätze; sie sind daher auch zu beachten, wenn die Scheidung auf ein ausländisches Heimatrecht gestützt wird, vorausgesetzt, daß das Heimatrecht der Schuldfrage Bedeutung zumißt[14].

Nach manchen Rechten, z. B. nach schweizerischem Recht, ist dem schuldigen Ehegatten bei Scheidung eine Wiederverheiratung für eine bestimmte Zeit zu verbieten. Solches Verbot darf der deutsche Richter bei Scheidung aus schweizerischem Recht nicht aussprechen, da es pönalen Charakter hat[15].

4. Eine *Trennung von Tisch und Bett* ist dem deutschen Recht fremd: ein deutscher Richter kann nicht auf solche Trennung erkennen, mag sie auch nach dem Heimatrecht des Klägers zulässig sein. Das BGB (§§ 1575f., 1586f.) ließ zwar (bis zum Ehegesetz von 1938) eine „*Aufhebung der ehelichen Gemeinschaft*" zu, doch war diese international-privatrechtlich nicht der Trennung von Tisch und Bett, sondern der Scheidung gleichgeartet, da sie alle Scheidungswirkungen hatte, außer dem Rechte zur Wiederverheiratung, und da sie jederzeit automatisch in eine gewöhnliche Scheidung verwandelt werden konnte. Das heutige Recht kennt die Aufhebung der ehelichen Gemeinschaft nicht mehr (Ehegesetz von 1946 § 78).

Die meisten ausländischen Rechte kennen eine Trennung von Tisch und Bett, sei es, daß sie nur sie kennen, wie Italien oder Irland, sei es, daß sie sie neben der Scheidung kennen, wie Frankreich, England, Belgien, die Niederlande, die skandinavischen Staaten, die Schweiz, Ungarn, die Tschechoslowakei, die Türkei und

---

[14] Streitig, und die Praxis ist nicht einheitlich. Vgl. KG IPRspr 1931, 155, 157; 1932, 160, 173, 175; 1933, 85; KG DR 1940, 1055, 2006; 1941, 1842. OLG Stettin IPRspr 1930, 157. Anders OLG Düsseldorf IPRspr 1934, 105.

[15] Dies war streitig. Jetzt: KG IPRspr 1933, 90; KG JurW 1938, 2750; auch IPRspr 1932, 178. OLG Hamburg IPRspr 1934, 127. Anders KG IPRspr 1931, 157.

zahlreiche amerikanische Staaten. Die deutschrechtliche „Aufhebung der ehelichen Gemeinschaft" ist außerhalb Deutschlands unbekannt geblieben.

Wenn das Heimatrecht keine Scheidung, sondern nur eine Trennung von Tisch und Bett kennt, und die Klage vor dem deutschen Gericht erhoben wird, so kann sie keinen Erfolg haben: der Richter kann weder auf Scheidung noch auf Trennung von Tisch und Bett erkennen, da jene dem Heimatrecht, diese der deutschen lex fori unbekannt ist. Auch auf die (bis 1938 zulässige) Aufhebung der ehelichen Gemeinschaft durfte er nicht erkennen[16].

5. Von großem Einfluß sind im Scheidungsrecht ordre public und renvoi.

a) Der deutsche *ordre public* (Art. 30 EG) ist im vorstehenden wiederholt erwähnt worden. Niemals aber darf mit seiner Hilfe ein auslandsrechtlicher (heimatrechtlicher) Scheidungsgrund als unanwendbar zurückgewiesen werden. Für die Anwendung des deutschen ordre public erwächst daraus keine Gefahr, da Art. 17 EG die Scheidung nur zuläßt, wenn sie auch nach deutschem Recht zulässig ist[17].

Hervorzuheben ist noch, daß der deutsche ordre public vielfach die Anordnung vorläufiger Maßnahmen gebietet, vor allem die einstweilige Regelung eines getrennten Lebens und des Unterhalts[18].

b) Die Berücksichtigung von *Rück- und Weiterverweisung* führt im Scheidungsrecht besonders häufig zur Anwendung des Wohnsitzrechts an Stelle des Heimatrechts.

V. Die *Wirkungen* der Ehescheidung.

1. Hat das *deutsche* Gericht die Scheidung ausgesprochen, so wird die Ehe in Deutschland als aufgelöst behandelt, mag auch das Heimatrecht der Geschiedenen das deutsche Urteil nicht anerkennen.

Ist z. B. die Ehe zweier Italiener in Bonn geschieden worden, weil das Gericht die Parteien für Deutsche hielt und seine Zuständigkeit aus § 606 ZPO annahm, so wird die Ehe in Deutschland als aufgelöst, in Italien als bestehend behandelt. Es besteht dann also eine „hinkende" Ehe (vgl. oben § 40 I).

Wird in Deutschland die Scheidung nicht durch ein Gericht, sondern durch Übergabe eines jüdischen Scheidebriefs oder durch Verwaltungsakt ausgesprochen, so liegt (wie oben bemerkt) in Deutschland keine wirksame Scheidung vor, und es hängt vom Heimatrecht ab, ob es einem solchen Tatbestand die Kraft einer Scheidung zusprechen will.

---

[16] RG (Vereinigte Zivilsen.) 55, 345, 360; RG 156, 109; 167, 194. — Doch war die Meinung des RG stark umstritten, insbes. Lewald: 121f.

[17] OLG Hamburg IPRspr 1931, 143.

[18] § 627 ZPO (in der jetzigen Fassung) erlaubt dem Prozeßgericht in Scheidungssachen durch einstweilige Verfügung für die Dauer des Verfahrens das Getrenntleben, die Unterhaltspflicht, die Zahlung eines Prozeßkostenvorschusses u. a. zu regeln. Dies ist eine rein prozeßrechtliche Norm; sie gilt auch, wenn die Prozeßparteien Ausländer sind. Sie setzt andrerseits eine materielle Unterhaltspflicht, eine Kostenvorschußpflicht voraus und schafft sie nicht. Vgl. KG DR 1941, 1855, 2072; JurW 1936, 3577.

2. Hat ein *ausländisches* Gericht die Scheidung ausgesprochen, so bewirkt das Urteil jedenfalls für den Scheidungsstaat Auflösung der Ehe. Aber ob es diese Wirkung auch für den Heimatstaat der Geschiedenen oder für einen dritten Staat hat, entscheidet sich nach dem Recht dieser Staaten.

In Deutschland wird ein im Ausland gefälltes Urteil grundsätzlich anerkannt, die Ehe also als aufgelöst behandelt. Anders nur, wenn einer der Fälle des § 328 ZPO vorliegt. Darüber oben § 27.

Ist die Scheidung im Auslande, aber nicht durch ein Gericht geschehen, sondern z. B. durch Verwaltungsakt, durch Aushändigung eines jüdischen oder arabischen Scheidebriefs, durch Verstoßung[19], durch Vertrag der Eheleute usw., so fragt es sich, ob solch Scheidungsakt nach dem Rechte des Staats, in dem er vorgenommen ist, *und* nach dem Heimatrechte der Eheleute gültig ist. Ist er beides, so wirkt die Scheidung auch in Deutschland; ist er dagegen nach einem der beiden Rechte (lex loci actus oder lex patriae) unwirksam, so ist er es auch in Deutschland[20].

3. Die ferneren Wirkungen, die sich an die Scheidung knüpfen — abgesehen von der Auflösung der Ehe —, richten sich nach dem Recht, auf Grund dessen geschieden worden ist; man pflegt es als „Scheidungsstatut" zu bezeichnen.

Scheidungsstatut ist gemäß Art. 17 Abs. 1 EG regelmäßig das Recht des Staats, dem der Ehemann zur Zeit der Klageerhebung angehörte; ausnahmsweise ist es das deutsche Recht als Heimatrecht der Ehefrau, dann nämlich, wenn der Mann aufgehört hat, Deutscher zu sein, die Frau aber Deutsche geblieben ist (Art. 17 Abs. 3 EG), oder wenn das Heimatrecht des Mannes eine Scheidung vom Bande nicht zuläßt und die Frau Deutsche ist (Frauenscheidungsgesetz vom 24. Januar 1935).

Zu solchen ferneren Wirkungen (Nebenwirkungen) gehören die Unterhaltspflichten[21], auch deren Dauer; das Namenrecht der geschiedenen Frau[21a], die privaten Scheidungsstrafen[22], der Einfluß der Eheauflösung auf die Geschäftsfähigkeit der Frau.

Zweifelhaft ist, ob die Einwirkungen der Scheidung oder Trennung auf das *eheliche Güterrecht* sich nach dem Scheidungs- oder nach dem Güterrechtsstatut richten (also bei Staatenwechsel nach dem Rechte desjenigen Staates, dem der Ehemann bei Eheschließung angehörte, oder desjenigen, dem er bei Erhebung

---

[19] LG Dresden IPRspr 1932, 149: Verstoßung nach ägyptischem Recht.

[20] LEWALD: 125f.; RG 136, 146.

[21] KG IPRspr 1932, 146; 1933, 170; KG JurW 1936, 3577. Hier war der Unterhalt durch Abmachungen der Parteien geregelt worden. Das KG betont, daß für solche Abmachungen, die nicht schuldrechtlicher, sondern familienrechtlicher Natur seien, die Parteiautonomie nicht gelte. Dem ist zuzustimmen. Vgl. noch KG JurW 1936, 2466.

[21a] FICKER: Rabels Z 16 (1951) 32ff. KG DR 1941, 2055.

[22] RG 41, 177ff. — Über Eheverbote s. oben zu Anm. 15.

der Scheidungsklage angehört). Jedenfalls ist eine Güterrechtsbeeinflussung, die nach dem Güterrechtsstatut ebenso durch die Scheidung wie durch Tod eintritt, nach dem Güterrechtsstatut anzuordnen: nach diesem richten sich z. B. die Rechte des geschiedenen Ehemannes bis zur Beendigung der Auseinandersetzung in Ansehung des Gesamtgutes. Aber auch solche Güterrechtswirkungen, die nach dem Güterrechtsstatut *nur* bei Scheidung eintreten (z. B. BGB § 1478), sollen nach diesem Statut in der Regel unabhängig davon eintreten, ob sie auch nach dem Scheidungsstatut entstehen. Umgekehrt gibt es güterrechtliche Scheidungswirkungen, die nach Auslegung des Scheidungsstatuts eintreten müssen, gleichviel, ob sie auch nach dem Güterrechtsstatut entstehen: leben zwei deutsche Gatten im gesetzlichen Güterstand des deutschen Rechts, erlangen beide die niederländische Staatsangshörigkeit und werden sie nach niederländischem Recht „van tafel en bed" geschieden, so hat das nach Art. 298 Niederl. Bürg. Wetboek die „scheiding van goederen" zur Folge, während nach dem Güterrechtsstatut, dem deutschen Recht, solche Wirkung nicht eintreten kann, da hier eine Trennung von Tisch und Bett nicht existiert.

Die Frage, ob der Geschiedene wieder heiraten könne, wird nicht durch das Scheidungsstatut, sondern nach Art. 13 Abs. 1 EG durch das Recht des Staats, dem er *bei der Wiederverheiratung* angehört, entschieden.

Sind Italiener in Deutschland geschieden worden, weil das Gericht sie fälschlich für Deutsche hielt, und will einer von ihnen in Deutschland wieder heiraten, so steht dem entgegen, daß er in Italien als noch verheiratet gilt, obwohl seine Ehe in Deutschland in einer für die deutschen Behörden wirksamen Weise aufgelöst ist[23]. Er befindet sich also in Deutschland in einer Art Zwangszölibat. Nur wenn er nach der Scheidung die italienische Staatsangehörigkeit verliert und Reichsdeutscher wird, kann er nach Art. 13 Abs. 1 EG in Deutschland heiraten. — Sind zwei deutsche Ehegatten in Amerika geschieden worden, so wird die Scheidung in Deutschland nicht anerkannt, und wenn jetzt einer von ihnen wieder heiratet, so ist (für den deutschen Richter) die neue Ehe nach Art. 13 EG nichtig. Ist aber der Wiederheiratende vor der Wiederverheiratung Amerikaner geworden, so wird seine zweite Eheschließung gemäß Art. 13 dem amerikanischen Heimatrecht unterworfen, und nach diesem besteht das Hindernis des Bandes nicht mehr. Die zweite Ehe ist dann also auch für den deutschen Richter gültig (da Art. 30 EG nicht eingreift)[24]. Da nun zwei gültige Ehen nebeneinander nicht bestehen können, so muß die erste Ehe durch Abschließung der zweiten Ehe aufgelöst sein; man gewinnt damit den innerrechtlichen (materiellrechtlichen) Satz: eine Ehe wird nach deutschem Recht dadurch aufgelöst, daß einer der Gatten sich in einer Weise verheiratet, die in Deutschland als gültige Eheschließung anerkannt wird (wofür auch § 38 Abs. 2 EheG einen Beleg bietet).

II. Verwandtschaftsrecht.

§ 44. Die ehelichen Kinder.

RAAPE: IPR 222ff.; Komm. 446ff.; Les rapports juridiques entre parents et enfants. Rec. d. Cours 1934; Staatsangehörigkeitsprinzip und Scheidungsakt 1943;

---

[23] KG JFG 8, 114; JurW 1938, 1258. Anders ZITELMANN: II 772 (aber II 760?); WIERUSZOWSKI: 77.

[24] Das Rechte fühlt KG JurW 1925, 2146. Vgl. dazu MELCHIOR: 414; WENGLER: RabelsZ 8, 228.

Staatsangehörigkeit kraft Eheschließung und kraft Abstammung 1948. — ARMIN-JON: III 51 ff. — MANN: LQR 64, 199. — FALCONBRIDGE: CanadBR 27, 1163 (mit weiteren Nachweisen). — ZITELMANN: II 814 ff. LEWALD: 129 ff. — GUTZ-WILLER: 1644. — NUSSBAUM: 168 ff. — FRANKENSTEIN: IV 9 ff. — KIPP(-WOLFF): Familienrecht § 99. — VEITH: RVglHWB IV 420 ff. — RABEL: I 553 ff. — De lege ferenda NEUMAYER: ArchcivPrax 152, 335.

I. Die *Ehelichkeit* eines Kindes bestimmt sich nach der Staatsangehörigkeit des Muttergatten; Art. 18 EG[1]. Bei Wechsel der Staatsangehörigkeit entscheidet die Zeit der Geburt des Kindes, nicht die (schwer feststellbare) Zeit der Konzeption. Ist die Ehe vor der Geburt des Kindes aufgelöst, insbesondere durch Tod des Muttergatten[2], so kommt es auf die Staatsangehörigkeit zur Zeit der Eheauflösung an. Ob der angebliche Vater Muttergatte ist, ob also eine Ehe zwischen ihm und der Kindesmutter vorliegt, beurteilt sich selbständig nach Art. 13, 17 EG[3]. Ist die Ehe danach nichtig, so sind aber die Folgen für die Rechtsstellung des Kindes nach Art. 18 EG, d. h. nach dem Heimatrecht des Pseudogatten zu beurteilen[4].

Heiraten zwei Griechen in Bonn in standesamtlicher Form, so sind die daraus hervorgehenden Kinder nach deutschem Recht ehelich, nach griechischem Recht nicht ehelich (der hinkenden Ehe entspricht eine hinkende Ehelichkeit). — Heiraten sie nur in kirchlicher Form, so sind die Kinder nach deutschem Recht nicht ehelich, nach griechischem Recht ehelich. Aber dann ist die Frage, ob solche Kinder in Deutschland als Kinder einer Putativehe in gewissem (und in welchem) Umfange ehelichen Kindern gleich zu behandeln sind, eine aus Art. 18 nach griechischem Recht zu beantwortende Frage. — Sind zwei deutsche Gatten in New York geschieden worden, hat die Frau dann in New York wieder einen Deutschen geheiratet, so ist ein von ihr während dieser Ehe geborenes Kind nach amerikanischem Recht ein eheliches Kind aus dieser Ehe, nach deutschem Recht gilt es dagegen, da die erste Ehe danach noch besteht (die amerikanische Scheidung wird nicht anerkannt), entweder als ein eheliches Kind aus der ersten Ehe (§ 1593 BGB) oder richtiger[5] als (uneheliches) Kind aus einer Putativehe; § 1699 BGB. Auch wenn der zweite Ehemann nicht Deutscher, sondern Amerikaner wäre, würde der deutsche Richter das Kind trotz Art. 18 EG nicht als eheliches Kind des Amerikaners ansehen dürfen, da auch in diesem Falle die erste Ehe nach deutschem Recht nicht aufgelöst ist. Anders nur, wenn auch die Ehefrau vor ihrer Wiederverheiratung Amerikanerin geworden wäre; vgl. oben § 43 zu Anm. 24.

Statt des Heimatrechts des Ehemannes der Mutter (gilt für die Anfechtung der Ehelichkeit[6]) *deutsches Recht* dann, wenn nur die Mutter deutsch ist oder bei ihrem Tode war; dies bestimmt § 8 Abs. 1 des

---

[1] Einseitige Kollisionsnorm, die zur vollkommenen auszubauen ist. Siehe oben § 8 III, IV.

[2] Nur diesen Fall erwähnt das Gesetz. Der Fall der Scheidung ist gleichzustellen.

[3] Vgl. WENGLER: a. a. O. 214.

[4] LEWALD: 130.

[5] Vgl. KIPP(-WOLFF): Familienrecht § 75 Anm. 36 a (mit Literatur).

[6] Nur für diese, nicht für andere auf die eheliche Abstammung bezügliche Normen; vgl. KG DR 1940, 1375.

Reichsgesetzes vom 12. April 1938; Voraussetzung für die Anwendung dieser Vorschrift ist aber, daß das Kind zur Zeit der Erhebung der Anfechtungsklage noch minderjährig ist (oder, wenn es lebte, minderjährig wäre)[7].

Das Heimatrecht des Muttergatten, das regelmäßig über die „eheliche Abstammung" entscheidet, ist hiernach maßgebend für die *Voraussetzungen*, unter denen das Kind als eheliches Kind zu gelten hat: Dauer der Empfängniszeit, Vaterschaftsvermutung, Anfechtungsgründe, Person des Anfechtungsberechtigten (nur der Muttergatte? oder auch das Kind?)[8], Anfechtungsfristen usw. Auffälligerweise entscheidet das Mannesrecht auch die Frage, ob das Kind eheliches (oder uneheliches) Kind seiner *Mutter* ist.

Schwierig ist die Lage, wenn die Frau sich so kurze Zeit nach Auflösung der ersten Ehe wiederverheiratet, daß das in dieser Ehe geborene Kind auch aus der ersten Ehe stammen könnte, und wenn der erste Gatte einem anderen Staate angehört als der zweite. Ist der erste Ehemann Deutscher, der zweite Franzose, so kann, da das französische Recht eine Vermutung nach Art des § 1600 BGB nicht kennt, auch der deutsche Richter diese Vermutung nicht anwenden, sondern er wird prüfen müssen, welche Vaterschaft nach Lage der konkreten Sache wahrscheinlich ist.

II. Die *Wirkungen* der ehelichen Kindschaft richten sich nach dem *Heimatrecht des Vaters* und erst, wenn er tot ist, nach dem der Mutter[9]. Das Heimatrecht des Kindes, das nur ausnahmsweise von dem des Vaters abweichen wird, wird nicht beachtet. Davon gilt zugunsten der Anwendung des deutschen Rechts eine Ausnahme für deutsch gebliebene Kinder, wenn die Eltern die ursprünglich deutsche Staatsangehörigkeit verlieren: solchen Kindern soll die Gunst des deutschen Rechts verbleiben, das ja weniger die Eltern gegen die Kinder, als die Kinder gegen die Eltern schützen soll (denn wenn auch der römisch-rechtlichen Ter-

---

[7] Dazu VO vom 6. Februar 1943 über die Angleichung familienrechtlicher Vorschriften. — Als Grund für diese Regelung wird angegeben, daß eine Ehelichkeitsanfechtung die Beziehungen des Kindes zum Vater, zur Familie und zum Staat(?) empfindlich berühre; haben sie so lange bestanden, daß das Kind erwachsen und zum vollen Bewußtsein dieser Beziehungen gekommen ist, so solle daran nicht mehr gerüttelt werden. Diese Begründung trägt die gesetzliche Regel vom 12. April 1938 nicht: die Minderjährigkeit des Kindes wird ja nicht verlangt, wenn das deutsche Recht nicht als Heimatrecht des Muttergatten, sondern als Heimatrecht der Mutter angewendet wird. Und vollends: wie sollte, wenn das Kind volljährig gestorben ist, die Anwendung des deutschen Anfechtungsrechts die Beziehungen des toten Kindes zu Vater, Familie und Staat stören können?

[8] Nach heutigem deutschem Recht hat in gewissen Fällen der Staatsanwalt das Recht, die Ehelichkeit anzufechten; (§§ 1595a, 1597 BGB) insbes. wenn er dies „im öffentlichem Interesse für geboten erachtet" (? noch im Zuge des Nationalsozialismus).

[9] Art. 19 EG gibt eine einseitige Kollisionsnorm, die zur vollkommenen auszubauen ist; RG JurW 1932, 588; RG 162, 332; KG JurW 1939, 350.

minologie [patria potestas] entsprechend von einer elterlichen „Gewalt"
gesprochen wird, so ist doch diese Gewalt in erster Linie Schutzpflicht,
„Munt"). Art. 19 EG.

Folgerichtig wäre es im Geiste des deutschen Schutzrechts gewesen, wenn das
Gesetz, statt des Heimatrechts des Vaters das des Kindes allgemein für anwendbar erklärt hätte[10].

1. Das Heimatrecht des Vaters gilt, *solange er lebt.* Es gilt auch,
wenn er die elterliche (oder väterliche) Gewalt verloren, z. B. wegen
Verbrechens am Kinde verwirkt hat (vgl. § 1680 BGB), oder wenn
nach einer Ehescheidung das Recht der Personenfürsorge der Mutter
zusteht[11]. Das befremdet; man erwartet, daß in solchem Falle mindestens
für die Beziehungen zwischen Mutter und Kind das Personalstatut der
Mutter gelten sollte.

2. Das Heimatrecht des Vaters gilt nicht nur für alle Fragen der
elterlichen Gewalt[12], sondern auch für andere Rechtsverhältnisse, die
sich aus der ehelichen Kindschaft ergeben: nach deutschem Recht z. B.
für den Wohnsitz des Kindes (§ 11 BGB)[13], die Pflicht des hausange-
hörigen Kindes, auch nach Erreichung der Volljährigkeit im Haushalt
oder Erwerbsgeschäft mitzuhelfen (§ 1617 BGB), sein Recht auf Aussteuer und Ausstattung (§§ 1620, 1624), die Unterhaltspflichten der
Eltern gegen das Kind, des Kindes gegen die Eltern[13a] u. a.

3. Das Heimatrecht des Vaters (und nach seinem Tode das der
Mutter) bestimmt sowohl das Ob und den Umfang der *Vertretungsmacht*
des Gewaltinhabers, als auch die personenrechtlichen und die *güter-
rechtlichen* Verhältnisse zwischen Eltern und Kind. Der Unterschied
(im Kollisionsrecht) von Eherecht und Kindesrecht liegt darin, daß,
während dort nur das Ehepersonenrecht dem *jeweiligen* Heimatrecht
unterworfen ist, dagegen im Güterrecht der Grundsatz der Unwandelbarkeit des Güterstandes besteht (vgl. § 42 I 3), hier das *wechselnde*
Heimatrecht des Vaters sowohl im Personen- wie im Güterrecht maßgebend ist[14].

Wie im Ehegüterrecht, so weicht auch im Kindesgüterrecht das Heimatrecht
vor der lex rei sitae zurück, wenn Kindesgut im Auslande belegen ist und nach dem

---

[10] So mit Recht Finnland, Gesetz vom 9. Dezember 1929, § 19 (VEITH: 425).

[11] Die Wirkungen der Ehescheidung auf die Beziehungen der Eltern zum Kind
werden in Deutschland nicht als Teile des Ehescheidungsrechts, sondern als Teile
des Eltern- und Kindesrechts aufgefaßt; vgl. RG 162, 332; KG JurW 1933, 2065;
OLG Breslau DR 1939, 869. Vgl. hierzu LEWALD: 139; RAAPE: Komm. 480ff.;
VEITH: 424.

[12] Auch für den Anspruch des Vaters auf Herausgabe des Kindes, selbst wenn
gegen die Mutter gerichtet; KG JurW 1938, 2749.

[13] RG 159, 167.   [13a] Anders PALANDT zu Art. 19.

[14] Vgl. dazu LEWALD: 133f.

ausländischen Kollisionsrecht dieses Kindesgut einer Sonderbehandlung unterworfen ist, wie das in England und den Vereinigten Staaten von Amerika für
Immobilien der Fall ist; Art. 28 EG. Vgl. oben § 17.

4. Die elterliche Gewalt verlangt bisweilen eine *Mitwirkung von
Behörden*[15], z. B. nach § 1666 BGB zum Schutz des Kindes gegen Ver-
wahrlosung, oder nach § 1643 bei Vornahme gewisser Rechtsgeschäfte,
die der Vater für das Kind schließen will[16], oder nach §§ 1635, 1636,
die es dem Vormundschaftsgericht bei Ehescheidung der Eltern überlassen, im Interesse des Kindes den mit der Personenfürsorge betrauten
Elternteil abweichend vom Gesetz zu bestimmen oder den Verkehr
mit dem Kinde zu regeln. Die deutsche Vormundschaftsbehörde ist
in solchen Fällen auch dann mitzuwirken befugt, wenn das Heimatrecht
des Vaters nicht das deutsche Recht ist, und zwar ohne daß die Voraussetzungen des Art. 23 EG vorzuliegen brauchen, ohne daß also geprüft
werden muß, ob der Heimatstaat bereit ist, die Fürsorge zu übernehmen,
oder dies ablehnt[17]. Die deutsche Behörde hat in solchem Falle das
Heimatrecht des Vaters anzuwenden[18].

Wenn eine ausländische Behörde bei der Ausübung der elterlichen
Gewalt mitzuwirken berufen ist und das anzuwendende Recht das deutsche ist (z. B. weil der Vater Reichsangehöriger ist), so entsteht oft
die Frage, ob die ausländische Behörde die Funktionen der deutschen
Behörde ausüben kann. Solche Äquivalenz wird sich nicht schon aus
der Behördenorganisation ergeben, sondern es ist der Umfang der Befugnisse der ausländischen Behörde zu vergleichen mit denen der deutschen, z. B. des deutschen Vormundschaftsgerichts.

5. Das Heimatrecht des Vaters gilt auch für die Frage, wodurch die
elterliche Gewalt *erlischt*. Erlischt sie nach diesem durch Erreichung der
Volljährigkeit (wie gemäß den meisten Rechten der Erde), so ist doch die
Frage, wann die Volljährigkeit eintritt, nach dem Personalstatut des
Kindes zu entscheiden: Art. 7 EG. Hat nach dem Personalstatut der
Tochter ihre Verheiratung mit einem Ausländer, z. B. einem Schweizer,
die Wirkung, sie „mündig" zu machen („Heirat macht mündig"), während
nach dem Personalstatut des deutschen Vaters diese Wirkung nicht eintritt, so muß dennoch die elterliche Gewalt erlöschen, weil nach dem
dafür maßgebenden (schweizerischen) Recht die Heirat die Wirkungen
der Volljährigkeit haben soll[19].

6. Ein anderes als das Heimatrecht des Vaters oder der Mutter kommt im Falle
der *Rück- und Weiterverweisung* in Anwendung (vgl. oben § 15). Im Rahmen der
Vorbehaltsklausel des Art. 30 EG ist ferner die *lex fori* zu beachten. So ist z. B.

---

[15] LEWALD: 136f. NEUMEYER: Intern. VerwaltR I 232f.
[16] Vgl. RG 110, 174.
[17] Über die „allgemeine Fürsorgetätigkeit", die dem Staat gegenüber den in
seinem Gebiet befindlichen Personen zukommt: KG JurW 1939, 350.
[18] BayObLG IPRspr 1931, 163; 1932, 186; RG 170, 198ff.   [19] RG 91, 403.

§ 1666 BGB anzuwenden, wenn ein ausländisches Kind in Deutschland wohnt, mag auch das Heimatrecht eine entsprechende Schutznorm nicht kennen[20]. Ferner ist die lex fori für die Frage entscheidend, wie die aus der Kindschaft fließenden Ansprüche, z. B. der Anspruch auf Herausgabe des Kindes, prozessual geltend zu machen sind.

III. Die von dem Bonner Grundgesetz Art. 3 postulierte Gleichbehandlung von Mann und Frau, verlangt nicht eine Änderung der auf das internationale Privatrecht bezüglichen Familienrechtsnormen der Art. 19 bis 21 EG BGB[21].

§ 45. Die unehelichen Kinder.

ZITELMANN: II 805 ff., 886 ff. — LEWALD: 140 ff. — GUTZWILLER: 1646 ff. — RAAPE: Komm. 489 ff.; IPR 231 ff. — NUSSBAUM: 174 ff. — FRANKENSTEIN: IV 77 ff. — KIPP(-WOLFF): Familienrecht § 99. — VEITH: RVglHWB IV 427 ff. — ROTHSCHILD: NiemeyersZ 35, 19 ff. — SEEGER: WürttZ 73 (1931) 257 ff. — RABEL: I 610 ff.

I. *Unehelich* ist ein Kind dann, wenn es nach keines Mannes Heimatrechte sein eheliches Kind ist. (Auf das Heimatrecht des Kindes kommt es nicht an.) Schwierigkeiten entstehen, wenn die Kindesmutter verheiratet ist, diese Ehe aber nicht in allen Staaten anerkannt wird. Wird die Ehe in Deutschland nicht anerkannt, so ist das Kind hier ein uneheliches Kind, obwohl es vielleicht nach dem Heimatrecht des Erzeugers „ehelich" ist: so, wenn die Eltern Griechen sind, die in Köln nur vor dem Geistlichen geheiratet haben. Wird umgekehrt die Ehe in Deutschland, nicht aber in der Heimat des Erzeugers anerkannt, so ist das Kind in Deutschland ehelich, obschon es nach dem Heimatrecht des Erzeugers unehelich ist: so, wenn jene Griechenehe in Köln nur vor dem Standesbeamten eingegangen war. Vgl. oben § 44 I.

Möglich ist es, daß ein uneheliches Kind der Mutter gegenüber wie ein eheliches behandelt wird. So werden in Schweden und Finnland *Brautkinder* den ehelichen Kindern gleichgestellt; ist nur die Braut Schwedin oder Finnländerin, so gilt die Gleichstellung nur im Verhältnis zwischen ihr und dem Kinde, während zwischen dem deutschen Vater und dem Kinde deutsches Recht gilt, so daß hier das Kind als unehelich anzusehen ist[1].

II. Das Rechtsverhältnis zwischen *Kind und Mutter* bestimmt sich nach dem *wechselnden Heimatrecht der Mutter*, das meist, aber nicht immer (vgl. oben § 10 II 2), zugleich das Heimatrecht des Kindes ist; Art. 20 EG. Eine Ausnahme gilt, wie nach Art. 19 Satz 2, dann, wenn die Mutter aufgehört hat, Deutsche zu sein, das Kind aber deutsch geblieben ist: dann gilt das deutsche Recht weiter.

Das Heimatrecht der Mutter regelt nicht nur die Frage, inwieweit Mutter und Kind einander unterhaltspflichtig sind. Ihm unterstehen

---

[20] KIPP(-WOLFF): Familienrecht § 99[8a].
[21] NEUMEYER, K. H.: ArchivPrax 152, 335 (mit Literatur).
[1] Vgl. RAAPE: Komm. 499 f.

auch Fragen, wie: ob der Mutter eine der elterlichen Gewalt entsprechende mütterliche Gewalt zusteht (so nach dänischem Recht) oder ob
eine Vormundschaft einzurichten ist (BGB), welchen Einfluß Adoption
und Legitimation auf die Stellung von Mutter und Kind haben, u. a.

Das Heimatrecht der Mutter gilt nicht für die Frage, ob das Kind den Namen
seines Stiefvaters erhalten kann und wodurch (§ 1706 Abs. 2 BGB); hier gilt vielmehr das Heimatrecht des Kindes. Vgl. zu dieser Streitfrage oben § 22[3].

III. Nach welchem Recht ist der *Unterhaltsanspruch* des unehelichen
Kindes *gegen seinen Vater* zu beurteilen[1a]? Diese Frage gehört zu den
in den internationalen Privatrechten aller Länder meist erörterten, es
gibt keine zweite, die so viele Lösungsvorschläge gefunden hätte.

SAVIGNY (System VIII, 279) ließ die lex fori entscheiden, und dem folgen
Österreich, Ungarn und die Vereinigten Staaten von Amerika. Die ältere gemeinrechtliche Praxis Deutschlands, die den Unterhaltsanspruch als einen deliktischen
oder quasideliktischen ansah, wandte die lex loci delicti commissi, das am Schwänge-
rungsort geltende Recht an[2]. Manche Rechte, wie das schweizerische, lassen das
Recht am Wohnsitz des Vaters, als des in Anspruch Genommenen, maßgebend sein.
Frankreich stellt auf das Personalstatut des Kindes ab; Deutschland, Norwegen
und die Tschechoslowakei auf das der Mutter. Dazu kommen Mischlösungen,
z. B. dahin, daß die Vorschriften zweier Rechte, sei es der Personalstatuten von
Mutter und Kind (Polen), sei es der von Vater und Kind (Italien), erfüllt sein müssen
oder daß, wie in Deutschland, die lex fori die Höchstgrenze der Unterhaltspflicht
bestimmt.

Die beste Lösung scheint auf den ersten Blick die zu sein, die das
Personalstatut des Kindes entscheiden läßt; denn der Familienstand des
Kindes ist die Anspruchsquelle. Das EG Art. 21 hat sich aber nicht
für sie, sondern für eine ihr nur nahekommende Lösung entschieden:
Maßgeblichkeit des *Heimatrechts* der *Mutter*, wobei als entscheidender
Zeitpunkt nicht der der Empfängnis, sondern der der *Geburt* des Kindes
bestimmt ist.

1. Das Heimatrecht der Mutter ist *meist* zugleich das des *Kindes*; es gilt aber
auch, wenn es von diesem abweicht: das Kind der schottischen Kellnerin, aus
ihrem Liebesverhältnis mit einem Deutschen, in Berlin zur Welt gekommen, hat
gegen seinen Vater Ansprüche nach schottischem Recht, obwohl weder Vater
noch Kind Schotten sind (das Kind ist staatenlos). — Die Geltung des Personalstatuts der Mutter (das *regelmäßig* Personalstatut des Kindes ist), läßt sich damit
rechtfertigen, daß andernfalls die Mutter die Möglichkeit hätte, dadurch, daß sie
einen Niederkunftsort in einem Staate mit ius soli wählt, das Recht dieses Staats
für den Unterhaltsanspruch des Kindes gegen den Vater in Geltung zu setzen.

2. Andererseits ermöglicht das EG fraudulose Anknüpfungen dadurch, daß es
das Heimatrecht aus der Zeit der Niederkunft, *nicht der Empfängnis* zugrunde
legt. Die Schwangere kann hiernach unter Umständen durch Statutenwechsel vor
der Niederkunft auf die Geltung eines dem Kinde günstigeren Rechts hinwirken.

[1a] Die Frage ist im interzonalen Recht besonders oft erörtert. Vgl. KEGEL:
NJW 1953, 615.
[2] Vgl. GIERKE, O.: DPrivR I 242[119].

Bei der Schwierigkeit, die Staatsangehörigkeit zu wechseln, ist diese Gefahr nicht groß. Sie besteht nur, wenn Personalstatut der Mutter nicht ihr Heimatrecht, sondern (wofern sie staatenlos) ihr Wohnsitzrecht ist.

Das Heimatrecht der Mutter entscheidet über das Ob eines Unterhaltsanspruchs, seine Höhe und seine zeitliche Begrenzung aber auch über die Frage, ob der in Anspruch Genommene „Vater" im Rechtssinn ist. Es entscheidet ferner über die *Ansprüche der unehelichen Mutter selbst* auf Ersatz der Schwangerschafts-, Entbindungs- und Unterhaltskosten; Art. 21.

Dagegen ist nicht das *Heimatrecht* der Mutter, sondern das des *Vaters* für die Frage maßgebend, inwieweit, abgesehen vom Unterhaltsanspruch, ein sonstiges „Rechtsverhältnis zwischen Vater und Kind" entsteht, und welchen Inhalt es hat [3].

Beispiel [4]: Nach Schweizer ZGB Art. 323 kann das Kind dem Vater „mit Standesfolge zugesprochen werden", wenn der Vater der Mutter die Ehe versprochen oder sich eines Verbrechens an ihr oder eines Gewaltmißbrauches schuldig gemacht hat. Eine solche Zusprechung mit Standesfolge (die dem deutschen Recht unbekannt ist) setzt voraus, daß der Vater Schweizer ist, gleichviel, welches das Heimatrecht der Mutter ist. — Auch die Frage der Vaterschaft ist, soweit es sich dabei um eine Voraussetzung für personenrechtliche Verhältnisse handelt, selbständig nach dem Personalstatut des Vaters zu beurteilen. Gesetzt, der in Anspruch Genommene ist Schweizer, die Mutter Deutsche, so kommt für den Unterhaltsanspruch die deutschrechtliche Empfängniszeit (302—181 Tage vor der Geburt), für die Zusprechung mit Standesfolge dagegen die schweizerische Empfängniszeit (300—180 Tage vor der Geburt) in Betracht; während ferner der Unterhaltsanspruch durch die Einwendung des Mehrverkehrs (exceptio plurium, BGB § 1717) lahmgelegt wird, ist nach schweizerischem Recht die Einwendung des „unzüchtigen Lebenswandels der Mutter um die Zeit der Empfängnis" erforderlich und ausreichend, um die Zusprechung mit Standesfolge auszuschließen (Art. 315 ZGB).

IV. Der Gedanke SAVIGNYs, den Unterhaltsanspruch der lex fori zu unterwerfen, ist in vielen Ländern in der Form verwirklicht, daß man die Maßgeblichkeit des Personalstatuts durch Normen des *ordre public* eingeschränkt hat. So ließ Frankreich den bis 1912 geltenden Satz „la recherche de la paternité est interdite" für alle vor den französischen Richter gebrachten Klagen maßgebend sein, mochten sie sich gegen Franzosen oder gegen Fremde richten [5]. So haben deutsche Gerichte die Unzulässigkeit der Vaterschaftsklage als unverträglich mit dem deutschen ordre public behandelt [6]. So erklärt auch Art. 21 des

---

[3] Hierzu und zum folgenden besonders: LEWALD: 145; RAAPE: Komm. 529 ff.

[4] Andere Beispiele ergeben sich bei Erb- und Pflichtteilsrechten der vom Vater „anerkannten" unehelichen Kinder (z. B. nach französischem Recht), ferner für sein Ehekonsensrecht, sowie für sein Recht, mit dem Kinde zu verkehren und für die Person des Kindes zu sorgen.

[5] Vgl. NIBOYET: Manuel 760 f.; FRANKENSTEIN: IV 111.

[6] OLG Hamburg JurW 1936, 3492; OLG Posen DR 1944, 82; LG Stuttgart IPRspr 1932, 188; LG Frankfurt ibidem 1934, 171.

deutschen EG, daß „*weitergehende Ansprüche* als nach den deutschen Gesetzen begründet sind, *nicht* geltend gemacht werden" können. Die Norm ist eine spezialisierte Norm des ordre public, eine Einzelausprägung der Vorbehaltsklausel des Art. 30 EG. Ihr Inhalt ist nach zwei Richtungen streitig:

1. Sie gilt nur bei Klagen gegen *deutsche* Erzeuger[7]; nicht, wenn ein Ausländer als Vater in Anspruch genommen wird.

2. Bestimmt die Vorbehaltsklausel nur das Maximum des Unterhaltsumfangs (so daß z. B. nicht auf länger als bis zum 16. Lebensjahr Unterhalt zugesprochen werden darf) oder regelt sie auch die Anspruchs-*voraussetzungen*, so daß z. B., wenn die Mutter Österreicherin ist, die nach österreichischem Recht unzulässige exceptio plurium auf Grund des deutschen Rechts zu berücksichtigen ist? Meines Erachtens ist die zweite, weitergehende Antwort geboten: der deutsche Richter soll bei der Unterhaltsklage gegen den außerehelichen Vater Verurteilungen nicht aussprechen, die er bei Anwendung des deutschen Rechts nicht aussprechen würde[8].

§ 46. Legitimation und Adoption.

ZITELMANN: II 874 ff. — LEWALD: 151 ff. — GUTZWILLER: 1648. — RAAPE: Komm. 543 ff.; MDR 1948, 382. — NUSSBAUM: 172 f. — FRANKENSTEIN: IV 148 f. — VEITH: RVglHWB IV 432 ff. — RITTER, C.: NiemeyersZ 1904 (14) 435 ff. — RABEL: RabelsZ 1, 761; 6, 310 ff.; Confl. I 632. — BERGMANN: Z. f. Standesamts-wesen 1929, 22 ff. — FÜRER: Adoption, Legitimation und Kindesanerkennung im internationalen Recht 1926. — ARMINJON: III 61 ff.

I. Für die Legitimation und für die Wahlkindschaft (Adoption) ist nach deutschem, wie nach den meisten fremden Rechten, das Personalstatut, in Deutschland also das *Heimatrecht* des unehelichen *Vaters* und des *Adoptanten* (des Wahlvaters oder der Wahlmutter) maßgebend; Art. 22 Abs. 1 EG (unvollkommene, aber unstreitig zur vollkommenen auszubauende Kollisionsnorm[1]). Entscheidend ist dabei, falls der Vater das Heimatrecht gewechselt hat, der Zeitpunkt der Legitimation oder der Adoption, d. i. nicht der Zeitpunkt, an dem der Vater oder Adoptant die von ihm etwa abzugebende Erklärung abgibt, sondern der, an dem der Akt vollendet ist, demnach bei der Adoption (wo diese der obrigkeitlichen Bestätigung bedarf) der Zeitpunkt der Bestätigung[2].

Wird ein Kind als gemeinschaftliches Kind von einem Ehepaar adoptiert und sind die Adoptanten verschiedener Staatsangehörigkeit, so sind beide Personalstatuten zu berücksichtigen.

---

[7] So mit Recht gegen den Wortlaut: HABICHT: 162; LEWALD: 148; RAAPE: IPR 236.

[8] Anderer Meinung EBSTEIN, ZentrBl f. JugendR 20 (1929) 180; LEWALD: 150.

[1] RG 125, 268.   [2] KG JurW 1933, 206.

II. Nach dem Heimatrecht entscheiden sich die *Voraussetzungen* und die *Wirkungen* der Legitimation und der Adoption, daher auch, ob zu den Voraussetzungen die Zustimmung des Kindes oder gewisser Angehöriger des Kindes (der Mutter, der leiblichen Eltern) gehört. Daneben ist aber, wenn das Kind *deutscher* Staatsangehörigkeit ist, auch die Wahrung der deutschen Vorschriften nötig[3]; Art. 22 Abs. 2 EG.

Den allgemeinen Satz, daß kumulativ das Heimatrecht des Vaters und das des Kindes bezüglich dieser Einwilligungen gewahrt sein müßten (also auch bei ausländischen Kindern), kann man nicht wohl aufstellen, da Abs. 2 eine den Schutz gerade der deutschen Kinder betreffende und deshalb nicht ausbaufähige Norm des ordre public gibt[4].

Das Heimatrecht des Vaters oder Adoptanten entscheidet auch die Frage, ob es zur Gültigkeit der Legitimation oder Adoption eines *obrigkeitlichen Aktes*, besonders einer staatlichen Ehelichkeitserklärung oder einer Adoptionsbestätigung, bedarf. Damit ist aber nicht gesagt, daß die Behörden des Staates, dem der Vater oder Adoptant angehört, ausschließlich zuständig sind, den Akt zu vollziehen.

So ist z. B. nach dem deutschen FGG §§ 65, 66 für den deutschen Adoptanten stets, für den ausländischen Adoptanten dann, wenn er in Deutschland Wohnsitz oder Aufenthalt hat, eine deutsche Gerichtsbarkeit gegeben.

Das deutsche Gericht darf eine auslandsrechtliche Adoption, zu deren Bestätigung es zuständig ist, auch dann bestätigen, wenn nach dem ausländischen Adoptionsstatut — z. B. dem französischen, dem schweizerischen oder den skandinavischen Rechten — die Bestätigung nur auf Grund einer Prüfung der *Zweckmäßigkeit* der Adoption zulässig ist. Die gegenteilige herrschende Meinung[5] ist seit der Neufassung des § 1754 BGB durch RGes vom 23. November 1933 unhaltbar geworden, da jetzt auch eine deutsche Adoption vom Gericht auf ihre Zweckmäßigkeit hin geprüft werden muß.

Zu den nach dem Heimatrecht des Vaters zu bestimmenden Wirkungen der Legitimation oder Adoption gehören *nicht erbrechtliche* Folgen. Ob zwischen Adoptans und Adoptatus Erbrechte und Pflichtteilsrechte entstehen, bestimmt vielmehr das Erbstatut, das Heimatrecht des Erblassers[6].

Nach materiellem deutschem Recht ist die Adoption ein „Vertrag", aber kein schuldrechtlicher Vertrag; die Sätze über Parteiautonomie gelten für sie nicht; eine Abmachung, daß eine bestimmte Adoption einem anderen als dem Heimatrecht des Adoptanten unterworfen sein solle, ist nichtig[7].

---

[3] Auch die Wahrung der deutschen Formvorschriften? Wohl zu verneinen; RAAPE: Komm. 546f.; IPR 247.

[4] Anderer Meinung LEWALD: 153; RAAPE: 551.

[5] KG RabelsZ 6, 311; SCHLEGELBERGER: Komm. z. FGG § 66 Bem. 3. Anders LEWALD: 157; RAAPE: Komm. 597; RABEL: a. a. O.

[6] VEITH: a. a. O. 434, 439.

[7] KG JurW 1936, 54.

III. In ausländischen Rechten finden sich Gebilde, die Adoptionen genannt
werden, ohne es zu sein, und Gebilde, die Adoptionen sind oder ihnen ähneln, aber
einen anderen Namen führen. Nicht selten findet sich die Bezeichnung *Adoption*
in nordamerikanischen Rechten, wenn in Wahrheit eine Legitimation unehelicher
Kinder in Frage steht. Die „Adoption" der französischen Kriegswaisen durch den
Staat gemäß einem Gesetz vom 27. Juli 1917, als *pupilles de la Nation*, war keine
Adoption und nicht einmal einer solchen ähnlich. Umgekehrt gibt es „Anerken-
nungen" von Kindern, die den Charakter von Adoptionen haben und daher der
deutschen Kollisionsregel des Art. 22 EG unterworfen sind[8]. In Griechenland
findet sich (nicht mehr im Kodex von 1940) neben der Wahlkindschaft eine Wahlverbrüderung (künstliche Herstellung eines Bruderverhältnisses). Sie verlangt,
daß die Heimatrechte beider Kontrahenten beobachtet werden[9].

§ 47. Weitere Verwandtschaft. Schwägerschaft.

ZITELMANN: II 806. — LEWALD: 136. — RAAPE: IPR 252; Komm. 486. —
FRANKENSTEIN: IV 209 ff. — VEITH: RVglHWB IV 420.

I. Ob die weitere Verwandtschaft als die zwischen Eltern und Kindern und ob die Schwägerschaft privatrechtliche Wirkungen hat, ist
— das Gesetz schweigt — nach dem *Personalstatut*, dem Heimatrecht,
des in *Anspruch Genommenen* zu entscheiden[1]. Die Frage entsteht besonders für die Unterhaltspflicht zwischen Großeltern und Enkeln, die
sich fast überall findet, für die zwischen Geschwistern, wie sie in der
Schweiz und für gewisse besondere Fälle auch in Italien und Spanien
besteht, sowie für die zwischen Schwiegereltern und Schwiegerkindern
(Frankreich, Belgien, Niederlande)[2].

Die Frage des anzuwendenden Rechts ist streitig. Nach einer abweichenden
Lehre ist der Unterhaltsanspruch nur gegeben, wenn er sowohl nach dem Heimatrecht des in Anspruch Genommenen, wie nach dem des Unterhalt Fordernden
gegeben ist[3]. Diese Meinung würde bewirken, daß bei Verschiedenheit der Heimatrechte der arme Verwandte vom reichen den Unterhalt nur fordern kann, wenn er
ihn selbst leisten müßte, wäre er der Reiche und der andere der Arme. Allein eine
solche Bedingtheit eines Unterhaltsanspruchs durch eine gegenüberstehende Unterhaltspflicht läßt sich, wie mir scheint, für keine Rechtsordnung nachweisen. Das
ist zweifelsfrei für die Pflichten zwischen Großeltern und Enkeln, wobei vielfach
die Großeltern den Enkeln stärker haften als die Enkel den Großeltern (im englischen Recht haften die Enkel überhaupt nicht). Es gilt aber auch für die Pflichten
zwischen Geschwistern. Fordert ein notleidender Deutscher von seinem Schweizer
Bruder Unterhalt, so ist daher sein Anspruch begründet (Art. 328, 329 ZGB),
während der reiche deutsche Bruder dem bedürftigen Schweizer nichts zu leisten
brauchte.

II. Nach dem Heimatrecht des auf Unterhalt in Anspruch Genommenen entscheidet sich zwar die Frage, welches Verwandtschaftsverhältnis

---

[8] KG DR 1940, 1375.

[9] Dazu RAAPE: Komm. 601; vgl. auch WAHL: RVglHWB II 50.

[1] RG 17, 226. Herrschende Lehre.

[2] Rechtsvergleichend: GÜNTHER: RVglHWB VII 11 ff.

[3] So die bei LEWALD: 136 zitierte Entscheidung des OLG Stuttgart, ferner
KIPP, K. TH.: In Fischer-Henle-Titze BGB Anm. 1 zu Art. 18 EG.

zur Erzeugung des Unterhaltsanspruchs *nötig* ist, aber nicht die Frage, ob ein hiernach nötiges Verwandtschaftsverhältnis besteht[4].

III. Vormundschaftsrecht.

§ 48.

Quellen: EG BGB Art. 23. — FGG §§ 36, 47. — Haager Vormundschafts-abkommen (betrifft nur die Regelung der Vormundschaft über Minderjährige) vom 12. Juni 1902 (vgl. oben § 6 II 3). — Einzelabkommen (die nicht mehr in Kraft sind) hat Deutschland mit Polen (1924) und Österreich (1927) geschlossen.

Literatur: ZITELMANN: II 913 ff. — LEWALD: 159 ff. — GUTZWILLER: 1648. RAAPE: IPR 253 ff.; Komm. 602 ff. — FRANKENSTEIN: IV 217 ff. — NUSSBAUM: 180 ff. — VEITH: RVglHWB IV 439 ff. — KIPP(-WOLFF): Familienrecht[7] § 131. — Zum Haager Vormundschaftsabkommen, LEWALD: WB des Völkerrechts I 472 ff. — JAPIOT: Revue Darras 7, 591 ff.; 8, 288 ff. — TRAVERS: Ebenda 8, 641 ff.

I. Die *Voraussetzungen* einer Vormundschaft oder Pflegschaft über Jugendliche, Geisteskranke, Gebrechliche, Abwesende oder sonst Schutz-bedürftige regelt das (jeweilige) *Heimatrecht des Schutzbedürftigen*[1]. Nach diesem bestimmt es sich vor allem, ob ein Fall vorliegt, in dem eine Vormundschaft einzuleiten ist.

Doch kann die Auslegung des Heimatrechts dahin führen, daß trotz des klaren Textes, der eine Vormundschaft befiehlt, eine solche deswegen nicht eintritt, weil eine *andere Rechtsordnung* sie entbehrlich macht. Stirbt z. B. der Vater eines öster-reichischen Kindes, so ist nach § 187 des österreichischen allgemeinen bürgerlichen Gesetzbuches („Personen, denen die Sorge eines Vaters nicht zustatten kommt, und die noch minderjährig sind, ... gewähren die Gesetze durch einen Vormund ... besonderen Schutz") eine Vormundschaft deswegen zu bestellen, weil das öster-reichische Recht keine elterliche Gewalt der Mutter kennt. Ist aber der Vater dieses Kindes Reichsdeutscher, so gilt nach Art. 19 EG für die Frage des Unter-ganges der elterlichen Gewalt deutsches Recht, das der Mutter die elterliche Gewalt zuspricht. Daher ist § 187 unanwendbar[2].

Das Heimatrecht entscheidet auch, ob eine Vormundschaft von selbst eintritt (tutela legitima) oder durch privates Rechtsgeschäft (wie die tutela testamentaria) oder ob es eines obrigkeitlichen (besonders eines gerichtlichen) Aktes bedarf. EG Art. 23; Haager Abkommen Art. 1.

II. Bedarf es nach dem Heimatrecht eines *behördlichen Aktes,* so ist die weitere Frage, *welches Staates Behörden* berufen sind, die Vormund-schaft einzuleiten und zu führen.

1. Stets ist die Behörde des Heimatstaates dazu berufen. Über jeden Deutschen, auch wenn er im Ausland lebt, kann das deutsche Vormund-schaftsgericht eine Vormundschaft (oder Pflegschaft) eröffnen; § 36 FGG.

---

[4] Vgl. VEITH: 420.
[1] Über Fürsorgeerziehung: RG 117, 376 ff.; RG WarnRspr 25 (1933) 253 f.
[2] VEITH: 440.

2. Daneben kann aber auch der Staat, in dem sich der ausländische Schützling aufhält, eine Vormundschaft oder Pflegschaft anordnen. Das deutsche Recht erlaubt dies dann, wenn der Schützling nach seinem Heimatrecht der Fürsorge bedarf oder in Deutschland entmündigt worden ist, und wenn außerdem der Heimatstaat die Fürsorge nicht übernimmt[3]; Art. 23 EG[4]. Die deutsche Vormundschaft über Ausländer ist also nur subsidiär zulässig. Sie ist jedoch, wenn sie trotz Fehlens dieser Voraussetzungen eingeleitet wird, wirksam[5]. Bis es sich entschieden hat, ob der Heimatstaat die Fürsorge übernimmt, kann der Aufenthaltsstaat ,,vorläufige Maßnahmen'' treffen[6].

Eine vormundschaftliche Fürsorge für Ausländer in Deutschland ist vor allem dann ratsam, wenn es sich um englische oder nordamerikanische Mündel handelt, die in Deutschland Vermögen haben[7].

Umgekehrt gestattet das deutsche Recht dem Auslande die Einrichtung einer Vormundschaft über Deutsche, die im Ausland Wohnsitz oder Aufenthalt haben, und dispensiert in solchem Falle die deutsche Behörde von der Einrichtung einer eigenen Vormundschaft; § 47 FGG.

Zuständig für die Vormundschaft über Ausländer ist das Amtsgericht, in dessen Bezirk der Mündel seinen Wohnsitz (oder Aufenthalt) hat; § 36 Abs. 1 FGG. Zuständig für Pflegschaften über Ausländer, die in Deutschland weder Wohnsitz noch Aufenthalt haben, ist das Amtsgericht, in dessen Bezirk das Fürsorgebedürfnis hervortritt; §§ 37 Abs. 2, 38, 39 Abs. 2 FGG.

3. Ob eine Pflicht zur Übernahme der Vormundschaft besteht, richtet sich nach dem Rechte des Staates, der die Vormundschaft anordnet.

III. Die Rechtsordnung, unter der die Vormundschaft entstanden ist, entscheidet auch über den *Inhalt* der Vormundschaft, also sowohl über die Rechte des Vormunds (vor allem den Umfang seiner Vertretungsmacht und die Frage, wieweit er der Zustimmung anderer Personen, eines Gegenvormunds, des Familienrats, des Vormundschaftsgerichts usw. bedarf), wie über seine Pflichten gegenüber dem Mündel und gegenüber Dritten. Ist daher die Vormundschaft auf Grund des *Heimatrechts* kraft Gesetzes oder kraft testamentarischer Anordnung von selbst entstanden oder von der Heimatbehörde angeordnet, so gilt auch für ihren Inhalt Heimatrecht; die heimatrechtlichen Sätze sind auch im Ausland anwendbar. Die Vertretungsmacht des im Heimatstaat be-

---

[3] Übernimmt der Heimatstaat die Fürsorge *nachträglich*, so muß auf sein Verlangen die deutsche Behörde die Vormundschaft an ihn abgeben; KG Jahrb. 21 A, 203.

[4] Vgl. Haager Abk. Art. 3. — Nach Haager Abk. Art. 8 hat in diesem Fall der Aufenthaltsstaat den Heimatstaat von dem Sachverhalt zu benachrichtigen.

[5] RG 84, 95; KG JFG 5, 98. LEWALD: 163; FRANKENSTEIN: IV 239[63].

[6] Streitig, ob dahin auch eine vorläufige Vormundschaft und eine Pflegschaft gehört. Die Praxis verneint das meist. Mit Recht dawider: LEWALD: 164. — Vgl. Haager Abk. Art. 7.

[7] Näheres KG Falkm-Mugd. 5, 100f.; OLG Darmstadt, ebenda 24, 51.

stellten Vormunds macht nicht an den Grenzen des Heimatstaats halt; der Vormund darf auch die im Ausland belegenen Vermögensstücke verwalten. Hat umgekehrt der *Aufenthaltsstaat* die Vormundschaft eingerichtet, so gilt für deren Inhalt das Recht dieses Staats, und zwar ebenfalls nicht mit räumlicher Begrenzung auf das Staatsgebiet, sondern sogar im Heimatstaat des Mündels. Vgl. Art. 6 Abs. 1 Haager Abk.

Wird z. B. über einen Ausländer in Deutschland eine Vormundschaft nach Art. 23 EG angeordnet und wird daraufhin der deutsche Vormund namens des Mündels in dessen Heimatstaat tätig, so hat der deutsche Richter diese Vertretung als rechtmäßig anzuerkennen. Ob auch der Richter des Heimatstaats sie anzuerkennen hat, richtet sich danach, ob nach den Kollisionsnormen des Heimatstaats die deutsche Vormundschaftsanordnung zulässig oder, wenn unzulässig, wirksam ist[8].

Im Falle des Art. 28 EG tritt das Vormundschaftsstatut (sei es das Heimatrecht, sei es das Recht des Aufenthaltsstaats) gegenüber der *lex rei sitae* dann zurück, wenn nach dieser die Vormundschaftsführung in Ansehung gewisser Sachen, z. B. der Grundstücke, einer Sonderordnung unterworfen ist, vgl. § 17 I 4; Haager Abk. Art. 6 Abs. 2.

IV. Ob die Vormundschaft *erlischt*, richtet sich nach dem *Heimatrecht*. Das gilt auch für die Vormundschaft, die der Aufenthaltstaat angeordnet hat. Wird also ein Ausländer in Deutschland nach Art. 23 EG bevormundet, so hört die Vormundschaft auf, falls nach dem Heimatrecht der Fürsorgegrund wegfällt, mag er auch nach deutschem materiellem Recht nicht weggefallen sein.

Eine minderjährige Schweizerin, die in Deutschland bevormundet wird, heiratet einen Schweizer und wird nach schweizerischem Recht dadurch mündig (Heirat macht mündig)[9]: damit erlischt die deutsche Vormundschaft.

Wird umgekehrt ein Deutscher im Ausland, wo er wohnt, bevormundet, so kann die deutsche Behörde, die auch hier eine Vormundschaft eingeleitet hat, die Vormundschaft an die ausländische Behörde „abgeben", wenn das im Interesse des Mündels liegt, der Vormund zustimmt und die ausländische Behörde zur Übernahme bereit ist; § 47 Abs. 2 FGG.

Siebenter Abschnitt.

Erbrecht.

§ 49. Grundsätze. Das Erbstatut.

Quellen: Art. 24—26 EG. Ein Haager Abk. über intern. Erbrecht ist trotz starker Übereinstimmung auf der 5. und der 6. Konferenz (1925, 1928) nicht zustande gekommen. (Der Entwurf bei MAKAROV: 381) Nachlaßabkommen Deutschlands mit Estland (1925), Rußland (1925), Österreich (1927), Türkei (1929), Persien (1929); ferner Niederlassungsvertrag zwischen Baden und der Schweiz von 1856 (MAKAROV: 367f.).

---

[8] Genaueres bei VEITH: 444, 445f.   [9] Beispiel LEWALDS: 167.

Literatur: ZITELMANN: II 937 ff. — GUTZWILLER: 1650 ff. — LEWALD, H.:
IPR 285 ff.; Questions de droit intern. des successions 1926 (Rec. d. Cours 1925
IV); RVglHWB IV 448 ff. — RAAPE: Komm. 631 ff.; IPR 259 ff. — KIPP: Erb-
recht § 145. — NUSSBAUM: 347 ff. — v. NORMANN: JurW 1930, 975 ff. — GUTZ-
WILLER: Ebenda 1817. — FRANKENSTEIN: IV 281 ff. — TIRAN: Les successions
testamentaires en droit int. pr. 1932. — ANLIKER, P.: Die erbrechtlichen Ver-
hältnisse der Schweizer im Ausland und der Ausländer in der Schweiz 1933. —
NEUBECKER: Der Ehe- und Erbvertrag im intern. Verkehr. (1914) 278 ff. —
SILBERSCHMIDT: NiemeyersZ 48 (1934) 313 ff. — ARMINJON: III 107 ff.

I. Zwei Hauptanschauungen stehen einander gegenüber:

1. Die unter lehnsrechtlichen Einflüssen entwickelte Unterscheidung
von Immobiliar- und Mobiliarnachlaß: „quot sunt bona diversis terri-
toriis obnoxia, tot sunt patrimonia". Für die *Immobiliarerbfolge* gilt
die *lex situs.* Die *Mobiliarerbfolge* bestimmt sich entweder nach dem
am Domizil des Erblassers geltenden Recht (Wohnsitzrecht) oder nach
der Staatsangehörigkeit des Erblassers (Heimatrecht). Das Wohnsitzrecht herrscht heute in England, den Vereinigten Staaten von Amerika,
Frankreich[1], Belgien; das Heimatrecht dagegen in Österreich, Ungarn,
Griechenland, Rumänien, sowie in verschiedenen Nachlaßabkommen.

Hinterläßt z. B. ein Österreicher Mobilien in Wien, Paris und Rom, sowie ein
Grundstück in Paris und eines in London, so sind drei „Nachlässe" vorhanden
(ein Mobiliarnachlaß und zwei Immobiliarnachlässe), in deren jeden möglicherweise
andere Personen sukzedieren. Keiner der drei Erben steht zu den beiden anderen
in einer erbrechtlichen Gemeinschaft. Hier entstehen erhebliche, aber überwindbare
technische Schwierigkeiten, besonders bei der Schuldenhaftung und der Kollation
(vgl. unten § 52). Ihnen stehen aber sachliche Vorteile gegenüber, die dem zweiten
System fehlen.

2. Die *romanistische* Idee der Nachlaß*einheit*, beruhend auf dem
Grundsatz der „Universalsukzession"; sie hat sich in der Neuzeit zumal
unter dem Einfluß der italienischen Schule immer mehr durchgesetzt:
die Beerbung richtet sich, ohne Unterscheidung zwischen Mobilien und
Immobilien, nach dem *Personalstatut* des Erblassers, daher bald nach
seinem *Wohnsitzrecht* (so in der Schweiz, in Dänemark und Norwegen),
bald nach seinem *Heimatrecht* (Italien, Spanien, Portugal, Niederlande,
Schweden, Polen, Tschechoslowakei und [seit 1900] Deutschland, sowie
deutsch-österreichisches Abkommen von 1927).

Die Einfachheit dieser Ordnung wird durch den Nachteil erkauft, daß das
Erbrecht eines Staates Geltung auch für solche Grundstücke beansprucht, die zum
Herrschaftsbereich eines anderen Staates gehören und für welche dieser Staat die
Durchsetzung fremden Rechts kaum gestatten wird. So führt das System der
Nachlaßeinheit für die Immobiliarbeerbung zu einem der Rechtsidee widerstreiten-
den undurchsetzbaren Recht und im einzelnen zu manchen ärgerlichen Konflikten,

---

[1] Hier freilich bestritten; Nachweise bei LEWALD: Successions 19 ff.; LE-
PAULLE: J. Clunet 1933, 812; RAAPE: IPR 260, Anm. 1; BATIFFOL: 648 ff., 688.

wie sie bei dem ersten System nur in Ansehung der Mobiliarbeerbung auftreten können: bei dieser aber ist wegen der Möglichkeit, die Sachen in ein anderes Land zu bringen, eine Durchsetzungsaussicht für das Personalstatut vorhanden.

Beispiele: 1. Der Deutsche, der mit dänischem Wohnsitz stirbt, wird nach deutschem internationalem Privatrecht gemäß den Regeln des deutschen Erbrechts beerbt, nach dänischem internationalem Privatrecht gilt dagegen dänisches Erbrecht (als Wohnsitzrecht); und zwar besteht diese Unstimmigkeit nicht nur für die Fahrnis, die er zurückläßt, sondern auch für seinen in Kopenhagen und in Berlin gelegenen Grundbesitz! — 2. Hinterläßt ein in Rom ansässiger Italiener Grundstücke in London, so erbt nach italienischem internationalem Privatrecht diese Grundstücke der Erbe italienischen Rechts, während der englische Richter hierfür englisches Recht gelten läßt. — 3. Darüber, daß ein Teil dieser Fehler im deutschen Internationalprivatrecht durch Art. 28 EG gutgemacht wird, vgl. § 52: hinterläßt ein *deutscher* Erblasser Grundstücke in London, so tritt das an sich geltende Heimatrecht, soweit es sich um die Immobiliarbeerbung handelt, gegenüber dem englischen Recht, als der lex situs, zurück. Dagegen lassen sich die Beispiele 1 und 2 mit Art. 28 nicht kurieren.

II. Das EG Art. 24, 25 läßt, ohne Rücksicht auf den Wohnsitz des Erblassers und auf den Lageort der Nachlaßstücke, das *Heimatrecht* des Erblassers entscheiden. Das wird zwar nur für zwei Fälle ausgesprochen: den, daß er Deutscher ist, und den, daß er Ausländer mit Wohnsitz in Deutschland ist. Aber es gilt entsprechend für die Beerbung von Ausländern, die im Ausland leben. Hat der Erblasser die Staatsangehörigkeit gewechselt, so entscheidet der *Zeitpunkt des Todes*.

III. Das Heimatrecht des Erblassers ist für den ganzen Bereich der erbrechtlichen Fragen maßgebend. Nach ihm entscheidet es sich, wer erbfähig ist[2], wer kraft Gesetzes als Erbe berufen ist[3,4]; ferner: auf welche Weise der Berufene die Erbschaft erwirbt (ob erst durch Antretung oder in deutscher Art mit dem Erbfall)[5], ob er ein Ausschlagungsrecht und ein Recht hat, Annahme oder Ausschlagung anzufechten; weiter: wie die Erbengemeinschaft gestaltet ist, ob als Bruchteilsgemein-

---

[2] Zum Beispiel, ob ein nicht rechtsfähiges Gebilde (eine Gesellschaft) fähig ist, von Todes wegen zu erwerben, während die Frage, ob das Gebilde rechtsfähig ist oder nicht, nach seinem eigenen Personalstatut zu beurteilen ist. Vgl. LEWALD: 297f. und für physische Personen oben § 19 I.

[3] Vgl. LEPAULLE: Nouv. Rev. 10 (1943) 60ff., 277ff. — Ob und in welcher Ordnung ein Vetter des Erblassers berufen ist, entscheidet das Erbstatut. Ob X ein Vetter des Erblassers ist, entscheidet Art. 18 EG; LEWALD: 300f.

[4] Dem Erbstatut unterliegt auch die Frage, ob der *Fiskus* als gesetzlicher Erbe berufen ist. Ob er dagegen ein nicht erbrechtliches Heimfallrecht hat, beantwortet sich nach der lex situs. Vgl. oben § 13 IVa, VI 4a, 5 Bc.

[5] Einige Gerichte haben das geleugnet; es sei unangemessen, daß der zur Erbschaft berufene Ausländer ohne seinen Willen Erbe eines überschuldeten Deutschen werden und für die Nachlaßschulden unbeschränkt haftbar werden könne. Dawider mit Recht LEWALD: 326. Der zur Erbschaft eines Deutschen berufene Ausländer, der die Erbschaft nicht zu erwerben wünscht, möge sich erkundigen, was er nach deutschem Recht zu tun habe, um dieses Ziel zu erreichen.

schaft mit freiem Verfügungsrecht des Miterben oder als gesamte Hand,
ob der Miterbe ein gesetzliches Vorkaufsrecht hat, ob jeder einzelne
Miterbe befugt ist, den Nachlaßschuldner auf Leistung zu belangen, ob
er verpflichtet ist, Vorempfänger und (nach französischer Weise) Schulden zu konferieren[6], ob die Kollation in natura oder „en moins prenant"
geschieht; wem und gegen wen der Erbschaftsanspruch (die hereditatis
petitio) zusteht.

Statt mit der hereditatis petitio zu klagen, kann er unter Umständen auch eine
dingliche Klage, z. B. eine rei vindicatio, anstellen, die aber nicht dem Heimatrecht
des Erblassers, sondern der lex situs unterworfen ist. Ob solche „Singularklage"
neben der hereditatis petitio zugelassen ist, entscheidet sich nach der lex situs,
da diese die Voraussetzungen der Singularklage regelt. Ob umgekehrt der Bestand
von Singularklagen die hereditatis petitio beeinflußt, entscheidet das Erbstatut.

Dem Heimatrecht des Erblassers, und nicht dem Deliktsstatut, auch
nicht dem Personalstatut des Erben[7] unterliegt die Erbunwürdigkeit.
Die Frage, ob und in welcher Weise die Erben für die Schulden haften,
richtet sich nicht nach dem Obligationsstatut der einzelnen Schuld,
sondern nach dem Erbstatut.

§ 50. Verfügungen von Todes wegen.

I. Die Frage, ob eine gültige Verfügung von Todes wegen vorliegt,
richtet sich grundsätzlich nach dem Erbstatut. Dies gilt gleichmäßig
für Testamente und für Erbverträge, mit Einschluß der (bei Lebzeiten
des Erblassers geschlossenen) Erbverzichtsverträge[1]. Der Erbvertrag
mag ein einseitiger oder ein beiderseitiger sein: im ersten Fall ist nur
einer der Kontrahenten der Erblasser; im zweiten Falle (meist handelt
es sich dabei um wechselseitige Einsetzung der beiden Kontrahenten)
sind zwei Erblasser vorhanden — also, wenn sie nicht dasselbe Heimatrecht haben, zwei Erbstatuten. Wechselt die Staatsangehörigkeit des
Erblassers nach Abschluß des Erbvertrags, so ist Erbstatut das Recht
des Staats, dem der Erblasser noch nicht bei Vertragsschluß, aber beim
Tode angehörte. Das gilt auch dann, wenn solche Verträge mit einem
Ehevertrag oder einem Abfindungsvertrag verbunden sind.

Dem Erbstatut unterliegen weiter Pflichtteils- und Noterbrechte[2]
sowie Vermächtnisse. Doch kann ein Vermächtnis als Vindikationslegat
(also dinglich) nur wirken, wenn es diese Wirkung sowohl nach dem
Erbstatut als auch nach der lex situs haben kann.

---

[6] Die Kollation von Schenkungen geschieht also nicht etwa nach dem Recht,
dem der Schenkungsvertrag unterworfen war.

[7] Zweifelnd LEWALD: 299.

[1] RG 8, 145.

[2] Auch der Pflichtteilsergänzungsanspruch, selbst wenn er sich gegen Dritte
wendet; dazu HEDEMANN: NiemeyersZ 23, 229 ff. LEWALD: 302. RAAPE:
Komm. 652.

Vermacht z. B. ein Franzose ein ihm gehöriges deutsches Grundstück, so kann trotz der Zulässigkeit des Vindikationslegats im französischen Recht diese Wirkung nicht eintreten, da nach deutschem Recht die rechtsgeschäftliche Einzelnachfolge in Grundstücke der Auflassung und Eintragung bedarf.

Nach dem Erbstatut richtet sich auch die Schenkung von Todes wegen, sowie der Erbschaftskauf[3], und zwar gleichviel, ob diese Gebilde, wie im deutschen BGB, in das Erbrecht eingeordnet werden oder, wie in Österreich, in das Schenkungs- und Kaufrecht; denn der Schwerpunkt der aus solchen Verträgen erwachsenden Rechtsverhältnisse, mit Einschluß der Obligationen, ist in dem Gebiet zu finden, von dem aus die Nachlaßschicksale behandelt werden.

Das Erbstatut entscheidet endlich über die Rechtsstellung des Testamentsvollstreckers.

II. Eine Sonderbetrachtung ist nötig für *Testierfähigkeit* und *Testamentsform*.

1. Die *Fähigkeit*, Verfügungen von Todes wegen, vor allem Testamente, zu errichten oder aufzuheben, ist ein Teil der Fähigkeit, Rechtsgeschäfte zu schließen. Sie beurteilt sich daher gemäß Art. 7 EG nach der zu dieser Zeit vorhandenen Staatsangehörigkeit des Verfügenden und nicht nach dem für den Testamentsinhalt maßgebenden Recht, insbesondere also bei Staatsangehörigkeitswechsel nach dem Heimatrecht des testierenden, nicht nach dem des sterbenden Erblassers (und im Falle des Art. 28 nicht nach der lex situs). Wenn Art. 24 Abs. 3 Satz 1 dies für einen einzelnen Fall — den des Erwerbs der deutschen Staatsangehörigkeit durch einen Ausländer, der vorher testiert hat — hervorhebt, so sagt er damit, was ohnedies gilt. Es geht daher nicht an, ihn zur Grundlage eines argumentum e contrario zu machen[4].

Dem Art. 7 Abs. 2 (wer nach seinem Heimatrecht volljährig geworden ist, bleibt volljährig, auch wenn er die Staatsangehörigkeit wechselt) würde ein Satz entsprechen: wer nach seinem Heimatrecht testierfähig geworden ist, bleibt testierfähig auch bei Wechsel der Staatsangehörigkeit. Allein in dieser Allgemeinheit gilt der Satz nicht. Vielmehr sind zwei Einschränkungen zu machen:

a) Die unter dem früheren Heimatrecht erworbene Testierfähigkeit eines Menschen bleibt nur dann erhalten, wenn er davon bereits *Gebrauch* gemacht, also ein Testament schon errichtet hatte: der 14jährige Chilene, der testiert hat und gleich darauf Deutscher wird, soll imstande sein, vor dem 16. Lebensjahr nicht nur das alte Testament aufzuheben, sondern auch neu zu testieren. Aber er soll dann nicht testieren dürfen, wenn er unter der Herrschaft des chilenischen Rechts noch nicht testiert hatte[5]. Eine gesunde Unterscheidung.

b) Die Aufrechterhaltung einer unter dem alten Heimatrecht erworbenen Testierfähigkeit unter dem neuen Recht beschränkt sich auf die durch das *Alter* erworbene Fähigkeit. Der wegen Verschwendung entmündigte (nach code civil

---

[3] Vgl. hierzu RAAPE: Komm. 653; IPR 274; und oben § 13 VI 3 zu Anm. 12.
[4] LEWALD: 306 (gegen PLANCK: Komm. VI 102).
[5] Anders aber LEWALD: 307.

art. 901 testierfähige) Franzose, der testiert hat, verliert, wenn er Reichsdeutscher wird, die Fähigkeit, positive Testamente zu errichten: §§ 2, 33 Abs. 2 TestamentsG.

2. Die Testaments*form* richtet sich, wie sonst die Form von Rechtsgeschäften (Art. 11 EG, vgl. oben § 25), alternativ nach der lex causae oder der lex loci actus. Da aber lex causae hier das Erbstatut, d. h. bei Staatsangehörigkeitswechsel das Heimatrecht des sterbenden (nicht das des testierenden) Erblassers ist, so besteht das Bedürfnis, die Formgültigkeit nicht von einem künftigen ungewissen Ereignis (Staatsangehörigkeitswechsel zwischen Errichtung und Tod) abhängen zu lassen. Deshalb setzt EG Art. 24 Abs. 3 fest, daß die Gesetze des Staates entscheiden sollen, dem der Erblasser *zur Zeit der Testamentserrichtung* (oder -aufhebung) angehörte.

Wie, wenn diese Form nicht gewahrt ist, der Testator aber nachträglich eine Staatsangehörigkeit erlangt, unter der jene Form genügen würde? Beispiel: eine Engländerin testiert in London eigenhändig, aber ohne Zuziehung von Zeugen (die nach englischem Recht notwendig wären); darauf wird sie durch Heirat Deutsche und stirbt als solche. Das Testament genügt der deutschen Form. Dennoch ist es nach geltendem Recht nichtig, was LEWALD (IPR 317) mit Grund bedauert.

Dasselbe Testament kann in einem Staate gültig, im anderen nichtig sein; so in einem (von LEWALD S. 313 ersonnenen) lehrreichen Fall: ein Deutscher mit Wohnsitz in London errichtet in Italien in deutscher Form ein eigenhändiges Testament. Das Testament ist von dem deutschen Richter als gültig, von dem englischen als nichtig zu behandeln, da das englische Recht für das Testament eines Ausländers die Form des Domizilrechts (also hier englische Form) verlangt. Ebenso, wenn der Erblasser in italienischer Form testiert hätte. Hätte er dagegen in Italien in der englischen Form testiert, so wäre das Testament vom deutschen Richter als formnichtig, vom englischen als gültig angesehen worden. Es bleibt ihm also, wenn er in Italien testieren will, nichts übrig, als gleichzeitig der deutschen und der englischen Form zu genügen, d. h. eigenhändig zu schreiben, zu datieren, zu unterschreiben und bei der Unterschrift zwei Zeugen zuzuziehen, die das Testament in Gegenwart des Testators unterschreiben.

III. *Gemeinschaftliche Testamente* sind in Deutschland für Eheleute, in Österreich auch für Verlobte, zugelassen; in Frankreich und den meisten Ländern romanischer Prägung (Italien, Spanien, Portugal, Belgien, Niederlande u. a.) sind sie verboten. Trifft solches Verbot die Form des Testaments oder seinen Inhalt? Die Antwort läßt sich nur aus dem Sinn der einzelnen Verbotsnorm gewinnen. Ist, wie anscheinend in Frankreich, das Verbot als Schutz gegen die Gefahr unlauterer Beeinflussung gedacht, so handelt es sich um eine Formvorschrift; ist ihr Sinn dagegen, wie in Italien, die Sicherung freien Widerrufs, auch für die Zeit nach dem Tode eines der Testierenden, so betrifft sie auch den Inhalt des Testaments. Wenn z. B. ein französisches Ehepaar in Bonn ein gemeinschaftliches Testament macht, so ist (nach der Regel locus regit *formam* actus) das Testament gültig; im Falle eines italienischen Ehepaars wäre es nichtig[6].

---

[6] LEWALD: Successions 100, 101. Vgl. oben S. 50f.

§ 51. Der Einfluß des Wohnsitzes auf das Erbrecht.

Im Fall der Rück- oder Weiterverweisung wird im Erbrecht besonders häufig das Heimatrecht des Erblassers durch das Recht seines Wohnsitzes ersetzt. Vgl. oben § 15.

Abgesehen hiervon kommt der Wohnsitz des Erblassers in zwei Fällen in Betracht.

1. Ist der Erblasser Deutscher und hatte er seinen Wohnsitz zur Zeit seines Todes *nur im Auslande,* so haften die Erben den Nachlaßgläubigern entweder nach deutschem Recht (als dem Heimatrecht des Erblassers) *oder* nach dem Recht des Wohnsitzes; Art. 24 Abs. 2 EG. Die „Wahl" haben die Erben; sie können jedem Gläubiger gegenüber beliebig wählen; mehrere Erben sind nicht genötigt, einheitlich zu wählen. Was hier als Wahl bezeichnet wird, ist in Wahrheit ein Einrederecht gegenüber dem auf das deutsche Heimatrecht gestützten Anspruch des Nachlaßgläubigers.

Wird z. B. der Erbe des deutschen, in Paris wohnhaft gewesenen Erblassers auf Zahlung einer Nachlaßschuld schlechthin verklagt, so kann er, wenn er ein Inventar errichtet hat, sich einredeweise darauf berufen, daß er nach französischem Recht beschränkt haftet, wiewohl er keines der deutschen Mittel zur Haftungsbeschränkung (Nachlaßverwaltung, Nachlaßkonkurs usw.) angewendet hat.

Dieses Einrederecht steht nur den Erben eines deutschen Erblassers zu, ihnen aber unabhängig davon, ob sie Deutsche, Ausländer oder Staatenlose sind. Es bezieht sich nur auf die Art und den Umfang der Haftung, vor allem also auf die Fragen, ob die Erben beschränkt, unbeschränkt, unbeschränkbar haften, auf welche Weise sie die Haftung beschränken können, ob sie (nach einer Beschränkung) cum viribus oder pro viribus haften, ob sie als Gesamtschuldner oder anteilig verantwortlich sind.

Das Einrederecht des Erben ist dann nicht gegeben, wenn das im Domizilstaat geltende internationale Privatrecht für die Haftungsfrage nicht das Wohnsitzrecht, sondern das Heimatrecht gelten läßt. Denn in solchem Falle greift die Rückverweisung ein[1].

Nicht bezieht sich das Einrederecht:

a) auf die Frage, ob eine Nachlaßschuld entstanden ist: so kann der Erbe des in London ansässigen deutschen Erblassers dem nach deutschem Recht pflichtteilsberechtigten Sohn gegenüber nicht vorbringen, daß nach dem Wohnsitzrecht Pflichtteilsrechte nicht bestehen[2];

b) auf die Frage, ob der als „Erbe" Verklagte überhaupt Erbe geworden ist. Diese Frage ist ausschließlich nach dem deutschen Heimatrecht zu beantworten.

2. Ein auffälliger *Retorsionssatz* (mit Präsumption der Retorsionslage) zugunsten Deutscher findet sich in Art. 25 Satz 2 EG. Stirbt ein

---

[1] Vgl. LEWALD: 341.   [2] LEWALD: 340 f.

Ausländer, der nur in Deutschland einen Wohnsitz hatte, so kann ein Deutscher erbrechtliche Ansprüche, die nach deutschem Recht bestehen würden, erheben, auch wenn sie nach dem Erbstatut (dem Heimatrecht des Erblassers) nicht bestehen, außer, wenn im Heimatstaat des Erblassers ein dort wohnhafter Deutscher nach deutschen Gesetzen beerbt wird. Hat z. B. ein Engländer, der nach deutscher Auffassung seinen Wohnsitz nur in Bonn hat[3], zum Schaden seiner mit einem Deutschen verheirateten Tochter testiert, so hat diese die Pflichtteilsansprüche des deutschen Rechts: denn nach englischem Kollisionsrecht wird ein in London wohnender Deutscher nicht nach den Sätzen des deutschen Rechts beerbt, sondern nach dem englischen Wohnsitzrecht und, falls er Grundbesitz hinterläßt, nach der lex situs[4]. Die deutsche Retorsionsnorm ist (von partikulären Staatsverträgen abgesehen) nur dann ausgeschlossen, wenn nach dem im Heimatstaat des Erblassers geltenden internationalen Privatrecht die Beerbung von Ausländern nach dem Heimatrecht des Erblassers, und zwar ohne Unterscheidung von Mobiliar- und Immobiliarbeerbung, geschieht (wie in Italien oder Spanien).

Die deutsche Retorsionsnorm gilt nur zugunsten Deutscher, nicht auch zugunsten der mit diesen etwa konkurrierenden ausländischen Erbansprecher[5]. Sie gilt für alle „erbrechtlichen" Ansprüche, wohin nicht nur Erbschaftsansprüche, Vermächtnis- und Pflichtteilsrechte gehören, sondern auch Auseinandersetzungsansprüche unter Miterben, Ansprüche von Nacherben gegen Vorerben auf Sicherheitsleistung, Ansprüche auf Auskunft.

§ 52. Der Einfluß des Gebietsrechts auf das Erbrecht.

Das Heimatrechtsprinzip wird durch die Geltung der lex situs im Rahmen des Art. 28 EG eingeschränkt. Das Heimatrecht findet keine Anwendung auf solche Gegenstände, vor allem Grundstücke, die nicht im Heimatstaat des Erblassers liegen, und die nach dem internationalen Privatrecht des Lageorts „besonderen Vorschriften" unterliegen[1]. Das hat Bedeutung nicht nur für Fideikommisse, Lehen und ähnliche Sondergüter, sondern vor allem dann, wenn das *internationale Privatrecht des Lageortes* oder eines der Lageorte den Nachlaß in *Mobiliar- und Immobiliarnachlaß* spaltet und für diesen die lex situs gelten läßt. In Fällen dieser Art beugt sich das deutsche internationale Privatrecht vor der auslandsrechtlichen Nachlaßspaltung. Die deutschen Gerichte sind so unter Umständen genötigt, den Mobiliarnachlaß nach einem anderen Recht vererben zu lassen als den Immobiliarnachlaß, und wenn zum

---

[3] Hat er ihn *auch* nach englischer Auffassung in Bonn (vgl. § 11 I 1), so gilt ohnehin deutsches Recht auf Grund der Rückverweisung.

[4] Ob die lex situs für die Immobiliarbeerbung hier erheblich ist, also die Gegenseitigkeit ausschließt, ist freilich streitig. Dafür: RG 63, 356. Dawider LEWALD: 291 ff; OLG Karlsruhe JFG 8, 116.

[5] RG 63, 356.   [1] Vgl. oben § 17.

Nachlaß Grundstücke in verschiedenen Ländern gehören, bei jedem dieser „Immobiliarnachlässe" eine andere Erbfolge eintreten zu sehen. Zu solcher Spaltung kann es sowohl bei Anwendung des renvoi (Art. 27) wie ohne ihn kommen.

Beispiele:

I. Ein in Rom domizilierter Italiener stirbt ohne Testament; seine nächsten Verwandten sind sein Vater und sein Bruder. Er hinterläßt Mobiliarvermögen in Rom und Paris, sowie Grundstücke in London, Paris und München. Hiernach liegt keines der Grundstücke im Gebiet des Staats, dem der Erblasser angehört und dessen Rechtsordnung sein Heimatrecht ist. Die Grundstücke in London und Paris liegen im Gebiet von Staaten, „nach deren Gesetzen" Grundstücke einer „besonderen Vorschrift unterliegen", nämlich der Kollisionsnorm, daß Grundstücke nach der lex situs vererbt werden. Das Münchner Grundstück liegt nicht in solchem Staat, da das deutsche Kollisionsrecht das Heimatrecht des Erblassers sowohl auf Mobilien wie auf Immobilien anwendet. Hiernach sind drei Nachlässe vorhanden:

1. Der Mobilarnachlaß und das Münchner Grundstück. Dieses Vermögen vererbt sich nach dem italienischen Heimatrecht des Erblassers; kein renvoi liegt vor. Der Vater des Erblassers erbt (gemäß art. 571 codice civile) ein Drittel, der Bruder zwei Drittel.

2. Das Grundstück in London. Es vererbt sich nach der englischen lex rei sitae (Administration of Estates Act, 1925 s. 46): der Vater erhält alles.

3. Das Grundstück in Paris. Es vererbt sich nach der französischen lex rei sitae (art. 749 code civil): der Vater erbt ein Viertel, der Bruder drei Viertel.

II. Dasselbe Beispiel; aber der Erblasser ist nicht Italiener, sondern Franzose, domiziliert in Paris. Die Lösung geschieht hier ohne den Art. 28 EG BGB, mit Hilfe des „renvoi" (Art. 27 EG). Heimatrecht ist das französische Recht; da das französische Kollisionsrecht Mobilien dem Domizilrecht, Grundstücke aber der lex situs unterwirft, enthält es hier einen renvoi (Weiterverweisung) auf englisches Recht (wegen des Londoner Grundstücks) und auf deutsches Recht (wegen des Münchener Grundstücks). Die Vererbung des Münchener Grundstücks nach deutschem Recht beruht hier nicht auf Art. 28, sondern auf Art. 27. Die Vererbung des Londoner Grundstücks geschieht, wie im Fall I, nach englischem Recht, aber ohne daß es des Art. 28 EG bedarf.

Jeder dieser Nachlässe ist, auch wenn er nur aus einem Grundstück besteht, als selbständiges „Vermögen" (Sondervermögen) zu behandeln. Die Sukzession in dieses Vermögen ist zwar nicht Universalerbfolge, aber auch nicht vermächtnisähnliche Singularsukzession, sondern echte „Erbfolge" (Sondererbfolge), wie die Erbfolge in Fideikommisse oder Lehen einerseits, Allod andererseits. Die Lage ist (im Beispiel I) ähnlich, wie wenn nicht *ein* Erblasser gestorben wäre, sondern mehrere, der eine unter Hinterlassung nur der Mobilien und des Münchener Grundstücks, der zweite unter Hinterlassung nur des Pariser, der dritte unter Hinterlassung des Londoner Grundbesitzes, und wie wenn die drei Erblasser den Gläubigern als Gesamtschuldner hafteten. Daraus folgt denn auch die gesamtschuldnerische Haftung der Erben dieser „drei Erblasser". Zu welchem der Nachlässe Vorempfänge, die die Erben vom

Erblasser erhalten haben, zu konferieren sind, entscheidet sich danach, zu welcher der drei Massen die Vorausleistungen, wären sie unterblieben, gehört hätten[2].

§ 53. Ordre public und Erbrecht.

Gering ist der Einfluß des *ordre public* der *lex fori* auf die Anwendung des heimatrechtlichen Erbrechts. Gegen die Grundlagen deutschen Rechts verstoßen Gesetze, die (wie es das russische Dekret vom 27. April 1918 tat) das Erbrecht überhaupt nicht anerkennen. Als Norm des ordre public wird man wohl auch die deutschen Erbunwürdigkeitsgründe ansehen müssen, so daß z. B. § 2339 Nr. 2 BGB, der dem französischen Recht unbekannt ist, auch dann anwendbar ist, wenn der Erblasser Franzose ist[1], ferner die Pflicht des Erbschaftsbesitzers, Auskunft zu erteilen (§ 2027 Abs. 1 BGB), eine Pflicht, die sich schon aus der Herrschaft von Treu und Glauben ergibt, vielleicht auch die unbeschränkte und unbeschränkbare Haftung des Erben, der absichtlich ein falsches Inventar hergestellt hat (§ 2005 Abs. 1 Satz 1 BGB); die Unzulässigkeit der Pupillar- und Quasipupillarsubstitution (§ 1 TestamentsG); die Unwirksamkeit eines Vertrags, durch den jemand sich verpflichtet, ein Testament zu errichten oder nicht zu errichten (§ 2302 BGB).

Dagegen verstößt gegen den deutschen ordre public weder die englisch-amerikanische Testierfreiheit, die so weit geht, sowohl Pflichtteils- wie Noterbrechte abzulehnen[2], noch das chinesische und (bei der Hauserbfolge) das japanische Gesetz, das den Deszendenten des Erblassers verbietet, die Erbschaft, zu der sie berufen sind, auszuschlagen[3], noch die Zurücksetzung der Töchter gegenüber den Söhnen, der Schwestern gegenüber den Brüdern bei der Immobiliarbeerbung des Liv-, Est- und Kurländ. Privatrechts[4]; noch die völlige Ausschließung des Witwers von der gesetzlichen Erbfolge (solange erbberechtigte Verwandte da sind) in Rumänien.

§ 54. Die Nachlaßregulierung.

Literatur (Testamentsvollstrecker, Nachlaßverwalter): MAURY: Rec. d. Cours 1950, 85 ff.

In Nachlaßsachen findet sich allerwärts eine Mitwirkung von *Behörden*. So ist den „Nachlaßgerichten", als Behörden der freiwilligen Gerichtsbarkeit, in Deutschland übertragen worden: die Sicherung des Nachlasses (§ 1960 BGB), die Mitwirkung bei Ausschlagung der Erbschaft, bei Anfechtung der Ausschlagung oder der Annahme (§§ 1945, 1946, 1953, 1955, 1957), bei Eröffnung von Testamenten (§§ 40 ff. TestamentsG), beim Aufgebot zur Ausschließung von Nachlaßgläubigern (§ 1970), ferner die Anordnung der Nachlaßverwaltung (§§ 1981 ff.), die

---

[2] RAAPE: Komm. 686 ff.   [1] RAAPE: Komm. 736.   [2] RG JurW 1912, 22 f.
[3] Vgl. HALLSTEIN: RVglHWB II 221.   [4] v. CAEMMERER: RVglHWB III 768.

Bestimmung von Inventarfristen (§§ 1994 ff.), die Erteilung und Einziehung von Erbscheinen (§§ 2353 ff.), die Mitwirkung bei einer Testamentsvollstreckung (§§ 2198 ff.), bei der Auseinandersetzung von Miterben (§§ 86 ff. FGG) und manches andere.

I. Ein deutsches Nachlaßgericht ist stets für den Nachlaß Deutscher *zuständig*, für die Nachlässe von Ausländern dann, wenn der Erblasser zur Zeit des Todes in Deutschland Wohnsitz oder Aufenthalt hatte; andernfalls nur in Ansehung der in Deutschland befindlichen Nachlaßgegenstände; § 73 FGG. Immer aber setzt die Zuständigkeit in concreto voraus, daß ein deutsches Gericht überhaupt befugt oder verpflichtet ist, bei der Regelung der erbrechtlichen Verhältnisse von Ausländern mitzuwirken; die Zuständigkeitsanordnung schafft solche Befugnis keineswegs. Bei der Verflochtenheit der deutschen gerichtlichen Nachlaßregelung mit dem materiellen deutschen Erbrecht (jene Verfahrensvorschriften sind auf die Geltung gerade des deutschen Erbrechts zugeschnitten) nimmt die Praxis überwiegend an, daß das Tätigwerden eines deutschen Nachlaßgerichts von der Anwendung materiellen deutschen Erbrechts *abhängig* ist. Das deutsche Gericht wird nach dieser Lehre nur tätig, wenn im Wege der Rückverweisung auf deutsches Wohnsitzrecht oder auf die deutsche lex situs deutsches Erbrecht zur Anwendung kommt[1]. Mit Recht haben NIEMEYER[2] und LEWALD[3] gegen die Übertreibungen, die diese Meinung enthält, protestiert. Auch bei Ausländernachlässen, die ausländischem Recht unterstehen, kann ein deutsches Nachlaßgericht wenigstens dann mitwirken, wenn das anwendbare ausländische Recht *ähnliche* Maßregeln kennt, wie sie dem deutschen Nachlaßgericht obliegen. So besteht z. B. kein Bedenken für den deutschen Nachlaßrichter, bei der Auseinandersetzung unter den Miterben eines schweizerischen Erblassers mitzuwirken, oder für den unbekannten oder ungewissen Erben einen Nachlaßpfleger zu bestellen, die Anlegung von Siegeln u. dgl. Sicherungsmaßnahmen anzuordnen: dies letzte wird übrigens auch von der herrschenden Meinung zugegeben.

Nach deutschem Recht hat, wie oben erwähnt, das Nachlaßgericht für die Ablieferung der Testamente und Erbverträge zu sorgen und solche Verfügungen zu eröffnen (§§ 39 ff. TestamentsG): diese Aufgaben fallen ihm auch zur Last, wenn der Nachlaß nicht deutschem Recht unterworfen ist[4].

II. Zweifel bestehen für die Anwendung des deutschen *Erbschein*-Rechts auf Nachlässe, die ausländischem Recht unterworfen sind. Da Urkunden, die in den Wirkungen deutschen Erbscheinen äquivalent sind, nur in wenigen ausländischen Erbrechtsordnungen vorkommen (Schweiz, Italien, Griechenland, Rußland)[5], wird nur, wenn der Nachlaß

---

[1] Vgl. SCHLEGELBERGER: Komm. z. FGG § 73 Anm. 2; RAAPE: Komm. 726 f.
[2] In seiner Zeitschrift 13, 21 ff. [3] IPR 328 ff. [4] LEWALD: 333.
[5] MAIER, G.: RVglHWB III 129 f. — Für Griechenland: art. 1956 ff. des griech. Zivilgesetzbuchs von 1940.

einem dieser wenigen Rechtssysteme unterliegt, der deutsche Nachlaßrichter in der Lage sein, einen (unbeschränkten) Erbschein (§ 2353 BGB)
zu erteilen. In allen anderen Fällen von Nachlässen ausländischer Erblasser kommt nur die Erteilung eines sog. *beschränkten Erbscheins* in
Betracht. Im Interesse des inländischen Verkehrs liegt es, für die in
Deutschland belegenen Gegenstände, die zu einem Ausländernachlaß
gehören, einen auf sie beschränkten Erbschein zuzulassen; § 2369 BGB.

Erste Voraussetzung für die Erteilung eines solchen ist es, daß Gegenstände,
die zu einem Ausländernachlasse gehören, *in Deutschland belegen* sind. Gleichviel, ob es sich um bewegliche oder unbewegliche, um körperliche oder unkörperliche Gegenstände handelt.

Zu der Frage, wann der situs rei deutsch ist, gibt das BGB zwei Regeln:

a) Führt eine deutsche Behörde ein zur Eintragung des Berechtigten bestimmtes
Buch oder Register, z. B. ein Grundbuch, Staatsschuldbuch, Schiffsregister, Handelsregister, eine Patentrolle, so wird der Gegenstand (das Grundstück, die Hypothek, die Staatsanleiheforderung, das Schiff usw.) als im Inland befindlich behandelt, und dies selbst wenn er sich körperlich nicht im Inland befindet, wie ein in
Köln registriertes Schiff, das zur Zeit in den Niederlanden liegt. Nach dem Text
genügt es, daß ein zur Eintragung „bestimmtes" Buch geführt wird; aber es
versteht sich, daß die bestimmungsgemäße Eintragung geschehen sein muß: eine
in der Patentrolle noch nicht registrierte Erfindung ist nicht notwendig in Deutschland belegen.

b) Ein „Anspruch" gilt als in Deutschland befindlich, wenn für die ihn be-
gleitende Klage ein deutsches Gericht (ausschließlich oder konkurrierend mit einem
ausländischen Gericht) zuständig ist. Der Anspruch, von dem hier die Rede ist,
mag ein obligatorischer, ein familiengüterrechtlicher, ein erbrechtlicher, ein dinglicher sein. So kann z. B. ein Vindikationsanspruch in Deutschland liegen (weil
der Sachbesitzer seinen Wohnsitz in Deutschland hat), während die zu vindizierende
bewegliche Sache im Auslande liegt; in solchem Falle ist anzunehmen, daß nicht
nur der Anspruch, sondern auch die Sache selbst in den Erbschein aufgenommen
werden kann.

Die *zweite* Voraussetzung ist, daß kein deutscher Nachlaßrichter einen unbeschränkten Erbschein ausstellen könnte.

Der „beschränkte Erbschein" des § 2369 BGB braucht die einzelnen
Gegenstände, auf die er sich beschränkt, nicht zu bezeichnen. Aber es
ist im Erbschein zu vermerken, daß er nur für die im Inland befindlichen Nachlaßgegenstände gilt[6]. Seine Wirkungen sind die, die nach
deutschem Recht ein gewöhnlicher (unbeschränkter) Erbschein haben
würde: von dem im Erbschein als berechtigt Bezeichneten wird wider-
legbar vermutet, daß er der Berechtigte (mit Beschränkung auf die
genannten Gegenstände) ist; und zu Gunsten redlicher Dritter gilt er
unwiderleglich als der Berechtigte, so daß er Sachen wirksam übereignen
und Forderungen wirksam einziehen kann, die ihm in Wahrheit nicht
gehören, und die zu übereignen oder einzuziehen er nach dem maßgebenden ausländischen Erbstatut nicht die Macht hätte.

---

[6] PALANDT: 2 zu § 2369.

Beispiel: Gemäß dem Testament eines Engländers ist einziger Erbe („residuary legatee") sein Freund F. Mit Bezug auf ein in München befindliches, zum Nachlaß gehöriges Bild wird dem F. ein beschränkter Erbschein erteilt. F. veräußert das Bild an den Engländer G., der auf die Richtigkeit des Erbscheins vertraut. Nachher stellt sich heraus, daß das Testament nichtig ist und daß der Nachlaß an den Bruder des Erblassers (B) fällt. G. ist Eigentümer des Bildes geworden, obwohl er nach dem (englischen) Erbstatut nicht geschützt werden würde, sondern dem B. weichen müßte.

III. Was für den Erbschein gilt, gilt entsprechend für Testamentsvollstrecker-Zeugnisse. Auch hier sind beschränkte Bescheinigungen möglich; § 2368 Abs. 3 BGB.

IV. Keine Kollisionsnorm, sondern eine *Schutznorm* für deutsche Behörden ist Art. 26 EG. Ist ein Nachlaß im Ausland eröffnet und sind nach den dort anzuwendenden Gesetzen Personen zum Nachlaß berufen (als Erben, Vermächtnisnehmer, Pflichtteilsberechtigte), die sich in Deutschland befinden, so vermitteln oft deutsche Behörden die Überführung von Vermögen, besonders von Nachlaßstücken, nach Deutschland zur Auslieferung an die nach ausländischem Rechte Berechtigten: so Konsulate, die dann die Vermögensstücke deutschen Behörden weiterreichen. In solchem Falle soll die Behörde befugt sein, die Vermögensstücke auftragsgemäß auszuliefern, selbst wenn der Empfänger nicht der nach deutschem Kollisionsrecht Berechtigte ist. Stirbt z. B. ein in London wohnhafter Deutscher unter Hinterlassung des Vaters und eines Bruders, die in Deutschland leben, und wird das Vermögen dem deutschen Konsulat zur Aushändigung an den Vater (als den Alleinerben nach englischem Recht) übergeben, so kann der nach deutschem Recht auf $^1/_2$ berufene Bruder dieser Übergabe nicht widersprechen: es mag ihm überlassen bleiben, nachher gegen seinen Vater zu klagen. Ohne diese Schutznorm würde den Beamten oder den deutschen Staat eine Schadenersatzpflicht treffen[7]. Art. 26 EG erkennt hiernach eine *Prävalenz* der *völkerrechtlich* übernommenen Pflicht zur Auftragsausführung gegenüber der innerstaatlichen Pflicht zur Auslieferung an den Berechtigten an; doch beschränkt sich diese Prävalenz darauf, daß eine Legitimation (Ermächtigung) besteht[8].

---

[7] Wenn A den B beauftragt, eine bestimmte Sache dem C auszuhändigen, und E als Eigentümer der Aushändigung an C widerspricht, so kann der Umstand, daß B mit solcher Aushändigung seiner Auftragspflicht genügt, ihn dem E gegenüber nicht vor einer Haftung aus § 989 BGB schützen.

[8] Vgl. MELCHIOR: 402[1].

Verzeichnis der Gesetze.

Die großen Zahlen verweisen auf Seiten, die kleinen auf Anmerkungen.

1. Einführungsgesetz zum Bürgerlichen Gesetzbuch.

Art. 7: S. *5, 26, 35—37, 39, 41, 52, 100,* **102—106,** *113, 114, 117[14], 118, 123, 198, 201, 203, 216, 229.*

8: *26,* **106.**

9: *26, 39.*

10: *26, 114.* **116, 117.**

11: *26, 35, 44, 47, 71, 122,* **126—130,** *176, 184, 193, 203, 230.*

12: *26, 36, 41, 58, 69, 70, 120, 164,* **166—168.**

13: *2[4], 10, 26, 35, 36, 39, 41[7], 69, 79, 81, 105, 128, 129, 134, 184, 186, 188, 190, 192, 194, 196, 212, 213.*

14: *26, 35, 36, 39, 58, 112,* **197, 198.**

15: *26, 35, 36, 39, 44, 47, 50, 52, 54, 58, 124, 183,* **200, 202.**

16: *26, 36, 37, 44, 51, 118, 197, 198[5],* **201.**

17: *26, 35, 36, 38, 39, 47, 69, 101, 112, 134, 196, 206, 208, 210, 211, 213.*

18: *26, 36, 39, 57, 134,* **213,** *227[3].*

19: *26, 36, 39, 102, 124, 183, 214[9],* **215,** *217, 223.*

20: *26, 36, 39, 83,* **217.**

21: *26, 35, 36, 38, 39, 69, 217,* **218, 219.**

22: *26, 36, 39, 57, 112, 134,* **220, 221, 222.**

23: *26, 39, 83, 102, 105[13], 124, 216,* **223—225.**

24: *26, 35, 36, 39, 44, 105, 126, 225, 227,* **229—231.**

25: *10, 26, 35 f., 39, 45, 55, 69, 120, 225, 227,* **231.**

26: **225, 237.**

27: *26, 74, 78, 83, 207, 233.*

28: *26, 37, 82, 83, 200, 216, 225, 227, 229, 232, 233.*

29: *26, 42, 44, 188.*

30: *26, 36, 48,* **62, 63, 64**[10]*, 65,* **67—71,** *85, 90, 94, 113, 119, 124[6], 134, 144, 161, 162, 166, 167, 185, 189[6], 191, 195[1], 199, 207[10], 210, 212, 216, 220.*

31: *26, 109, 135.*

36: *114, 201.*

40: *194.*

86: *118.*

88: *109.*

153 ff.: *2.*

198: *3.*

2. Bürgerliches Gesetzbuch.

§ 1: S. *96.*

2: *101[2].*

7 ff.: *43, 111.*

8: *92, 111.*

9: *111.*

10: *92, 111.*

11: *92, 111, 215.*

12: *111.*

21: *116.*

22: *116.*

23: *115—117.*

24: *116.*

54: *117.*

55: *116.*

113: *106.*

119: *65, 143.*

123: *65.*

127: *127.*

130: *124.*

134: *68, 69.*

138: *62, 69, 143.*

140: *143.*

154: *127.*

155: *143.*

162: *124, 126.*

196: *140.*

228: *168.*

242: *63, 160, 161, 163.*

244: *156, 157.*

269: *146.*

270: *44, 146.*

276: *143.*

291: *133[3].*

300: *149[4].*

313: *127, 130.*

314: *172.*

343: *66.*

388: *51.*

393: *151.*

402: *152.*

407: *152.*

414: *154.*

416: *154.*

419: *154.*

437: *152.*

518: *48, 131[4].*

571: *155.*

618: *66.*

681: *102.*

687: *167.*

766: *131[4].*

814: *167.*

823 ff.: *167.*

826: *143.*

844: *167.*

845: *167.*

847: *120.*

852: *167.*
870: *177.*
898: *64.*
902: *64.*
904: *168.*
929: *125.*
930: *130.*
931: *125, 130, 178.*
933: *182.*
951: *169.*
958: *60.*
973: *46.*
977: *169.*
987: *133³.*
988: *133³.*
989: *133³, 237⁷.*
1007: *179.*
1021: *180.*
1085 ff.: *184.*
1108: *178.*
1121: *180.*
1122: *180.*
1138: *181¹⁴.*
1154: *181.*
1164: *181¹⁴.*
1165 ff.: *181¹⁴.*
1229: *66.*
1251: *155.*
1253: *176³.*
1297: *66.*

1300: *65, 133³.*
1315: *190.*
1317: *51, 128.*
1324: *51.*
1345: *51.*
1353: *67.*
1357: *37³, 50, 51, 198,* **201.**
1362: *51, 201.*
1369: *202.*
1377: *202.*
1386: *202.*
1387: *58, 202.*
1388: *202.*
1390: *202.*
1433: *204.*
1435: *118, 197.*
1478: *212.*
1551: *51, 171.*
1575: *209.*
1586 f.: *209.*
1593: *213.*
1595 a: *214⁸.*
1597: *214⁸.*
1600: *214.*
1617: *215.*
1620: *215.*
1624: *215.*
1635: *216.*
1636: *216.*
1643: *216.*

1666: *67,* **216, 217.**
1680: *215.*
1699: *51, 213.*
1706: *112, 218.*
1717: *219.*
1754: *221.*
1936: *53.*
1945: *234.*
1946: *234.*
1947: *51.*
1953: *234.*
1955: *234.*
1957: *234.*
1960: *234.*
1970: *234.*
1981 ff.: *234.*
1994: *235.*
2005: *234.*
2027: *55, 234.*
2079: *53.*
2084: *78.*
2164: *172.*
2198: *235.*
2302: *234.*
2339: *234.*
2353: *235, 236.*
2368: *237.*
2369: *37, 236.*

3. Andere deutsche Gesetze.

a) Aufwertungsgesetz.
S. *160.*

b) Bonner Grundgesetz.
Art. 1—6: S. *111.*
3: *217.*
8: *111.*
9: *111.*
11: *111.*
12: *111.*
13: *111.*
14: *111.*
16: *111.*
17: *111.*
25: *110.*
103: *2.*
116: *111.*

c) Börsengesetz.
§ 61: S. *144.*

d) Ehegesetz.
§ 1: S. *188.*
4: *66, 191.*
6: *66, 189, 191, 192.*
8: *191.*
9: *191.*
10: *192.*
13: *51, 128.*
17: *51, 128.*
19: *205.*
27: *197.*
28 ff.: *195.*
32: *191.*
38: *212.*
43: *207.*
46: *205⁵ᵃ.*
48: *209.*
52: *209.*
53: *209.*
78: *209.*

§ 24 DVO z. Eheges. v.
25. 10. 1941.: S. *135.*
§ 19 d. IV. DVO z. Eheges.:
S. *205.*
e) VO über Angleichung familienrechtlicher Vorschriften (1943). S. *214.*
f) Frauenscheidungsgesetz (1935).
S. *207, 211.*
g) Reichsgesetz betr. freiwillige Gerichtsbarkeit.
§ 27: S. *89¹².*
36: *223, 224.*
37: *224.*
38: *224.*
39: *224.*
47: *224, 225.*
65: *221.*
66: *221.*

73: *235*.
86 ff.: *235*.

h) Gesetz über Fremdwäh-rungsschuldverschreibungen (1936).
S. *162*.

i) Gebrauchsmustergesetz (1936).
§ 20: S. *110*.

k) Geschmacksmustergesetz (1876).
§ 16: S. *110*.

l) Handelsgesetzbuch.
§ 1: S. *86*.
15: 118.
17: *113*[6].
25: *154*.
30: *113*.
37: *113*[6].
67 ff.: *66*.
93: *51*.
207: *51*.
345: *5*.
361: *156*.
362: *123*.
377: *66*.
503: *110*.
835: *168*.

m) Konfessionsgleichberech-tigungsgesetz (1869).
S. *64*.

n) Konkursordnung,
§ 14: S. *91*.
237: *91*.

o) Kunst- und Urheber-rechtsgesetz (Kunstschutz-gesetz) (1907).
§ 51: S. *110*.

p) Lohnbeschlagnahme-gesetz.
§ 2: S. *151*.

q) Deutsches Münzgesetz (1873).
S. *157*.

r) Patentgesetz (1923).
§ 16: S. *110*.

s) Personenstandsgesetz (1870).
S. *194*.

t) Preußisches AGBGB.
Art. 7: S. *120*.

u) Reichsabgabenordnung.
§ 98: S. *51*.

v) Reichs- und Staatsange-hörigkeitsgesetz (1913).
§ 25: S. *41*.

w) Weimarer Reichsver-fassung.
Art. 136: S. *64*.

x) Scheckgesetz (1933).
S. *26*, *146*.
Art. 36: S. *156*, *157*[5].
61 ff.: *147*.
60: *74*, *105*[9].
62: *129*.

x¹) Reichsgesetz betr. Rechtsverhältnisse der Staatenlosen (1938).
S. *43*.
§ 8: S. *214*.

y) Testamentsgesetz.
§ 1: S. *234*.
2: *230*.
33: *230*
39 ff.: *235*.
40 ff.: *234*.

z) Gesetz betr. Urheber-rechte an Werken der Lite-ratur u. Tonkunst (1901).
§ 54: S. *110*.
55: *110*.

aa) Verschollenheitsgesetz.
§ 9: S. *99*.
11: *98*.
12: *91*, *98*.

bb) Versicherungsaufsichts-gesetz (1931).
§ 105: S. *119*[21].

cc) Versicherungsvertrags-gesetz (1908).
§ 59: S. *138*, *155*[22].
60: *138*.

dd) Warenzeichengesetz (1936).
§ 35: S. *110*.

ee) Wechselordnung.
Art. 43: S. *87*.
74: 29.
84: *102*.

ff) Wechselgesetz (1933).
S. *23*, *146*.
Art. 41: S. *156*, *157*[5].
91: *74*, *104*.
92: *129*.

gg) Zivilprozeßordnung.
§ 17: S. *116*.
23: *92*[3].
110: *109*.
114: *109*.
293: *88*.
300: *85*.
328: *48*, *62*, *70*, *105*, *132*, *133*, *134*, *135*, *161*, *185*[5], *205*, *211*.
438: *131*[2].
549: *7*[3], *89*.
606: *205*, *210*.
627: *210*[18].
646: *107*.
648: *106*.
722: *132*.
723: *132*.
888: *185*[5].
894: *185*[5].

hh) Gesetz der DDR über Herabsetzung des Voll-jährigkeitsalters (1950).
S. *65*.

4. Staatsverträge.

a) Pariser Union (Verbandsübereinkunft z. Schutze des
gewerbl. Eigentums von
1883) (1925).
S. *113*.

b) Vertrag von Montevideo
von 1889 (revidiert 1940).
S. *30, 187¹*.
Art. 28: S. *173⁵*.

c) Haager Eheschließungs-
abkommen (1902).
S. *27, 70, 186*.
Art. 1: S. *190*.
2: *45, 191*.
3: *190*.
5: *51, 188², 193*.
6: *194*.
7: *193, 194*.

d) Haager Ehescheidungs-
abkommen (1902).
S. *27, 207*.
Art. 4: S. *47*.
5: *45*.

e) Haager Vormundschafts-
abkommen (1902).
S. *27*.
Art. 1: S. *223*.
3: *224⁴*.
6: *83³, 225*.
8: *224⁴*.

f) Haager Ehewirkungs-
abkommen (1905).
S. *27, 28*.
Art. 1: S. *198*.
2: *47, 200*.
3: *203*.
4: *203*.
5: *204*.
6: *203*.
7: *82¹, 200*.
8: *201*.
9: *198, 203*.

g) Haager Entmündigungs-
abkommen (1905).
S. *27, 28, 107*.
Art. 12: *82¹*.

h) Haager Zivilprozeß-
abkommen (1905, ergänzt
1951).
S. *28, 135*.

i) Abkommen über Bergung
und Hilfeleistung in Seenot
(1910).
S. *4*.

k) Abkommen über Zusam-
menstoß von Schiffen (1910).
S. *4, 168¹, 169⁵*.

l) Versailler Vertrag (1919).
Art. 297 b: S. *120²⁷*.

m) Rapallo-Vertrag (1922).
Art. 2: S. *119*.

n) Deutsch-estnisches Kon-
sular-Abkommen (1925).
S. *171²*.

o) Deutsch-russischer Konsularvertrag (1925).
S. *171²*.

p) Deutsch-österreichisches
Abkommen (1927).
S. *226*.

q) Genfer Abkommen zur
Vollstreckung ausl. Schieds-
sprüche (1927).
S. *28, 136*.

r) Código Bustamente (1928).
S. *30*.
Art. 16: S. *115⁴*.
17: *115⁴*.
22 ff.: *45¹⁰*.

s) Berner Übereinkommen
zum Schutz von Werken d.
Literatur und Kunst (1928).
S. *4*.

t) Berner Übereinkommen
über Eisenbahnfracht-
verkehr u. den Eisenbahn-
personen- u. Gepäckverkehr.
S. *4*.

u) Abkommen zur Verein-
heitlichung von Regeln über
die Beförderung im internat.
Luftverkehr (1929).
S. *4*.

v) Haager Abkommen über
die Bank für internationalen

Zahlungsausgleich (1930).
Art. 1: S. *121²⁹*.

w) Genfer Abkommen zur
Vereinheitlichung des Wechselrechts (1930).
S. *4, 37, 74*.
Art. 2: S. *104,*
3: *129*.
4 ff.: *146*.

x) Genfer Abkommen zur
Vereinheitlichung des
Scheckrechts (1931).
S. *4, 74, 129*.
Art. 5 ff.: S. *146*.

y) Skandinavische Union
(1931).
S. *29*.

z) Abkommen zur Verein-
heitlichung von Regeln über
die Sicherungsbeschlagnahme von Luftfahrzeugen
(1933).
S. *4*.

aa) Pariser Übereinkunft
zum Schutz des gewerbl.
Eigentums (1934).
S. *4*.

bb) Deutsch-polnisches Vormundschaftsabkommen.
Art. 5: S. *82¹*.

cc) Vereinbarung von
Bretton Woods (1944).
S. *68, 121*.

dd) Abkommen der UN über
die Todeserklärung Ver-
schollener (1950).
S. *100*.

ee) Haager Abkommen über
internationalen Kauf (1951).
S. *28*.

ff) Haager Abkommen über
die Anerkennung von Gesellschaften (1951).
S. *28*.

gg) Haager Renvoi-Abkom-
men (1951).
S. *28*.

5. Ausländische Rechtsquellen.

Codex iuris canonici.
c. 582: S. *97⁶*.
1088: *193*.
1091: *193*.

Finnland:
Gesetz v. 9. 12. 1929.
§ 19: S. *215¹⁰*.

Frankreich:
Code civil:
S. *25*.
Art. 2: S. *2*.
3: *19*.
8: *39¹*.
11: *108*.
17: *104*.
102 ff.: *43*.
182 f.: *128*.
476: *101*.
513: *106*.
619: *178*.
720—22: *98*.
725: *96*.
726: *108*.
749: *233*.
901: *230*.
906: *96*.
912: *108*.
970: *87*.
1096: *52⁶*.
1117: *125*.
1134: *160, 163*.
1138: *178*.
1290: *150⁹*.
1291: *151*.
1341: *131*.
1382: *50*.
1696 ff.: *56*.
1699: *152¹⁵*.
Code du Commerce:
Art. 632: S. *86*.
Gesetz über Adoption von 1917:
S. *222*.
Frz. Staatsangeh. Ges.
S. *39¹*.

Griechenland:
Kodex von 1940:
S. *222*.
Art. 1956 ff.: *235⁵*.

Großbritannien:
English Statute of Frauds (1677)
S. *131*.
engl. Testamentsgesetz (1837).
s. 18: S. *53*.
Administration of Estates Act (1925):
s. 46: S. *57, 233*.

Italien:
Disposizioni preliminari, Codice civile 1865:
S. *24, 26*.
Art. 7: *172²*.
Disposizioni preliminari, Codice civile 1942:
Art. 17: *104*.
25: *145³²*.
Codice civile (1942):
Art. 81: *184*.
571: *233*.

Niederlande:
Wetboek v. koophandel
Art. 252: S. *138*.
Burgerlijk Wetboek.
Art. 298: S. *212*.
992: *127*.

Österreich:
Allgemeines bürgerl. Gesetzbuch (1811).
S. *26*.
§ 4: S. *19*.
33 ff.: *19*.
64: *71*.
65: *48*.
187: *223*.
300: *19, 56, 172²*.
934: *141*.
1477: *176*.

Polen:
Gesetz über interlokales Privatrecht (1926).
S. *6, 26*.
Art. 5: S. *103⁴*.
Ges. über internationales Privatrecht (1926).
S. *6, 26*.
Art. 3: *103⁴*.

7: *139⁹*.
16: *82¹*.
19: *82¹*.

Schweiz:
Zivilgesetzbuch.
S. *26*.
Art. 1: S. *34*.
35: *98*.
100: *41, 191*.
180: *203⁹*.
181: *203⁹*.
315: *219*.
323: *219*.
328: *222*.
329: *222*.
832: *154*.
834: *154*.
934: *176*.
Obligationenrecht.
Art. 74: S. *44*.
127: *140*.
129: *140*.
493: *139*.
Bundesgesetz betr. die zivilrechtl. Verhältnisse der Niedergelassenen und Aufenthalter (NAG) (1891)
S. *6, 26*.
Art. 7b: S. *104*.
7f: *46*.

Spanien:
Código civil.
S. *26*.
Art. 30: S. *96¹*.

Vereinigte Staaten von Amerika:
Uniform Marriage Evasion. Act v. 1912.
S. *46*.
Uniform Annulment of Marriage and Divorce Act v. 1907.
S. *46*.
Joint Resolution (der beiden Häuser) der Vereinigten Staaten von Amerika v. 1933.
S. *162*.

Sachverzeichnis.

Die großen Zahlen verweisen auf Seiten, die kleinen auf Anmerkungen.

Abandonrecht 169.
Abfindungsvertrag 228.
Abkommen vgl. Gesetz-
register — Staatsver-
träge.
Abschlußort 126 ff., 139.
— [bei telefonischen Ab-
schlüssen] 137, 139.
Absendungsort 174.
Abstammung 57.
abstraktes Schuldaner-
kenntnis 138.
Abtretung 130, 151 f., 178,
181.
Abwertung 160.
Abwesende, Pflegschaft
über 223.
Abzahlungsgeschäfte 66.
actio Pauliana 169.
Adel 112.
Adhaesionsverfahren 133.
adlige Güter 97.
Adoption 29, 36, 46², 52, 57,
80, 103, 112, 218, 220 ff.
— als Ehehindernis 189.
Adoptivkind 79.
äquivalente Begriffe (des
einheimischen Rechts)
87.
Agenten 124.
Agrarreform 12, 68.
Aktien 95, 153.
Aktiengesellschaft 30, 45,
115 ff., 182.
Aktienübernahme oder Ak-
tienzeichnung 118.
akzessorische Rechte 180.
ältere Gewere 179.
Aldericus 13 f.
allgemeine Bedingungen
141.
Allgemeines Landrecht 19.
Allod 82.
Analogie 36, 57 ff.

Anfallsrecht des Staates 49.
Anerkennung ausländischer
juristischer Personen
116 f.
— — Staaten 85, 116.
— — Urteile 132 ff., 196,
206, 211.
— von Kindern 80.
Anfechtung der Ehe 191,
195, 205.
— der Ehelichkeit 214.
— des Erben 227, 234.
— im Konkurs 170.
— von Rechtsgeschäften
und Willenserklärungen
65, 102, 118, 124 f., 143,
155.
Anknüpfung, fraudulose
46 ff., 188, 218.
Anknüpfungsbegriffe 38 ff.
Annahme an Kindes Statt;
vgl. Adoption.
annektierte Gebiete 9.
Annullation von Ehen 195.
Anspruch 57.
Anspruchskonkurrenz 58.
Antretung der Erbschaft
227.
Anwartschaftsrecht 126,
182.
Apatriden vgl. Staatenlose.
Argentraeus 17, 18²¹.
arglistige Täuschung vgl.
Anfechtung.
Armenrecht 28.
— für Ausländer 109.
Arrest an Schiffen 175.
Aufenthalt vgl. Wohnsitz.
Aufenthaltsstaat 107.
Aufgebot bei der Eheschlie-
ßung 50, 52, 128, 188².
— bei der Nachlaßregulie-
rung 234.

aufgehobenes ausländisches
Privatrecht 85.
Aufhebung der Ehe 195 f.,
205.
— der ehelichen Gemein-
schaft 209 f.
Aufhebungsklage 196.
Auflassung 124, 130.
Auflösung der Ehe; vgl.
Scheidung.
— juristischer Personen
117.
Aufrechnung 51, 56, 150 f.,
155.
aufschiebende Ehehinder-
nisse 188.
auftragslose Geschäftsbe-
sorgung 102, 169.
Aufwertung 65, 147 f., 160 f.,
163.
Ausbeutung 65.
Auseinandersetzung mit den
Kindern 191.
— unter Miterben 232, 235.
Ausfuhrverbote 67 f.
Auskunftsanspruch des
Erben 55, 232, 234.
Ausländer, Anwendung des
Heimatrechts 23.
—, Eheschließung 194.
—, Parteifähigkeit 97.
—, Prozeßführung 109.
—, Rechtsstellung in
Deutschland 104, 108 ff.,
220, 231 f., 236.
—, Verschollenheitserklä-
rung 98.
ausländische Behörden 216.
— Gesetze 63.
— —, Umgehung 71.
— gesetzliche Güterstände
118.
— Grundstücke 9, 103,
126 f.

ausländische juristische Personen 109, 116 ff.
— Kollisionsnormen 34 f., 80 ff.
— Rechtsprechung 86.
— Schiedssprüche 137.
— Strafgesetze 69.
— Urkunden 131[2].
— Urteile 62, 105, 132 ff., 196, 206, 211.
— Vereine 117 f.
ausländischer ordre public 71 f.
ausländisches Güterrecht 201.
— Privatrecht 84 ff.
— internationales Privatrecht 71.
Auslandsbörsen 144.
auslandsrechtliche Verträge 62.
Auslandsverkäufe 141.
Auslandswährung 161 f.
Auslandswohnsitz 201, 224.
Auslegung der Kollisionsnormen 51 ff.
— der Sachnormen 55 f.
— internationaler Abkommen 29 f.
Auslegungsregeln 57.
Ausschlagung der Erbschaft 51, 103, 227, 234.
Ausstattung 215.
Ausstellungsort, Recht des 146.
Aussteuer 215.
Auswanderung, Verlust der Staatsangehörigkeit bei 40.
Ausweisung von Ausländern 109.

Baldus de Ubaldis 15[10].
Bank für internationalen Zahlungsverkehr 121[29].
Banken, Verträge mit 144
Bartolus de Saxoferato 14 f., 16.
Bauerngüter 82.
Bedingung 51, 126.
Beerbung; vgl. Erbrecht, Erbfolge.

Begehungsort vgl. lex loci delicti commissi.
Behauptungslast 97.
Behörden, Mitwirkung bei Rechtsgeschäften 128.
—, — im Erbrecht 234 ff.
—, — bei der Nachlaßregulierung 237.
—, — im Familienrecht 216, 221 f., 223 ff.
beneficium cedendarum actionum 152.
Bereicherung 179.
Bergwerksgesellschaften 116[7].
Berufsstand 112 ff.
Beschlagnahme feindlichen Vermögens 120.
beschränkt Geschäftsfähige vgl. Geschäftsfähigkeit.
Besitz 177 f.
—, mittelbarer 177.
Besitzdiener 177.
Besitzerwerb 102.
Besitzkonstitut 182.
Bestätigung der Ehe 196.
— der Adoption 220.
Bestimmungsort 174.
Beurkundung von Rechtsgeschäften 38.
Bevölkerungspolitik 68.
bewegliches Vermögen; vgl. Mobilien.
Beweislast 88, 97, 131.
Beweisurkunden 118.
Bigamie 80.
Bild, Recht am eigenen 112.
bildende Künste, Urheberrecht 111.
bona vacantia 55, 57, 60.
Börsen, Verträge auf 144.
Börsentermingeschäfte 66, 144.
Bösliche Verlassung 209.
Brautkinder 217.
Bruchteilsgemeinschaft 227.
bunte Währung 155.
bürgerlicher Tod 96.
Bürgschaft 80, 139 f., 152, 155.

Case Law 20.
Cautio iudicatum solvi 28.

centre d'exploitation 115.
Chafeïken 57.
Chartalismus 158.
Cocceji 18, 20.
code civil vgl. Gesetzregister.
Codex des IPR, Entwurf 25[16].
Codex Maximilianeus Bavaricus (1756) 18.
codice civile vgl. Gesetzregister.
Código Bustamante vgl. Gesetzregister.
comitas gentium 17 f., 21, 23.
Company 52.
Company Law 57.
Conflict of laws 1.
Conflit des lois 1.
conseil judiciaire 106.
consensus facit nuptias 193.
contractus pigneraticius 178.
Coutumes 1, 15 f.

Darlehen 151.
Delikte 14, 26, 34, 37, 41, 52, 165 ff., 184.
Deliktsfähigkeit 105, 165.
Deliktsschuldner 69, 164 ff.
Dereliktion 102, 130.
Detention 177.
Devisengesetze 67 ff.
Dienstverträge 66, 112, 144.
Differenzgeschäfte 66.
Dingliche Rechte; vgl. Sachenrechte.
Diplomatische Eheschließung 194.
Dispacheort 168.
Dispense 191 f., 196.
Dissens 143.
Domicil of origin 39, 43, 77.
Domizilierter Wechsel 87.
Domizilprinzip 22, 207.
Domizil vgl. Wohnsitz.
Dommage moral vgl. immaterieller Schaden.
Doppelstaatsangehörigkeit 41, 83.
— bei juristischen Personen 120.
doppelter renvoi 75.

Doppelversicherung 138, 155²².
Dotalsystem 203.
Dower 57.
Drohung vgl. Anfechtung.
droits acquis 11.
Durchgangsort 174.

„effet" 148.
Ehe, formlose 66.
Eheanfechtung 103, 195.
Eheaufgebot 49, 51, 128, 188².
Eheauflösung 202; vgl auch Ehescheidung.
Ehebruch 189 ff.
— als Ehehindernis 66, 69, 191 f., 195.
— als Scheidungsgrund 208
Ehefähigkeit 41⁷, 105.
Ehefrau, Begriff der 79.
—, Geschäftsfähigkeit der 52, 114, 198, 203, 211.
—, Erwerbsgeschäft der 201.
—, Name der 198, 211.
Ehegatten, Rechtspflicht zur Lebensgemeinschaft 67.
Ehegüterrecht 17, 36, 47, 49 ff., 54 ff., 58 f., 74, 82 f., 114, 171 f., 183.
—, ausländisches 54.
ehegüterrechtliche Wirkungen eines Rechtsgeschäfts 122.
Ehehindernisse 41, 45¹, 64, 66, 70, 73, 186 ff., 195 ff.
—, aufschiebende 188, 195.
—, trennende 188, 195.
—, einseitige 188 f.
—, zweiseitige 188 f.
—, religiöse 189 f., 194.
—, politische 190.
Ehekonsens 219⁴.
eheliche Kinder, Recht der 37, 83, 212 ff.
eheliches Gesamtgut 82.
— Güterrecht 52, 198, 199 ff., 211.
Ehelichkeit 26, 52, 57, 213 ff.
Ehelichkeitsanfechtung 103.

Ehemäklervertrag 46³, 138⁸.
Ehenichtigkeit 71, 73, 79, 195, 205.
Eherecht 21, 29, 38, 47, 186 ff.
—, internationales 105.
Eherechtliche Eigentumsvermutungen 201.
Eherechtsabkommen vgl. Gesetzregister, Staatsverträge.
Ehesachen 134 f.
Ehescheidung 26, 35 f., 46 ff., 52, 65, 69 f., 74, 92, 187, 195 f., 204 ff.
—, Wirkungen der 112, 210 ff., 215¹¹.
Ehescheidungsurteile 132, 135.
Ehescheidungsverfahren 80.
Eheschließung 35 f., 41, 65 f., 81, 92, 126 ff., 186 ff.
—, fehlerhafte 195 ff.
—, Form der 45, 51, 56 f., 129, 192 ff.
—, diplomatische 194.
—, konsularische 30, 194.
—, Voraussetzung der 74, 186 ff.
—, Wirkungen der 112, 217.
—, religiöse 55.
—, in fraudem legis 188.
Eheschließungsort 187.
Ehestatut 198.
Ehetrennung 204 ff.
Eheverbote 211²².
Ehevertrag 49, 59, 103, 124, 202 ff., 228.
Ehewirkungen 35 f., 51, 58.
—, persönliche 197 ff.
Ehewohnsitz 199 f.
Ehezeugnis 192.
Ehrenklausel in Staatsverträgen 70.
Eideszuschiebung 131.
Eigenmacht 130.
Eigentum 176 ff.
—, steuerrechtliches 52.
—, Verletzung von 165.
Eigentümergrundschuld 181.

Eigentumsanspruch 133³; vgl. auch Vindication.
Eigentumsübergang 125.
Eigentumsvermutungen 51.
—, eherechtliche 201.
Einbenennung 112.
Einfuhrverbote 67 f.
eingebrachtes Gut 82, 183.
Einigung 176.
einseitige Ehehindernisse 188 f.
Einwilligung, gegenseitige, als Scheidungsgrund 206.
Eisenbahn, Haftung 168.
—, Verträge mit der 144.
Elterliche Gewalt 215, 223.
Elternrecht 47, 50, 67, 202.
émancipation 101, 105.
Empfängniszeit 214.
Entbindungskosten 219.
Enteignung 12, 67 f., 94, 152 f., 176 f.
Entmündigung 101, 103, 105 ff., 223, 229.
Entschädigung bei Enteignung 12, 94, 177; vgl. im übrigen unter „Schadensersatz".
Epilepsie als Ehehindernis 189.
Erbanspruch der englischen Witwe 79.
Erbausschlagung 51, 103, 227, 234.
Erbe, Berufung als 79 f., 227.
Erbe, Haftung 231, 234.
Erbengemeinschaft 226 f.
Erbfähigkeit 227.
Erbfolge 17, 41, 52, 54, 59, 74, 76, 92, 96, 99, 225 ff.
Erblasser 79.
erbloser Nachlaß 49.
Erbrecht 21, 33 f., 38, 47, 52, 54, 57 ff., 62, 69, 82 f., 96, 172, 202, 225 ff.
—, internationales 105.
— des adoptierten und legitimierten Kindes 221.
— des unehelichen Kindes 219⁴.
erbrechtliche Geschäfte 103.

erbrechtliche Geschäfte, Wirkungen eines Rechtsgeschäfts 122.
Erbschaft, Erwerb der 227.
Erbschaftsansprüche 232.
Erbschaftsbesitzer 234.
Erbschaftskauf 49, 56, 103, 229.
Erbschein 87, 235f.
Erbstatut 79, 177, 183, 221, 227³, 228ff.
Erbunwürdigkeit 228, 234.
Erbvertrag 49, 103, 124, 127, 228, 235.
Erbverzicht 103, 228.
Erfolgsort 165.
Erfüllungsort 8, 15, 38, 43f., 75, 94⁵, 137, 140, 177.
—, Recht des 125.
Erklärungen, Absendung von 123.
—, Zugehen von 123.
Erlaß 150.
Errungenschaftsgemeinschaft 203.
Ersatzanknüpfung 94.
Ersatzzustellung 134.
Ersitzung 176, 181.
Erwerb vom Nichtberechtigten 182.
Erwerbsgeschäft der Ehefrau 201.
exceptio plurium 219f.
Exklusivnormen 36.
executor 87f.
exequatur 132.
Expropriation vgl. Enteignung.

Fabrikunternehmen 56, 104.
Fahrnis 17, 130; vgl. auch Mobiliarvermögen.
Fahrnispfandrecht 176.
faktische Ehe 186.
Fallbeschränkung 35.
Familienrat 224.
Familienrecht 34, 36.
familienrechtliche Geschäfte 103.
Familienstandssachen, Zuständigkeit in 134.
favor negotii 19.

fehlerhafte Eheschließung 195ff.
Feindstaat 30, 42.
Feindvermögen, Beschlagnahme 121.
Feststellungsurteile 132.
Fideikommisse 82, 97, 232f.
Filialfirma 113.
Finder 169.
Finderlohn 179.
Firmenrecht 112, 183³.
—, Verletzung des 165.
Fiskus (als Erbe) 53, 56, 58, 60, 227¹.
Flagge, Recht der 174.
Flüchtlinge 111.
Forgo Fall 72.
Formmangel, Mangel des Aufgebots als 188².
Formularverträge 144.
Formverletzung, Wirkung der 129.
Formvorschriften, dingliche Rechtsgeschäfte 176.
—, Eheschließung 192ff.
—, Forderungszession 181.
—, Rechtsgeschäfte 22, 34, 48, 123, 126ff.
—, Testamentserrichtung 230.
Fortgesetzte Gütergemeinschaft 202.
Forum, Kollisionsrecht des 79.
Frachtbriefduplikate 174.
Frankenstein, E. 24.
in fraudem legis agere 47.
fraudulose Anknüpfung 46ff., 188, 218.
Frauenkauf 185.
Frauenraub 185.
freiwillige Gerichtsbarkeit 38, 89¹², 105, 234ff.
Fremdbesitzer 178.
Fremdenrecht 4f., 8, 11, 108ff.; vgl. auch unter Ausländer.
Fremdwährungsschulden 156ff.
Früchte 172, 179.
Fund 169, 175f., 182.
Fürsorge 224.

Fürsorgeerziehung 223¹.
Fusion über die Grenze 119.

Gebietsabtretungen, Schicksal der Geldschulden bei 163.
Gebietshoheit 24.
Gebietsrecht vgl. lex rei sitae.
Gebietswechsel 178.
Gebrechlichkeitspflegschaft 223.
Geburt 40, 96, 213, 218.
Geburtsort 39.
Gefahrübergang 146, 149.
gegenseitige Einwilligung als Scheidungsgrund 206.
— Verträge 125, 140, 149.
Gegenseitigkeit, Verbürgung der 135.
Gegenstände, unkörperliche 51, 236.
—, bewegliche, unbewegliche 56, 236.
Gegenvormund 224.
Geisteskranke 176, 209, 223.
Geistesschwäche 106.
Geldeigenschaft, Verleihung der 38.
Geldentwertung 160.
Geldersatz 148, 165f.
Geldnominalismus vgl. Nominalismus.
Geldschulden 43, 93, 155ff.
Geldstrafen 69.
Gemeinde, Anerkennung als 116.
—, Verträge mit 145.
gemeinschaftliches Testament 50, 230.
gemischte Schiedsgerichtshöfe des Versailler Vertrages 33.
Genfer Abkommen; vgl. Gesetzregister, Staatsverträge.
gerichtliche Zuständigkeit bei juristischen Personen 116.
— — in Adoptionsverfahren 221f.

gerichtliche Zuständigkeit, in Ehesachen 205 f.
— — in Nachlaßsachen 235 f.
— — in Vormundschaftssachen 224.
— — Voraussetzung zur Anerkennung ausländischer Urteile 134.
Gerichtsstand 9.
— des Erfüllungsortes 134.
— der Faktura 134.
— des Vermögens 134.
Gesamtgut 212.
—, eheliches 82.
Gesamthandgemeinschaft 228.
Gesamthypothek 180.
Gesamtschuldverhältnisse 154 f., 233.
Gesamtstatut 82 f.
Gesamtverweisung 74.
geschäftlicher Verkehr, Schutz des; vgl. Verkehrsschutz.
Geschäftsbedingungen 124.
Geschäftsbesorgung 167, 169.
— auftraglose 102.
Geschäftsfähigkeit 8, 19, 35, 38 f., 47, 52, 74, 100 ff., 123, 148, 200, 203.
— der Ehefrau 52, 198, 203, 211.
— des Kaufmanns 113.
— im interlokalen Recht 92.
Geschäftsverkehr 102 f.
Geschäftsvoraussetzungen 122.
Geschichte des IPR 13 ff.
Geschlechtskrankheit als Ehehindernis 189.
Geschmacksmuster 110.
Gesellschaft des bürgerlichen Rechts 114, 117, 122.
— mit beschränkter Haftung 116, 120.
Gesellschaftsvertrag 53.

Gesetz, Zweck eines deutschen Gesetzes 62.
gesetzlicher Erbe; vgl. Erbfolge.
Gesetzesharmonie 9.
gesetzliches Vorkaufsrecht 228.
Gestaltungsurteile 132.
gestreckte Tatbestände 181.
Getrenntleben als Ehescheidungsgrund 209.
Gewerbename 112.
gewerbliche Unternehmungen 95.
Gewere, ältere 179.
Gewohnheitsrecht 6 f., 34 f., 86, 91, 199.
gewöhnlicher Aufenthalt 38, 44, 93 ff., 188.
Gierke, Otto 7², 22⁹, 23, 34.
Gläubigerverkürzung 169 f.
Gleichberechtigung von Mann und Frau 217.
Glühlampenkartell 122.
Goldklausel 67, 161 ff.
Grundbuch 236.
Grundbuchrecht 89¹².
Grunddienstbarkeiten 179 f.; s. auch Servituten.
Grundeigentum 83², 180.
Grunderwerb 119, 125.
Grundhandelsgeschäfte 86.
Grundrechte 111.
Grundschulden 51.
Grundstücke; vgl. Immobiliarvermögen.
— Erwerb durch Ausländer 109, 124.
— obligatorische Verträge in bezug auf 145.
Grundstücksauflassung 130.
Grundstücksrechte 171 ff.
Grundstücksverkehrsgesetze 110.
Gründungsrecht 116 f.
Gründungsvertrag 117.
Gruppenehe 185.
guten Sitten, Verstoß gegen die 48, 62 f., 71.
Gütergemeinschaft 50.

Güterrechtliche Verhältnisse zwischen Eltern und Kind 215.
Güterrechtsregister 118, 201.
Güterrechtsstatut 211.
Gütertrennung 53.
guter Glaube im Wechselrecht 29.

Haager Abkommen; vgl. Gesetzregister, Staatsverträge.
Handel mit dem Feind 67, 90.
Handelsabkommen 30.
Handelsfrau 114.
Handelsgeschäft 114.
—, Übernahme eines 154.
Handelsgeschäfte 105.
Handelskammer als juristische Person 116.
Handelsmündigkeit 105.
Handelsniederlassung, Recht der 112.
Handelsrecht 86, 113 f., 149.
—, internationales 30.
Handelsregister 236.
Handelssachen 28.
Handelsverbot 90.
Handelsverkehr, Schutz des 103.
Handelsverträge 109.
Handlungsbevollmächtigte 124.
Handlungsfähigkeit 21, 30, 61, 100 ff.
Handlungsgehilfen 66.
Handlungsort 164 f.
Hauptniederlassung 115.
Haverei, große 168.
Heimathafen, Recht des 174.
Heimatlose 42; vgl. Staatenlose.
Heimatrecht (lex patriae, Recht der Staatsangehörigkeit) 8, 23, 35, 37 f., 55, 72, 75, 82, 96, 101 f., 175, 200.
— im Eherecht 188 ff., 197.
— im Erbrecht 33, 226 ff.

Heimatrecht bei Legitima-
tion und Adoption 220 ff.
— im Kindschaftsrecht
ehelicher Kinder 183;
unehelicher Kinder
217 ff.
— der Verlobten 184.
— im Verwandtschafts-
recht 213 f.
— im Vormundschafts-
recht 223 ff.
Heimfallsrecht 55, 57, 60,
178, 227⁴.
Heirat vgl. Eheschließung.
„Heirat macht mündig"
216, 225.
Herausgabeanspruch 177.
hereditatis petitio 228.
Herkunftsort, Recht des
37 ff.
Herstellung der ehelichen
Gemeinschaft 63, 198.
Hert, Joh. Nicolaus 18.
hinkende Ehelichkeit 213.
— Ehen 190, 194, 196, 204,
210.
— Namensrechte 112.
Hinterlegung 150.
historische Rechtsschule 21.
holographisches Testament
87, 127.
Huber, Ulr. 17, 21.
Hypotheken 51, 83², 124,
130, 153, 171 f., 180 f.
hypothetischer Parteiwille
142.

Immaterielle Güterrechte
112, 153, 182 ff., 236.
immaterieller Schaden, Ersatz des 120, 148, 165 f.
Immobiliarnachlaß 226 ff.,
236.
Immobiliarvermögen 6, 17,
19, 56, 72, 82 f., 171 ff.,
200, 216, 225.
impedimentum aetatis 188.
— affinitatis illegitimae 191.
— disparitatis cultus 189 f.
— impotentiae 189.
— ordinis 189 f.; vgl. auch
Ehehindernisse.

Indossament 175.
Inhaberpapiere 118, 183.
Inlandsbeziehung 66.
International Bank for Reconstruction and Deve-
lopment 121.
— monetary fund 121.
internationale Anleihen
141.
— Kartelle 122.
— Assoziationen 122³⁰.
— Käufe, Abkommen über
28.
interlokales Recht 3, 6, 86,
91 f.
— Privatrecht 1.
— —, ausländisches 33.
— Scheckrecht 26.
— Wechselrecht 26.
interpersonale Kollisionsnormen 86.
interpersonales Privatrecht
3.
interprovinziales Recht 3.
interregionales Privatrecht
91.
intersektorales Privat-
recht 91.
intertemporales Privatrecht
85.
intertemporales Recht 2,
178.
interterritoriales Privatrecht 91.
Interzessionsverbot des Se-
natus Consultum Vellei-
anum 198.
interzonales Recht 3,
91 ff., 101.
Intestatportion 59.
Inventarerrichtung 231,
234 f.
Inzidentfragen 80 ff.
Irrtum vgl. Anfechtung.

Jüdischer Scheidebrief
210 f.
Juristische Person 153,
167¹¹ᵃ.
— —, ausländische 109,
114 ff.

Juristische Person, Sitz 38.
— —, überstaatliche 121 f.
jus sanguinis 40, 42.
jus soli 40, 42, 218.

Kastenverschiedenheit als
Ehehindernis 190.
Katholizismus als Ehehin-
dernis 189.
Kaufkraft, Veränderung
der 160.
Kaufmann 105, 113, 149,
183³.
Kaufmännische Firma 112.
Kaufpreisanspruch 73.
Kaufvertrag 86, 125, 127,
146, 149, 156, 174.
Kindesgut 82, 183.
Kirchengemeinde, Aner-
kennung als 116.
Klageerhebung 208.
—, Maßgebliche Staatsan-
gehörigkeit 208.
—, Wirkung der 133³.
Klageverjährung 56.
Klausenburger Ehen 46².
Klostertod 97.
Kokainismus 106.
Kollation 226, 228³, 234.
Kollektivverträge 135.
Kollisionsnormen, Arten
34 ff.
—, ausländische 35, 45,
80 ff.
—, Begriff 1.
—, nationale 33 ff.
—, staatliche 25 ff.
Kommissionsgeschäfte 145.
Kommorientenvermutung
98.
Kondiktion vgl. ungerecht-
fertigte Bereicherung.
Konfiskation 12¹¹, 68, 94,
152 f., 176 f.
Konfliktsnorm 1.
Konkubinat 197.
Konkurs 91, 101, 169 f.
Konnossemente 142, 174 f.
Konsensehe 128, 186.
Konsulargerichtsbezirke
117⁶.

konsularische Eheschlie-
ßung 194.
Kontrolltheorie 120 f.
Konzessionen 38.
Korrespondenz, Eheschlie-
ßung durch 193.
Kranzgeld 65, 133³.
Kriegsparteien 27.
Kündigung 66.
künstlerische Geisteswerke
vgl. immaterielle Güter-
rechte.
Künstlername 112.

Ladescheine 174 f.
Läsion, Anfechtung wegen
125.
Lageort 37, 44; vgl. auch
lex rei sitae.
Lagerhalter, Verträge mit
144.
Lagerschein 175.
Landesverrat, Strafaus-
spruch wegen 40.
La Plata-Grain-Kontrakt
140.
lasterhafter Lebenswandel
106.
Lebensfähigkeit 96.
Lebensgemeinschaft 198 f.
Lebensnachstellung als Ehe-
hindernis 191.
Lebensvermutung 98.
Legate; vgl. Vermächtnis.
Legitimation 36, 52, 57, 112,
218, 220 f.
Lehnsrecht 226.
Lehnsvermögen 82, 232 f.
Leibesfrucht 96.
Leibrentenvertrag 97.
Leistung an Erfüllungsstatt
150.
Leistungsgefahr 149.
Leistungsverweigerungs-
recht 57.
lex Anastasiana 152¹⁵.
— cartae sitae 118, 151¹⁴,
175, 183.
— causae 37, 54, 118, 122,
126, 128, 203, 230.
— commissoria 66.
— „Delbrück" 41.

lex domicilii 17, 19, 20, 30,
38; vgl. auch Wohnsitz.
— fori 19 f, 33, 38, 50, 54 ff,
130 ff., 164, 179, 190,
196, 206, 216 ff.
— loci actus 37, 46¹, 73, 78,
129 f., 186, 192 ff., 203,
230.
— loci celebrationis 190.
— loci delicti commissi 58,
164 ff., 179, 218, 228.
— loci futuri 173.
— originis 19, 38.
— patriae 38; vgl. Heimatrecht.
— rei sitae 6, 14, 17, 19, 33,
37, 72 f., 78, 82, 96, 170 ff
176 ff., 215, 225, 226 ff.,
232 ff.
— situs; s. lex rei sitae.
— situs cartae s. lex cartae
sitae.
— situs pignoris 152.
Liegenschaften vgl. Immo-
biliarvermögen.
life estate 87.
limitation of action 56.
Liquidationsgesellschaft
119.
local law theory 71, 89⁹.
locus praesens 173.
— regit actum 6, 14 f., 19,
24, 126 ff., 186.
— regit formam 128 ff., 230.
— scriptus, Recht des 127⁸.
Luftfahrzeuge 174 f.

Mancini 23, 27, 61 f.
Mängelhaftung 66, 146, 148.
Märkisches Provinzialrecht
59.
Märkte, Verträge auf 144.
Materiellrechtliche Verwei-
sung 138, 141.
Mehrehe 62.
Mehrstaater 41 f.; vgl. auch
Doppelstaater.
Memorandum (im engli-
schen Recht) 52, 118.
Menschenrechte 111.
Miete 49, 56.

Miete, dingliche 175.
migratory divorces 46².
Minderjährigkeit 102.
Minderung 149 f.
Mitgift 202.
Mitgliedschaftsrechte 117,
153.
Mitreeder 110.
mitwirkendes Verschulden
148.
mobilia ossibus inhaerent
19, 172.
— personam sequuntur 172.
Mobiliarhypothek 11, 62,
176.
Mobiliarnachlaß 19²³, 30,
226 ff., 236.
Mobiliarvermögen 15¹¹, 17,
19, 56, 79 f., 82 f., 171 ff.,
200.
Molinaeus 17¹⁷.
Monogamie 185.
Monopolrechte 112.
Monopolwaren 62.
Moratorien 148.
Montevideo, Vertrag von 30.
Morphinismus 106.
multilaterale Verträge 29.
Munt 215.
Musterrechte; vgl. immate-
rielle Güterrechte.
mütterliche Gewalt 218.

Nachbarrecht 180.
Nacherben 87, 232.
Nachlaß 17, 53, 56, 59, 72 f.,
82 f., 170, 183, 226 ff.
Nachlaßabkommen 30.
Nachlaßkonkurs 231.
Nachlaßpfleger 235.
Nachlaßregulierung 234 ff.
Nachlaßschulden 231.
Nachlaßverwaltung 231, 234.
Näher-Recht 152¹⁵.
Narkotomanie 107.
Nähmaschinenfälle 67.
Namensänderung 112.
Namensgebung 218.
Namensrecht 112.
— der Ehefrau 198, 211.
Nasciturus 96 f.
Nationalisierung 119, 177.

Naturalherstellung 148, 165 f.
negotiorum gestio 169.
Neutrale 27.
nicht rechtsfähige Vereine 118.
Nichtberechtigter, Erwerb von 183.
Nichtehe 192, 195, 197, 205 f.
Nichtigkeit der Ehe 71, 195, 205.
— von Rechtsgeschäften 101.
— von Willenserklärungen 124.
Nichtigkeitsklage 196.
Niederlassung, Recht der 123.
Niederlassungsabkommen 30, 109.
Niederlassungsort 113, 144, 183³.
Niederlassungsrecht 109.
Nießbrauch 87, 171, 178, 182.
— am Vermögen 184.
Nominalismus 15¹², 158.
Normenhäufung 58 f.
Normenmangel 59 f.
Notare 128.
Noterbrecht 46, 88, 228.
Notstand 165.
Notwehr 165.
Novation 150, 154¹⁹.
Nutzungen 179.

Obligationenrechte 21, 26, 33 f., 38, 78, 136 ff.
Obligationsstatut 148 ff., 155 ff., 159 f., 202, 228.
obligatorische Zivilehe 71, 129, 192.
Offene Handelsgesellschaft 114.
öffentliche Anleihen 155 ff.
— Ordnung 23, 26.
— Urkunden 129, 132².
— Zustellung 134.
öffentlichrechtliche Normen 67.
Offerte 123 f.

Opfer des Nazismus 111.
Orderpapiere 118, 183.
ordre public 9 ff., 18¹⁹, 23, 26, 36, 38, 48, 55, 60 ff., 69, 85, 93 f., 97, 102, 119, 122, 132, 134, 161 ff., 166, 185, 187, 190 f., 193, 199 f., 210, 216, 219 f., 234.
Ort des Vertragsschlusses 44.
— der Vornahme eines Rechtsgeschäfts 47.
Österreichisches allgemeines bürgerliches Gesetzbuch vgl. Gesetzregister.
Ostzone vgl. interzonales Recht.

Pacht, dingliche 175.
Pachtverträge 130.
Pariser Coutume 15¹².
Parteiautonomie 15¹², 24, 33, 46, 78, 126, 136 ff., 163.
— im Adoptionsrecht 221.
— im Ehegüterrecht 199 f.
— im Sachenrecht 174.
Parteieid 131.
Parteifähigkeit eines Ausländers 97.
Parteiwille vgl. Parteiautonomie.
Partenreederei s. Mitreeder.
Partikularrechte 15.
Patente 110, 165, 167.
Patenterteilung 38.
Patentrolle 236.
paternité, recherche de la 62.
patria potestas 215.
Personalhaft 28.
Personalhoheit 24.
Personalstatut 2, 8, 15¹¹, 17, 19, 38, 52, 82, 92, 96, 114 f., 172.
— der Aktiengesellschaft 182.
— der Ehefrau 198.
— des Erblassers 226.
— der juristischen Person 117 f.
— Staatenloser 26, 42.

Personen des öffentlichen Rechts, Anerkennung als 116.
—, Verträge mit 144.
Personenrecht 34, 96 ff.
personenrechtliche Verhältnisse zwischen Eltern und Kind 215.
— Wirkungen der Ehe 52, 59, 197 ff.
Personensorgerecht 215, 219⁴.
Personenvereinigungen 97.
Persönlichkeitsgüter 112 ff., 183.
Pfandrechte 65, 152, 171, 174, 178 ff., 182 f.
Pflegschaft 223 f.
Pflichtenkollision 89.
Pflichtteilsrecht 46, 53, 65, 219, 221, 228, 232, 237.
Pillet 25.
Politische Ehehindernisse 190.
Polyandrie 185.
Polygamie 185.
Post, Verträge mit der 144.
pourvoi en cassation 89.
Presse, unerlaubte Handlungen der 164².
Preußisches Allgemeines Landrecht 19.
Privilegien 38.
prodigue 106.
Prokura 103, 124.
Prozeß, Rechte im 130 f.
— von Ausländern 110.
Prozeßführung, Ort der; vgl. lex fori.
Prozeßkosten 119.
Prozeßkostenvorschuß 51, 58, 198, 200, 210¹⁸.
— bei Ausländern 109.
prozessuale Rechtsfähigkeit 98.
Prozeßzinsen 133³.
Prüfung der Verfassungsmäßigkeit ausländischer Gesetze 87.
publicianisches Besitzrecht 179.

Pupillarsubstitution 234.
Putativehe 213.

Qualifikation 44, 49 ff.
Quasidelikte 168.
Quasikontrakte 168.
Quasipupillarsubstitution 234.

Rasseverschiedenheit als Ehehindernis 190.
Reallasten 51, 83^2, 178 ff., 182.
Realstatut 2, 17.
Rechtsbeschwerde 89^{12}.
Rechtsfähigkeit 21, 38, 96 f.
Rechtsgeschäfte, Beurkundung 38.
—, Form 21, 34, 47, 123, 126 ff.
—, Wirkungen 122.
Rechtsgeschäftslehre, allgemeine 122 ff.
Rechtshängigkeit 133^3.
Rechtssatz, Zweck 47.
Rechtsschutz 130 ff., 179.
Rechtswidrigkeit, Ausschluß der 165.
Reeder, Haftung 168.
Regal 55.
Register, öffentliche 38.
Regreß 81.
Reichsangehörige 40.
rei vindicatio 228.
Rektapapiere 118.
„rekurrenter Anschluß" 159 f.
religiöse Ehehindernisse 189, 194.
religiöse Eheschließung 55.
Rentenschulden 83^2.
Renvoi 56, 73, 79, 170, 210; vgl. Rück- und Weiterverweisung.
—, doppelter 75.
Renvoieabkommen 28.
res in transitu 22, 173.
res sacra 172.
residuary legatee 237.
responsabilités, règle du non-cumule des 58.
Retorsion 10, 108 ff., 231 f.

Retraktsrecht 152^{15}.
Revision 7^3, 89.
right to the escheat 57.
Rücktrittsrecht 150.
Rückversicherungsverträge 140, 144^{28}.
Rückverweisung 5^9, 33, 35, 44, 56, 72 ff., 81, 100, 143, 190 f., 198, 207, 210, 216, 231, 233, 235.
Rück-rückverweisung 44, 75.
Rügefrist 66.

Sachen, bewegliche, vgl. Mobiliarvermögen.
—, unbewegliche, vgl. Immobiliarvermögen.
—, verbrauchbare 171 f.
—, unverbrauchbare 171 f.
Sachenrecht 21, 26, 33 f. 170 ff.
—, Inhalt des 178 f.
Sachenrechtliche Wirkungen eines Rechtsgeschäfts 122.
Satzungsänderung 117.
Savigny 6^1, 10^6, 16^{14}, 18^{22}, 20 ff., 27, 34, 61 f., 218 f.
Schadensersatz 96.
Scheckrecht 28, 123, 127^8, 129, 156.
Scheckverbindlichkeiten 79^{12}, 146 f.
Scheidebrief, jüdischer 210 f.
Scheidung s. Ehescheidung.
Scheidungsstatut 211.
Scheidungsstrafen 211.
Scheidungsurteile 132, 135.
—, Anerkennung von 196.
Schenkung 52.
— unter Ehegatten 55, 198, 202.
—, Kollation 228^3.
— von Todeswegen 229.
—, Widerruf 169.
Schiedsgerichte 142^{18}.
—, Abkommen über die
—, Anerkennung 28.
—, gemischte 33.
Schiedssprüche, ausländische 136.

Schiffe, Rechte an 174 ff.
—, Heimatort 168.
Schiffspart 110.
—, Veräußerung 119.
Schiffsregister 236.
Schlüsselgewalt 51, 198, 201.
Schriftstellername 112.
Schuldenhaftung für den Nachlaß 226.
Schuldnerwohnsitz 8.
schuldrechtliche Wirkungen eines Rechtsgeschäfts 122.
Schuldübernahme 153 f.
Schuldverträge; vgl. Obligationenrechte.
Schulverein 116^6.
Schutz der Rechte 131 ff.
Schutz Dritter 200 f.
Schwägerschaft 222 ff.
— als Ehehindernis 66, 191.
Schwangerschaftskosten 219.
Schwebende Unwirksamkeit von Rechtsgeschäften 102.
Schweigen als Willenserklärung 123.
Schwerpunkt der Rechtsverhältnisse 22, 34, 62.
Selbsthilfe 130.
servitus oneris ferendi 180.
Servituten 83.
Set-off (Aufrechnung) 56.
Sicherheitsleistung für Prozeßkosten 110, 121.
— des Vorerben 232.
Simulation 46.
Singularklage 228.
Singularsukzession 233.
Sitz der Auslandsbeziehung 26.
— des Rechtsverhältnisses 22, 34.
— einer juristischen Person 37, 44 f. 115 f.
Sitzverlegung 118.
Skandinavische Union 29.
Sklaverei 96.
société civile ou commerciale 115 f
Sondereigentum 175.

Sondererbfolge 233.
Sondergüter 232 f.
Sonderstatut bricht Gesamtstatut 82 ff.
Sondervermögen 82, 183.
Souveränität 17 f.
—, Wechsel 147 f.
Sozialversicherung, Anerkennung als 116.
spezialisierte Vorbehaltsklauseln 69.
Staaten, Anerkennung als 116.
Staatenlose 42, 48, 98, 111, 188, 218 f., 231.
— juristische Person 120.
Staatsakt bei Bestellung eines Vormunds 223.
—, Einfluß auf Geschäftsfähigkeit 105.
—, Rechtserwerb durch 176, 221.
Staatsangehörigkeit 8, 19, 24, 28, 36 f., 37 ff., 47, 50, 73, 92, 137, 139; vgl. auch Heimatrecht.
—, Erwerb 39.
— juristischer Personen 119 ff.
—, Verlust 40.
—, Wechsel 48, 100, 105 189, 196 f., 200, 202, 207 f., 213, 227 ff.
Staatsangehörigkeitsprinzip 82.
Staatsschuldbuch 236.
Staatsverträge 7, 25 ff., 45, 70, 79, 87, 114, 232.
— über Anerkennung ausländischer Urteile 135 f.
— über Eheschließung von Ausländern 194.
Standesbeamte 72, 185.
Statusänderungen 112.
Statuta 1, 13, 15.
statuta mixta 15, 16[14], 18[21].
— personalia 15, 18[21].
— realia 15, 18[21].
Statut der juristischen Person 118.
Statutenkollision 16[16].

Statutentheorie 2, 16 ff., 100, 126, 172.
Statutenwechsel 218.
Stellvertretung bei der Eheschließung 128, 193; vgl. auch Vertretungsmacht.
steuerrechtliches Eigentum 51.
Stiftung, Anerkennung als 116.
stillschweigende Unterwerfung unter ein bestimmtes Recht 141.
Stimme, Recht an der eigenen 112.
Story 20 f., 23, 61.
Strafgericht 133.
strandtriftige Sachen 60.
Strohmannsystem 121.
subjektive Rechte, Verletzung von 165.
„suite" 148.
Sukzessivtatbestände 181.
synallagmatische Verträge; vgl. gegenseitige Verträge.

Taubstummheit 106 f., 109.
Täuschung vgl. Anfechtung.
technische Geisteswerke; vgl. immaterielle Güterrechte.
Teilungsanordnung 202.
Territorialitätsprinzip 67, 183.
Testament 49, 53, 78, 87 ff., 103, 228 ff., 235.
—, Form 51, 229 f.
—, gemeinschaftliches 50, 230.
—, holographisches 87.
Testamentseröffnung 234.
Testamentserrichtung 126, 234.
Testamentsvollstrecker 84, 125, 183, 229, 235.
Testamentszeugnis 237.
Testierfähigkeit 105, 229.
Tierhalterhaftung 168.
Tod 96, 227.
Todeserklärung 26, 98 f., 189, 192.

Todesvermutung 98.
trading with the enemy act 90.
Transportkosten 149.
trennende Ehehindernisse 188, 192.
Trennung von Tisch und Bett 204, 209 f.
Treu und Glauben 63.
Trunksucht 101.
trustee 87 f.
Übergabe 125, 175 f.
überstaatliches Recht 6 ff., 13, 18.
überstatutarisches Recht 13.
ultra vires-Lehre 52, 57, 118[17].
Umrechnung bei Geldschulden 156 ff.
Umstellung von Geldforderungen 93.
unbewegliches Vermögen vgl. Immobiliarvermögen.
uneheliche Kinder 36, 42, 69, 80 f., 83, 112, 214, 217 ff.
unerlaubte Handlung vgl. Delikte.
ungerechtfertigte Bereicherung 167, 169.
United Nations vgl. Vereinte Nationen.
Universalsukzession 17, 226, 233.
unkörperliche Güter vgl. immaterielle Güterrechte.
Unlauterer Wettbewerb 164.
Unmöglichkeit 148.
Unterhaltsansprüche 62, 95.
— der Ehefrau 49, 65, 95, 198 f., 200, 210[18], 211.
— des ehelichen Kindes und der Eltern 95, 215.
— des unehelichen Kindes 69, 95, 217 ff.
— deliktische 218.
— quasideliktische 218.

Unterhaltsansprüche
der unehelichen Mutter
219.
— zwischen Großeltern
und Enkeln 222f.
Unterhaltsanspruch bei
Schwägerschaft 222f.
Unternehmungen 153, 183.
—, gewerbliche 95.
Unterschriftsbeglaubigung
128f.
Urheberrechte 110.
—, Übertragung von 130.
—, Verletzung von 165; vgl.
auch immaterielle Güter-
rechte.
Urkunden, ausländische
131².
—, öffentliche 128, 131².
—, Übertragung 151¹⁴, 183.

Väterliche Gewalt 21.
Vaterschaftsvermutung
214.
Verarbeitung 169, 176.
Verbände, wissenschaft-
liche, humanitäre, reli-
giöse 121.
Verbindung 169.
Verbürgung der Gegen-
seitigkeit 109.
Vereine 117.
—, ausländische 116f.
— für Auslandsdeutsch-
tum 116⁶.
—, nicht rechtsfähige 117.
Vereinte Nationen 99f., 121.
Vererbung von Grundbesitz
19²³, 72; vgl. auch Erb-
folge.
Verfallklausel 178.
Verfrachter, Verträge mit
144.
Verfügungen von Todes
wegen vgl. Testament.
Verfügungen 103, 130.
Verfügungsmacht 124.
Verfügungsbeschränkung
101.
Verfügungsgeschäfte 131.
Vergeltungsrecht s. Retorsion.

Verjährung 49, 51, 64, 131f.
—, Unterbrechung der 133³.
Verjährungsfrist 70.
Verkehrsgeschäft 103, 106,
123.
Verkehrsrecht der Eltern
68, 219⁴.
Verkehrsschutz 19, 36f.,
113, 200f.
Verleihung 117.
Verlöbnis 36, 49f., 58, 66,
184f.
Verlustschein 64.
Vermächtnis 152, 228, 232,
237.
Vermietung 130.
Vermischung 169.
Vermögen, Belegenheit
92³.
—, Enteignung 153.
—, Rechte an einem 182ff.
Vermögensstatut 83ff.
Vermögensübernahme 154.
Vermutung der Vaterschaft
215.
Vermutungen 131.
Vernichtung der Ehe s. An-
nullation.
Verpfändung von Forde-
rungen 130.
Verpflichtungsgeschäfte
130.
Versailler Vertrag 34.
Versäumnisurteil 134.
Verschollenheit 96, 98f.,
192.
Verschulden 165.
Verschwendung 101, 106.
Versicherungsunterneh-
mungen 120²⁴.
—, Verträge mit 144.
Versteigerungen 144²⁹, 176.
Verstoß gegen die guten
Sitten 63f., 71, 143.
Verstoßung 211.
Verträge unter Abwesenden
127.
Vertragsbedingungen, all-
gemeine 144.
Vertragsbeurkundung 129.
Vertragsform 148.

Vertragsobligationen 19, 22;
vgl. auch Obligationen-
rechte.
Vertragsofferte 123, 127.
Vertragsschluß, Ort des 43,
177.
Vertragsstrafe 66f.
Vertragswirkungen 149.
Vertreter, gesetzlicher 102.
Vertretungsmacht 37, 118,
124, 215.
— des Handelsgesellschaf-
ters 103.
Vertriebene 111.
Verwaltungsakt 38, 67.
—, Scheidung durch 211.
Verwaltungsgericht 133.
Verwaltungsrecht 67.
—, dingliches 175.
verwaltungsrechtliche Zu-
ständigkeit für juristi-
sche Personen 117.
Verwaltungssitz 115f.
Verwaltungszentrum 115.
Verwandtenkonsens 49, 129,
188.
Verwandtschaft als Ehehin-
dernis 66, 191.
Verwandtschaftsrecht 30,
38, 212ff.
Verwendungen 179.
Verzicht 150.
Verzug 148.
vested rights 11.
Vindication 178, 236.
Vindicationslegat 152, 228.
Voet (Paul u. Johannes) 17.
Völkerbund 121.
Völkerrecht 7ff., 10, 11, 24,
39, 237.
völkerrechtswidrige Enteig-
nung 178.
Volksdeutsche 40.
Volljährigkeit 23, 41, 93,
100f., 188, 216, 229.
Volljährigkeitsalter 65.
Volljährigkeitserklärung
101, 105f.
Vollmacht 124f.; vgl. auch
Vertretungsmacht.
—, Widerruflichkeit der
124⁸.

Vollstreckung ausländischer Schiedssprüche 28.
— ausländischer Urteile 28, 132 ff.
Vollstreckungsurteile 132.
Vorbehaltsgut 202 f.
Vorbehaltsklausel, vgl. ordre public.
Vorbehaltsklauseln, spezialisierte 71.
Vorerbe 87, 232.
Vorfragen vgl. Inzidentfragen.
Vorkaufsrecht, gesetzliches 228.
—, obligatorisches 179.
vorläufige Maßnahmen 210.
— — (Entmündigung) 107.
— Vormundschaft 224⁶.
Vormund 97.
Vormundschaft 21, 29, 38, 52, 83, 218, 223 ff.
—, Entstehung durch testamentarische Anordnung 224.
Vormundschaftsbehörde 216.
Vormundschaftsrecht 102, 223 ff.
Vornahmeort 123, 127, 176.

Wächter, C. G. v. 18²¹, 20.
Wahlkindschaft vgl. Adoption.
Wahlverbrüderung 222.
Währung 156 ff.
Währungsgesetze 93.
Währungsstatut 158 ff.

Wandlung 149 f.
Wappen 112.
Warenzeichen, Verletzung von 165, 183.
Wartezeit, Ehehindernis der 191.
Wechsel der Staatsangehörigkeit, vgl. Staatsangehörigkeit.
Wechsel, domizilierter 88.
Wechselerklärung 129.
Wechselfähigkeit 104.
Wechselprotest 87.
Wechselrecht 28 f., 78 f., 123, 127⁸, 146 f., 156.
Weiterverweisung 33, 35, 44, 48, 72 ff., 81, 100, 143, 170¹, 190 f., 210, 216, 231, 233.
Weltpostverein 121.
Wertpapiere 118, 151¹⁴.
Widerruf von Schenkungen 169.
— von Testamenten 230.
Widerrufsrecht 124.
Wiederheirat 209, 212.
Willensmängel 123 ff., 188; vgl. auch Anfechtung.
Wirkungsstatut 54 ff., 96 f., 122 ff.
Wirtschaftsabkommen 30.
Wirtschaftsprogramm 68.
Wohlerworbene Rechte 11.
Wohnsitz 8, 19, 21 f., 28, 34, 37 ff., 42 f., 72, 77 f., 82, 92 ff., 106, 137, 139.
— im Ausland 224.
— im Eherecht 188 ff., 197, 207, 210.

Wohnsitz
— im Erbrecht 231, 235.
— der Ehefrau 198.
— des Kindes 215.
— im Vormundschaftsrecht 224.
Wucher 65.

Zahlungsort 78.
—, Recht des 146, 156 f.
Zession vgl. Abtretung.
Zeugnisverweigerungsrecht 131.
Zigeuner 42.
Zinsanspruch 148.
Zinsherabsetzung 148.
Zitelmann 8 f., 20¹, 24.
Zivilehe 185.
—, obligatorische 71, 129, 192.
Zivilrecht, internationales 30.
Zollgesetze 67.
Zubehör 171 f., 180.
Zugehen von Willenserklärungen 123.
Zuständigkeit, vgl. Gerichtliche Zuständigkeit.
Zustellungen 28.
Zustimmung, behördliche 124.
— Dritter 124; vgl. auch Konsens.
Zwang, vgl. Anfechtung.
Zweigniederlassung 113, 201.
zwischenstaatliches Privatrecht 1.
zweiseitige Ehehindernisse 188 f.

If you have any concerns about our products,
you can contact us on
ProductSafety@springernature.com

In case Publisher is established outside the EU,
the EU authorized representative is:
Springer Nature Customer Service Center GmbH
Europaplatz 3, 69115 Heidelberg, Germany

Printed by Libri Plureos GmbH
in Hamburg, Germany